natürlich oekom!

Mit diesem Buch halten Sie ein echtes Stück Nachhaltigkeit in den Händen. Durch Ihren Kauf unterstützen Sie eine Produktion mit hohen ökologischen Ansprüchen:

- o   100 % Recyclingpapier
- o   mineralölfreie Druckfarben
- o   Verzicht auf Plastikfolie
- o   Kompensation aller CO_2-Emissionen
- o   kurze Transportwege – in Deutschland gedruckt

Weitere Informationen unter www.natürlich-oekom.de
und #natürlichoekom

Gefördert von:

Bibliografische Information der Deutschen Nationalbibliothek:
Die Deutsche Nationalbibliothek verzeichnet diese Publikation in der
Deutschen Nationalbibliografie; detaillierte bibliografische Daten sind
im Internet über www.dnb.de abrufbar.

© 2021 oekom verlag, München
Gesellschaft für ökologische Kommunikation mbH
Waltherstraße 29, 80337 München

Mitautoren: Jana Rasch, Christine Rother, Anja Bierwirth, Oliver Wagner,
Josephine Wohlrab (Wuppertal Institut), Ulf Hahne (Universität Kassel),
Reinhard Loske (Uni Witten/Herdecke)
Layout und Satz: Markus Miller
Journalistisches Lektorat: Verena Kern
Korrektur: Christiane Geldmacher
Weitere Mitarbeit: Kelly Madejewski, Mona Treude, Roman Spies, Isabell Drissen,
Nadia Bihi (Wuppertal Institut), Paul Werner, Josef Rother (GEFAK)
Umschlaggestaltung: Mirjam Höschl, oekom verlag
Umschlagabbildung: © Ramcreative/Shutterstock.com
Druck: CPI books GmbH, Leck

ISBN 978-3-96238-317-6
E-ISBN 978-3-96238-864-5
https://doi.org/10.14512/9783962388645

Michael Kopatz

Wirtschaft ist mehr!

*Wachstumsstrategien für nachhaltige
Geschäftsmodelle in der Region*

Das Buch zur »Wirtschaftsförderung 4.0«

Inhalt

Teil A: Theorie

Teil B: Umsetzung

Vorwort

Kaum ein Ereignis hat die Stärken, aber auch die Schwächen von Systemen so schonungslos offengelegt wie die aktuell noch immer vorhandene Corona-Pandemie. Doch haben sich nicht nur die Kontraste, sondern auch die Geschwindigkeiten von Wandlungsprozessen zunehmend verschärft. So treten auch viele Fragen zum wirtschaftlichen System und der wirtschaftlichen Logik aktuell noch viel deutlicher zu Tage. Die Aspekte wie Resilienz, Nachhaltigkeit und Innovation wurden auch schon vor der Pandemie diskutiert, haben aber angesichts der konkreten Fragen, zum Beispiel nach nationaler Eigenversorgung im medizinischen Bereich, fast überall neuen Schwung erhalten.

Dass von diesen Entwicklungen nicht nur die internationale und nationale Ebene, sondern auch und vor allem die kommunale Ebene mit ihren vielfältigen Ansätzen zur Wirtschaftsförderung betroffen ist, dürfte angesichts der zahlreichen Kompetenzen und Problemverarbeitungsmechanismen gerade auf kommunaler und regionaler Ebene nicht überraschen.

Der Autor des Buches hat mit seinem bislang als »Wirtschaftsförderung 4.0« beschriebenen Ansatz in vielerlei Hinsicht nicht nur theoretisch, sondern auch praktisch Meilensteine entwickelt. Sie sollen den Nachweis erbringen, dass gerade die kommunale Wirtschaftsförderung nicht immer nur den traditionellen Weg von Firmenansiedlungen und Ausweisung von Gewerbeflächen im Fokus haben muss.

Internationale, aber auch nationale Ungleichgewichte verschärfen sich trotz vieler Ausgleichsbemühungen und Förderprogramme weiter. Die bestehenden internationalen Wertschöpfungs- und Wirtschaftsprozesse können ihrerseits kaum alternative und nachhaltige Konzepte anbieten und verbleiben in den bekannten und oftmals überlebten immanenten Entwicklungslogiken. Regionale Disparitäten verschärfen sich weiter, genauso wie die Umwelt- und Klimaprobleme der gesamten Erde.

Vor diesen eher düsteren Rahmenbedingungen gelingt es dem Autor dieses Buches, einen positiven Gegenentwurf zu skizzieren, der mit neuen Geschäftsfeldern ein gutes nachhaltiges und auch ökologisches Wirtschaften konzipiert und dabei viele aktuell in der Diskussion stehenden Aspekte integriert. Das gilt insbesondere für die Bereiche der wirtschaftlichen und sozialen Sicherheit, die Konzentration auf Local und Social Business oder Sharing Economy, aber auch die Aktivierung bürgerschaftlichen Engagements. Und dabei verbleibt Michael Kopatz nicht etwa bei theoretischen Konzepten, sondern weist das Funktionieren solcher Ansätze an und mit vielen Beispielen nach.

Das vorliegende Buch mit dem Titel »Wirtschaft ist mehr!« ist in der Gesamtschau sehr gut dazu in der Lage, einen wichtigen und sicherlich auch notwendigen, innovativen Perspektivwechsel in der Betrachtung und Ausübung der kommunalen Wirtschaftsförderung auszulösen. Es liefert damit wichtige Impulse und Argumentationen für viele, die an ihrem aktuellen Tätigkeitsprogramm nicht nur leise und im Verborgenen zweifeln oder gezweifelt haben. Für alle anderen ist diese Lektüre mindestens sehr lesenswert. Und dafür sei Herrn Dr. Michael Kopatz herzlich gedankt!

Prof. Dr. Jürgen Stember

Vorwort

Mitte 2016 entschied sich das Bundesministerium für Bildung und Forschung (BMBF) für die Förderung des Forschungsprojekts »Wirtschaftsförderung 4.0: Entwicklung und Umsetzung von Konzepten zur Stärkung kollaborativer Resilienzinitiativen in Kommunen«.

Die Stadt Osnabrück erhielt im Rahmen des Projektes die Finanzierung einer zusätzlichen Mitarbeiterin, die sich der Umsetzung von Fördermaßnahmen im Sinne der »Wirtschaftsförderung 4.0« widmete. Die Strategien des Konzeptes wurden zwei Jahre lang erprobt.

Im Anschlussvorhaben »Rollout Wirtschaftsförderung 4.0« wird das Konzept bis zum Frühjahr 2022 weitere zwei Jahre in den Städten Wuppertal, Witten und Witzenhausen umgesetzt – ebenfalls finanziert vom BMBF. Dafür haben die Städte jeweils eine Stelle innerhalb der kommunalen Wirtschaftsförderung geschaffen. Parallel hat die Wirtschaftsförderung Osnabrück die Umsetzung seit Januar 2020 im neuen Aufgabenbereich »Nachhaltiges regionales Wirtschaften« verstetigt.

Im Laufe des Projektes sind verschiedene Berichte entstanden. Zu finden sind sie auf:

www.wirtschaftsfoerderungviernull.de

Auf diesen Berichten basiert dieses Buch. Daran mitgewirkt haben Jana Rasch, Christine Rother, Anja Bierwirth, Oliver Wagner, Josephine Wohlrab (Wuppertal Institut), Ulf Hahne (Universität Kassel), Reinhard Loske (Uni Witten/Herdecke), Kelly Madejewski, Mona Treude, Roman Spies, Isabell Drissen, Nadia Bihi (Wuppertal Institut), Paul Werner, Josef Rother (GEFAK)

Michael Kopatz

Wirtschaft ist mehr

Die Friseurläden waren in der Corona-Krise mehrere Monate lang geschlossen. Wer einen Haarschnitt wollte, musste improvisieren und sich im privaten Rahmen selbst behelfen. Das kann dann beispielsweise so abgelaufen sein: Petra schneidet Peter die Haare, Peter wiederum repariert Petras Tisch, damit er nicht mehr so wackelt. Beide haben ihre Bedürfnisse erfüllt, ohne dass ein Euro geflossen ist. Das ist Wirtschaft. In einem Wirtschaftslexikon steht nichts davon, dass ein Unternehmen oder ein Haushalt Geld erhalten muss für eine Ware oder eine Dienstleistung. Überhaupt wird die Hälfte aller geleisteten Arbeit nicht bezahlt.

Innovative Wirtschaftsförderung, das ist die These dieses Buches, nimmt die gesamte Wirtschaft in den Blick, und zwar nicht zuletzt solche Sektoren, die gegenwärtig noch keine relevanten oder lohnbasierten Säulen der Wirtschaft sind, aber durchaus einmal werden könnten. Viele Beispiele dafür finden sich hier.

Sodann trachtet die »Wirtschaftsförderung 4.0« danach, die regionale Wirtschaft zu stärken und Wertschöpfungsketten zu verkürzen. Viele Unternehmen setzen wieder auf kürzere Wertschöpfungsketten, modern: »Nearshoring«, sie verlagern Produktionsstätten und Lager in die Nähe der Region, wo sie die Produkte auch verkaufen möchten. Wird die Regionalisierung zum Megatrend? Den Eindruck vermittelt zumindest die Wirtschaftszeitschrift *brand eins* und fragt provokativ: »Ist es an der Zeit, Lieferketten zu kappen – und neu zusammenzusetzen?«.[1] Insofern passt es also, dass sich die Kommunale Wirtschaftsförderung stärker als bisher dem Thema widmet und Strategien entwickelt, mit denen sie diese Entwicklung verstärken kann.

Ein weiteres wichtiges Thema der folgenden Ausführungen ist das Stichwort »Resilienzökonomie«. Wenn es der Wirtschaft gut geht, befassen sich Wirtschaftsförderer ungerne mit Krisen. Doch Krisen sind im Auf und Ab der Wirtschaft der Normalfall. Kann man sich darauf vorbereiten? Die Wirtschaftsförderung 4.0 beschäftigt sich mit eben dieser Frage. Sie entwickelt Strategien, die zur Krisenfestigkeit einer Region beitragen. Oder anders gesagt, Strategien, mit denen die Risiken der Globalisierung abgesichert werden können.

Wirtschaftsförderung 4.0 wirkt sich damit positiv aus auf den Stadtwohlstand. Sie erhöht die Attraktivität für eine Stadt der kurzen Wege, der Diversität und des guten Lebens und leistet so einen wesentlichen Beitrag zu einer nachhaltigen Zukunftsfähigkeit von Regionen.

Teil A: Theorie

1 Vorüberlegungen und Grundlagen

Im Wirtschaftsstudium lernen die Studierenden, dass die Wohlfahrt aller Menschen steigt, wenn sie sich auf Märkten eigennützig verhalten. Das ist der Kern der neoklassischen Theorie, die unser Verständnis von Wirtschaft tief geprägt hat. Damit das gut funktioniert, soll der Staat das freie Spiel der Kräfte möglichst wenig reglementieren.

Keine Frage, zu viel Bürokratie kann die Effizienz und Effektivität der Wirtschaft einschränken, kann Kreativität und Innovationskraft behindern. Doch was wäre das rechte Maß für ordnungspolitische Maßnahmen? Wie stark soll sich der Staat einmischen in das Marktgeschehen? Wie stark soll er sich heraushalten? Die Bandbreite möglicher Antworten reicht vom Nachtwächterstaat, der sich auf den Schutz des Privateigentums und die Aufrechterhaltung der öffentlichen Sicherheit und Ordnung beschränkt, bis zum Sozialstaat, der weitreichende Regeln vorgibt, wie etwa Mindestlöhne und Arbeitsschutzbestimmungen.

Kapitalismus und freie Marktwirtschaft gelten seit dem Niedergang der osteuropäischen Wirtschaft als das überlegene Regime. Der Kommunismus des Ostblocks war geprägt durch Planwirtschaft und starke politische Steuerung. Diese Überregulierung schien verantwortlich für die Misswirtschaft zu sein. Das Scheitern der kommunistischen Systeme gab ab den 1990er-Jahren all jenen Auftrieb, die für einen Rückzug des Staates aus dem marktwirtschaftlichen Geschehen plädierten. Doch wer für einen starken Staat ist, muss nicht gegen den Kapitalismus sein. Seit den Finanzkrisen der vergangenen Jahre hat sich in den Industriestaaten wieder eine eher kritische Haltung zur Deregulierung entwickelt.

Die zurückliegenden Erfahrungen mit der freien Marktwirtschaft lassen es schwer vorstellbar erscheinen, dass sich mit noch weniger Regeln ein Mehr an Nachhaltigkeit bewirken ließe. Es scheint vielmehr so zu sein, dass die schrittweise Abschaffung ordnungspolitischer Vorgaben zum Nachteil für Klimaschutz und Ressourcengerechtigkeit war. Nun währt der Diskurs über die Frage »Wie viel Staat muss sein?« schon seit Jahrhunderten. Um darin die »Wirtschaftsförderung 4.0« zu verorten, sollen hier einige Vordenker verschiedener nationalökonomischer Grundströmungen Erwähnung finden.

Smith

Eine der Grundannahmen der heute vorherrschenden Wirtschaftswissenschaft geht auf Adam Smith (1723–1790) zurück. In seinem Werk »Wohlstand der Nationen« beschrieb Smith den Egoismus des Einzelnen als *die* Triebfeder der Ökonomie: »Es ist nicht die Wohltätigkeit des Metzgers, des Brauers oder des Bäckers, die uns unser Abendessen erwarten lässt, sondern dass sie nach ihrem eigenen Vorteil trachten.« Jeder denkt also an sich und sorgt dabei unbewusst – wie von einer unsichtbaren Hand geleitet – für das Gemeinwohl.

Liberale Wirtschaftswissenschaftler leiten daraus ein radikales Freiheitspostulat ab: Maximale Freiheit fördere den Schaffensprozess des Einzelnen und diene der Gemeinschaft. So wird seit Jahrzehnten die Deregulierung der Märkte mit dem Argument rechtfertigt, Unternehmen und Anlegern bräuchten möglichst viele Freiheiten, damit es allen gut ginge. Allerdings ist diese Analyse fragmentarisch. Adam Smith selbst hielt nicht den »Wohlstand der Nationen« für sein Hauptwerk, sondern die »Theorie der ethischen Gefühle«. Moralisches Handeln beschrieb er darin als unabdingbar für nachhaltigen Wohlstand. Tugenden seien die Grundlage eines gesunden Kapitalismus.[2] Auf diesen Smith berufen sich die kritischen Ökonomen.

Gewiss gehört Egoismus zur menschlichen Natur. Doch daneben und darüber hinaus haben Menschen viele andere Motivationen, die den Tugenden zuzurechnen sind: Solidarität, Loyalität, Empathie, Fürsorge oder Verantwortungsbewusstsein. Gäbe es solche Motive nicht und Egoismus wäre tatsächlich der einzige Antrieb, dann müsste jeder jedem mit tiefstem Misstrauen begegnen. Solidarität zwischen Arbeitnehmern etwa im Arbeitskampf funktioniert aber nur durch gegenseitiges Vertrauen.

Es gibt auch Unternehmer, die nicht nur ihren persönlichen Nutzen maximieren wollen, sondern auch Visionen für die Gesellschaft haben und an das Gemeinwohl denken. Ein berühmtes Beispiel dafür lieferte Henry Ford. Er wollte ganz sicher seinen persönlichen Wohlstand vermehren, so wie es das Postulat der Wirtschaftsliberalen vorsieht. Doch Ford hat nicht nur viel Geld verdient, er war auch fair zu seinen Mitarbeitern. Er verdoppelte ihre Gehälter und verkürzte die wöchentliche Arbeitszeit von 48 auf 40 Stunden. Die Mitarbeiter sollten sich später einmal selbst einen Ford leisten können.[3]

Verantwortungsvolles Unternehmertum wird in der klassischen Ökonomie nicht mit bedacht, wenn sie für ein Maximum an Freiheit für den Einzelnen und ein Minimum an Regeln argumentiert. Richtig ist, dass Unternehmen heutzutage oftmals einem harten Wettbewerb ausgesetzt sind und sich unter diesen Bedingungen kaum in der Lage sehen, das zu tun, was sie für richtig halten. Viele fordern daher bereits seit Längerem mehr politische Vorgaben und einen strengeren Ordnungsrahmen.[4] Hier setzt das Konzept der Wf4.0 an und schafft Raum für unternehmerische Tugenden.

Hayek und Friedmann

In zentralwirtschaftlicher Planung sah Friedrich August von Hayek (1899–1992) die Grundlage für besorgniserregende Radikalisierungen. In seinem Werk »Der Weg zur Knechtschaft« beschrieb er sozialistische Bestrebungen als Wegbereiter für Nationalismus und Totalitarismus. Diese Analyse leitet direkt über in Hayeks Forderung, staatlichen Interventionismus und die Planwirtschaft zurückzudrängen. Allerdings – und das wird häufig übersehen – war Hayek nicht der Meinung, das habe um jeden Preis und in jeder Hinsicht zu geschehen. Hayek sprach sich für sozialpolitische Maßnahmen aus, etwa für die Einführung eines Mindesteinkommens. Damit trug er der Erkenntnis Rechnung, dass Menschen sich nur entfalten können, wenn sie von der Sorge um die grundlegenden materiellen Bedürfnisse entlastet werden.[5]

Für Milton Friedman (1912–2006) manifestieren sich Rolle und Einfluss des Staates in der Staatsquote. Diese Kennzahl zeigt den Anteil der Staatsausgaben an der wirtschaftlichen Gesamtleistung einer Volkswirtschaft auf. Sie lag in Deutschland vor der Corona-Krise bei 45 Prozent und in Frankreich bei 55 Prozent.[6] Friedman fand, dass zehn Prozent genügen würden. Im Sozialstaat sah er ein teures Monster. Führerschein, Ärztelizenzen und Schulpflicht gehörten abgeschafft. Absurd seien staatliche Altersvorsorge und Mindestlohn.[7]

Der Wirtschaftsprofessor aus Chicago gilt als Schlüsselfigur für den Trend zum Ausverkauf staatlicher Unternehmen und dem Abbau von Regelwerken. Zunächst, in den 1980er-Jahren, verfolgten Ronald Reagan und Margaret Thatcher[8] seine Ideen. Später machte sich in fast allen Industriestaaten eine Art Liberalisierungseuphorie breit. Milton Friedman dürfte sich auch über das Ende des Goldstandards[9] gefreut haben. Seiner Überzeugung nach sollte der Staat nur durch die Ausweitung der Geldmenge zu wirtschaftlichem Wachstum beitragen.

Keynes

Bis zu Reagan und Thatcher waren die Thesen John Maynard Keynes (1883–1946) Leitbild der Wirtschaftspolitik gewesen. Keynes vertrat die Einschätzung, dass Regierungen in wirtschaftlich schweren Zeiten die Konjunktur durch staatliche Ausgaben und gegebenenfalls auch Schulden stützen sollten. In wirtschaftlich besseren Zeiten sollten die Schulden wieder getilgt werden. Gegen Mindestlohn und eine relativ hohe Staatsquote hätte Keynes wohl nichts einzuwenden gehabt.

Schon seit jeher berufen sich daher die Gewerkschaften auf den britischen Ökonomen. Denn Lohnzurückhaltung ist laut Keynes gerade in der Krise unangebracht. Schließlich können die Menschen dann weniger kaufen. Die zurückgehende Nachfrage schadet den Unternehmen, die weniger Umsatz machen. Schädlich ist es demnach auch, wenn sich die Sparkonten füllen. Die Güternachfrage sinkt und damit die Produktion.

Der ebenso weitsichtige wie legendäre Ökonom hat schon damals über wichtige, noch heute aktuelle Themen nachgedacht. Seine Überlegungen sind für das Konzept der Wf4.0 sehr relevant und sind hier an verschiedenen Stellen aufzugreifen.

1.1   Resilienz

Die Welt, wie wir sie kennen, ändert sich permanent. Manche Veränderungen geschehen relativ langsam, wie etwa der Klimawandel oder das Bevölkerungswachstum, andere vollziehen sich rasch. Preise für Nahrungsmittel oder Öl können plötzlich zulegen und eine Krise auslösen. Mit solchen spontanen Änderungen können wir recht gut umgehen. Der Mensch ist flexibel. Doch viele Krisen kommen schleichend, ihre Vorzeichen werden selten erkannt. Der Mensch ist nicht weitsichtig. »Resilienz« bemüht sich um diese Weitsicht.

Der Begriff in unterschiedlichen Kontexten

Der Begriff leitet sich aus dem lateinischen *resilire* ab, was sich als »zurückspringen« oder »abprallen« übersetzen lässt. Gemeint ist damit am ehesten »Widerstandsfähigkeit«. Eine andere Übersetzung könnte lauten: »Fehlerfreundlichkeit«. Im Kern beschreibt der Begriff die Toleranz eines Systems gegenüber Störungen.

Was mit Resilienz gemeint ist, hängt vom Zusammenhang ab. Die *Ökologen* befassen sich beispielsweise mit der Anpassungsfähigkeit von Lebewesen an die Erderwärmung. Der Weltstädteverband ICLEI[10] spricht von »Resilient Cities«, wenn eine Stadt gut auf den Klimawandel vorbereitet ist, also über Anpassungsstrategien für Extremwetterereignisse verfügt wie Trockenperioden, Hitzewellen oder Überflutungen. Auch die *Stadt- und Raumplaner* überlegen, wie sie ihre Stadt auf Hitzewellen oder Starkregen vorbereiten können. Die *Psychologen* betrachten unter anderem die psychische Gesundheit der Mitarbeiter eines Unternehmens. Damit kann auch die innere Haltung gemeint sein, also Vertrauen auf die eigenen Stärken, um auch einen Rückschlag wegstecken zu können. *Ingenieure* sorgen dafür, dass eine Waschmaschine keinen Totalschaden erleidet oder ein Atomkraftwerk nicht explodiert, bloß weil jemand versehentlich den falschen Knopf drückt.

Auch die *Wirtschaftswissenschaft* verwendet den Resilienzbegriff, häufig in Verbindung mit dem Wachstumsparadigma. Demnach beschreibt Resilienz die Fähigkeit einer Regionalwirtschaft, eines Unternehmens oder eines Landes, sich von Schocks rasch zu erholen und danach zu einem »nachhaltigen« Wachstumspfad zurückzukehren.[11] In dieser Perspektive steht das Bruttoinlandsprodukt im Fokus. Krisenfest ist, wer möglichst unbeschadet und möglichst schnell die Depressionsphase verlassen kann. Eine breite Produktpalette, viele Innovationen, neue Märkte und eine kräftige Inlandsnachfrage können demgemäß die Resilienz stärken.

Wachstum und Resilienz

Das Wachstumsparadigma wird von der Resilienzforschung der Mainstreamökonomie jedoch nicht infrage gestellt. Dass eine Abhängigkeit von möglichst hohen Wachstumsraten existiert und Abhängigkeit an sich ein problematisches Konzept darstellt, wird ausgeblendet. Statt zu untersuchen, welche Konzepte die Abhängigkeit lindern können, sollen noch mehr Produkte für neue Märkte, noch mehr Konsum, Innovationen und Investitionen die Wirtschaftsregion stabilisieren. Statt die Strategie zu ändern, gibt es mehr vom Gleichen, mehr von dem, was die Wachstumsabhängigkeit noch weiter steigert. Dementsprechend sind die Instrumente der kommunalen Wirtschaftsförderung bislang in erster Linie auf Wachstum ausgerichtet.

Man kann aber auch genau das Gegenteil annehmen: Je geringer die Abhängigkeit der Wirtschaft vom Wachstum ist, desto widerstandsfähiger ist sie. Besonders krisenfest sind Unternehmen demnach, wenn sie nicht wachsen müssen, etwa weil die Eigentümer nicht nach weiteren Gewinnsteigerungen streben. Stabilisierend wirkt sich zudem eine breite Streuung von Produkten und Dienstleistungen über verschiedene Branchen aus.

Jede Krise birgt auch eine Chance

Der oft zitierte Satz, dass »jede Krise auch eine Chance birgt«, ist in der Resilienzforschung nicht banal. Krisen eröffnen Möglichkeiten für Veränderung, Erneuerung und

Transformation. Das gilt vor allem, wenn die politischen und administrativen Strukturen und Abläufe besonders festgefahren sind. Wenn die Veränderungsbereitschaft einer Stadt oder Region gering ist und das System inflexibel, kann die Krise ein Treiber für auch drastische Veränderungen sein, die zuvor nicht durchsetzbar gewesen wären.[12]

In der Umweltpolitik spricht man schon seit Jahrzehnten von »Gelegenheitsfenstern«. Ein solches »Window of Opportunity« öffnete sich vor einigen Jahren durch den BSE-Skandal und ermöglichte Reformen in der Landwirtschaftspolitik, die zuvor auf breiten Widerstand gestoßen waren. Die Verfütterung von Tiermehl an Rinder wurde europaweit verboten.

Oft löst erst eine breite mediale Diskussion über ein Krisenphänomen Handlungsbereitschaft aus, mitunter auch Aktionismus. Statt nur reaktiv vorzugehen, wären die Entscheidungsträger vor Ort besser beraten, wenn sie ihre Kommune auf den Krisenzustand vorbereiteten. Das wird »evolutionäre Resilienz« genannt. Sie setzt auf einen vorausschauenden Umgang mit möglichen Krisen, Problemen, Widrigkeiten und kann so im Vorfeld schon viele kritische Situationen entschärfen.

Die kommunale ökonomische Resilienzforschung

Seit der Finanzkrise 2008 beschäftigt sich die Wissenschaft verstärkt mit kommunaler ökonomischer Resilienzforschung. Die Frage, wie und wodurch Regionen eine Krise am besten überstehen, hat an Bedeutung gewonnen. In der Fachliteratur lassen sich im Wesentlichen zwei Grundströmungen unterscheiden. Auf der einen Seite steht die Krisenfestigkeit gegenüber Schocks im Fokus. Resilienz wird wortwörtlich als »zurückspringen« verstanden. Das Streben ist darauf gerichtet, nach der Krise den vorherigen Zustand möglichst rasch wieder zu erreichen und den Gleichgewichtszustand des Ursprungsniveaus wiederherzustellen.

Auf der anderen Seite steht Anpassungsfähigkeit im Zentrum. Man geht davon aus, dass sich die Natur- und Gesellschaftsverhältnisse plötzlich ändern und radikal neu ausformen können. In diesem Sinne strebt Resilienz nicht nach Bewahrung eines bestehenden Zustands. Vielmehr ist sie eine dynamische, evolutionäre Fähigkeit, auf Stress und Spannungen zu reagieren – und sich mit den Rahmenbedingungen zu verändern.[13] Der bisherige Ist-Zustand soll nach der Krise nicht nur wiederhergestellt werden. Der Schwerpunkt liegt auf dem Widerstehen, auf der Widerstandsfähigkeit vor einer Krise. Es geht darum, wie robust eine regionale Wirtschaft als System ist und ob es gelingt, durch Neuorientierung und Erneuerung auf einen wirtschaftlichen Schock zu reagieren und die Funktionsfähigkeit zu erhalten.[14]

Fehlerfreundliche und anpassungsfähige Region

Das Konzept der Wirtschaftsförderung 4.0 folgt dem zweiten Ansatz. Ihrem Verständnis nach sorgt eine fehlerfreundliche und anpassungsfähige Region – und somit auch deren Ökonomie – dafür, dass das Leben auch in Krisenzeiten funktioniert und die Lebensqualität der Bürgerinnen und Bürger nicht beeinträchtigt wird. Dabei kommt es darauf an, dass sich die Region bis zu einem bestimmten Grad selbst versorgen kann. Möglich ist beispielsweise die teilweise Eigenproduktion von Lebensmitteln oder auch von Möbeln und Textilien. Dabei gewinnen Ehrenamt und informelle Arbeit genauso wie handwerkliche Berufe wieder an Bedeutung.[15]

Die Gemeinschaft und ihr Sozialkapital sind die entscheidenden Kriterien für die Widerstands- und Anpassungsfähigkeit von Individuen und Gruppen. Sie werden in der Resilienzforschung auch als »Shared Values« bezeichnet – gemeinsame Wertorientierungen. Demnach ergeben sich gute Voraussetzungen zur Krisenbewältigung durch sozialen Zusammenhalt und gemeinsame Werte.[16]

Zu den förderlichen Rahmenbedingungen zählen funktionierende soziale Netzwerke, Nachbarschaften, Wohngemeinschaften und ehrenamtliches Engagement. Besonders die Vernetzung von Akteuren aus unterschiedlichen Bereichen steigert die dezentralen Selbststeuerungspotenziale und erhöht die Handlungs- und Anpassungsfähigkeit einer Region.[17]

Indikatoren für Resilienz

Um die Resilienz von Regionen einzuschätzen, hat die Forschung Indikatoren aus den Bereichen Soziales, Wohnen, Verkehr, Flächennutzung, Energie und Wirtschaft zusammengetragen. Mit ihrer Hilfe lässt sich zeigen, wie gut auch im Krisenfall die Handlungsfähigkeit einer Region oder Stadt durch Flexibilität, Ressourcenausstattung und Sozialkapital erhalten bleibt. Internationale Wettbewerbsfähigkeit und die Durchökonomisierung aller Lebensbereiche sind demnach kein Garant für eine sichere Zukunft. Eine dezentrale Energieerzeugung, soziale Stabilität, Verfügbarkeit von land- und forstwirtschaftlichen Flächen sowie Arbeitsplätze vor Ort können bei der Krisenbewältigung weit mehr helfen.[18]

Für die Wirtschaftsförderung 4.0 sind noch weitere Indikatoren relevant, etwa der Umfang der Nahversorgung oder die Zahl der Unternehmen, die eine Gemeinwohlbilanz erstellen. Vor allem aber sind die Bürgerinnen und Bürger ein wichtiger Faktor für die Resilienz einer Region. Sie reagieren spontan und oft unvorhersehbar auf Krisenzustände. Wie in den Krisen der vergangenen Jahre in vielen EU-Ländern zu beobachten war, organisieren sie sich selbst und schaffen Netzwerke, etwa für das Teilen, Tauschen oder Leihen. Die Resilienzforschung befasst sich daher nicht nur mit statischen Faktoren, sondern orientiert sich daran, was Menschen konkret tun.[19]

Die höchsten Resilienz-Dividenden lassen sich von einer Wirtschaftsförderung erzielen, welche sowohl den Pfad der Robustheit als auch den der Anpassungsbereitschaft als wichtige Wege zur Stärkung der regionalen Ökonomie beschreitet. Die Stärkung der regionalen Kapazitätsbildung in Richtung Robustheit, Modularität, Redundanz, Diversität und Lernfähigkeit ist daher für die Wirtschaftsförderung 4.0 ein wichtiger Ankerpunkt, der sich zu den Anforderungen der Energie- und Ressourcenleichtigkeit im Sinne einer postfossilen Wirtschaft gesellt.[20]

Effektivität ist wichtiger als Effizienz

Eine »krisenfeste« Region und somit auch ihre Ökonomie ist bestrebt, dass das Leben in der Region auch in turbulenten Zeiten funktioniert und die Lebensqualität der Bürgerinnen und Bürger erhalten bleibt. Im Fokus steht mehr die Effektivität als die Effizienz. Nicht allein der günstigste Preis ist relevant, sondern auch die Herkunft und Entstehung eines Produktes. Dabei kommt es darauf an, dass sich die Region – bis zu einem bestimmten Grad – selbst versorgen kann. Das Wachstum des Bruttosozialproduktes ist dabei nicht der Maßstab. Die Bereitstellung von Basisgütern sowie handwerkliche Berufe gewinnen in einer »krisenfesten« Region ebenso an Bedeutung wie Ehrenamt und informelle Arbeit.

Zwar sollte man annehmen, dass die Kommunen und dort die relevanten Branchen bereits umfangreiche Konzepte haben, um die lokale Wirtschaft zu stärken. Doch in der Praxis ist das nur schwer erkennbar.

1.2   Informelle Ökonomie und Soziale Innovationen

Gut 17 Millionen Bundesbürger sind ehrenamtlich tätig.[21] Ihr Engagement zu unterstützen und zu fördern, betrachtet die Wirtschaftsförderung 4.0 als wichtiges Handlungsfeld. Die Bedeutung des »Dritten Sektors« – auch »Informelle Ökonomie« beziehungsweise »Informelle Arbeit« genannt – hat auch die Politik bereits erkannt. Im Jahr 2000 setzte der Deutsche Bundestag eine Enquete-Kommission zur »Zukunft des Bürgerschaftlichen Engagements« ein. Das Gremium erarbeitete einen Katalog von Empfehlungen, wie sich die Bundesrepublik auf den »Weg in eine zukunftsfähige Bürgergesellschaft« machen kann. Umgesetzt wurde davon allerdings nur die

Verbesserung des Unfallversicherungsschutzrechts von ehrenamtlich Tätigen. Die Wirtschaftsförderung 4.0 sieht dagegen eine systematische Förderung des Engagements vor, zumal die Informelle Ökonomie an Bedarfsorientierung, Selbstbestimmung und Selbstverwaltung orientiert ist.[22]

Wie »soziale Innovationen« entstehen und wie sie sich durchsetzen können, haben in den vergangenen Jahren zahlreiche Forschungsarbeiten – insbesondere in der Sozial- und Umweltpsychologie und in den Sozialwissenschaften – untersucht. Gemeint sind neue soziale Praktiken, also auch die Entwicklungen, die von der Wirtschaftsförderung 4.0 angestoßen werden sollen. Maßgeblich ist demnach die gesellschaftliche Kommunikation über neue Denkweisen und Verhaltensmuster, beispielsweise innerhalb von sozialen Netzwerken.

Auch die Einstellungen und Ansichten der Adressaten sind entscheidend, also derjenigen, die ihre Gewohnheiten verändern sollen. Nur wer potenziell bereit ist, sich zu verändern, und die Möglichkeiten dafür als gegeben sieht, wird offen sein für mögliche Neuerungen.[23] Diejenigen, die etwas ausprobieren, sind die Innovatoren. Wenn es gut läuft, lassen sich weitere Menschen davon anstecken und in der Folge gibt es noch mehr Nachahmer. Die Wf4.0 kann sowohl ganz zu Beginn eine Innovation in die Welt bringen als auch dazu beitragen, dass neue Verhaltensmuster weitere Bereiche durchdringen.

1.3 WBGU: Große Transformation

Der Wissenschaftliche Beirat der Bundesregierung Globale Umweltveränderungen (WBGU) spricht sich in seinem Hauptgutachten 2011 für eine »Große Transformation« aus. Das derzeitige kohlenstoffbasierte Weltwirtschaftsmodell bezeichnet der Beirat als »unhaltbaren Zustand«, da es die Stabilität des Klimasystems und damit die Existenzgrundlage künftiger Generationen gefährdet. Notwendig ist demnach ein Wandel in Richtung Langfristigkeit und Zukunftsfähigkeit, um Nachhaltigkeit auf allen Ebenen zum Leitbild zu machen.[24]

Doch wie groß ist die Wahrscheinlichkeit, dass Kommunen bei dieser *Großen Transformation* mitmachen? Darauf nur zu warten, wäre mit großer Ungewissheit verbunden, möglicherweise naiv. Der Wandel wird eher gelingen, wenn die Menschen an der Basis, die sich bereits auf den Weg gemacht haben, Unterstützung von oben erhalten. Die Transition-Town-Bewegung mit Hunderten von lokalen Initiativen steht exemplarisch für das vorhandene zivilgesellschaftliche Engagement. Es kann sich besonders gut entfalten, wenn die Regierenden in Bund und Ländern förderliche Rahmenbedingungen schaffen. Genau das schlägt die Wirtschaftsförderung 4.0 vor.

Die Wf4.0 versteht sich als Bestandteil der »Großen Transformation«. Um die aus Sicht des WBGU erforderliche Wende zur Nachhaltigkeit zu beschleunigen, fordert der Beirat, Pioniere des Wandels zu fördern und zu ermutigen. Neben den schon etablierten Initiativen soll die Politik auch spontane gesellschaftliche Netzwerke ausfindig machen und sie als Partner gewinnen. Parteien und Verbände sollen sich verstärkt für die neuen Akteure öffnen und ihnen Entfaltungsräume und Experimentierfelder bieten, schlagen die Wissenschaftler vor, da deren Anliegen in der herkömmlichen Willensbildung bislang zu wenig Berücksichtigung finden.[25]

Es geht also nicht um die Frage, ob Top-Down oder Bottom-Up der bessere Ansatz wäre. Angezeigt ist vielmehr ein Gegenstromverfahren. Die Wf4.0 kommt zwar von oben, sie hat jedoch lediglich die Aufgabe, die Initiativen von unten zu stärken.

Die Wirtschaftsförderung 4.0 hat ihre Grundlagen in verschiedenen Forschungsrichtungen und Konzepten. Ihre Ziele und Absichten liegen im Trend der Zeit. Allenthalben ist die Rede von Gemeingütern, solidarischen und kooperativen Wirtschaftsformen. Es gibt bereits vielfältige Initiativen, Unternehmungen und Gruppen, die sich aus innerer Motivation für eine nachhaltige Lebenspraxis entschieden haben. Doch anstatt diese Entwicklung nur zu beobachten, ist es an der Zeit, sie gezielt zu unterstützen und anzuregen.

2 Das Konzept

Die klassische etablierte Wirtschaftsförderung fokussiert sich zumeist auf rein gewerbliche Unternehmen. Sie möchte Wettbewerbsfähigkeit, Innovationskraft und Wachstum begünstigen. Bis heute bilden der Clusteransatz, regionale Innovationssysteme, Technologiezentren etc. den gängigen Orientierungsrahmen für Wirtschaftsförderungen. Diesen Orientierungsrahmen möchte die »Wirtschaftsförderung 4.0« (Wf4.0) erweitern.

Das Konzept der Wf4.0 betrachtet die gesamte Wirtschaft einer Stadt oder Region und geht damit über die Unternehmensförderung hinaus. Die Wf4.0 widmet sich der systematischen Förderung von regionalen Wertschöpfungsketten und der Gemeinwohlwirtschaft. Das Konzept ist grundsätzlich geeignet, die Krisenanfälligkeit einer Region sowie deren Wachstumszwang zu mildern. Die Wf4.0 sucht zugleich nach Wegen, Ressourcengerechtigkeit und Klimaschutz zu stärken.

Die Handlungsfelder der Wf4.0 bergen Potenziale zur Sicherung und Schaffung von Arbeitsplätzen, nicht nur ehrenamtlich, sondern auch für den Lohnerwerb. Beispielsweise sind durch den Boom beim Carsharing viele Jobs entstanden. »Alternative Energien« wurden lange Zeit belächelt, inzwischen sichern sie das Auskommen von Hunderttausenden Handwerkern und Ingenieuren. Beide Entwicklungen haben ihren Ursprung in bürgerschaftlichem Engagement.

Zudem tragen viele lokale Initiativen zur wirtschaftlichen Stabilität bei. Wie solche Initiativen, etwa im Sharingbereich, zu unterstützen sind, das wurde vom Wuppertal Institut analysiert und modellhaft erprobt – gefördert vom Bundesministerium für Bildung und Forschung.

Die Formulierung, das Konzept der Wf4.0 betrachte die »gesamte Wirtschaft«, zielt darauf ab, dass Ökonomie nach einer allgemeinen Definition die Gesamtheit aller Einrichtungen und Handlungen ist, die »der planvollen Befriedigung der Bedürfnisse dienen«. Zu den wirtschaftlichen Einrichtungen gehören demnach Unternehmen, private und öffentliche Haushalte, zu den Handlungen des Wirtschaftens Herstellung, Absatz, Tausch, Konsum, Umlauf, Verteilung und Recycling/Entsorgung von Gütern.

Es geht also nicht allein um auf Geld basierten Austausch. Das wird schon dadurch deutlich, dass mehr als die Hälfte aller geleisteten Arbeit nicht bezahlt wird, etwa die Betreuung von Kindern, die Pflege von Angehörigen oder auch Haus- und Gartenarbeit. Für solche Tätigkeiten wenden privaten Haushalte 35 Prozent mehr Zeit auf als für die bezahlte Erwerbstätigkeit.[26] Ohne diese unentgeltlichen Formen der Wirtschaft könnte auch der erwerbliche Bereich nicht existieren.

Der Titel »Wirtschaftsförderung 4.0« knüpft an die Formulierung »Wirtschaftsförderung 3.0«[27] an und versteht sich in Anlehnung an das Projekt »Industrie 4.0«, mit dem die Bundesregierung die Digitalisierung der Industrie fördern will. In Osnabrück wird das Konzept der Wf4.0 inzwischen unter dem Titel »Nachhaltiges regionales Wirtschaften« weitergeführt. Die Städte Wuppertal, Witten und Witzenhausen erproben es zunächst bis Ende 2022.

Die verschiedenen Handlungsbereiche der Wf4.0 werden hier als Geschäftsfelder bezeichnet.

Abbildung 1: Die Geschäftsfelder der Wf4.0 (Grafik: Wuppertal Institut 2020)

2.1 Von den Anfängen der regionalen Wirtschaftsförderung bis zur Wirtschaftsförderung 4.0

Langfristiger Wandel (Klima, Demografie, Energie, Ressourcenknappheit) und sich stets erneuernde ökonomische Herausforderungen verlangen nach Transformationsanstrengungen und fordern die Anpassungsfähigkeit von Wirtschaft und Gesellschaft heraus. Neben weltweiten Vereinbarungen zur »großen« Transformation[28] in Richtung einer klimaverträglichen und nachhaltigen Weltwirtschaftsordnung, wie etwa das Pariser Klimaabkommen und die UN-Nachhaltigkeitsziele, kommt der lokalen und regionalen Handlungsebene für konkrete Schritte der Transformation eine große Bedeutung zu.

Den Fokus auf die lokale und regionale Handlungsebene richtet auch die Wissenschaft wieder zunehmend. Auf Ansätze in den Transformationswissenschaften[29], der Stadt- und Regionalforschung[30] sowie in der Postwachstumsdebatte[31] sei verwiesen.

Je früher sich Regionen auf die Herausforderungen des Wandels vorbereiten, desto eher und besser werden sie künftigen Krisen und Schocks begegnen können. Wie können also Handlungsschritte für eine resiliente Regionalentwicklung in einer »reduktiven Moderne«[32] aussehen, die einerseits die Nachhaltigkeitserfordernisse der Energie- und Ressourcenleichtigkeit, der Emissionsreduktion und der Minderung des Flächenverbrauchs erfüllt, aber andererseits auch neue Entfaltungsmöglichkeiten für wirtschaftliche, gesellschaftliche und persönliche Entwicklung schafft?

Regionalentwicklung und Wirtschaftsförderung werden gut daran tun, sich frühzeitig mit den Anforderungen und Perspektiven einer veränderten Wirtschaftsweise zu befassen und die Pioniere der Entwicklung zu unterstützen.

Vier Phasen regionaler Wirtschaftsförderung[33]

Die Wirtschaftsförderung 4.0 beschreibt ein neues Paradigma, welches die bisherigen Themen der Wirtschaftsförderung und Regionalentwicklung um ein neues Thema erweitert. Betrachtet man diese »Mantren«[34] der regionalen Wirtschaftsförderung, so hat in den vergangenen Jahren vor allem der Clusteransatz starke Verbreitung gefunden, was den Regionalberater Arno Brandt bewogen hat, diesen Mainstream als »Wirtschaftsförderung 3.0« zu bezeichnen[35].

Insofern kann man die neue Phase der Wirtschaftsförderung in einer stärker auf Resilienz ausgerichteten Regionalentwicklung auch als »Wirtschaftsförderung 4.0« bezeichnen, wie es dieser Bericht mit Betonung kooperativer Wirtschaftsformen in

Kommunen vertritt und damit dem Additiv eine andere Konnotation als üblich gibt. In der Debatte um die Digitalisierung der Wirtschaft[36] wird die digitale Vernetzung von Produkten und Prozessen in der Industrie als »Industrie 4.0« bezeichnet. Die Wirtschaftsförderung 4.0 kümmert sich jedoch nicht allein um Produktionsaspekte, sondern auch um Distribution, Konsumtion und die Verknüpfung mit gesellschaftlichen Prozessen.

Im Zwischenbericht[37] werden die verschiedenen Phasen der regionalen und kommunalen Wirtschaftsförderung seit den 1950er-Jahren nachvollzogen. Die Einteilung in vier Phasen erfolgt aufgrund der jeweils zugrundeliegenden wissenschaftlichen Argumentationen und der im Vordergrund der Periode stehenden Maßnahmen.

Dahinter stehen deutlich differenziertere Positionen, die für die ersten beiden Phasen der Wirtschaftsförderung im Text erläutert sind, während die dritte Phase angesichts der Zeitnähe in drei Teilorientierungen aufgeteilt ist. Abbildung 2 zeigt die vier Phasen der Wirtschaftsförderung und die ihnen zugrundeliegenden Themen.

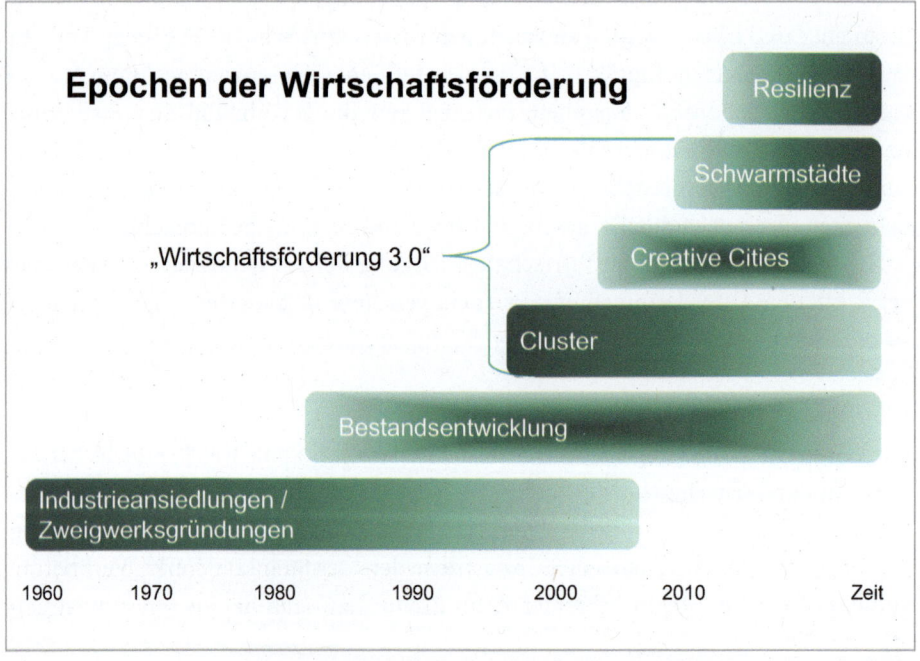

Abbildung 2: Phasen und Themen der Wirtschaftsförderung; Eine ausführliche Darstellung findet sich im Zwischenbericht von Ulf Hahne: Resilienzökonomie und Wirtschaftsförderung 4.0 (www.wirtschaftsfoerderungviernull.de/berichte/zwischenergebnisse/)

Wirtschaftsförderung 1.0

Die regionale Wirtschaftspolitik zielt seit ihren Anfängen in den 1950er-Jahren auf die »Ausschöpfung der regionalen Entwicklungsmöglichkeiten« bei Aufrechterhaltung eines »Mindeststandards an Einkommenserzielungsmöglichkeiten in allen Teilräumen«.[38]

Die Regionalpolitik verfolgte dabei drei grundlegende Ziele: Das *Gerechtigkeitsziel* fordert die Verminderung der räumlichen Disparitäten, auf EU-Ebene formuliert als Förderung des wirtschaftlichen, sozialen und territorialen Zusammenhalts (Art. 3 Abs. 3 Lissabon-Vertrag). Das *Stabilitätsziel* richtet sich auf die Minderung der konjunkturellen und strukturellen Anfälligkeit der Regionen. Gemäß dem *Wachstumsziel* schließlich sollen in den Regionen die »Voraussetzungen für ein gesamtwirtschaftlich optimales und umweltfreundliches Wirtschaftswachstum« geschaffen werden.[39] Dass dies kein konsistentes, sondern ein widersprüchliches und konfliktäres Zielsystem war, wurde früh in der Wissenschaft diskutiert.[40]

Die regionale Strukturpolitik in Deutschland begann in den 1950er-Jahren mit der Unterstützung in »Notstands- und Sanierungsgebieten«, die unter dem Aspekt der mangelnden Erwerbsmöglichkeiten abgegrenzt wurden, hinzu kam bald das Zonenrandgebiet. Der Bund unterstützte die Länder mit eigenen Förderprogrammen, obwohl die Verfassungskompetenz allein bei den Ländern lag.

In den 1960er-Jahren kam ein Push-Effekt dazu: Denn angesichts der zunehmenden Vollbeschäftigung und daraus resultierenden Arbeitskräfteknappheit in den Verdichtungsräumen waren viele Unternehmen zur Dezentralisierung gezwungen und verlagerten Betriebsteile in die peripheren Regionen mit hohem Arbeitskräftepotenzial. Die Kapitalmobilität wurde zudem durch die Pull-Faktoren der Kostenvorteile peripherer Regionen sowie der eingesetzten Förderanreize erhöht. Industrieansiedlungen und Zweigwerksgründungen können daher als typische Zielobjekte der Phase »Wirtschaftsförderung 1.0« angesehen werden.

Die wirtschaftlichen Auswirkungen der Rezession 1966/67 stellten die Regionalpolitik vor eine neue Situation, da neben den bisherigen Fördergebieten die Rezession besonders die monostrukturierten Industriegebiete des Steinkohlenbergbaus betraf. Aufgrund des hohen Handlungsbedarfs und ermöglicht durch eine große Koalition auf Bundesebene wurden die regionalpolitischen Förderansätze ausgebaut. Zudem wurde die Bezuschussung der Länderaktivitäten durch den Bund auf eine grundgesetzlich legitimierte Basis gehoben und in der Bund-Länder-Gemeinschaftsaufgabe »Verbesserung der regionalen Wirtschaftsstruktur« (Art. 91a GG) verankert.

Diese regionale Wirtschaftsförderung der »ersten Stunde« wurde theoretisch von der Exportbasistheorie gestützt. Demnach werden fernabsatzorientierte Unternehmen als »förderungswürdig« eingestuft, eine »Positivliste« legt die Branchen fest, welche »der Regel nach« einen überörtlichen Absatz erzielten (Exportbasiseffekt gemäß der Economic-Base-Theory). Die Grenze der »Fernabsatzorientierung« wurde auf 50 Kilometer festgelegt. Dieser Förderansatz hat sich bis heute erhalten (auch wenn einige neuere Elemente hinzugekommen sind) und erlangte erneut nach der Wiedervereinigung in den neuen Ländern eine bedeutende Rolle zum Aufbau von wirtschaftsnaher Infrastruktur und bei der Förderung von unternehmerischen Investitionen.

Die Zeit der beschäftigungsbedeutsamen Industrieansiedlungen und Betriebsverlagerungen ging in den 1970er-Jahren langsam und in den 1980er-Jahren deutlich zurück. Nach der Wiedervereinigung erlebte das Instrumentarium einen neuen Boom, indem mit teils sehr hohen Förderanreizen Investitionskapital in die neuen Länder gelenkt wurde. Manche Großinvestition lässt sich nur vor dem Hintergrund von Investitionszuschüssen in Höhe von bis zu 50 Prozent der Investitionssumme erklären.

Wirtschaftsförderung 2.0

Mit dem Rückgang mobiler Unternehmen richtete sich der Blick der Wirtschaftsförderung in den 1980er-Jahren auf andere Komponenten der wirtschaftlichen Entwicklung. Der Bestand an Unternehmen mit den unterschiedlichen Phasen von der Gründung über das Wachsen und Schrumpfen bis hin zu Insolvenz, Schließung oder Neustart rückte in das Zentrum der regionalwissenschaftlichen Debatten und der Praxis der Wirtschaftsförderung.

Die Wissenschaft untersuchte daher die Entfaltung des »endogenen Potenzials«[41] und befasste sich mit der Tatsache, dass wesentlich mehr Arbeitsplätze in den Phasen des Wachsens und Schrumpfens von Unternehmen bewegt werden als durch Verlagerungen und Neuansiedlungen beziehungsweise durch Schließungen.[42] Seither steht die Bestandsentwicklung (häufig fälschlicherweise als »Bestandspflege« bezeichnet) im Vordergrund der Maßnahmen der Wirtschaftsförderung. Bestandsentwicklung bedeutet die Unterstützung bestehender Unternehmen in ihrer Entwicklung – von der Flächenbereitstellung über die Personalentwicklung bis zur Fördermittelberatung.

Als besonderer Teilbereich innerhalb der Bestandsentwicklungspolitik prägte sich die Unterstützung von Gründungen, insbesondere auch technologieorientierter

Gründungen, heraus.[43] Letzteres wurde häufig unter dem Stichwort »Innovations-orientierte Regionalpolitik« diskutiert. Technologie- und Gründerzentren, Ven-ture-Kapital und spezielle Beratungsformate sind die wesentlichen Instrumente, die eingesetzt werden. Die gesamte Phase der Konzentration auf die Bestandsentwick-lung von Einzelunternehmen kann als Wirtschaftsförderung 2.0 bezeichnet werden.

Wirtschaftsförderung 3.0

Die nächste große Phase war in der Bestandsorientierung implizit angelegt: die stärkere Vernetzung der in der Region aktiven Unternehmen. So wurden schon die Technologie- und Gründerzentren so aufgestellt, dass die Unternehmen nicht nur Gemeinschaftseinrichtungen nutzen konnten. Auch der Erfahrungsaustausch der jungen Unternehmen untereinander und der Leistungstransfer zwischen den Unter-nehmen wurde angeregt.[44]

Die Vernetzung von Unternehmen verwandter (Wachstums-)Branchen unterei-nander sowie mit zuarbeitenden Forschungseinrichtungen und fördernden Institu-tionen wurde dann zur »Cluster-Politik«. Populär wurde der Cluster-Begriff Ende der 1990er-Jahre durch den US-Ökonom Michael Porter und fand als »Wirtschafts-förderung 3.0« breite Anwendung auch in Deutschland.[45]

Mit der stärkeren Berücksichtigung der vor- und rückwärtigen Verflechtungen entlang der Wertschöpfungsketten innerhalb von Branchen und über Branchen-grenzen hinweg zogen seitdem vielfältige Clusterinitiativen in die Regionalentwick-lung ein. Zu unterscheiden ist zwischen Clustern mit unverbundenen und Clustern mit verbundenen Unternehmen. Während die Vorteile Letzterer für regionale Viel-falt, Flexibilität, Spezialisierungsmöglichkeiten und Resilienz auf der Hand liegen, haben auch Branchenhäufungen mit wenig verbundenen Unternehmen Vorteile: Sie können zu einem quantitativ bedeutsamen Arbeitsmarktsegment und auch zur Stär-kung ortsansässiger Dienstleister und Forschungseinrichtungen führen, wovon wie-derum die Gruppe der unverbundenen Unternehmen profitiert.

Ein neues Thema für die Wirtschaftsförderung brachte der Soziologe und Öko-nom Richard Florida mit seiner These der herausragenden Bedeutung der kreativen Klasse und kreativen Industrie auf.[46] Florida leitete aus der Betrachtung von Met-ropolregionen in den USA die Regel ab: Je größer die Anzahl der Kreativen in einer Stadt sei, desto stärker sei auch die Wirtschaftskraft dieser Stadt.

Damit wurde die Kreativität zum zentralen Motor der Wirtschaft erhoben, weil zum einen die Kreativen selbst als Firmengründer und Ideengeber in wissensintensiven Bereichen auftreten und weil zum anderen die Kreativen zu einem positiven, dynamischen, offenen Image von Stadt und Region beitragen und daher als Attraktionsfaktor für andere ökonomische Kräfte wirken würden. Daher würden, so Floridas Behauptung, nicht mehr die Menschen den Jobs, sondern die Jobs den Kreativen folgen. Und somit hätte jede Region die Chance, ihre Prosperität durch die Ansiedlungen von Kreativen zu erhöhen, durch die Förderung von Technologieunternehmen, Toleranz und Talenten – die drei »T« von Florida.

Seither setzte ein Boom ein, neben technologieorientierten Unternehmen auch die Kreativitäts- und Kulturwirtschaft zu fördern. Länder erstellten Kulturwirtschaftsberichte, Städte erhöhten ihr Augenmerk auf die Kulturwirtschaft und brachten Investitionen vor allem in prestigeträchtige Kulturbauten und kulturtouristische Events in den Standortwettbewerb ein. Hierbei stand auch der »Bilbao-Effekt« Pate – eine Metapher, die für die erfolgreiche Renaissance der Stadt Bilbao in Spanien gewählt wurde, deren bekanntestes Symbol der ikonische Bau des Guggenheim-Museums war. Tatsächlich aber umfasste die erfolgreiche Konversion Bilbaos eine Reihe weiterer städtebaulicher und wirtschaftsfördernder Maßnahmen.[47]

Das Beispiel Bilbao zeigt, wie viele andere Langfriststudien zum sozioökonomischen Strukturwandel auch, dass erst in mittlerer Sicht Erfolge einer gezielten Umwandlungspolitik zu sehen sind, die zudem schwer auf Einzelmaßnahmen zurückführbar erscheinen. Zur These Floridas, dass die Jobs den Kreativen folgen würden, stellt der Wirtschaftsgeograph Rolf Sternberg schlicht fest, dass sich dies weder empirisch untermauern noch durch politische Maßnahmen kreieren lasse.[48]

Zweifellos gehört Florida mit seiner Orientierung auf die »3 T« in den Kontext der Wirtschaftsförderung 3.0, welche alle Maßnahmen zur Förderung der Wissensgesellschaft umfasst.[49] Auch die Reurbanisierung der Städte als das jüngste Schlagwort, das derzeit in der deutschen Debatte stark diskutiert wird, kann in diesen Kontext gestellt werden. Diese entpuppt sich als ein sehr selektiver Prozess, der nur eine spezifische Gruppe von Städten erfasst und dort zu erheblichen Zuzugseffekten führt. Diese Städte werden daher als »Schwarmstädte« bezeichnet.[50] Der Prozess beruht dabei auf der Zuwanderung bestimmter Alterskohorten.

Wenn die Wissensgesellschaft durch eine Zunahme hochwertiger Bildungsabschlüsse gekennzeichnet ist, dann sind die Städte Gewinner des Prozesses, welche in der Phase der Bildungswanderung ihre Attraktivität ausspielen können. Dies gelang in den vergangenen gut zehn Jahren besonders den Städten mit Hochschulen und Universitäten gut. Dabei ragen vor allem mittelgroße Städte heraus wie Heidelberg,

Würzburg, Jena, Freiburg oder Münster. Fast alle Landkreise in Deutschland sind die Verlierer dieser Entwicklung.

Viel spannender für die Wirtschaftsentwicklung einer Stadtregion – und damit die Wirtschaftsförderung – ist die nachfolgende Phase: Wohin gehen die Berufsanfänger, inwieweit lassen sie sich in der Region halten und tragen mit ihrem erworbenen Wissen zur Wirtschaftsentwicklung bei? Die Empirie zeigt klar die hohe Bedeutung der Metropolen wie Frankfurt am Main, Düsseldorf, München, Berlin, Köln, Stuttgart, Leipzig und Hamburg für diese Wanderungskohorte.[51] Einige der großen Gewinner der Ausbildungswanderung gehören hier zu den starken Verlierern, zum Beispiel Würzburg, Bayreuth, Passau, Frankfurt/Oder, Trier und Marburg.

Das heißt: Den sehr stark von den Universitäten geprägten mittelgroßen Städten gelingt es häufig nicht, ihr gutes Potenzial an Hochqualifizierten (»Kreativen«) in ihrer Region zu binden. Damit ist deutlich, wo die Weiterentwicklung einer Wirtschaftsförderungspolitik 3.0 liegen wird: In Ansätzen zum Halten der in der Bildungswanderungsphase in die Region Gewanderten beziehungsweise im Bemühen um Rückwanderung bei Berufseintritt.

Auf die anderen Phasen der Kohortenwanderungen sei an dieser Stelle nicht eingegangen, obwohl auch sie Ansatzpunkte für Aspekte der Wirtschaftsförderung und Stadtentwicklung bieten (beispielsweise im Bereich der Wanderung Älterer durch eine Stärkung von touristischen, kulturellen und gesundheitlichen Angeboten; typische Regionen mit derartigen Standortfaktoren sind die Küstenregionen und das Voralpenland).

Der Übergang zur Wissensgesellschaft führt damit zu einer noch stärkeren Konzentration der Wirtschaftsentwicklung auf die Städte und zu einem verschärften Wettbewerb um künftige Entwicklungschancen einer »wissensbasierten Innovationsökonomie«.[52] In der Konsequenz sind weitere Beschleunigungen sowohl des Strukturwandels als auch der Auf- und Abwertungen von Standorten zu erwarten. Über die bisherigen Aufgaben hinaus wird sich die regionale und kommunale Wirtschaftsförderung daher auch der Frage der resilienzerhöhenden Strukturen und Eigenschaften der Wirtschaft vor Ort widmen müssen. Dies wird hier als »Wirtschaftsförderung 4.0« bezeichnet.

Wirtschaftsförderung 4.0

Die Wirtschaftsförderung 4.0 fragt nach den Aspekten, Regionen widerstands-, anpassungs- und zukunftsfähiger zu machen. Resilienz meint nicht die Rückkehr auf altbekannte Pfade (»bounce back«), sondern einen dynamischen Wandlungsimpuls, der von systemischen Gefährdungen – nicht nur kurzfristigen Krisen – ausgeht und in einen fortwährenden Lern- und Anpassungsprozess mündet. Zugleich nimmt die Wirtschaftsförderung 4.0 den Impuls der derzeit rasch entstehenden Initiativen kollaborativen Wirtschaftens und anderer Formen kollektiver Produktion auf.

Der Hauptansatzpunkt der resilienten Regionalentwicklung liegt in einer Veränderung des Verhältnisses zwischen Eigen- und Fremdversorgung einer Region und in einer neuen Balance zwischen Nähe und Ferne. In einer reduktiven Moderne rücken regionale Handlungsverflechtungen und lokale Transformationen in den Vordergrund.

Sichtbarer Ausdruck einer wachsenden Orientierung auf die regionale Basis des Wirtschaftens und die Erhöhung des Grades der Selbstversorgung ist der Energiebereich, in welchem zahlreiche Kommunen und Regionen das Ziel einer hundertprozentigen Eigenversorgung mit erneuerbaren Energien anstreben. Der regionalen Wirtschaftsentwicklung kommt entgegen, dass die Bereitschaft, sich bei regionaler Versorgung mit regionalem Kapital und regionaler Kaufkraft zu beteiligen, wächst. Dies lässt sich an der Gründung zahlreicher regionaler Energiegenossenschaften ablesen, aber auch im Bereich der Lebensmittelversorgung an den Trends zu regionalen Produkten oder zur Beteiligung an neuen Formen der Erzeugung wie Urban Gardening oder regionalen Bürgerkapitalgesellschaften in der Landwirtschaft.[53] Auch regionale Crowdfunding-Aktionen gehören zu neuen Finanzierungsinstrumenten in der Region.

Neben dem Kapitaleffekt gehen von regionalen Kooperationen zwischen Produzenten und Konsumenten auch Preiseffekte aus. Das Argument der regionalen Herkunftsgüte kann dabei Preiserhöhungsspielräume bereithalten, die der regionalen Wertschöpfung zugutekommen. Aber auch preisdämpfende Effekte können von langfristigen Vereinbarungen zwischen Konsumenten und Produzenten in der Region ausgehen, weil beide Seiten kurzfristigen Marktpreisschwankungen entgehen. Ähnlich kann die Verkettung der Produzenten in der Region preissenkende Effekte haben, indem Schritte der Wertschöpfungskette internalisiert werden (zum Beispiel durch eine Regionallogistik) und die Abhängigkeit von Großlieferanten mit großer Marktmacht reduziert werden können.

Einige der genannten Handlungsfelder zeigen Bereiche auf, in denen Produktion und Konsum zusammengeführt werden. Wenn Produzenten mit ihrer Produktion auch Teile ihres eigenen Bedarfs decken, werden sie zu »Prosumenten«. Dies gilt nicht nur für Ernährung und Energie, sondern trifft auch auf handwerkliche und technische Bereiche sowie auf Haushalts- und persönliche Dienstleistungen zu, in denen trotz fortschreitender Professionalisierung eine hohe Bereitschaft besteht, Dinge selbst herzustellen, die eigenen Fähigkeiten einzusetzen und Selbstwirksamkeit zu erfahren.

Häufig wird dies auch gemeinschaftlich erledigt, so dass Fertigkeiten und Arbeit geteilt oder getauscht werden können. Subsistenzarbeit ist ein wesentlicher Teil der Ökonomie zum Beispiel in der Haushaltstätigkeit. Selbstsorge und Selbstwirksamkeit[54] sind Motivatoren für Eigentätigkeit, können aber auch Quelle von wirtschaftlicher und gesellschaftlicher Innovation werden, indem sie konsum- und materialreduzierend wirken und neue Produkte und Dienstleistungen entwickeln.

Ein weiterer wichtiger Ansatzpunkt für eine reduktive Moderne liegt in der Reduktion des Ressourcenverbrauchs, der nicht nur durch Preissignale und staatliche Interventionen erreicht werden kann, sondern auch durch veränderte Konsumstile angestoßen wird. Die Verringerung des Ressourcenverbrauchs baut auf die Nutzungsverlängerung und -intensivierung von Produkten und hat eine geographische Komponente.[55] Die Verlängerung von Produktlebensdauern und die Möglichkeiten der Nutzungsintensivierung findet sich in den Ansätzen des gemeinsamen Nutzens und Teilens (Sharing-Ökonomie: Nutzen statt Besitzen)[56] sowie der Gemeinwohlökonomie.[57]

Suffizienz beruht damit nicht mehr auf Appellen an den Konsumverzicht, sondern erweitert die Möglichkeits- und Handlungsräume der Einzelnen durch gemeinschaftliches Vorangehen. So finden sich im Bereich von Bauen und Wohnen neue Formen gemeinschaftlicher Bauträgerschaften, die auch als »nicht-verkäuflich« geltende Grundstücke erschließen, oder auch die Zunahme nicht-monetärer Bestandteile der Miete (zum Beispiel »Wohnen für Hilfe«).

Der Gedanke des Teilens kann dabei auch helfen, Innovationszyklen zu verkürzen: So schaffen offene Werkstätten und Fabrikations-Laboratorien (»Fab-Labs«) die Möglichkeit für Tüftler, Entwickler und Nutzer, hochwertige Technologien (etwa Lasercutter, CNC-Fräsen, 3D-Drucker) sowie eine Arbeits- und Lernumgebung kostengünstig bereitzustellen. Somit geht von der gesellschaftlichen Entwicklung neuer Formen des kollaborativen Wirtschaftens ein starker Impuls für die Debatte um ein geeignetes Transformationsdesign für die reduktive Moderne aus.

Wirtschaftsförderung und Regionalentwicklung gewinnen mit der Blickweitung auf Resilienz und reduktive Moderne eine Erweiterung ihrer Handlungsfelder hinzu, indem sie sich der Aufgabe stellen, die Produktions- und Konsumkreisläufe im räumlichen Bezug zu verändern. Aufgaben dieser Handlungsperspektive lauten:

Neue Wirtschaftsverflechtungen in der Region knüpfen	Gezielt Lücken in den Wertschöpfungsketten schließen	Kollektive Formen der Produktion anregen
Tauschplattformen unterstützen	Unternehmensgründungen auch im Bereich des kollaborativen Wirtschaftens anregen und durch Beratungs-, Vernetzungs- und Raumangebote unterstützen	Offene Werkstätten anbieten
Gemeinschaftsräume für Geräte und Werkstätten in Stadtteilen und Wohnblocks anregen	Mischnutzungen und Zwischennutzungen als Wege der Gewerbeentwicklung und Kulturförderung etablieren	Gewerbegebiete als Lebensräume attraktivieren durch Freiräume, Grünanlagen, Mobilitätsangebote, Fab-Labs etc.
Urbane Gebiete als neue baurechtliche Möglichkeit zur Mischung von Wohnen und Gewerbe zielgerichtet einsetzen	Neue Finanzierungsformen und Einbeziehung regionalen Kapitals entfalten	Regionale Verrechnungssysteme zur Stärkung regionaler Wertschöpfungskreisläufe und zur Entfaltung von Tauschleistungen anbieten (von Zeitwährungen bis zum Regiogeld)
Neue Wege des Regionalmarketings aktivieren (von regionalen Tauschplattformen über regionale Labels bis hin zu regionalen Verrechnungssystemen)	Räumliche Konsequenzen mitdenken (Flächennachfrage, Möglichkeiten der Zwischennutzung, veränderte Logistik und Mobilität etc.).	

Wirtschaftsförderung – ein Tätigkeitsbereich im Wandel

Der Überblick über die Phasen der kommunalen und regionalen Wirtschaftsförderung in der Geschichte der Bundesrepublik Deutschland seit den 1950er-Jahren zeigt den Wandel der Tätigkeitsfelder. Immer wieder sind neue Aufgaben zur Wirtschaftsförderung hinzugekommen. Mal waren es Anstöße aus der Wissenschaft, mal waren es politische Veränderungen. Sodann haben Wirtschaftskrisen das Nachdenken über neue Instrumente angestoßen oder es waren Veränderungen der Gesellschaft und Initiativen aus der Gesellschaft heraus, welche neue Handlungsbedarfe wie neue Möglichkeitsfelder für die Wirtschaftsförderung auf lokaler und regionaler Ebene erschlossen haben.

Dabei ist es nicht so, dass die Instrumente der einen Phase jeweils von den neuen Instrumenten der nächsten Phase abgelöst wurden. Vielmehr sind in den neuen Phasen neue Aufgaben hinzugekommen, während ältere Aufgaben an Bedeutung eingebüßt haben. Althergebrachte Aufgaben sind aber nicht verschwunden. Der Wettbewerb um Ansiedlungen mobiler Unternehmen und die Förderung von Neugründungen bestehen heute weiter als Felder neben den Aufgaben der Vernetzung im regionalen Wertschöpfungsraum.

Hinzu kommen nun nicht nur die Möglichkeiten der Digitalisierung, sondern auch die Perspektiven kollaborativen und kollektiven Wirtschaftens, die neue Potenziale für die Stadt- und Regionalentwicklung bieten.

2.2   Bezüge – verwandte Konzepte und Projekte

Die systematische Förderung des kollaborativen und kollektiven Wirtschaftens ist ein Novum für die kommunale Wirtschaftsförderung. Dieselbe Grundintention verfolgen zugleich auch andere Konzepte, Bewegungen und Projekte, so etwa die sogenannte Gemeinwohlökonomie. Sie nun zu diskutieren würde zu weit führen, wurde doch schon so viel dazu geschrieben. Kurz erwähnen möchten wir sie jedoch, denn sie können und sollten durchaus Gegenstand einer innovativen und nachhaltigen Wirtschaftspolitik sein.

2.2.1 Gemeinwohlökonomie

Das Konzept der Gemeinwohlökonomie – einer der Vordenker ist der Autor und Mitgründer von Attac Österreich Christian Felber – bemisst den Erfolg einer Firma nicht nur an Börsenwert, Gewinn- und Wachstumszahlen. Als mindestens genauso wichtig gelten Werte wie Vertrauensbildung, Wertschätzung, Kooperation, Solidarität und Teilen. Das Konzept geht nicht davon aus, dass viele Unternehmen freiwillig ihr Wirtschaftsmodell umstellen. Sie sollen vielmehr durch Gesetze und steuerliche Anreize dazu bewogen werden.

Eine Möglichkeit wäre, dass Unternehmen, die sich weiterhin an maximalen Profiten orientieren, die höchsten Steuern zahlen müssen. Kommunen könnten sich per Ratsbeschluss zur Gemeinwohl-Gemeinde erklären. In der Folge hätte die Kommune unter anderem die Aufgabe, Firmen vor Ort von der Erstellung einer Gemeinwohl-Bilanz zu überzeugen.[58] Das ist gewiss kein leichtes Unterfangen. Gleichwohl sind die Vorarbeiten von Felber zur Entwicklung eines alternativen Wirtschaftsmodells höchst relevant für das Geschäftsfeld »Förderung von krisenfesten und nachhaltigen Unternehmen« der Wf4.0 (siehe auch Kapitel »Gemeinwohlökonomie fördern per Gesetz«, S. 83).

2.2.2 Collaborative Commons und die Null-Grenzkosten-Gesellschaft

Teilen, Tauschen und Kooperieren werden nach Ansicht vieler Experten künftig eine größere Rolle in unserer Gesellschaft spielen. Wie das aussehen könnte, hat der US-Ökonom Jeremy Rifkin in seinem Buch »Die Null-Grenzkosten-Gesellschaft« umrissen.[59] Demnach werden Gemeingüter – Rifkin nennt sie »collaborative commons« – das Wirtschaftssystem der Zukunft prägen. In dieser Perspektive wäre die Wirtschaftsförderung 4.0 als Treiber einer Entwicklung anzusehen, die ohnehin bereits in vollem Gange ist.

Die Ausdehnung der Gemeingüterwirtschaft wird nach Rifkins Analyse durch verschiedene Faktoren begünstigt. Eine davon ist ihre allgemeine Offenheit. Da Geld nicht die entscheidende Rolle spielt, hat potenziell jeder Zugang zu dem neuen Modell. Das erhöht seine Attraktivität, die Zahl der Akteure wird schrittweise steigen. Auch Wirtschaftskrisen können demnach einen Anstoß geben, damit mehr Menschen sich etwa der Sharing Economy zuwenden. Wenn andere Optionen wegfallen, steigt die Bereitschaft, Neues auszuprobieren.

Wie Rifkin betont, hat Teilen und Tauschen nicht nur etwas mit Idealismus und altruistischer Ambition zu tun. Wer sich beteiligt, will und kann davon profitieren. Die Gemeingüterwirtschaft dient auch der individuellen Nutzenmaximierung – auch das fördert ihre Verbreitung. Dabei wird laut Rifkin nicht nur die Wirtschaft verändert, sondern auch eine sozial-kulturelle Transformation herbeigeführt, also ein Wandel der Gewohnheiten, Routinen und alltäglichen Lebensführung. Auf diese

Weise entsteht, so der Autor, das erste neue Wirtschaftssystem seit dem Aufkommen von Kapitalismus und Sozialismus.

Weitere Treiber für die Entwicklung zur Wirtschaft der Collaborative Commons sieht Rifkin im 3D-Drucker und dem Internet der Dinge. Dabei entsteht aus dem Kommunikations-, Energie- und Logistikinternet eine integrierte Betriebsplattform. Gegenstände oder Fahrzeuge kommunizieren mittels Sensoren selbstständig miteinander oder mit Dritten. Dadurch sinken die Produktionskosten. So wie das Internet das Teilen und Tauschen von Produkten und Dienstleistungen schon heute begünstigt, wird der 3D-Drucker darüber hinaus die Heimarbeit und die Do-it-Yourself-Bewegung in eine neue Ära versetzen. Viele Gegenstände des Alltags, aber auch spezielle Maschinen- und Ersatzteile, lassen sich so dezentral zu minimalen Kosten herstellen. Die notwendige Software ist bislang weitgehend quelloffen und jedermann zum Kopieren eingeladen.[60]

Nach Rifkins Verständnis führen diese Trends zu einem Zustand optimaler Effizienz. Die Grenzkosten gehen demnach gegen null. Der Begriff stammt aus der Betriebswirtschaftslehre. Er bezeichnet die Kosten, die jede weitere Einheit einer produzierten Ware oder Dienstleistung kostet, nachdem die Fixkosten bezahlt sind. Zu beobachten ist das etwa beim E-Book, wenn es tatsächlich nur elektronisch erscheint. Veröffentlichung, Vertrieb und Verbreitung eines Buches sind heute letztlich ohne Verlage, Redakteure und Händler möglich. Lediglich die Fixkosten etwa für den Unterhalt des Internets müssen noch geleistet werden. Die maximale Effizienz und Effektivität reduziert den Ressourcenverbrauch auf ein Minimum.

Mit der »Null-Grenzkosten-Gesellschaft« geht auch ein tiefgreifender kultureller Wandel einher. Schon Kinder erlernen, so die Idee, ein neues Verhältnis zum Eigentum, wenn Teilen, Tauschen und Kooperieren zum Normalfall wird. Bisher ist ein Spielzeug meist Eigentum eines Kindes. Auf diese Weise lernen Kinder schon von klein auf, was Privateigentum ist. Besitz wird für sie bedeutsam, sie entwickeln Statusbewusstsein. Spielzeugtauschbörsen entkoppeln diese Logik. Die Kinder lernen, dass ein Spielzeug kein Eigentum ist, das man vor anderen beschützt, sondern etwas, mit dem man sorgfältig umgeht, damit andere es weiter benutzen können. Es dient allein der Spielfreude. So entwickeln junge Menschen, die mit der Sharing Economy aufwachsen, aus Rifkins Sicht ein verändertes Verantwortungsgefühl und Gemeinsinn.[61]

Ob sich die für alle offene Zugangsgesellschaft, die Jeremy Rifkin beschreibt, tatsächlich durchsetzen wird, steht dahin. Seine Analyse liefert aber wichtige Denkanstöße. Wenn sich die Gemeingüterwirtschaft nur ansatzweise so entwickelt, wie es dem international anerkannten Autor – der auch als Berater der EU-Kommission tätig ist – vorschwebt, hätte die Wirtschaftsförderung 4.0 alle Hände voll zu tun.

2.2.3 Die Transition-Town-Bewegung

Die Unzufriedenheit mit dem bestehenden Wirtschaftskonzept hat 2006 zur Gründung der Transition-Town-Bewegung geführt, einem Zusammenschluss von Umwelt- und Nachhaltigkeitsinitiativen. Die Bewegung hat in Hunderten Städten und Gemeinden weltweit Anhänger gefunden.

Ziel ist, die Abhängigkeit von Wachstum und dem Verbrauch endlicher Ressourcen zu beenden. Der Anstoß soll von unten, also von der lokalen Ebene, kommen. Ähnlich wie beim Prozess der »Lokalen Agenda 21«[62] initiiert die Bewegung Konsultationsverfahren mit der Bevölkerung, bei denen über den geeigneten Weg zu einer krisenfesten Wirtschaftsweise beraten wird. In Gruppen diskutieren die Bürgerinnen und Bürger ihre Ideen und Konzepte. Von besonderem Interesse sind Maßnahmen zur Verbrauchsreduktion von fossilen Energieträgern sowie zur Stärkung der Regional- und Lokalwirtschaft. Eine wichtige Rolle spielen auch die Ideen der Permakultur, die auf Nachhaltigkeit und eine möglichst weitgehende landwirtschaftliche Selbstversorgung zielen.

»Transition« – übersetzt: Übergang oder Wandel – ist in diesem Sinne ein Dach für viele kleine Initiativen, wie sie in den folgenden Kapiteln skizziert werden und Gegenstand der Wirtschaftsförderung 4.0 sind. Sie stärken die lokale Wirtschaft. Jede dieser Maßnahmen intensiviert die sozialen Beziehungen und Kontakte der Menschen, die sich mit ihren vielfältigen Erfahrungen und Qualifikationen gegenseitig stützen. Kommt der Wandel ein gutes Stück voran, sind die Transition-Towns auf den Krisenfall besser vorbereitet. Sie sehen sich indes mitnichten als Verzichtsapostel. Mehr Radfahren, weniger Lärm, mehr Gemeinschaft, gesundes Essen: All das trägt dazu bei, dass Menschen sich wohl fühlen. In vielen Ländern gibt es mittlerweile Transition-Towns. Gut vernetzt, soll aus regionaler Kleinteiligkeit eine globale Bewegung werden.[63]

Man könnte nun entgegnen, das Ganze sei im Grunde nur ein Neuaufguss der Lokalen-Agenda-21-Bewegung aus den 1990er-Jahren. Das wäre jedoch ein Trugschluss. Während bei der Lokalen Agenda die Entwicklung von kommunalen Zielen und Strategien für eine nachhaltige Entwicklung im Mittelpunkt stand, ist die Transition-Town-Bewegung handlungsorientiert.[64] Nach dem Motto »es wurde schon alles gesagt, aber viel zu wenig getan« sollen nun konkrete Maßnahmen umgesetzt werden. Somit ist die Transition-Town-Bewegung eher eine konsequente Weiterführung der Agenda-21-Bewegung denn ein Neuaufguss.

2.2.4 Sinn fürs Geschäft

Die Regionalstudie »Sinn fürs Geschäft«[65] befasst sich mit den Akteuren der »Wirtschaftsförderung 4.0«. Für die Region Leipzig hat der gemeinnützige Verein »Konzeptwerk Neue Ökonomie« Beispiele für einen transformativen Wandel hin zu einer neuen Form sozial-ökologischen Wirtschaftens zusammengetragen. Die Akteure wurden von den Studienautoren nach bestehenden und neu zu schaffenden kommunalen Förderungsmöglichkeiten befragt.

Gesprochen wird in diesem Zusammenhang von »SÖDUs«, sogenannten sozialen, ökologischen und demokratischen Unternehmen. Grundlage der Untersuchung waren unter anderem Interviews mit Unternehmen, die näherungsweise unter dieses Konzept fallen, so etwa mit Initiativen im Bereich der solidarischen Landwirtschaft sowie mit Akteuren aus der kommunalen Politik und Verwaltung.

Die insgesamt 16 erfassten Unternehmen kommen aus den Bereichen Bekleidung, Energie, Gastronomie, Informationstechnologie, Lastenfahrrad, Nahrungsmittel, Textilien und Wohnen und besitzen unterschiedliche Rechtsformen. Unter anderem wurden Vertreter einer Energiegenossenschaft, einer Initiative solidarischer Landwirtschaft und eines Sozialwarenhauses interviewt. Damit bezieht sich die Studie – unter Ausnahme des Bereichs des komplementären Leistungstauschs – auch auf Akteure in den Geschäftsfeldern der Wirtschaftsförderung 4.0, wobei sich der WF4.0-Ansatz nicht auf Unternehmen in ihren unterschiedlichen Formen beschränkt, sondern beispielsweise auch Vereine erfasst.

Gemeinsames Bindeglied der »SÖDUs« in der Leipziger Erhebung soll ihre »Gemeinwohlorientierung« sein. Abgegrenzt wurden diese Unternehmen sowohl von ehrenamtlichen Vereinigungen – über ihr Unternehmensziel der Erwirtschaftung des Lebensunterhalts der Mitarbeiter – und von Vereinen, die im Allgemeinen auf höhere Förderung und Unterstützung angewiesen sind.

Aufgrund der konzeptionellen Nähe zum Ansatz der Wirtschaftsförderung 4.0 und der vorgenommenen regionalen Erfassung sowohl der Seite der Stadt als auch der Unternehmer, lassen die Ergebnisse auch einige allgemeinere Schlussfolgerungen für Bedarfe und Vorgehen im Konzept der Wirtschaftsförderung 4.0 zu.

Neben der eher allgemeinen Feststellung, dass die Wirtschaftsförderung in ihren bisherigen Ansätzen die Arbeitsplatzschaffung nicht mit einer breiteren Perspektive unter Berücksichtigung sozialer und ökologischer Kriterien verbindet, hält die Studie vor allem einige Erkenntnisse zur Struktur und Arbeit der entsprechenden Unternehmen fest. Viele dieser Unternehmen verstehen sich explizit als politisch, nicht nur über ihren gewählten unternehmerischen Ansatz, sondern auch in Bezug etwa auf die Unterstützung anderer politischer Organisationen beziehungsweise Bewegungen.

Geht man davon aus, dass sich Unternehmen mit einem solchen Selbstverständnis deutschlandweit mindestens grundsätzlich ähneln, so lässt sich hieraus zumindest vorläufig schlussfolgern, dass diese Unternehmen einen hohen gesellschaftspolitischen Gestaltungswillen mitbringen. Für die Wirtschaftsförderung 4.0 kann dies bedeutsam werden, wenn es darum geht, über die jeweilige Förderung hinaus die verschiedenen Initiativen zu vernetzen und zusammenzubringen, um die alternativen Wirtschaftsformen in einer Stadt grundsätzlich zu stärken.

Gleichzeitig stellt die Studie fest, dass die »SÖDUs« in ihrer Arbeit Kompromisse zwischen Ansprüchen und der Anpassung an Gegebenheiten und Möglichkeiten eingehen. So entstehen etwa Minijob-Verhältnisse oder die Arbeit wird ehrenamtlich getragen. Höhere Preise durch ökologische Produktion bergen darüber hinaus die Gefahr, dass die Angebote überwiegend nur einem bestimmten, zahlungskräftigen Kundenkreis zur Verfügung stehen. Hier zeigt sich auch eine Herausforderung für die WF4.0. Um eine möglichst weitreichende Wirkung zu entfalten, sollte ein Interesse daran bestehen, dass breite Teile der Bevölkerung auf die Angebote und Produkte der Initiativen Zugriff haben.

Aus derzeit bestehenden Defiziten leiten die Autoren Förderbedarfe in den Problembereichen Bürokratie, Finanzierung und Raum/Fläche ab.

Eine erste Herausforderung stellt die Wahl der Rechtsform in der Gründungsphase des Unternehmens dar, in der eigene Konzepte an als bürokratisch empfundene Strukturen angepasst werden müssen. Die genossenschaftliche Form wird als am ehesten annehmbare Möglichkeit von den Autoren herausgestellt.

Auch die Beschaffung finanzieller Ressourcen ist für die Unternehmen über den konventionellen Weg eines Bankkredits aufgrund der nicht vorhandenen Profitausrichtung kaum möglich. Eine Alternative stellt hier etwa das Crowdfunding dar. Entsprechende Unterstützungsleistungen sind aber auch zentraler Ansatzpunkt für die kommunale Stärkung der »SÖDUs«.

Die Studie fordert den Zuschnitt bestehender Förderprogramme an die Bedarfe der alternativen Unternehmen. Als Ansatzpunkte werden die allgemeingültige Verankerung sozial-ökologischer Kriterien in das »Mittelstandsprogramm« der Stadt

genannt, sowie die Erstellung eines eigenen Förderfeldes für alternative Wirtschafts-
formen, welches unter anderem Kredite, ein Mentorenprogramm, kostengünstige
Räume für Gründer und öffentlichkeitswirksame Instrumente wie Wettbewerbe und
Preise vorsieht. Einige Unternehmer äußerten in der Befragung, dass beispielsweise
Gutscheine für Anwälte, also eher niedrigschwellige Angebote, in der Startphase ein
nützliches Angebot darstellen würden.

Weiterer Handlungsbedarf wird bei Räumen und Flächen gesehen, deren Nutzung sich etwa durch hohe Mieten oder die erheblichen Preissteigerungen bei landwirtschaftlich genutzter Fläche deutlich erschwert hat. Die kommunale Politik wird
in diesem Zusammenhang dazu aufgefordert, ihre Gestaltungspotenziale zu nutzen,
um auch bei der Vergabe städtischer Räume soziale und ökologische Gesichtspunkte
in den Mittelpunkt zu rücken.

Die alternativen Unternehmen haben hier allerdings sehr unterschiedliche
Bedarfe. So ist etwa die solidarische Landwirtschaft auf Flächen angewiesen, die
über länger planbare Zeiträume zur Verpachtung und nicht nur kurzzeitig zur Zwischennutzung zur Verfügung stehen. Gefordert wird eine Aufnahme ökologischer
Ziele als eigenständiger Zweck in die Stadtentwicklungsstrategie sowie die Ergän-
zung der Ansiedlungsrichtlinie um einen sozial-ökologischen Anspruch.

Die Ansprechpartner auf kommunaler Ebene müssen laut Studie ein (größeres)
Verständnis für die spezifische Art und die Belange der alternativen Unternehmen
entwickeln. Hier wird ein Misstrauen gegenüber diesen neuen und für viele städtische Ansprechpartner wohl noch ungewohnten Formen des Wirtschaftens bemän-
gelt. Klarere und zentrale, das heißt bürokratieärmere und mit weniger Aufwand
verbundene Anlaufstellen, etwa zur Frage der Gründung der Unternehmen, werden
von dem Leipziger Verein als notwendig herausgestellt und die Bereitstellung eines
entsprechenden Leitfadens angeregt.

2.2.5 Das Preston-Modell und Community Wealth Buildings

Das Wirtschaftsförderungskonzept der britischen Stadt Preston wurde als das Preston-Modell bekannt. Stadt und Verwaltung haben mit einem innovativen Konzept
auf die wirtschaftlich schwierige Lage reagiert. Dessen Fokus liegt auf der Umstellung der öffentlichen Beschaffung, der Stärkung von alternativen Wirtschaftsformen
und der Förderung der eigenen Arbeitnehmer.

Die Bürgerinnen und Bürger der Stadt Preston fühlten sich wirtschaftlich und
sozial benachteiligt. Nach der Finanzkrise im Jahr 2008 schien die wirtschaftliche

Entwicklung zu stagnieren. Im 19. und 20. Jahrhundert war die Stadt ein wichtiger industrieller Standort. Große Textilfirmen waren dort ansässig und die Einwohnerzahlen stiegen. Doch diese Entwicklung hielt nicht an. Im Zuge der strukturellen Veränderung vom Industrie- zum Dienstleistungssektor verlor Preston seine Attraktivität und andere Städte gewannen an Bedeutung.[66]

Investor für Einkaufszentrum kneift

Im Jahr 2011 zog ein Investor seine Pläne für den Bau eines großen Einkaufszentrums in Preston zurück und stellte den Rat der Stadt dadurch vor eine gewaltige Herausforderung. Über zehn Jahre hatte der Rat zuvor damit gerechnet, dass dieses Investment in der Stadt getätigt werden und dadurch eine wirtschaftliche Kehrtwende möglich werden würde.[67] Der Rat der Stadt Preston beschloss kurz darauf, selbst aktiv zu werden, und versuchte sich an einer wirtschaftlichen Umorientierung. Die lokalen Strukturen sollten zukünftig im Mittelpunkt stehen, um den Wohlstand in der Gemeinde zu stärken und einen wirtschaftlichen Aufschwung zu ermöglichen.[68] Heute ist diese Vorgehensweise als das Preston-Modell bekannt. Seit dem Jahr 2011 hat Preston anhand dieses Konzeptes verschiedene Maßnahmen umgesetzt – mit Erfolg, wie der Aufwärtstrend zeigt (s. u.).

Auf der Suche nach einer neuen Herangehensweise orientierte sich der Rat an Best-Practice-Beispielen anderer Städte. Die Städte Mondragón in Spanien und Cleveland in den USA stachen dabei durch ihre Entwicklung hervor. Besonders Ted Howard, Präsident des amerikanischen Thinktanks »The Democracy Collaborative« (DC), der die Grundsätze des Mondragón-Modells auf Cleveland zu übertragen half, war eine Inspiration für Prestons Stadtrat Matthew Brown.[69]

Die DC prägt seit dem Jahr 2005 den Begriff »Community Wealth Building«. Sie definiert ihn wie folgt:

> »a systems approach to inclusive, community-based economic development, based on local and broad-based ownership«[70]

Sowohl das Konzept des Community Wealth Buildings als auch das Preston-Modell haben sich in den vergangenen Jahren stetig verändert. Beides wird in verschiedenen Situationen in die Praxis umgesetzt und auf unterschiedliche Standorte übertragen. Die praktischen Erfahrungen fließen bei beiden Modellen in die kontinuierliche Entwicklung mit ein, um so eine bessere theoretische Leitlinie zu erarbeiten.

Das »Centre for Local Economic Strategies« (CLES) analysierte für die Stadt Preston unter anderem die Ausgaben der sogenannten Ankerinstitutionen.[71] Ankerinstitutionen sind Organisationen, die in einer Region eine große Anzahl an Arbeitsplätzen schaffen, oftmals einen hohen Beschaffungsetat haben und lokal verwurzelt sind. Oft handelt es sich bei Ankerinstitutionen um öffentliche oder Nonprofit-Organisationen, zum Beispiel Kommunalverwaltungen, Krankenhäuser, Schulen oder Universitäten. Aufgrund des Aufgabenbereichs der Institutionen ist es unwahrscheinlich, dass sie ihren Standort verändern. Da Ankerinstitutionen oftmals große Arbeitgeber in einer Region sind und über ein gewisses Beschaffungsbudget verfügen, sind die strategischen Entscheidungen dieser Institutionen von großer Relevanz für die Region.[72]

Das Preston-Modell

Das Preston-Modell beschreibt die Übertragung des Konzeptes Community Wealth Building auf die Stadt Preston und ihre Umgebung. Der Rat, die vor Ort ansässigen Ankerinstitutionen und weitere Partner sind an der Umsetzung dieses Modells beteiligt. Vier Kernelemente resultieren aus dem Modell:[73]

1. **Lokale Beschaffung:** Die Beschaffungsetats von Ankerinstitutionen sollen so weit wie möglich für regionale Güter und Dienstleistungen verwendet werden. Das Geld soll vor Ort zirkulieren und so lokale Wertschöpfungsketten fördern und die Wettbewerbsfähigkeit der Region verbessern.

2. **Förderung der eigenen Arbeitskräfte:** Es soll mehr in die eigene Belegschaft investiert werden, um so gut ausgebildete und engagierte Mitarbeiter zu erhalten. Des Weiteren soll die Kommunalverwaltung eine Vorbildfunktion für regionale Unternehmen erfüllen. Der Rat der Stadt Preston möchte das Gehalt seiner Belegschaft mindestens an das Existenzminium, den Living Wage[74], anpassen und seine Mitarbeiter zu regionalem Konsum motivieren. Auch die Unternehmen der Region werden dazu aufgefordert.

3. **Einsatz von Vermögen für das Gemeinwohl:** Die Ankerinstitutionen sollen ihre Kapitalanlagen nutzen, um zusätzliches Investment vor Ort zu generieren. Dadurch soll eine Grundlage für die Entstehung neuer Unternehmen in der Region geschaffen werden und neue Finanzierungsmethoden im Vordergrund stehen. Ebenfalls soll überlegt werden, ob es möglich ist, Betriebsvermögen so einzusetzen, dass ein Mehrwert für die Gemeinde oder den privaten Sektor entsteht. Das Vermögen soll so verwendet werden, dass ein größerer Teil der Öffentlichkeit davon profitiert.

4. **Stärkung der wirtschaftlichen Demokratie:** Der Stadtrat möchte die Entstehung alternativer wirtschaftlicher Modelle fördern. Dabei soll eine größere Mitbestimmung der Bürger und auch eine ausgeglichenere Verteilung der Eigentumsverhältnisse im Fokus stehen. Als Beispiel kann hier die Wirtschaftsform einer Genossenschaft genannt werden.

Als wesentlicher Bestandteil des Modells lässt sich die Veränderung der Beschaffung von vor Ort ansässigen Institutionen und Unternehmen erkennen. Das zur Verfügung stehende Budget soll so weit wie möglich in der Region verbleiben und Güter und Dienstleistungen von lokalen Unternehmen erworben werden. Nebenaspekte sind die gerechte Bezahlung der eigenen Mitarbeiter und die Anregung von Privatpersonen zu lokalem Konsum.

Ausweglosigkeit schuf Bereitschaft für Innovationen

Anfänglich herrschte bei verschiedenen Akteuren das Gefühl, in einer ausweglosen Situation zu sein. Laut dem Sozialpsychologen Julian Manley blieb nur die Wahl, »etwas zu tun oder zu sterben«.[75] Dies könnte ein Grund dafür sein, warum es möglich war, dieses neuartige Modell in die Tat umzusetzen und andere Wege zu gehen.

Nach einer ersten Analyse durch den Thinktank CLES hatten die sechs Ankerinstitutionen im Geschäftsjahr 2012/13 einen Beschaffungsetat von £ 747 Millionen. Davon gingen fünf Prozent an Unternehmen mit Sitz in Preston und 39 Prozent an Firmen mit Sitz in der Region Lancashire einschließlich Preston. Bei einer weiteren Analyse im Geschäftsjahr 2016/17 lag das Beschaffungsbudget der sechs Ankerinstitutionen bei £ 617 Millionen.[76] Das Gesamtbudget musste also einen Rückgang von über 15 Prozent verzeichnen – vermutlich aufgrund der Sparpolitik.[77]

Trotz der Etatkürzung war es möglich, die regionale Beschaffung zu steigern. Im Finanzjahr 2016/17 gingen 18,2 Prozent des gesamten Budgets an Unternehmen mit Sitz in Preston und 79,2 Prozent an Firmen in Lancashire.[78] Bei beiden Beträgen konnte somit der prozentuale Anteil innerhalb dieser vier Jahre mindestens verdoppelt werden. Dies ist ein sehr eindeutiges Ergebnis und zeigt, dass die Bemühungen des Stadtrates in diesem Bereich erfolgreich umgesetzt werden konnten.

Im Rahmen des Projektes konnten verschiedene Ideen aus den vier Elementen des Modells verwirklicht werden. Dazu gehören unter anderem die Vergabe von öffentlichen Aufträgen an eine neu gegründete Lebensmittelkooperative und der Bau eines neuen Marktes, der nun in städtischer Hand ist.[79] Dennoch freut sich Stadtrat Brown besonders darüber, dass die Akteure, die seit Beginn des Projektes durch den Rat angesprochen wurden, sehr positiv auf die Pläne reagiert haben. Er bezeichnet die Vorsitzenden der öffentlichen Institutionen in Preston als »sehr fortschrittlich« und sieht darin einen Grund für den Erfolg des Vorhabens.[80]

Bei der Adaption des Community Wealth Buildings in der Stadt Preston konnte nicht nur die Verwirklichung von verschiedenen Ideen erzielt werden. Im Good Growth for Cities Index der Wirtschaftsprüfungsgesellschaft PwC und des Thinktanks Demos war Preston im Jahr 2018 die Stadt, die die positivste Entwicklung zeigte. Der Index vergleicht die größten Städte des Vereinigten Königreichs und misst, welche Städte ein gutes, sprich positives und erstrebenswertes Wachstum zeigen. Dafür werden verschiedene Faktoren ausgewertet.[81]

Zwei Ansätze lokaler Wirtschaftsförderung[82]

Fokus/Verständnis	Gemeinschaftliche Wertschöpfung stärken	Traditioneller Ansatz
Ort	Unterstützung ungenutzter lokaler Potenziale verschiedenster Art von denen alle Bewohnerinnen profitieren.	Anwerbung von Firmen durch steuerliche Anreize.
Eigentum	Förderung von verschiedenen und lokalen Eigentümern zur Schaffung einer florierenden lokalen und resilienten Wirtschaft.	Unterstützung von Investoren und Großeigentümer*innen ohne Regionalbezug, oft einhergehend mit Konkurrenzdruck für lokal ansässige Familienunternehmen.
Multiplikator*innen	Förderung etablierter *by-local*-Strategien, um den Geldkreislauf lokal zu halten.	Ohne Fokus darauf, ob Geld aus der Gemeinde abfließt.
Kollaboration	Zusammenbringen vieler Akteure an einen Tisch (NGOs, Stiftungen, Vereine und Städte-Vertretungen)	Entscheidungen hauptsächlich durch (lokale) Regierung und dem privaten Sektor unter Ausschluss der lokalen Bevölkerung.
Inklusion	Schaffung inklusiver, sinnstiftender Arbeitsplätze, die alle Familien wirtschaftlich absichert.	Meist Fokus auf pure Anzahl der geschaffenen Arbeitsplätze, ohne Augenmerk auf regionale Bedürfnisse oder faire Bezahlung und Einstellungspolitik.
(Lohn-)Arbeit	Spezielle Aus- und Weiterbildungsangebote für Langzeitarbeitslose und Menschen mit erschwertem Arbeitsmarktzugang.	Allgemeine Aus- und Weiterbildungsprogramme ohne Fokus auf Verknüpfungen mit tatsächlichen Arbeitsplätzen.
System	Entwicklung von Institutionen und einer unterstützenden Umgebung für die Schaffung eines neuen lokalen Wirtschaftssystems.	Akzeptiert den Status quo und die damit verbundene Vermögensungleichheit Hoffnung auf *trickle-down*-Effekt (Annahme, dass Wohlstand der Reicheren zu unteren Schichten *durchsickere* und Wachstum erzeuge).

Abbildung 3: Zwei Einstellungen zu wirtschaftlicher Entwicklung (Kelly und McKinley 2015, S. 14)

2.2.6 Gemeinwohlökonomie

Die Gemeinwohlökonomie steht für ein ethisches Wirtschaftsmodell, das den Menschen und dessen Lebensgrundlagen in den Mittelpunkt des Wirtschaftens stellt. Dabei strebt sie einen maßvollen Umgang mit Ressourcen und eine Vermeidung großer Ungleichheiten bei Einkommen, Vermögen und Macht an. Ziel ist es, den Umweltverbrauch innerhalb der Regenerationsfähigkeit natürlicher Ökosysteme zu halten und den künftigen Generationen gleiche Lebenschancen wie den heutigen zu bieten. Strategischer Kern der GWÖ ist eine Umorientierung in der Art und Weise, wie wirtschaftlicher Erfolg bemessen wird.[83] Die GWÖ tritt einer Ökonomisierung aller Lebensbereiche entgegen und hinterfragt kritisch die gängigen Instrumente und Indikatoren zur Bemessung ökonomischen Erfolgs, etwa das Bruttosozialprodukt auf der nationalen Ebene, den Haushaltsplan auf der kommunalen Ebene und die Finanzbilanz auf der Ebene des einzelnen Unternehmens[84]. Die Vision der GWÖ, dass die Wirtschaft nicht mehr nach maximalem Profit, sondern nach dem Gemeinwohl strebt, fußt auf der Rückbesinnung auf Verfassungswerte, vor allem auf der Sozialbindung des Eigentums (Art. 14 (2) Grundgesetz) und auf die Gemeinwohlbindung des Wirtschaftens.

Die GWÖ-Bewegung entstand ab 2010 ausgehend von Österreich, der Schweiz und Deutschland und wurde inhaltlich maßgeblich durch die Arbeiten von Christian Felber (2018) geprägt.[85] Die Bewegung ist dezentral und weltweit in derzeit über 165 Regionalgruppen organisiert. Sogenannte Akteurs-Kreise bearbeiten inhaltliche Themen der GWÖ sowie zielgruppenspezifisch Strategien und Projekte. Unternehmen sind eine zentrale Akteursgruppe der Bewegung. Zu Beginn des Jahres 2021 hatte die GWÖ ca. 2000 Betriebe als Unterstützer.[86]

Kommunen kommen in der GWÖ gleich mehrere Rollen zu.[87] In ihrer Rolle als Vorbild setzen sie die Werte der GWÖ im eigenen Handeln um. Mit einer Gemeinwohlbilanz können z.B. kommunale Eigenbetriebe hinsichtlich der Umsetzung ökologischer und sozialer Prinzipien überprüft werden. In ihrer Rolle als Förderin können Kommunen über ihre Kommunikationswege die GWÖ bekannt machen. Zudem können Kommunen als Hüterin der GWÖ dafür sorgen, dass die Werte der GWÖ im eigenen Handlungsraum Anwendung finden, beispielsweise durch die Integration ökologischer und sozialer Prinzipien bei der Beschaffung und Auftragsvergabe. Gemeinwohlbilanzierte Unternehmen könnten dabei bevorzugt werden, sodass immer mehr Betriebe Anreize vorfinden, ebenfalls eine Gemeinwohlbilanzierung anzustreben.

Um die umwelt- und sozialschädlichen Folgen einer einseitig auf Profitorientierung ausgerichteten Wirtschaft zu vermeiden, sieht die GWÖ vor, Unternehmen und andere Wirtschaftsakteure danach zu bewerten, inwieweit sie sich dem Gemeinwohl verpflichtet fühlen und wie viel sie für das Gemeinwohl tun.[88] Das zentrale Werkzeug der GWÖ ist die Gemeinwohlbilanz, in der das bilanzierende Unternehmen bzw. andere Organisationen wie Kommunen oder Bildungseinrichtungen die Einhaltung und Förderung von Werten wie Menschenwürde, Solidarität, soziale Gerechtigkeit, ökologische Nachhaltigkeit, Mitbestimmung und Transparenz einer Bewertung unterziehen kann. Es wird analysiert, wie diese Werte im unternehmerischen Handeln umgesetzt werden. Dabei wird nach den wichtigsten Berührungsgruppen (Kunden, Mitarbeitende, Lieferanten, Finanzpartner und das gesellschaftliche Umfeld) unterschieden. Zusammengefasst ist dies in der Gemeinwohlmatrix (Arbeitsbuch zur Gemeinwohlbilanz 5.0: 8).

WERT / BERÜHRUNGSGRUPPE	MENSCHENWÜRDE	SOLIDARITÄT UND GERECHTIGKEIT	ÖKOLOGISCHE NACHHALTIGKEIT	TRANSPARENZ UND MITENTSCHEIDUNG
A: Lieferant*innen	**A1** Menschenwürde in der Zulieferkette	**A2** Solidarität und Gerechtigkeit in der Zulieferkette	**A3** Ökologische Nachhaltigkeit in der Zulieferkette	**A4** Transparenz und Mitentscheidung in der Zulieferkette
B: Eigentümer*innen & Finanzpartner*innen	**B1** Ethische Haltung im Umgang mit Geldmitteln	**B2** Soziale Haltung im Umgang mit Geldmitteln	**B3** Sozial-ökologische Investitionen und Mittelverwendung	**B4** Eigentum und Mitentscheidung
C: Mitarbeitende	**C1** Menschenwürde am Arbeitsplatz	**C2** Ausgestaltung der Arbeitsverträge	**C3** Förderung des ökologischen Verhaltens der Mitarbeitenden	**C4** Innerbetriebliche Mitentscheidung und Transparenz
D: Kund*innen & Mitunternehmen	**D1** Ethische Kund*innen-beziehungen	**D2** Kooperation und Solidarität mit Mitunternehmen	**D3** Ökologische Auswirkung durch Nutzung und Entsorgung von Produkten und Dienstleistungen	**D4** Kund*innen-Mitwirkung und Produkttransparenz
E: Gesellschaftliches Umfeld	**E1** Sinn und gellschaftliche Wirkung der Produkte und Dienstleistungen	**E2** Beitrag zum Gemeinwesen	**E3** Reduktion ökologischer Auswirkungen	**E4** Transparenz und gesellschaftliche Mitentscheidung

Abbildung 4: Auf Basis der Matrix erfolgt die Bilanzierung einer Organisation[89]

Auf Basis der Matrix erfolgt die Bilanzierung einer Organisation in drei Schritten. Zunächst wird durch die Organisation mit Unterstützung zertifizierter Gemeinwohlberater ein Gemeinwohlbericht erstellt. Dabei werden alle Felder der Matrix detailliert analysiert und nach einem Punkteschema bewertet. Der Bericht wird im Anschluss externen Auditoren zur Prüfung vorgelegt, sodass eine Gemeinwohlbilanz mit einer insgesamt erreichten Punktzahl entsteht. Durch eine kontinuierliche Bewertung der Maßnahmen und Umsetzungsschritte stellt die Gemeinwohlbilanz ein Instrument der Organisationsentwicklung dar. Aktuell haben über 700 Organisationen – vor allem Unternehmen, aber auch Bildungseinrichtungen, Kommunale Betriebe oder Stadtwerke – eine Gemeinwohlbilanz erstellt.

Erstellung einer Gemeinwohlbilanz in der WFG Bornheim

Bornheim ist eine Stadt im Rheinland mit knapp 50 000 Einwohnern, deren Lage in unmittelbarer Nähe zu den Großstädten Bonn und Köln seit Jahrzehnten eine hohe Nachfrage nach Gewerbeflächen bedingt. Durch die dynamische wirtschaftliche Entwicklung der Region machen die zahlreichen Investorenanfragen von Unternehmen zur Standorterweiterung oder Neuansiedlung in Bornheim einen überlegten Umgang mit den verfügbaren Flächen notwendig. Aus diesem Grund gründete die Stadt im Jahr 1999 die Wirtschaftsförderungs- und Entwicklungsgesellschaft mbH Bornheim (WFG Bornheim). Sie dient als Gesellschaft der Stadt Bornheim, der Kreissparkasse Köln und der Volksbank Köln Bonn eG laut Gesellschaftsvertrag dem Zweck, Gewerbeflächen zur Verbesserung der »wirtschaftliche[n] und soziale[n] Struktur der Stadt Bornheim« zu erwerben, zu entwickeln und zu vermarkten (Gesellschaftsvertrag der WFG, § 2.1). Um eine Steuerung der Ansiedlung zu ermöglichen, wurden bereits frühzeitig Nachhaltigkeitsaspekte bei der Flächenvergabe berücksichtigt.

Um ihren Weg einer nachhaltigen Wirtschaftsförderung konsequent fortzuführen, hat die WFG der Stadt Bornheim als erste Wirtschaftsförderungseinrichtung eine Gemeinwohlbilanz gemäß der Gemeinwohlökonomie erstellt. Begleitet von lokalen und überregionalen GWÖ-Beratern beschreibt die WFG darin, wie die Werte Menschenwürde, Solidarität und Gerechtigkeit, ökologische Nachhaltigkeit sowie Transparenz und Mitentscheidung im Umgang mit ihren Stakeholdern praktiziert werden. Neben der Ausarbeitung und Bewertung aller 20 Themen der Gemeinwohlmatrix in mehreren Workshops wurden zum Abschluss des Projektes Verbesserungspotenziale identifiziert, die sich aus der Gemeinwohlbilanz ableiten lassen. Grundlegende Motivation für das Projekt war es, dass bestehende Berichterstattungen nur unzulänglich die Arbeit der WFG widerspiegeln. Die Reduktion der Wirkung von Wirtschaftsförderung auf finanzielle oder konventionelle Indikatoren (z. B. Anzahl der geschaffenen Arbeitsplätze) wurde als unzureichend empfunden.

Ziel des Projektes war daher die Erstellung eines Gemeinwohlberichtes, der einerseits als Standortbestimmung der WFG zu Fragen der Nachhaltigkeit dienen sollte. Andererseits sollten Impulse für die operative Strategieentwicklung abgeleitet werden. Der Bilanzierungsprozess hat für die Arbeit der Wirtschaftsförderung zu unterschiedlichen Wirkungen und Ergebnissen geführt. Zum einen erweiterte die Auseinandersetzung mit den Werten der GWÖ die Wahrnehmung der Wirtschaftsförderung hinsichtlich ihrer Zielgruppen. So sind zwar vordergründig und unmittelbar die um ein Gewerbgrundstück anfragenden Unternehmen die Kunden der WFG, mittelbar aber auch die Bevölkerung der Stadt Bornheim, deren Interessen (Versorgungsangebot, Arbeitsplätze, Steuereinnahmen) möglichst in die Arbeit der Wirtschaftsförderung einbezogen werden müssen.

Zum anderen erweiterte der Bilanzierungsprozess das Verständnis von Nachhaltigkeit bei der Wirtschaftsförderung. Zuvor hatte man den Nachhaltigkeitsbegriff schwerpunktmäßig auf ökologische Nachhaltigkeit reduziert. Nun hatte die Wirtschaftsförderung soziale und partizipative Komponenten der Nachhaltigkeit bereits während des Projektes operativ integriert und zum Beispiel bei Investorenanfragen Informationen über die Einhaltung der Tarifordnung des Bundeslandes eingefordert, die ein bestimmtes Grundgehalt für die potenziellen Arbeitnehmer sicherstellt. Zuletzt hatte die Auseinandersetzung mit den Werten der GWÖ die Frage aufgeworfen, welche Wirtschaft gefördert werden sollte. Dies hatte einen Diskurs angestoßen, der perspektivisch eine differenziertere, auf Nachhaltigkeit ausgerichtete Wirtschaftsförderung ermöglichen sollte.

Ein Kernbereich des nachhaltigen Handels der WFG Bornheim ist der Umgang mit kommunalen Gewerbeflächen. Nachdem die WFG bereits mehrere Jahre ein eigens entwickeltes Verfahren angewendet hatte, wurde dieses im Rahmen der GW-Bilanzierung überarbeitet. Im Zuge dessen hat die Wirtschaftsförderung einen Kriterienkatalog entworfen, der als Entscheidungsgrundlage für die Vergabe von Gewerbgrundstücken an Investoren dient. Damit lassen sich anfragende Unternehmen bewerten und vergeichen. Investoren erhalten dafür einen Fragebogen, der neben wirtschaftlichen Kennzahlen auch Kriterien mit Bezug zu ökologischer Nachhaltigkeit oder sozialem Handeln enthält.

Der Bornheimer Kriterienkatalog zur Gewerbeflächenvergabe liefert wertvolle Impulse für eine nachhaltige Ausrichtung der Wirtschaftsförderung. Das gilt in doppelter Hinsicht: Zum einen muss sich die Wirtschaftsförderungseinrichtung selbst keinem umfassenden GWÖ-Bilanzierungsprozess unterziehen, um auf ausgewählte Bausteine der GWÖ zurückzugreifen und sie etwa bei Ausschreibungen, bei der Prüfung von Investitionsvorhaben oder eben bei der Gewerbeflächenvergabe anzuwenden. Zum anderen ermöglicht der Rückgriff auf einzelne Gemeinwohlwerte aus der GWÖ eine an Nachhaltigkeitskriterien orientierte Bewertung von Bewerbern um einen Auftrag bzw. ein Grundstück, ohne dass diese Unternehmen eine Gemeinwohlbilanz vorweisen müssen. Während die Vision der GWÖ davon ausgeht, dass auf lange Sicht alle Unternehmen eine Gemeinwohlbilanz erstellen (müssen), um entsprechend ihres Beitrags zum Gemeinwohl Vor- oder Nachteile bei öffentlichen Ausschreibungen, bei Steuersätzen oder Fördermittelbedingungen zu erhalten, zeigt das Pilotprojekt der WFG Bornheim einen innovativen Weg auf, Gemeinwohlwerte niederschwelliger zur Anwendung zu bringen. Dieser Logik folgend, könnte sich Wirtschaftsförderung zur Werteförderung weiterentwickeln und einen Teil der Vision der GWÖ bereits heute Realität werden lassen.

2.3   Geschäftsfelder

2.3.1 Produktion

Zu den zentralen Herausforderungen einer Wirtschaftsförderung, die die Stadt als lebendigen Wirtschaftsraum vor Ort entwickeln möchte, gehört die Aufgabe, die lokale Produktion von Waren und Lebensmitteln auszubauen und zu sichern. Dieses Anliegen begegnet der Abwanderung und Verlagerung von Produktion in »Billiglohnländer«, die als Trend der vergangenen Jahrzehnte die strukturellen Probleme in Kommunen in Deutschland mitbestimmt hat.

Neuere Entwicklungen lassen vermuten, dass sich in Zukunft aber verstärkt gegenläufige beziehungsweise alternative Entwicklungstendenzen ausbilden. So wandeln etwa die zunehmende Technisierung und Digitalisierung von Produktionsprozessen die Bedingungen, unter denen produziert wird, erheblich. Auch die Frage, wo zukünftig produziert wird – ob in der Stadt, in Randlagen »vor der Stadt« et cetera – wird in Praxis und praxisbezogener Forschung zu stellen sein. Produktionsprozesse in kleinteiliger Form werden möglicherweise zunehmend in die Städte zurückverlagert.

Eine Wirtschaftsförderung 4.0 setzt dabei nicht allein auf einen gegebenenfalls mittelfristig und langfristig einsetzenden Umwandlungsprozess, sondern fördert gezielt das Potenzial, das für die lokale Produktion in der Stadt angelegt ist, ablesbar an vielen erfolgreichen Initiativen und Unternehmen, die in diesem Bereich tätig sind und mit ihrer Arbeit eine weit verbreitete Ansicht widerlegen, die regionale Produktion bestimmter Waren in Deutschland wäre unter den globalisierten Wettbewerbsbedingungen generell praktisch nicht oder kaum möglich.

Insgesamt setzt die Wirtschaftsförderung 4.0 auf vier Hauptpotenziale, die die systematische Förderung der regionalen Produktion birgt. Zunächst sichert und schafft die regionale Produktion Arbeitsplätze vor Ort. Darüber hinaus kann eine verstärkte lokale Produktion die Städte resilienter – also krisenfester und belastbarer – gegenüber äußeren Einflüssen machen. Wenn Rohprodukte aus der Region bezogen werden, Lieferketten überschaubar bleiben und die Fertigung vor Ort stattfindet, sind Unternehmen und Kunden potenziell weniger abhängig und anfällig für globale Krisenereignisse.

Auch positive ökologische Effekte lassen sich erwarten, wenn lange Transportwege entfallen und in der Landwirtschaft vor Ort beispielsweise nach ökologischen Kriterien gewirtschaftet wird.

Schlussendlich bergen viele Initiativen in diesem Bereich große Potenziale der Eigenbetätigung der Menschen, die so zu einem aktiven Teil des Produktionsprozesses werden, womit potenziell auch sehr gezielt das produziert werden kann, was nachgefragt wird.

Zu den Geschäftsmodellen in der Produktion zählen beispielsweise das Upcycling, die Herstellung von Schuhen, Kleidung und Möbeln, die regionale Energieerzeugung sowie die landwirtschaftliche beziehungsweise Lebensmittel-Produktion in den Bereichen solidarische Landwirtschaft, Direktvermarktung, Urban Gardening und Ernährungsräte.

Die Unternehmen und Initiativen in diesen Bereichen haben unterschiedliche Organisations- und Arbeitsformen für sich entdeckt. Ihre Förderung muss daher auf unterschiedliche Bedürfnisse und Problemlagen eingehen. Der Förderbedarf erstreckt sich von der einfachen Bekanntmachung einer Initiative bis hin zu einer möglichen finanziellen Bezuschussung etwa für Urban-Gardening-Projekte, wie sie die Stadt Wien seit Jahren herausgibt.

Schwierigkeiten von Initiativen in diesem Bereich sind zu berücksichtigen und müssen bearbeitet werden. Dies birgt sowohl Herausforderungen für die Initiative selbst als auch für die Wirtschaftsförderung als förderndem Akteur. Beispielhaft ist hier zu erwähnen, dass es einige Initiativen geben wird, die (noch) über fast keine formale Organisation verfügen und die nach ihrem Selbstverständnis teilweise bewusst einen solchen Status geringer formaler Strukturen und Hierarchien praktizieren wollen, da sie diesen mit einer besonders großen Partizipationsoffenheit und Zugänglichkeit für alle Menschen assoziieren.

Die zu fördernden Initiativen müssen allerdings einen gewissen Grad an Organisation mitbringen und sind von der Wirtschaftsförderung im Sinne professioneller

Arbeitsstrukturen auch in Richtung eines ausreichend hohen Organisationsgrads zu fördern. Hierfür sind der entsprechende Wille und eine Offenheit bei der jeweiligen Initiative nötig. Wichtig hierbei ist zu betonen, dass die Einführung respektive Stärkung formaler Strukturen keinesfalls die demokratische Qualität des Initiativen-Akteurs verringert, sondern ganz im Gegenteil diese erst ermöglicht.

Demokratie zeichnet sich ganz wesentlich über die Einhaltung bestimmter Grundprinzipien und Regeln aus, wie etwa dem Gleichheits- und Mehrheitsprinzip. Eine Initiative, die ihre Arbeit und eigene Verfassung an demokratischen Werten ausrichten oder anlehnen will, sollte sich daher in jedem Fall einer gewissen Grundstruktur unterwerfen und einen ausreichend formalen Organisationsgrad für sich finden.

Weitere wichtige spezifische Herausforderungen und Probleme sind sowohl von der Initiative als auch von der Wirtschaftsförderung zu beachten, im Falle des Urban Gardening etwa die Frage, wie der Gemüseanbau vor schädlichen Umwelteinflüssen in der Stadt (zum Beispiel Autoabgase) am besten geschützt werden kann. Der Erfolg vieler Initiativen in vielen verschiedenen Städten zeigt aber, dass solche Herausforderungen erfolgreich gelöst werden können.

Die Wirtschaftsförderung 4.0 unterstützt im Geschäftsfeld Produktion die Stadt dabei, sich stärker selbst zu versorgen, in den Bereichen, in denen dies sinnvoll und möglich ist. Die Förderung soll hier stärker auch ihren Nutzen in der Region und bei den Akteuren vor Ort entfalten.

Konzepte wie die Solidarische Landwirtschaft und die Direktvermarktung zeigen beispielhaft alternative Absatzwege für die bäuerliche Landwirtschaft auf. Eine nachhaltige Ausgestaltung der Lebensmittelproduktion und -versorgung – hier wollen auch Ernährungsräte einen maßgeblichen Beitrag auf städtischer Ebene leisten – gehört angesichts zahlreicher ökologischer Probleme, die zum Teil vom Agrarsektor im erheblichen Maße mit verursacht werden und andererseits auf diesen auch wieder zurückwirken, zu den zentralen Zukunftsaufgaben und gesellschaftlichen Herausforderungen überhaupt.

Die Wirtschaftsförderung 4.0 setzt hier auf unterer Ebene »vor Ort« an und hat einerseits ökologisch nachhaltige Wirtschaftsweisen zu fördern und andererseits damit gleichzeitig auch einen Beitrag zur Stärkung der Resilienz der Kommune zu leisten. Initiativen wie Urban-Farming-Projekte oder Aquaponik-Anlagen, die Fisch- und Pflanzenzucht miteinander verbinden, tragen neue Formen der Nahrungsmittelproduktion in die Stadt. Die regionale Energieerzeugung stellt einen weiteren Baustein einer solchen auf nachhaltige wirtschaftliche wie ökologische

Erfolge zielenden Konzeption dar. Gerade in Deutschland, das sich politisch und gesellschaftlich einer »Energiewende« verschrieben hat, kommt regionalen und von Bürgern getragenen Erneuerbare-Energien-Projekten eine wichtige Bedeutung zu.

Auch die nachhaltige lokale Produktion etwa von Möbeln oder Kleidung, bei der Stoffe möglichst aus der Region bezogen werden und lokale Wettschöpfungsketten entstehen, ist besonders zu fördern. Innovative Upcycling-Startups können als kreative Unternehmer in den Städten nicht nur zu einer besseren Ressourcenverwertung beitragen. Sie können mit qualitativ hochwertigen Produkten auch konkret dazu beitragen, Image und Stadtbild eines Quartiers aufzuwerten und Menschen anziehen, die besonderen Wert auf Design und ökologische Nachhaltigkeit legen.

Letztendlich leistet das Geschäftsfeld Produktion genau wie alle anderen Bereiche der Wirtschaftsförderung 4.0 neben zu erzielenden direkten wirtschaftlichen Effekten einen Beitrag dazu, die Lebensqualität einer Stadt zu verbessern. Mit der Förderung der »weichen Standortfaktoren« wird die Stadt wiederum zunehmend attraktiv für weitere wirtschaftliche Aktivitäten.

Ein Akteur, der sich auf Bundesebene für eine Stärkung der regionalen Wirtschaft einsetzt und in diesem Bereich Vernetzungsarbeit sowie politische Arbeit betreibt, ist der Bundesverband der Regionalbewegung, in dem sich verschiedene Wirtschafts- und gesellschaftliche Akteure aus unterschiedlichen Regionen zusammengeschlossen haben und der sich unter anderem mit Aspekten wie regionalen Wirtschaftskreisläufen, Nachhaltigkeit und der Stärkung ländlicher Räume auseinandersetzt.[90]

Im Kapitel 7 ab Seite 146 finden sich verschiedene Umsetzungsbeispiele aus dem Geschäftsfeld Produktion.

2.3.2 Finanzwirtschaft

Das Geschäftsfeld »Finanzwirtschaft« beinhaltet Strategien und Maßnahmen zur Stärkung der kommunalen Wirtschaft und lebensunmittelbaren Versorgung. Es geht dabei um innovative Formen der Finanzierung. Besonders relevant erscheinen zudem neue Formen des Austausches von Waren und Dienstleistungen jenseits des Euro. Regionalgelder und Zeitbanken ergänzen den Euro als offizielles Zahlungsmittel. Wichtig für die Etablierung und den Bestand aller Initiativen in diesem Bereich ist das Vertrauen in das neue Konzept. Verschiedene Beispiele werden dafür in einem gesonderten Projektbericht[91] ausgeführt. Sie tragen dazu bei, das regionale Wirtschaftssystem aus sich heraus zu stärken.

Im Bereich Finanzierung werden innovative Wege zur Unterstützung lokaler Projekte und Initiativen aufgezeigt: Bürgeranleihen, Crowdfunding, Crowdinvesting sowie das Konzept Regionalwert AG. Es wurde für den Bereich landwirtschaftliche Produktion und Vertrieb entwickelt und eröffnet Möglichkeiten der Finanzierung, die sich unabhängiger von Banken gestalten lassen und mehr Menschen vor Ort einbinden können. Hier investieren oder spenden Privatpersonen ihr Geld – je nach Ausgestaltung – in die Wirtschaft, öffentliche Projekte und Initiativen der Region.

Die im Bericht vorgestellten Beispiele verstehen sich als Teil des europäischen Gedankens, möchten jedoch gleichermaßen die Region stärken. Sie beziehen sich damit auf das Konzept »Europa der Regionen«, welches die Regionen in den EU-Mitgliedsländern fördern und in ihrer regionalen Eigenständigkeit unterstützen soll.

Die Initiativen der einzelnen Geschäftsfelder können unter anderem danach unterschieden werden, an wen sich das Angebot in erster Linie richtet. Initiativen wie die »WIR-*Bank*« bieten ein Verrechnungssystem zur Finanzierung von kleinen und mittleren Unternehmen. *Regionalgelder* sprechen zwei Seiten an: die lokalen Unternehmen wie auch die Verbraucher. Sie fungieren als regionales Zahlungsmittel, das den Geld- beziehungsweise Wirtschaftskreislauf innerhalb der Region ankurbeln soll.

Zeitbank-Initiativen richten sich hingegen in erster Linie an Privatpersonen, die Leistungen untereinander austauschen. Sie ermöglichen eine gleichwertige »Abrechnung« von Tätigkeiten. Dabei werden Leistungen mit der Einheit Zeit, zum Beispiel eine Stunde, ausgetauscht. Manche Zeitbanken bieten (zusätzlich) eine (Alters-)Vorsorgemöglichkeit für den Einzelnen an.

Die Strategien und Maßnahmen im Geschäftsfeld Finanzwirtschaft adressieren die verschiedenen Funktionen des Geldes. Während sich das Regionalgeld meist gerade über seine begrenzte »Haltbarkeit« auszeichnet, mit der sein Umlauf gesichert und die regionale Wirtschaft angekurbelt werden soll, entfalten die Altersvorsorgemöglichkeiten der *Zeitbanken* ihre Wirkung über die Möglichkeit des Ansparens.

Der direkte Austausch von Leistungen über Zeitbanken ist durch seine Unabhängigkeit zur bestehenden Währung charakterisiert. Zwischen den Menschen vor Ort wird das Zeit-Abrechnungssystem meist für Unterstützungsleistungen, die das alltägliche Leben erleichtern oder gar ermöglichen, genutzt. Als Sparmodell ausgestaltet können die Menschen sich mit ihren gegenwärtigen Tätigkeiten Zeitguthaben ansparen, welche sie bei eigener Unterstützungsbedürftigkeit zu einem späteren Zeitpunkt abrufen können.

Der Zeitbank-Ansatz fokussiert also die Wertaufbewahrungsfunktion des Geldes, während der Regionalgeld-Ansatz die Tauschfunktion des Geldes adressiert.

Bürgeranleihen schaffen die Möglichkeit für Gemeinden, sich Geld für Projekte von ihren Bürgerinnen und Bürgern zu leihen. Hierdurch kann nicht nur die Unabhängigkeit von Banken erhöht werden, sondern gegebenenfalls auch eine steigende Identifikation der Bürger mit ihrer Kommune gelingen. Auch hier sind bei der Ausgestaltung insbesondere rechtliche Vorgaben zu beachten.

Crowdfunding ermöglicht Initiativen die Geldbeschaffung, als Gegenleistung kann das zu erstellende Produkt dienen.

Bei den Konzepten, welche die Wirtschaftsförderung 4.0 unter dem Bereich Finanzierung zusammenfasst, handelt es sich um Instrumente, die potenziell zur Finanzierung von Vorhaben zur Verfügung stehen. Positive Wirkungen entfalten sich vor allem dann, wenn diese von den Initiativen, wie sie die Wirtschaftsförderung 4.0 betrachtet, genutzt werden.

Das spezifische Konzept der Regionalwert AG zeigt, dass bestehende Finanzierungsformen erfolgreich auf ein Feld wie die ökologische landwirtschaftliche Produktion übertragen werden können. Sie beinhalten eine Neudefinition von »Rendite«, hier auch verstanden als positive ökologische Wirkungen, die den tatsächlichen Auswirkungen des Wirtschaftens in der Region umfassender gerecht wird.

Als entscheidendes Kriterium für den Erfolg der aufgeführten Initiativen erweist sich der Status, den die Kommunen solchen Ansätzen beimessen. Akzeptiert die Stadt beispielsweise eine Regionalwährung als Zahlungsmittel, so findet die Komplementärwährung eine feste Verankerung auf kommunaler Ebene, die das Vertrauen in sie deutlich erhöhen kann. Bei Zeitbank-Initiativen erwies sich in der Vergangenheit vor allem die Frage nach ihrem steuerrechtlichen Status als Hemmnis. Jedoch spielt für die Teilnehmerinnen und Teilnehmer von Zeittausch- und Zeitbank-Systemen vorwiegend auch das soziale Miteinander und die Bedeutung gegenseitiger Hilfe in der lokalen Nachbarschaft als Teil ihres Lebens eine bedeutende Rolle. Auch hier kann die Stadt eine entsprechende Initiative grundlegend unterstützen, indem sie etwa das Zeitguthaben garantiert.

Bereits niedrigschwellige Förderungsaktivitäten einer Wirtschaftsförderung 4.0 können in diesem Geschäftsfeld die Initiativen entscheidend unterstützen. Für das Gelingen der Ansätze ist vor allem im Geschäftsfeld Finanzwirtschaft, in dem es auch viel um einen komplementäreren Leistungsaustausch geht, eine gewisse Größe der Initiativen notwendig. Hier ist in erster Linie der Bekanntheitsgrad der Initiativen zu erhöhen, um die Bürgerinnen und Bürger beziehungsweise Unternehmen überhaupt erst auf die entsprechenden Angebote aufmerksam zu machen.

Im Kapitel 10 ab Seite 243 finden sich verschiedene Umsetzungsbeispiele aus dem Geschäftsfeld Finanzwirtschaft.

2.3.3 Sharing Economy

In den zurückliegenden Jahrzehnten zerfielen – mit wachsendem Wohlstand und dem Preisverfall von Haushaltsgeräten, Garten- und Heimwerkzeugen – gemeinschaftliche Nutzungsformen. Billige Produkte und mehr Einkommen haben den Luxus des Besitzens ermöglicht, häufig zu dem Preis, dass ein minderwertiges Produkt angeschafft wurde, mit hohem Energieverbrauch und kurzer Lebensdauer. Reparieren lohnt sich bei Ramsch nicht.

Heute ist es selbstverständlich, dass für zehn nebeneinanderliegende Reihenhausgärten ebenso viele Rasenmäher, Freischneider und Heckenscheren vorhanden sind. Jeder besitzt sein eigenes Gerät, statt eine gemeinsame Nutzung mit den Nachbarn zu vereinbaren. Lässt sich diese Entwicklung umkehren? Kann im Zuge eines kulturellen Wandels die Gemeinschaftswaschmaschine ein Comeback erfahren?

Kennzeichnend für die Sharing Economy ist die gemeinsame Nutzung von Ressourcen nach dem Prinzip des Nutzens statt Besitzens. Es werden temporäre Nutzungsrechte vergeben, durch die eine gemeinsame, häufig sequentielle Nutzung von Gütern und Dienstleistungen ermöglicht wird.[92]

Das Prinzip des Teilens ist nicht neu, jedoch hat in den vergangenen Jahren ein rasantes Wachstum stattgefunden, das auf folgende Umstände zurückzuführen ist:

- Digitalisierung
- Lösung von Vertrauensproblemen
- Werte- und Einstellungswandel

Die Geschäftsmodelle der Sharing Economy werden insbesondere unterschieden anhand der involvierten Nutzerschaft, der Entgeltlichkeit des Angebots und der Form der Preissetzung.

Die Sharing Economy ist, wie der Name schon sagt, ein Wirtschaftsfaktor. Ein nachteiliger Faktor, könnte man meinen, denn ist es nicht besser, wenn jeder Haushalt einen eigenen Rasenmäher kauft und hält, anstatt mit vier oder gar acht anderen Haushalten zu teilen? Auf den ersten Blick scheint das so zu sein. Jedoch: Ein hochwertiger Rasenmäher, dessen Verleih und Wartung organisiert werden muss, kann letztlich – durch die höhere lokale Wertschöpfung – für die kommunale Wirtschaft einen positiveren Effekt haben als vier aus China importierte Modelle. Angenehmer sozial-ökologischer Nebeneffekt: Menschen begegnen sich. Das ist gut für den Gemeinsinn und gegen Vereinsamung. Die Verschwendung von Ressourcen verringert sich. Und ein hochwertiger Rasenmäher verrichtet sein Mähwerk meist besser als die Haushaltsvariante aus dem Discounter. Ähnlich ist es bei Kreissägen und Schlagbohrmaschinen.

Die Tauschwirtschaft stärkt die lokale Wirtschaft. Ein anderes Beispiel ist das Carsharing. Es hat die Nische längst verlassen und wird professionell betrieben. Viele Jobs sind dadurch entstanden. Dennoch sind in Deutschland seit 2010 mehr als sechs Millionen zusätzliche Pkw auf den Straßen unterwegs.[93] Aus ökologischer Sicht ist das problematisch. Einen wirtschaftlichen Nachteil hat das Carsharing jedenfalls nicht erbracht.

Interessant ist auch ein anderer Vorzug des Konzepts: Seit vielen Jahren nutzen auch Unternehmen und Behörden Carsharingangebote, da dies günstiger ist. Im Ergebnis wird das Unternehmen somit kosteneffizienter, wettbewerbsfähiger und nachhaltiger.

Das Teilen von Autos ist aus Sicht der Wirtschaftsförderung 4.0 ein eingeführtes Konzept, es läuft. In den Anfängen steckt hingegen noch – um ein letztes Beispiel für dieses Tätigkeitsfeld der Wf4.0 zu nennen – das Cargobiking, die Nutzung von Lastenrädern, samt den entsprechenden Sharingmodellen. Beides ist dem Handwerk dienlich. Mehr und mehr möchten die Kommunalpolitiker den Auto- und Lkw-Verkehr aus den Innenstädten drängen. Transportfahrräder mit (oder auch ohne) Elektroantrieb liegen daher im Trend. In Dortmund wurde dies daher extra von der Wirtschaftsförderung gestützt, auch hier entstehen Arbeitsplätze im Bereich Betrieb und Wartung der Fahrzeuge.

Für die kommunale Wirtschaft, so viel darf man festhalten, zahlt sich die Förderung von Sharing-Modellen aus. Gleichwohl könnte man sich fragen, ob der »Plattform-Kapitalismus« den Konsum nur noch mehr ankurbelt – wie etwa bei Uber oder Airbnb unterstellt wird. Es lässt sich zeigen, dass Taxidienste durch Uber billiger werden und eine zusätzliche Nachfrage entsteht, mithin mehr Kilometer mit dem Auto zurückgelegt werden als zuvor. Es kann durchaus häufig vorkommen, dass die Menschen ein Uber-Taxi oder einen »Call a Car« wählen und die U-Bahn ignorieren. Gut für die Wirtschaft, schlecht fürs Klima.

Es genügt also nicht, die Sharing Economy pauschal zu fördern. Erforderlich ist eine Ausrichtung an den Kriterien des Klimaschutzes und des verantwortungsvollen Umgangs mit Ressourcen.

Im Kapitel 8 ab Seite 186 finden sich verschiedene Umsetzungsbeispiele aus dem Geschäftsfeld Sharing Economy.

2.3.4 Local Business

In Zeiten globaler Bewegungen von Kapital, Waren und Arbeitskräften sind Unternehmen vielfältigen Einflüssen und Abhängigkeiten ausgesetzt. Finanz- und Währungskrisen, geopolitische Konflikte und Kriege, aber auch sich ändernde Rahmenbedingungen auf nationaler Ebene können unmittelbare Auswirkungen auf die Handlungsfähigkeit von Unternehmen haben und deren Existenz gefährden. Unternehmen müssen sich resilient aufstellen und ausrichten, damit sie den zahlreichen Störungen, Schocks und Krisen standhalten können.

Ziel im Sinne des normativen Leitbildes der Resilienz ist die Entwicklung von Robustheit, Widerstandsfähigkeit, Lern- und Anpassungsfähigkeit sowie Innovationsfähigkeit. Ist ein Unternehmen in der Lage, sich nach einer Krise zu erholen, sich neu aufzustellen und gestärkt besser agieren zu können, kann es als resilient gelten.

Gewisse Charakteristika und Ausrichtungen von Unternehmen befördern die Erlangung dieser Fähigkeiten und tragen somit zur Resilienz bei. Die Abkehr von der reinen Gewinnorientierung fördert die langfristige Stabilität eines Unternehmens. Resiliente Unternehmen agieren als strukturpolitische Akteure[94], indem sie soziale Strukturen aktiv mitgestalten, oftmals durch gemeinwohlorientiertes Handeln, was besonders häufig in der genossenschaftlichen Rechtsform anzutreffen ist.

Nicht weniger wichtig ist das Geschäftsmodell und die damit einhergehende Ressourceninanspruchnahme. Damit verknüpft sind faire und nachhaltige Bezugsquellen der Rohstoffe und die Transparenz über Wertschöpfungsketten und Produktionsprozesse. Positive Beziehungen zu Zulieferern und Kunden basieren auf Vertrauen und gegenseitiger Wertschätzung.

Resiliente Unternehmen sind aufgeschlossen gegenüber neuen Konzepten und Technologien, was sie befähigt, sich abzeichnende Veränderungen zu antizipieren und proaktiv als Chance zu begreifen. Dies beschreibt die Innovationsfähigkeit. Eine nur geringfügige Abhängigkeit von Im- und Exporten reduziert Störanfälligkeiten[95], die auch die Transportwege betreffen können. Somit gelten Unternehmen als resilient, wenn sie kurze Wertschöpfungsketten haben oder fördern und Wertschöpfungseffekte vor Ort generieren, sodass die Gewinne in der Region verbleiben. Eine enge Beziehung zu Lieferanten und Kunden und eine Einbettung in das Umfeld sowie eine starke Verwurzelung in der Kommune oder Region tragen zur Resilienz eines Unternehmens bei.

Die Fallbeispiele im Geschäftsfeld »Local Business«[96] verdeutlichen, dass es ein breites Spektrum lokaler Unternehmen gibt, die oftmals auf Basis ihrer örtlichen Fühlungsvorteile und einer starken Kooperationsbereitschaft mit anderen Akteuren der Region beachtliche Erfolge erzielen und erheblich zur regionalen Wertschöpfung beitragen können.

Im Kapitel 6 ab Seite 118 finden sich verschiedene Umsetzungsbeispiele aus dem Geschäftsfeld Local Business.

2.3.5 Sozialunternehmen

Mit diesem Geschäftsfeld wird eine Bandbreite von Unternehmen skizziert, die als primäres Ziel zu gesellschaftlichen und ökologischen Problemlösungen beitragen und damit die wirtschaftliche Stabilität beziehungsweise die Resilienz von Städten und Gemeinden verbessern können.

Sozialunternehmen haben teilweise noch den Charakter einer Initiative. Sie stellen Produkte oder Dienstleistungen mit sozialem Mehrwert her oder wenden exklusive Produktionsmethoden an.[97] Dieser soziale Mehrwert – oder in Analogie zu marktwirtschaftlich organisierten Wirtschaftszweigen auch soziale Wertschöpfung – geht über die statistisch erfasste Wertschöpfung im Rahmen der Geldwirtschaft hinaus und bezieht ebenfalls die kundenbezogene Wertschöpfung mit ein.[98] Ohne diese Wertschöpfung könnte die Gesellschaft auf das Unternehmen oder die Initiative verzichten, da Haushalte diese Wertschöpfung im selben Maß herstellen könnten. Sie ermöglichen oftmals erst das Auftreten von »Prosumenten«.[99]

Neben ökologischen Herausforderungen werden in diesem Geschäftsfeld insbesondere die Stärkung von Gemeinschaften und die Überwindung von materiellen und immateriellen Mängeln als gesellschaftliche Herausforderungen behandelt. Sozialer Austausch, das Verbringen gemeinsamer Zeit und die gemeinsame Erfüllung von Aufgaben können Gruppen wie etwa Nachbarschaften stärken, Vertrauen schaffen und damit das Gemeinwohl in der Stadt mehren. Ehrenamtliches Engagement und nicht-marktgängige Einnahmen (Spenden, staatliche Förderung) sind als Grundlage meist unersetzbar.

Es wird weiter aufgezeigt, wie bestehende materielle Defizite in der Versorgung mit Ge- und Verbrauchsgütern und Dienstleistungen (ausgelöst durch nachteilige Wohnsituationen, geringes Einkommen, eingeschränkte Mobilität älterer Menschen oder auch den Mangel an Kita-Plätzen) zu überwinden sind und gleichzeitig die Krisenfestigkeit von Kommunen und Städten zu verbessern ist. Gleichzeitig werden auch immaterielle Defizite wie fehlendes Wissen adressiert (etwa über die Reparatur eines Gegenstandes).

Das Geschäftsfeld adressiert sowohl Sozialunternehmen als auch -initiativen. Auf eine eindeutige definitorische Abgrenzung beider soll an dieser Stelle jedoch verzichtet werden, da Einordnungen je nach Quelle teils unterschiedlich ausfallen können. Zum Beispiel ist laut Arbeitsdefinition der Europäischen Kommission[100] im Gegensatz zu gewerblichen Unternehmen ein sogenanntes »hybrides« Geschäftsmodell für Sozialunternehmen denkbar, nach welchem Einnahmen aus Marktquellen (Verkauf von Waren und Dienstleistungen) und Nichtmarktquellen (unter anderem staatliche Zuwendungen, private Spenden, nicht-monetäre Beiträge wie ehrenamtliche Arbeit) möglich sind. Nach einer strengen Auslegung müsste das Geschäftsmodell ohne Nichtmarktquellen auskommen und Überschüsse erwirtschaften.[101]

Auch über die Rechtsform lässt sich keine Abgrenzung zwischen Sozialunternehmen und -initiativen vornehmen. Sozialunternehmen können in Deutschland beispielsweise ebenfalls als Genossenschaften oder Vereine organisiert sein.[102]

Grundsätzlich bewegen sich Sozialunternehmen meist zwischen dem idealtypischen Sektor der Wirtschaft, dem »zweiten Sektor«, und dem auf Gemeinnützigkeit und Zivilgesellschaft ausgerichteten Feld, dem »dritten Sektor«.[103] Initiativen sind klassisch dem »dritten Sektor« zuzuordnen. Meist findet in der Entwicklung von Sozialunternehmen ein fließender Übergang von einer sozialen Initiative zu einem Sozialunternehmen statt, da besonders in der Anfangsphase die Umsetzung neuer Ideen selten ohne intensives ehrenamtliches Engagement und zusätzliche Geldmittel auskommt und ein finanziell unabhängiges Geschäftsmodell erst sukzessive aufgebaut werden kann[104]. Weiter können Sozialinitiativen, die sich finanziell nicht rein marktgängig tragen, innovative Ideen und damit zukünftige finanziell tragfähige Sozialunternehmen befördern.

Gemein haben alle im Bericht dargestellten Beispiele für Sozialunternehmen und -initiativen, dass eine Wirkungsskalierung möglich ist. Dies geschieht jedoch weniger durch Wachstum der Organisation wie in der Wirtschaft üblich, sondern durch Übertragung des Konzepts auf andere Städte beziehungsweise Stadtteile oder Gemeinden (auch als »scaling of ideas« bezeichnet, etwa durch Social-Franchise, Open-Source).[105] Daher werden in diesem Geschäftsfeld, neben innovativen und neuen Konzepten, auch bereits erprobte und skalierte Ansätze dargestellt, die einen sozialen Mehrwert schaffen.

Die Geschäftsmodelle aus dem Bereich Sozialunternehmen adressieren unter anderem klassische Aktionsbereiche der Wirtschaftsförderung wie die Wohnungswirtschaft, Einzelhandelsunternehmen und Unternehmen der Pflegebranche. In dem Bericht werden zudem Beispiele aufgeführt, die eine vorteilhafte Situation für Unternehmen und soziale Initiativen generieren (siehe etwa das Fallbeispiel der Kooperation zwischen einer Freiwilligenagentur und einer Buchhandlung).

Die dargestellten Initiativen umfassen zudem weiterführende Felder, die durch bisherige Wirtschaftsförderung nicht abgedeckt werden, sich jedoch sowohl resilienzfördernd als auch positiv auf Gemeinwohl und Lebensqualität in einer Stadt auswirken können – Ziele der hier vorgestellten Wirtschaftsförderung 4.0.

Im Kapitel 9 ab Seite 212 finden sich verschiedene Umsetzungsbeispiele aus dem Geschäftsfeld Local Business.

3   Überregionale Treiber

Das Konzept der Wf4.0 rückt den Menschen in den Mittelpunkt. Die Wirtschaft dient den Bürgerinnen und Bürgern. Das Ziel ist ein gleichermaßen verantwortungsvolles und glückliches Leben. Inwiefern das gelingt, lässt sich allerdings nicht mit dem Bruttoinlandsprodukt messen. Notwendig sind dafür neue Kennzahlen, etwa der Nationale Wohlfahrtsindex, der in Deutschland von Bundesumweltministerium und Umweltbundesamt entwickelt wurde.[106]

Darüber hinaus sind Finanzmärkte und Freihandel so zu bändigen, dass sie eine sorgsame Verwendung der Ressourcen fördern und mit Klimaschutzzielen vereinbar sind.

Viele Faktoren können sich positiv auf die Geschäftsfelder der Wf4.0 auswirken. Eine Auswahl findet sich in den nächsten Kapiteln.

3.1   Hyperventilierende Finanzmärkte beruhigen

Es besteht kein Zweifel, dass hyperventilierende Finanzmärkte Wirtschaftskrisen auslösen können, den Wachstumsdrang dynamisieren und damit zumeist auch Naturverbrauch und Klimaerhitzung.

Zahlreiche Bewegungen sowie Experten raten dazu, den Kapitalmarkt stärker als bisher zu regulieren.[107] Und in der Tat hat die Europäische Union bereits viele Beschlüsse gefasst, um die Geldwirtschaft zu zähmen. Für den Laien ist kaum nachvollziehbar, wie effektiv und weitreichend diese Reformen tatsächlich sind. Beispielsweise müssen die Banken mehr Eigenkapital vorhalten als bisher. Für die großen Geldhäuser liegt die Vorgabe bei zehn Prozent seit dem Jahr 2019. Manche Experten meinen, es sollten mindestens 20 bis 30 Prozent sein.[108] In der Tendenz bleibt der Eindruck zurück, dass sich die Staats- und Regierungschefs der EU nicht sehr weit vorgewagt haben.

Der Kapitalmarkt ist inzwischen unfassbar kompliziert. Nur noch Experten kennen sich mit den verschiedenen Produkten aus. Die Unübersichtlichkeit macht Krisen wahrscheinlicher und erschwert die politische Steuerung. Auch die Anleger sind verunsichert. Die Leitzinsen der Amerikanischen und Europäischen Zentralbanken liegen schon seit vielen Jahren bei nahe null Prozent. Dennoch investieren die Unternehmen wenig, das Wachstum ist allenfalls moderat. Zugleich können die Renten-, Bauspar- und Lebensversicherungen kaum noch die garantierten Zinsen aufrechterhalten. So sind auch Normalbürger verunsichert, selbst wenn sie keine Aktien besitzen.

Zahlreiche Reformvorschläge liegen auf dem Tisch, die geeignet wären, den Geldmarkt so zu gestalten, dass die reale Wirtschaft wieder in den Fokus rückt: Vollgeld, Schuldenbremse für Banken, hohe Eigenkapitalquote, Begrenzung der Bankengröße und des Kredithebels, bankenfinanzierter Abwicklungsfonds und vieles mehr.

In dieser Gemengelage soll dieser Bericht nicht den Eindruck wecken, die komplexen Wirkmechanismen der Geldwirtschaft ließen sich mit ein paar simplen Maßnahmen steuern. Doch einfache Fragen sind gleichwohl zulässig, zum Beispiel: Wem nutzt das Treiben der Investoren eigentlich? Das ärmste Drittel der Bevölkerung profitiert offensichtlich nicht, umso mehr das reichste Zehntel, das eigentlich nicht noch mehr Geld braucht. Eine Ökonomie der Menschlichkeit sucht nach Möglichkeiten, schwere Wirtschaftskrisen zu vermeiden, denn die Leidtragenden sind die Einkommensarmen.

Es geht schlichtweg darum, dass das Geld dem Menschen dient, auch den zukünftigen Generationen. Notwendig sind dafür mehr Transparenz, wenige und übersichtliche Finanzprodukte sowie klare Regeln. Als Maßstab können die gesetzlichen Bestimmungen dienen, wie sie in den 1980er-Jahren üblich waren. Einen Großteil der Finanzprodukte gäbe es dann wohl nicht mehr. Vielleicht würden die Banken sich wieder auf ihr Kerngeschäft konzentrieren und Geld an Unternehmen verleihen, die reale Werte schaffen. Ziel ist also nicht ein fiktives Regulierungskonzept, sondern eine Rückbesinnung auf bewährte Regeln und Werte.

Eine simple Botschaft hat die »Robinhood-Steuer«. Sie ist eine Art Umsatzsteuer für Transaktionen am Finanzmarkt, deren Einnahmen für Klimaschutz oder für bedürftige Menschen verwendet werden könnten. Zudem soll die Minibesteuerung Finanzmarktspekulationen unattraktiver machen und damit Investitionen wieder vermehrt in die Realwirtschaft lenken. Die Robinhood-Steuer könnte Deutschland, je nach Ausgestaltung, 19 bis 45 Milliarden Euro im Jahr einbringen. Zu diesem Ergebnis kommt eine Studie des Deutschen Instituts für Wirtschaftsforschung (DIW). Die Berechnung basiert auf dem Modell der EU-Kommission. Es sieht vor, den Anbieter wie den Erwerber einer Aktie oder Anleihe mit einem Steuersatz von je 0,1 Prozent des Kaufpreises zu belegen. Bei Derivaten beträgt der Satz 0,01 Prozent.[109]

Das klingt nicht viel für den Normalbürger. Doch der Effekt wäre womöglich beträchtlich. Der Hochfrequenzhandel würde sich kaum noch lohnen. Schon allein das spricht für die Robinhood-Steuer. Dass es hierzu nach wie vor keinen Beschluss gibt, legt die Vermutung nahe, dass die Steuer sehr wirkungsvoll sein könnte. Dass sie kommt, dafür kämpfen seit einigen Jahren viele Menschen innerhalb von EU-Gremien. An der Basis machen zahlreiche Initiativen Druck.

Im Herbst 2019 kündigte Bundesfinanzminister Olaf Scholz (SPD) an, man wolle demnächst – ähnlich wie dies bereits in Frankreich und Italien der Fall ist – eine Steuer in Höhe von 0,2 bis 0,3 Prozent auf alle Umsätze mit Aktien erheben. Wer also für 20 000 Euro Dax-Papiere kauft, würde dann zwischen 40 und 60 Euro an den Finanzminister abzweigen müssen – zusätzlich zu den Kosten für Bank, Broker und Depot. Bis zu 1,4 Milliarden Euro könnte die Steuer auf Börsengeschäfte einbringen, um die ebenfalls im Herbst 2019 beschlossene Grundrente in Teilen zu finanzieren.[110]

Das ist offensichtlich weit entfernt von den Berechnungen des DIW und den politischen Forderungen nach einer Robinhood-Steuer, aber ein Schritt in Richtung zu mehr Regulierung der Finanzmärkte.

3.2   Regeln für den Freihandel

Freihandel an sich ist erst einmal eine gute Sache, wenn er die Interessen der Bürgerinnen und Bürger zur Grundlage hat. Wenn für ein Handelsabkommen Standards vereinheitlicht werden sollen, dann würde ein einfacher Grundsatz bei den Verhandlungen hilfreich sein: Der höchste Standard gilt für alle. Beschließt ein Partner anspruchsvollere Standards, muss der Handelspartner mitziehen, um weiter seine Waren einführen zu dürfen.

Bei manchen Freihandelsabkommen, wie etwa dem geplanten TTIP zwischen der EU und den USA, war es eher umgekehrt angedacht. Meist einigen sich die Verhandlungspartner auf den schlechteren Standard. Ihn anheben darf ein Partner nur mit Zustimmung des anderen.

Wenn man bedenkt, dass die Sozial- und Umweltstandards der Welthandelsorganisation WTO nur sehr schwach entwickelt sind und die WTO selbst derweil zunehmend an Relevanz verliert, sind die gegenwärtigen Entwicklungen in Hinblick auf Klimaschutz und nachhaltiges Wirtschaften sehr ernüchternd. Die neuen Freihandelsabkommen der letzten Jahre ignorieren den Rahmen der WTO und unterwandern zumeist viele Sozial- und Umweltstandards der EU.

Das im Sommer 2019 abgeschlossene Mercosur-Abkommen etwa wird von Landwirten und Umweltverbänden stark kritisiert. Die Europäische Union hat es mit dem südamerikanischen Wirtschaftsblock Brasilien, Argentinien, Uruguay und Paraguay – den sogenannten Mercosur-Staaten – ausgehandelt. Aufeinander treffen ungleiche Anforderungen bei Umwelt- und Klimaschutz, beim Einsatz von Antibiotika und beim Pflanzenschutz. Aber nicht nur deswegen kann etwa Argentinien günstiger Rinder aufziehen. Es gibt keine Platzprobleme wie in Deutschland, Weidehaltung ist im großen Stil möglich (was allerdings oft mit der Abholzung von Wäldern einhergeht). Das setzt die hiesigen Höfe mit Rindern unter Druck. Viele Betriebe werden dem Vernehmen nach schließen müssen. Ein gewünschter Effekt im Sinne von Nahversorgung und Wf4.0 ist das nicht.

In der Tendenz sind die zuletzt geschlossenen Freihandelsabkommen mit der Idee der Wf4.0 nicht vereinbar. Daher gilt: Besser kein Abkommen als ein schlechtes. Durch die Globalisierung gibt es mehr Handel zwischen den Ländern und Kontinenten als je zuvor. Warum muss es eigentlich noch mehr sein? Diese Frage beantworten diejenigen, die den Welthandel noch stärker zu dynamisieren wünschen, mit dem Hinweis, dieser bringe mehr Wohlstand. Der Gedanke dahinter: Mehr Handel sorgt für mehr Wettbewerb, viele Waren werden noch günstiger produziert. Wenn etwa ein Fernseher billiger wird, haben die Menschen Geld übrig und können beispielsweise ein größeres Gerät kaufen oder ein weiteres Gerät.

Nun ist es so, dass das subjektive Wohlbefinden der Bundesbürger seit den 1970er-Jahren nicht mehr zunimmt, obgleich sich der materielle Wohlstand seither verdreifacht hat. Man kann getrost davon ausgehen, dass es den Menschen nicht besser geht, wenn sie noch mehr Dinge kaufen können. Es stellt sich die Frage, ob Deutschland mehr Wohlstand oder mehr Verteilungsgerechtigkeit benötigt. Denn beim ärmsten Drittel der Nation würde sich mehr finanzielle Sicherheit durchaus positiv bemerkbar machen. Im Gegenteil nimmt die Ungleichheit eher zu als ab, trotz Wachstum und Freihandel.[111]

Im Sinne der Wf4.0 wäre es, wenn Handelsabkommen Klimaschutz und den sorgsamen Umgang mit Ressourcen beförderten. Notwendig sind gemeinsame Anstrengungen, um Wettbewerbsverzerrungen durch umweltschädliche Subventionen zu verringern. Ebenso gilt es, ein Regelwerk zu entwickeln, das faire Arbeitsbedingungen einfordert. Solange die Welthandelsorganisation dafür kein Mandat hat, können die Länder das mit bilateralen Vereinbarungen festlegen.

Freihandel ist kein Selbstzweck. Betriebswirtschaftlich mag es effektiv sein, Kartoffeln aus Ägypten zu importieren, sozial und ökologisch ist es schädlich. Landwirte geben ihre Betriebe auf, Arbeitsplätze gehen verloren, die langen Transportwege schaden dem Klima und das in Form von Kartoffeln importierte Wasser fehlt im Land der Pyramiden. Umgekehrt höhlen die europäischen Billigagrarexporte und Fischfangfreibeuter die Arbeitsmärkte in Afrika aus und die auf den Export ausgerichtete Fleischproduktion verseucht in Form von Gülle unser Grundwasser.

Der internationale Warenverkehr ist nur für komplexe und regional spezifische Produkte sinnvoll. Es geht nicht darum, dass jedes Land seine eigenen Fernseher und seine eigenen Autos herstellt und die Bürgerinnen und Bürger auf Kaffee und Kakao verzichten. Doch Standards und Zölle abzuschaffen, etwa für den Handel mit Lebensmitteln, ist Wegbereiter für einen Abwärtswettlauf im Ringen um niedrigste Preise.

Stattdessen sollten die Länder und Kontinente nur importieren, was sich nicht selbst sinnvoll herstellen lässt im Zeichen einer »Kollaborativen Subsidiarität« (siehe Kapitel 11.6, S. 283). Dieser Grundsatz würde zugleich die wirtschaftliche Entwicklung in Afrika stärken. »Der Markt und der Handel brauchen Grenzen und Regeln. Wo diese nicht gegeben sind, führt dies zur Ausbeutung von Mensch und Natur«, meint Bundesentwicklungsminister Gerd Müller (CSU).[112]

3.3   Das rechte Maß für gutes Wirtschaften

Um zu beurteilen, was ein gutes Leben ausmacht und wie es sich messen lässt, ist das Bruttoinlandsprodukt (BIP) als Maß für die wirtschaftliche Leistung einer Volkswirtschaft wenig geeignet. »Wir können unsere nationale Leistung nicht anhand des Bruttosozialprodukts messen«, hat Robert F. Kennedy bereits 1967 festgestellt. »Es misst alles, außer diejenigen Dinge, die das Leben lebenswert machen.«

Zudem ignoriert die Kennzahl die negativen Auswirkungen unseres Wirtschaftens. Im Gegenteil: Paradoxerweise lässt Naturzerstörung die Wirtschaft dabei wachsen. Jede Dienstleistung, die in Rechnung gestellt wird, fließt ein in die Messung des BIP. Nach einem Tankerunglück werden viele Rechnungen geschrieben, für Bergungsschiffe, Reinigungsarbeiten, Ärzte und vieles mehr. All das lässt die Wirtschaft nach der bisherigen Berechnungsmethode wachsen. Heiratet ein Banker seine Putzfrau, schrumpft die Kennzahl, weil die Frau für ihre Dienstleistung im Haushalt nicht mehr bezahlt wird. Verkürzen Väter ihre Arbeitszeit, weil sie mehr Zeit mit den Kindern verbringen möchten, schrumpft auch dann die Wirtschaft. Denn sie bekommen weniger Lohn und können weniger konsumieren. Die gesamte Sorge-

und Pflegearbeit, also ein Großteil der gesamten Arbeit, ist für die Kennzahl völlig irrelevant.

All das ist schon seit den 1970er-Jahren bekannt und war Gegenstand vieler Diskussionen, ohne dass sich etwas geändert hätte. Erst mit der Finanzkrise ab 2008 bekam die wachstumskritische Bewegung wieder Aufwind. Alternative Messkonzepte werden nun intensiv diskutiert. Eines davon ist der Nationale Wohlfahrtsindex (NWI), der seit einigen Jahren bereits parallel erhoben wird, also nicht neu entwickelt werden muss.

Der Index ermittelt Naturverbrauch, Einkommensverteilung, Ehrenamt, Hausarbeit und vieles mehr. Diese ganzheitliche Auswertung wohlfahrtssteigernder und wohlfahrtsmindernder Kategorien kommt für die Zeit zwischen 1999 und 2007 zu dem Ergebnis, dass die gesellschaftliche Wohlfahrt in Deutschland um drei Prozent geschrumpft ist, während das BIP im selben Zeitraum um sieben Prozent zulegte. Im Bundesland Schleswig-Holstein hingegen wuchs der NWI um neun Prozent, während das BIP quasi Nullwachstum auswies.[113]

Beim Wohlfahrtsindex verschlechtern Abwertungen in den Punkten Luftverschmutzung, Bodenbelastung, Verkehrsunfälle und ungleiche Einkommensverteilung die Bilanz. In Schleswig-Holstein wirkte sich unter anderem positiv aus, dass viel mehr erneuerbare Energiequellen genutzt werden. Zudem sank der Energieverbrauch deutlich. Dadurch verringerte sich der Beitrag zum Klimawandel, die Luftqualität verbesserte sich. Sodann ist die Einkommensverteilung weniger ungleich als in anderen Regionen. Auch die Kriminalitätsrate sank.

Insgesamt entwickelten sich gesellschaftliche Wohlfahrt und Bruttoinlandsprodukt in den vergangenen 30 Jahren zunehmend auseinander, vor allem aufgrund der wachsenden Ungleichverteilung der Einkommen.[114] Erste Einschätzungen zu den Auswirkungen der Corona-Pandemie zeigen, dass der NWI im Jahr 2020 voraussichtlich eine negative Entwicklung aufweisen wird, wenn auch sehr wahrscheinlich in geringerem Maß als das BIP.[115]

Der Nationale Wohlfahrtsindex gibt Politikern ein gewichtiges Entscheidungskriterium an die Hand, um die Wirkung von bestimmten Maßnahmen zu beurteilen. Biogasanlagen können beispielsweise grünen Strom erzeugen und damit zum grünen Wachstum beitragen. Der Einsatz von Düngemitteln und Pestiziden sowie der Wasserverbrauch können sich dagegen negativ auf den NWI auswirken. Oder die Elektromobilität, um ein anderes Beispiel zu nennen, würde sich nur positiv auswirken, wenn der Strom erneuerbar erzeugt wird.[116]

Es wäre ganz im Sinne der Wf4.0, würde die Bundesregierung jährlich oder in jedem Quartal umfassend über die Entwicklung des NWI berichten – oder eines ähnlichen Indikators, auf den man sich politisch einigt. Dies würde dafür sorgen, die wenig auf Nachhaltigkeit ausgerichtete Kennzahl BIP zu relativieren. Das ist ganz einfach. Die Entscheidungsträger müssten dafür den Mut haben, bei jeder Pressekonferenz zum BIP zugleich auf den NWI hinzuweisen. Das würde zur Aufklärung beitragen und wäre Treiber eines sozial-kulturellen Wandels zur Nachhaltigkeit. Man stelle sich vor, nach Ablauf eines Quartals präsentiert der Wirtschaftsminister die neuesten Zahlen und sagt: »Das Bruttoinlandsprodukt ist um 0,7 Prozent gewachsen. Das klingt zunächst erfreulich. Doch zugleich nahm der NWI um 0,5 Prozent ab. Mit dieser Entwicklung können wir nicht zufrieden sein.«

3.4   Klimazoll

Industriebetriebe in der Europäischen Union unterliegen dem Emissionshandel. Ein steigender CO_2-Preis sorgt dafür, dass sich Investitionen in Technologien zunehmend lohnen, die den CO_2-Ausstoß verringern. Das kann allerdings auch zu einem Wettbewerbsnachteil gegenüber solchen Unternehmen werden, die sich nicht um den Klimaschutz scheren. Wenn also die Europäische Kommission den energieintensiven Industrien anspruchsvolle Vorgaben macht, kann es sein, dass Unternehmen außerhalb der Europäischen Union davon profitieren. Stahl ist dann billiger, besonders wenn bei der Produktion nicht auf CO_2-Emissionen geachtet wird.

Um der hiesigen Industrie hohe Standards abzuverlangen, ohne sie zu gefährden, gibt es schon seit vielen Jahren die Idee, an den europäischen Grenzen eine Abgabe zu erheben, mit anderen Worten eine Art Klimazoll. Die Höhe könnte sich am Kohlendioxidgehalt des Importprodukts orientieren. Dies könnte auch die Gefahr des sogenannten Carbon Leakage begrenzen, also dass von der CO_2-Bepreisung betroffene Industrien wie Stahl, Zement oder Chemie ihre Produktion in Klimadumping-Regionen verlagern.

Im Rahmen ihres Green Deal will die EU nun bis 2023 ein CO_2-Grenzausgleichssystem einführen. Der Fachbegriff lautet »Carbon Border Adjustment«. Mit dieser Art Klimazoll ließen sich auch die relativ strengen EU-Klimaziele »exportieren«. Denn wenn ein Drittstaat für seine Produkte die Bezahlung der Abgabe vermeiden will, müsste er nachweisen, dass bei ihm CO_2-Emissionen ähnlich viel kosten wie im EU-Emissionshandel.

Wie die Abgabe genau funktionieren wird, steht noch nicht fest. Wichtig ist bei der Ausgestaltung, dass die Regeln der Welthandelsorganisation WTO nicht verletzt werden und die Abgabe nicht wie ein illegaler Zoll wirkt.

Vielleicht ist das genau der richtige Zeitpunkt, um höhere Standards für klimafreundliche Produktionsformen international durchzusetzen. Ein Klimazoll würde gewährleisten, dass ausländische Unternehmen genauso viel für den Klimaschutz bezahlen müssen wie die inländische Konkurrenz. Ein Weg könnte etwa auch die Mehrwertsteuer sein, die ebenfalls auf Importe in die EU gezahlt werden muss und von der Welthandelsorganisation für rechtens erklärt wurde.

3.5   Kennzeichnungspflichten

Im Herbst 2017 hat sich der italienische Landwirtschaftsminister an eine beachtenswerte Transparenzoffensive gewagt. Er führte Herkunftsbezeichnungen auf Produkte ein. Erst Milch, später Nudeln, Reis und Dosentomaten. Wie die »Süddeutsche Zeitung« berichtet, sind Bauern, die Weizen anbauen, von der Vorgabe begeistert. Sie führen meist kleine Betriebe und machen den Importweizen für einen existenzbedrohenden Preisverfall verantwortlich. Der Erlös für 100 Kilo Hartweizen war damals um 48 Prozent auf unter 19 Euro gesunken.[117]

Die Pastakonzerne protestierten gegen die Kennzeichnungspflicht und klagten vor Gericht – in der ersten Instanz ohne Erfolg. Sie wiesen darauf hin, dass in Italien mit 4,5 Millionen Tonnen zwar weltweit am zweitmeisten Hartweizen (nach Kanada) produziert werde, dass aber die inländische Produktion je nach Ernte nur rund zwei Drittel des Bedarfs decke.[118] Die Produktion würde um 30 bis 40 Prozent zurückgehen, wenn nur noch italienischer Hartweizen in der Pastaproduktion verwendet werden dürfte, meinte der Vizepräsident des Nahrungsmittelkonzerns Barilla.

Indes will der italienische Landwirtschaftsminister Maurizio Martina nicht den Import von Weizen verbieten. Vielmehr macht sein Vorstoß sehr deutlich, wie Politik durch sanfte Steuerung die regionale Produktion und Identifikation fördern kann. Dies ist wiederum auch dienlich für die Wirtschaftsförderung 4.0. Ob die Bürgerinnen und Bürger bereit sind, für Lebensmittel aus regionaler beziehungsweise nationaler Herstellung einen womöglich höheren Preis zu zahlen, ist nicht gesichert. Der Erfolg von regionalen Labeln wie »Von Hier« deutet jedoch auf eine grundsätzliche Bereitschaft hin.

Gut möglich ist zudem, dass die Verpflichtung zur Transparenz ein Rückhalt für kleine Betriebe ist. Diese sind oft nicht konkurrenzfähig. Im Jahr 2015 zwang der

Milchpreisverfall in Italien 1100 Ställe zur Aufgabe.[119] Viele Käsehersteller kaufen Milch billig bei Großmolkereien in Deutschland und Osteuropa ein. Wenn die Konsumenten hingegen am Produkt erkennen können, wo bestimmte Zutaten produziert wurden, haben kleine Höfe vermutlich bessere Chancen im Markt.

3.6   Bürgerarbeit fördern

Gut 17 Millionen Bundesbürger sind ehrenamtlich tätig.[120] Im Bereich des sogenannten freiwilligen Engagements sind es sogar knapp 29 Millionen, also rund 40 Prozent der Bevölkerung ab 14 Jahren.[121] Ihr Engagement zu unterstützen und zu fördern ist für die Wirtschaftsförderung 4.0 ein wichtiges Handlungsfeld.

Die Bedeutung des »dritten Sektors« – auch »Informelle Ökonomie« beziehungsweise »Informelle Arbeit« genannt – hat auch die Politik bereits erkannt. Im Jahr 2000 setzte der Deutsche Bundestag eine Enquete-Kommission zur »Zukunft des Bürgerschaftlichen Engagements« ein. Von den Empfehlungen des Gremiums wurde allerdings nur die Verbesserung des Unfallversicherungsschutzrechts von ehrenamtlich Tätigen umgesetzt.

Die Wirtschaftsförderung 4.0 sieht dagegen eine systematische Förderung des Engagements vor, zumal die Informelle Ökonomie an Bedarfsorientierung, Selbstbestimmung und Selbstverwaltung orientiert ist.[122]

Stipendien für Gemeinwohlarbeit

Darüber hinaus geht der Vorschlag, Stipendien für Gemeinwohlarbeit einzuführen. Für den Anfang könnten Bundesregierung und Bundesagentur für Arbeit junge Menschen mit jährlich 20 000 Stipendien unterstützen. Anders als beim Bundesfreiwilligendienst, würde man sich dabei mit eigenen Ideen und Projekten bewerben und eine bescheidene, aber hinreichende materielle Absicherung des ehrenamtlichen Engagements erhalten. Für ein Jahresstipendium müssten rund 15 000 Euro aufgebracht werden. Ein Schwerpunkt könnte die Förderung von nachhaltigkeitsrelevanten Tätigkeiten im Rahmen der Wf4.0 sein.

Gewiss wäre einige Überzeugungsarbeit nötig, damit die finanzielle Förderung des ehrenamtlichen Engagements ausgeweitet oder die Stipendien eingeführt werden. Ein gutes Argument dürfte jedoch die Tatsache sein, dass jeder in Nicht-Regierungsorganisationen investierte Euro einen Multiplikatoreffekt hat.

Der Wohlfahrtsmultiplikator

Auf den ersten Blick scheint es widersprüchlich, ehrenamtliches Engagement finanziell zu fördern. Doch die meisten Einrichtungen sind auf ein Minimum an Koordination und Unterstützung durch bezahlte ständige Mitarbeiter angewiesen. Eine finanzierte Stelle zieht ein Vielfaches an ehrenamtlichem Engagement nach sich und macht Zuschüsse höchst rentabel. *Erstens* wird die direkt finanzierte Arbeitsleistung durch die ehrenamtliche ergänzt und *zweitens* werden die hauptamtlichen Mitarbeiter im Durchschnitt nur zu zwei Dritteln durch öffentliche Zuschüsse finanziert, das letzte Drittel wird aus Eigenmitteln und privaten Spenden aufgebracht. Daher wirkt sich ein öffentlicher Zuschuss für eine bezahlte Arbeitsstunde multiplikativ auf die dadurch geförderte Arbeitsleistung aus.

Im Durchschnitt ermöglicht ein Zuschuss zur Finanzierung einer hauptamtlichen Arbeitsstunde insgesamt drei Arbeitsstunden, wenn er für diejenigen Einrichtungen bestimmt ist, in denen Ehrenamtliche mindestens zehn Prozent aller Arbeitsstunden bestreiten. Liegt dieser Anteil bei über 50 Prozent, kommen auf jede finanzierte hauptamtliche Stunde sogar acht freiwillige Arbeitsstunden.[123]

Freiwillige Arbeit hat einen finanziellen Wert. Würde man die rund 17 Millionen ehrenamtlich Aktiven in Deutschland mit dem gesetzlichen Mindestlohn von derzeit 9,50 Euro je Stunde bezahlen, käme damit eine Wertschöpfung von fast 40 Milliarden Euro pro Jahr zusammen.[124]

Bundesfreiwilligendienst

Einige Initiativen der Wf4.0 profitieren vom Bundesfreiwilligendienst. Das Programm fördert soziales und ökologisches Engagement systematisch. Es geht über das Freiwillige Soziale Jahr hinaus, das nur für Erwachsene bis zum Alter von 27 Jahren offen ist, und trat nach Aussetzung der Wehrpflicht an die Stelle des Zivildienstes.

Dessen gesellschaftliche Anerkennung, positives Image und strukturelle Voraussetzungen machte sich die Bundesregierung zu Nutze, um eine breite Förderung zivilen Engagements zu etablieren. Mit dem Slogan »Nichts erfüllt mehr, als gebraucht zu werden« warb das Bundesfamilienministerium für den 2011 eingeführten Bundesfreiwilligendienst.[125] Die Resonanz übertraf gleich zu Beginn die Erwartungen. Schon im Januar 2012 waren die gesamten 35 000 Bufdi-Plätze belegt.[126] Nach jüngsten Zahlen vom Februar 2021 sind derzeit rund 40 000 freiwillige Helfer beschäftigt.[127]

Das aus der Not geborene Konzept verdeutlicht im Großformat, wie ehrenamtliches Engagement gefördert werden kann, welches zumeist in den Städten und Gemeinden seine Wirkung entfaltet. Das Potenzial beispielsweise zur Betreuung von Flüchtlingen ist enorm. Einige plädieren gar für einen verpflichtenden Sozialdienst.[128] Es wäre ein Beitrag zur Entschleunigung und junge Menschen hätten mehr Zeit, über ihre Zukunft nachzudenken.

In Hinblick auf das Konzept der Wf4.0 wäre es außerordentlich hilfreich, wenn bestimmte Initiativen wie etwa Repaircafés in das Bufdi-Programm aufgenommen werden könnten – insofern sie die relevanten Voraussetzungen erfüllen. Bei den gut aufgestellten Initiativen gibt es bereits Bufdi-Stellen, so etwa im Münchener Haus der Eigenarbeit.

Erleichterung für Bürgerunternehmen

Der Bundestag hat Ende Juni 2017 den Gesetzentwurf der Bundesregierung »zur Erleichterung unternehmerischer Initiativen aus bürgerschaftlichem Engagement und zum Bürokratieabbau bei Genossenschaften« angenommen. Kern sind vereinfachte Prüfungsanforderungen für kleine Genossenschaften. Denn die vom geltenden Genossenschaftsrecht verlangten Prüfungen verursachten Kosten, die von kleinen bürgerschaftlichen Unternehmen oft nur schwer aufgebracht werden können.

Bürgerinitiativen sollen leichter Unternehmen wie beispielsweise Dorfläden gründen und führen können. Den zunächst geplanten erleichterten Zugang ganz kleiner Initiativen zur Rechtsform des rechtsfähigen wirtschaftlichen Vereins hatte der Bundestagsausschuss für Recht und Verbraucherschutz in seiner Beschlussempfehlung gestrichen.[129]

3.7   Unternehmensnetzwerk für Lebensweltökonomie

Ein weiterer Treiber können Agenturen, Stiftungen oder Netzwerke sein, welche die Kommunen bei der Umsetzung der Wf4.0 unterstützen. Beispielhaft sei hier das nordamerikanische Netzwerk BALLE erwähnt. Das Kürzel steht für »Business Alliance for Local Living Economies«. Über 35 000 Unternehmer, Kommunen und Organisationen, Investoren und Gründer sind Teil des Netzwerkes. Statt »business as usual« ist das Ziel »business for all«.

Betont werden lokales Eigentum, lokale Gemeinschaftsarbeit und lokale Produktion. Diese Schwerpunktsetzung ist aus Sicht des Netzwerks förderlich für Gesundheit und Gerechtigkeit. Nicht nur die besonders Wohlhabenden sollen von den wirtschaftlichen Gewinnen profitieren, sondern möglichst alle Bürgerinnen und Bürger.

Kommunale Wirtschaftspolitik sollte im Sinne von BALLE folgende Kriterien beachten, sie sind in weiten Teilen kompatibel mit dem Wf4.0-Konzept:

1. Act Local First	5. Share Ownership
2. Prioritize Equity	6. Shift Capital
3. Regenerate Soil & Nature	7. Co-Create Policy
4. Accelerate Collaboration	8. Cultivate Connection

Es gibt auch in Deutschland Netzwerke für nachhaltige Unternehmen, Initiativen und Vereine. Im Rahmen eines Forschungsprojektes über Gemeinschaftsnutzungsstrategien werden sie als solidarische Organisationsverbünde bezeichnet.[130] Ziel ist, dass die Akteure mit ihren spezifischen wirtschaftlichen und gemeinwesenorientierten Kompetenzen gemeinsam an Entwicklungskonzepten für den Ort oder die Region arbeiten.

Die Verbindlichkeit und Kontinuität ist in den betrachteten Verbünden demnach unterschiedlich ausgeprägt. Häufig gibt es keine festgeschriebenen Vereinbarungen oder eine Dachorganisation zur Festlegung der Arbeits- und Kooperationsweise. Um diese Arbeit zu professionalisieren, wäre externe Unterstützung nötig. Zum Teil existieren derartige Unterstützungsangebote bereits, etwa als Regionalmanagement im Rahmen der Förderung »Regionen aktiv« des Bundesministeriums für Landwirtschaft und Verbraucherschutz.

Jedoch gibt es auch positive Erfahrungen mit kleinteiligen Förderansätzen. Herauszustellen ist zum Beispiel das Programm »Lokale Initiativen für neue Beschäftigung« des brandenburgischen Arbeitsministeriums. Es wird aus Mitteln des Europäischen Sozialfonds und des Landes Brandenburg finanziert und unterstützt die stärkere Nutzung regionaler Potenziale durch Förderung des lokalen Sozialkapitals.[131]

Es erscheint insofern begrüßenswert, wenn ein bereits vorhandenes, geeignetes Netzwerk in Deutschland die Wf4.0-Konzeption aufgreifen würde. Es sollten, ebenso wie bei BALLE, Kommunen, Unternehmen und weitere Akteure daran mitwirken. Unabdingbar erscheint zumindest in der Startphase eine Förderung durch Drittmittel, um den Aufbau von leistungsfähigen Infrastrukturen zu ermöglichen. So kann sich das bundesweit aktive Netzwerk vergrößern. Im Weiteren lässt sich die Finanzierung durch Mitgliedsbeiträge realisieren.

3.8 Bundesverband der Regionalbewegung e. V.

Womöglich ist mit dem Bundesverband der Regionalbewegung bereits ein solches Netzwerk vorhanden. Der Verein wurde im März 2005 gegründet und versteht sich seitdem als Dachverband für die vielfältigen Akteure regionalen Wirtschaftens, die zu einer erfolgreichen und nachhaltigen Regionalentwicklung und der Stärkung ländlicher Räume beitragen. Zudem gewährleistet er die Kommunikation von relevanten Inhalten und Anliegen in Politik und Gesellschaft.

Zu seinen Themenplattformen zählt der Verein die Nahversorgung mit Lebensmitteln des täglichen Bedarfs, die regionale Schulentwicklung, regionale Finanzdienstleister, regionale erneuerbare Energien und das regionale Handwerk. Damit sind bereits einige Geschäftsfelder der Wirtschaftsförderung 4.0 abgedeckt.

3.9 Arbeitszeitverkürzung und Work-Life-Balance

Mit der Förderung von kürzeren erwerblichen Arbeitszeiten, etwa durch das Teilzeitgesetz, unterstützt die Bundesregierung indirekt Freiwilligenarbeit und kooperatives Wirtschaften. Mitarbeiter haben so mehr Spielraum, um sich außerhalb der Lohnarbeit einzubringen. Damit sind Konzepte, mit denen Bürgerinnen und Bürger motiviert werden, ihre Arbeitszeiten zu verringern, zugleich auch überregionaler Treiber für die Wf4.0. Schließlich basieren viele Tätigkeiten in diesem Konzept auf nicht bezahlter Arbeit.

Nur exemplarisch sei hier auf das Konzept der Familienarbeitszeit hingewiesen, mit dem sich kürzere Arbeitszeiten fördern lassen. Hierzu hat das Familienministerium vor einigen Jahren einen Vorschlag unterbreitet.

Geplant war ein Zuschuss über drei Jahre nach dem Elterngeld, wenn beide Eltern ihre Arbeitszeit auf 80 Prozent reduzieren. Der Zuschuss sollte sich dabei am Nettoeinkommen der Eltern orientieren und für kleinere Einkommen prozentual größer ausfallen als für höhere. Diese Leistung würde für jeden Elternteil individuell einen Teil des Einkommensausfalls im Vergleich zu einer Vollzeit-Erwerbstätigkeit ausgleichen.

Zwar war der Vorschlag recht schnell wieder vom Tisch, doch es gibt viele Gründe daran festzuhalten. Das macht eine Untersuchung des Deutschen Instituts für Wirtschaftsforschung (DIW) deutlich.

Denn Mütter und Väter bekämen die Lohnersatzleistung nur dann, wenn sich beide gleichzeitig für diesen Arbeitszeitumfang entscheiden. Würde einer von beiden mehr oder weniger arbeiten, so könnte keiner der beiden die Leistung beziehen. Damit würde ein finanzieller Anreiz für das »2 mal 0,8-Verdiener-Modell« geschaffen, das im Gegensatz zum klassischen »Einverdiener-Modell« oder »1,5-Verdiener-Modell« in Deutschland für viele Familien kurzfristig finanziell eher unattraktiv ist. Aufgrund von Ehegattensplitting, beitragsfreier Mitversicherung, Minijobs et cetera ist die klassische Arbeitsaufteilung für viele Familien finanziell lohnender.[132]

In ihren Berechnungen kommen die Autoren zu dem Ergebnis, dass die Zweitverdiener ihre Arbeitszeit ausdehnen, was die kürzere Arbeitszeit des Partners kompensiert. Die fiskalischen Kosten sind überschaubar. Zwei Varianten für die Berechnung des Zuschusses wurden durchgespielt. Danach würde die Familienarbeitszeit den Staat lediglich zwischen 67 und 138 Millionen Euro pro Jahr kosten, je nachdem, wie komfortabel die Lohnersatzleistung ausgestaltet wäre.[133] Das wäre ein sehr kleiner Betrag im Vergleich zu den knapp sieben Milliarden Euro, die wir derzeit für das Elterngeld ausgeben.

Das Modell der Familienarbeitszeit ist nicht nur geeignet, das Selbstbild der Vollzeit erwerbstätigen Männer zu beeinflussen sowie die Karriereaussichten der Frauen. Es ist zugleich auch ein förderlicher Rahmen für die Wf4.0, indem es Raum schafft für kooperative Gemeinschaftsarbeiten.

3.10 Bundesstrategie für »Solidarische Wirtschaft«

Von entscheidender Bedeutung wäre es, wenn die Bundesregierung ein Förderprogramm für die Wirtschaftsförderung 4.0 auflegen würde. Es könnte ähnlich konzipiert sein wie die Anschubfinanzierung der Kommunalen Klimaschutzkonzepte.

In diese Richtung weist bereits ein Antrag der Fraktion Bündnis 90/Die Grünen im Bundestag. Er trägt den Titel »Share Economy – Ökologische Chancen nutzen und Teilen statt Besitzen unterstützen«. Demnach soll die Bundesregierung eine Strategie »Solidarische Wirtschaft« vorlegen. Diese soll der kollaborativen Ökonomie und gemeinwohlorientierten Modellen der gemeinschaftlichen Nutzung von Gütern und Dienstleistungen gleichwertige Rahmen- und Förderungsbedingungen bieten, wie sie auch der herkömmlichen Privatwirtschaft zugutekommen.

Beispielsweise sollen für digitale Modelle des Teilens offene Standards, offene Schnittstellen, Daten und Software als Leitprinzip verankert werden. Besonders Genossenschaften und Vereinen sollen digitale Lösungen bereitgestellt werden, die es ihnen erleichtern, die Buchhaltungsvorgaben des Finanzamts, aber auch

Vorgaben von europäischer Ebene, beispielsweise des Europäischen Sozialfonds, zu erfüllen.

Zudem sollen die Rahmenbedingungen für nicht profitorientierte Gründungen und Social Entrepreneurship verbessert werden. Beispielsweise könnte man festlegen, dass ein fester Teil der Gründungsförderungen an Unternehmen und Gesellschaftsformen geht, die sozialen oder ökologischen Zielen eine höhere Priorität einräumen als Renditezielen.

Im Rahmen der öffentlichen Beschaffung soll der Staat dafür Sorge tragen, dass zunehmend mehr Angebote der Share Economy genutzt werden. Behördliche Vorgaben für Genossenschaften sollen abgebaut werden.[134]

3.11 Das Projekt »MehrWert NRW« und der EU-Fonds für regionale Entwicklung

In dem praxisbezogenen Projekt »MehrWert NRW«[135] der nordrhein-westfälischen Verbraucherzentrale unterstützt das Projektteam lokale Initiativen in NRW, die sich durch ihren Beitrag zur Etablierung klimaverträglicher Lebensweisen auszeichnen. Das Projekt erfasst dabei Initiativen aus den Bereichen umweltverträgliche Mobilität, klimafreundliche Ernährung und nachhaltiger Konsum. Zu den Tätigkeitsbereichen gehört es, diese Initiativen beispielsweise zu Fragen der Finanzierung, Wahl der passenden Organisationsform und Mitgliederakquisition zu beraten und die Initiativen untereinander über die Organisation von Veranstaltungen zu vernetzen. Die Initiativen sollen darüber hinaus öffentlich sichtbar gemacht werden.

Das Projekt stellt zudem die Geschichten und die Entwicklung einzelner Initiativen exemplarisch vor und ermöglicht es so Interessierten, lokale Gruppen aus den Bereichen »Lebensmittel retten und selbst anbauen«, »fahren und transportieren«, »teilen und tauschen« und »reparieren und upcyceln« finden zu können.[136]

Das Projekt wird sowohl aus Mitteln des Europäischen Fonds für regionale Entwicklung (EFRE) wie auch des NRW-Umweltministeriums gefördert. Die EU zeigt mit den durch EFRE-Mittel geförderten Projekten bereits, welche Rolle der Bund als Treiber für Wf4.0-Strategien spielen könnte. [137]

In dem Projekt der Verbraucherzentrale finden sich viele Ansätze wieder, die auch die Wirtschaftsförderung 4.0 aufgreift und systematisch und institutionell auf kommunaler Ebene verankern möchte. So richtet sich »MehrWert NRW« an Initiativen der Solidarischen Landwirtschaft, an Repaircafés, Upcycling-Projekte oder auch

Tausch- und Sharing-Initiativen. Hier zeigen sich viele Schnittstellen zu den Initiativen, die die Wirtschaftsförderung 4.0 – erweitert unter anderem um den Bereich Unternehmen sowie alternative Finanzierungs- sowie regionale Geldsysteme – in den Blick nimmt.

Im Projekt »Mehrwert NRW« wird vieles zeitlich befristet erprobt, was die Wirtschaftsförderung 4.0 dauerhaft in der kommunalen Förderungsstruktur verankern möchte: die Unterstützung nachhaltiger lokaler Initiativen über Beratung, Vernetzung und Öffentlichkeitsarbeit.

Die Wirtschaftsförderung 4.0 versteht solche Initiativen als Teil der Wirtschaft, die von der kommunalen Wirtschaftsförderung anzuerkennen und deren Förderbedarfe entsprechend systematisch und dauerhaft zu berücksichtigen sind. Insofern zeigt »MehrWert NRW« konzeptionell ein überregionales Förderkonzept auf, um den Ansatz der Wf4.0 in Kommunen zu fördern.

3.12   Gesellschaft in Verantwortungseigentum

Dass Unternehmen nicht nur der privaten Wohlstandsmehrung, sondern auch dem gesellschaftlichen Wohlstand dienen sollten, ist allgemeiner Konsens. Wo kurzfristige Gewinnmaximierung im Vordergrund steht, können gesellschaftliche Werte leiden.

Eine Gesellschaft in Verantwortungseigentum vertritt im Kern zwei Prinzipien. Zum einen die Überzeugung, dass Gewinne kein Selbstzweck sein sollten, und zum anderen, dass die Kontrolle über ein Unternehmen bei Menschen liegen sollte, die einen Bezug zu diesem Unternehmen haben. Das Konzept Verantwortungseigentum soll Unternehmern eine Alternative zu gängigen Eigentumsformen bieten und hat diese beiden Prinzipien rechtlich verankert.

Warum unsere Gesellschaft Verantwortungseigentum braucht

Herkömmliche Rechtsformen wie die GmbH oder AG machen es einem Unternehmen nicht leicht, die Erhaltung von Unabhängigkeit und Werteorientierung langfristig sicherzustellen. Vor allem in größeren Unternehmen liegen die Eigentumsrechte irgendwann bei Fremdeigentümern, wie Aktionären oder Private-Equity-Gesellschaften. Sie kontrollieren das Unternehmen ohne eine emotionale Verbindung zu dessen Tagesgeschäft. Sie stellen Kapital zur Verfügung und erkaufen sich damit das Recht, die Unternehmensstrategie zu bestimmen und Entscheidungen mit dem vorrangigen Ziel der kurzfristigen Gewinnmaximierung zu treffen.

Die fehlende Verbindung entkoppelt solche Fremdeigentümer von den Konsequenzen ihrer Entscheidungen. Sie entscheiden fernab des Unternehmens und werden die Folgen ihrer Vorgehensweise, anders als Mitarbeiterinnen und Partner, nie erleben. Letztendlich »schafft ein solches System [...] strukturelle Verantwortungslosigkeit«.[138]

Wie funktioniert Verantwortungseigentum?

In Unternehmen mit Verantwortungseigentum wird verhindert, dass Entscheidungen zugunsten kurzfristiger Gewinnmaximierung und auf Kosten des langfristigen Unternehmenszwecks getroffen werden können. Gewinne fungieren als Mittel für den Unternehmenszweck und können entweder reinvestiert oder für gemeinnützige Zwecke gespendet werden.

Der Unternehmenszweck muss dabei nicht zwangsläufig gemeinnütziger Natur sein. Der Zweck kann frei gewählt und bei Bedarf angepasst werden. Auch die beschriebene Fremdeigentümerschaft wird im Verantwortungseigentum verhindert. Um die Selbstbestimmung des Unternehmens zu sichern, haben im Allgemeinen nur mit dem Unternehmen verbundene Personen Stimmrechte.[139]

Wie die beiden Prinzipien rechtlich in der Eigentumsstruktur durchgesetzt werden, ist von dem jeweiligen Unternehmen abhängig. Für die Sicherung der beiden Prinzipien werden meistens zwei Maßnahmen umgesetzt.

Zum einen werden die Gewinnbezugsrechte von den (Eigentums-) Stimmrechten entkoppelt, sodass Verantwortungseigentümer nicht mehr der Wahl ausgesetzt sind, sich selbst und die Kapitalgeber oder das Unternehmen zu bevorzugen. Es wird ihnen leichter gemacht, Entscheidungen zugunsten des Unternehmenszwecks zu treffen. Ausnahmen dieser Regelung kann es kurzzeitig für Finanzierungszwecke geben.

Zum anderen kann das Unternehmen nicht wie eine Ware durch Vererbung oder Verkauf weitergereicht werden. Wer als »Treuhänder« die Verantwortung für Unternehmensentscheidungen übernehmen darf, wird über andere Kriterien wie Fähigkeiten oder Bindung zum Unternehmen bestimmt.[140]

Verantwortungseigentum in der Praxis

Es gibt bereits bekannte Vorreiter, die Formen von Verantwortungseigentum für sich rechtlich umgesetzt haben. Dazu gehören Global-Player wie Bosch und das deutsche Technologieunternehmen Zeiss mit speziellen Stiftungskonstruktionen, aber auch mittelständische Unternehmen wie Alnatura, Elobau oder Dr. Hauschka. Studien von Thomsen et al. zufolge leben Unternehmen mit Verantwortungseigentum länger, haben zufriedenere, besser bezahlte Mitarbeiterinnen und sind krisenfester.[141] Der Begründer der »Verantwortungseigentum Stiftung«, Armin Steuernagel, möchte die rechtliche Umsetzung vereinfachen.

Aktuell bieten Stiftungsmodelle gute Möglichkeiten, Verantwortungseigentum umzusetzen. Allerdings sind komplexe rechtliche Konstruktionen nötig und damit verbunden ein hoher Kostenaufwand. Daher ist das Stiftungsmodell nicht für Start-ups oder kleinere Unternehmen geeignet.

Armin Steuernagel und seine Stiftung setzen sich für eine GmbH-Reform ein, die Verantwortungseigentum rechtlich umsetzt, eine »GmbH-VE«. Es liegt bereits ein Gesetzentwurf vor. Das Konzept hat namhafte Unterstützer wie Marcel Fratzscher vom DIW in Berlin, Michael Hüther vom Institut der deutschen Wirtschaft in Köln oder Familienunternehmer wie Michael Otto (Otto Group) und Alfred Ritter (Ritter Sport).[142]

Kritik an dem Entwurf gibt es auch bei Befürwortern der Idee, etwa den Einwand, der Vorschlag sei noch zu unausgereift und beinhalte rechtliche und steuerliche Missbrauchsmöglichkeiten.[143] Sodann wird die Dauerhaftigkeit der Eigentumsform kritisiert, die sich auch nach dem Tod des Gründers nicht mehr zurückdrehen lasse und das Unternehmen auf alle Ewigkeit an die Prinzipien des Verantwortungseigentum binde.[144] Doch auch wenn die Ausarbeitung der rechtlichen Umsetzung gegebenenfalls noch verbesserungswürdig ist, geht der Trend vor allem bei den jüngeren Generationen hin zu einer sinn- und werteorientierten Welt und Wirtschaft. Verantwortungseigentum könnte ein wichtiger Baustein dieser Zukunft sein.[145]

In Bezug auf die Wirtschaftsförderung 4.0 könnte eine GmbH-VE regional nachhaltigen Akteuren ermöglichen, Werte und Wirtschaften besser zu vereinen und Vertrauen bei den Kunden herzustellen.

3.13 Gemeinwohlökonomie fördern per Gesetz

Das Ministerium für Nachhaltige Ökonomie, Produktivsektoren, Handel und Arbeit der Autonomen Region Valencia in Spanien veröffentlichte am 1. Februar 2017 einen Erlass zur Förderung von sozialen Unternehmen und der Gemeinwohlökonomie.[146] Ein solcher Förderrahmen könnte auch im Sinne der Wf4.0 hilfreich sein.

Der Erlass soll eine regulatorische Basis für die Gewährung von Beihilfen zur Förderung der nachhaltigen Ökonomie schaffen.

In der Präambel spricht die Verordnung von »der Transformation des Wirtschafts-
modells in der Region Valencia«. Sie beschreibt die Gemeinwohlökonomie als »ein
Modell zur Errichtung eines stabilen Sozial- und Wirtschaftssystems, das eine ethi-
sche und nachhaltige Marktwirtschaft entwickelt und das auf denselben Grund- und
Verfassungswerten beruht, die von den Menschen als universal anerkannt werden:
Menschenwürde, Solidarität, ökologische Nachhaltigkeit, soziale Gerechtigkeit,
Transparenz und demokratische Partizipation«.

Als förderungswürdig werden drei Bereiche definiert:

1. Vereine, Stiftungen und andere gemeinnützige Einrichtungen, die sich der Förderung von sozialen Unternehmen und der Gemeinwohlökonomie verschreiben
2. Kleine und mittlere Unternehmen (KMU), die Praktiken von sozialen Unternehmen und der Gemeinwohlökonomie umsetzen
3. Bildungseinrichtungen, die die nachhaltige Ökonomie, soziale Unternehmen und
   die Gemeinwohlökonomie beforschen oder diese lehren.

In den Artikeln 18–20 werden die genauen Ausgaben der drei geförderten Akteure
aufgelistet, deren Erstattung beantragt werden kann (darin besteht die Förderung).

Bei gemeinnützigen Vereinen und Stiftungen zählen dazu: Raummieten, Unter-
richtsmaterial, Bezahlung von Vortragenden, Gebrauchsgüter, Transporte, Handwerk, Overhead und anderes. Je Förderantrag werden bis zu 120 000 Euro an Kosten
erstattet.[147]

4 Das Verhältnis der Wf4.0 zur konventionellen Wirtschaftsförderung

Die Wirtschaftsförderung 4.0 stellt die etablierte Wirtschaftsförderung nicht grundsätzlich infrage. Vielmehr ist sie eine Weiterentwicklung der bisherigen Strategien. Um den innovativen Charakter der Wf4.0 nachzuvollziehen, wird zunächst einmal erläutert, wie die Wirtschaftsförderung in Deutschland bisher arbeitet und strukturiert ist. Sodann gilt es, potenziellen Missverständnissen zu begegnen.

4.1 Struktur und Arbeitsweise von kommunalen Wirtschaftsförderungen in Deutschland

Die Wirtschaftsförderung (WF) stellt eine freiwillige Aufgabe der Städte und Gemeinden dar. Sie entscheiden weitgehend eigenständig darüber, ob und wie sie Wirtschaftsförderung betreiben und organisieren.[148] Somit befindet sich auch die Wahl der organisationalen Lösung in den Händen der Gemeinden. Es kann ein eigenes Amt errichtet, die Wirtschaftsförderung als Teilfunktion eines Amtes organisiert werden oder eine Auslagerung der Wirtschaftsförderung stattfinden und diese in einer privatrechtlichen Einheit erbracht werden.[149]

Organisationsstruktur und rechtliche Verfassung

Die Wirtschaftsförderung ist in Deutschland überwiegend privatrechtlich organisiert, etwa in Form einer GmbH. Das ergibt sich aus einer Umfrage des Beratungsunternehmens ExperConsult in deutschen Oberzentren. In 25 Prozent der erfassten Fälle ist die WF demnach als Amt/Fachbereich organisiert.[150]

Bei den Gemeinden unter 50 000 Einwohnern ist die Wirtschaftsförderung laut dem Deutschen Städte- und Gemeindebund in drei Viertel aller Fälle im Rahmen einer Ämterlösung aufgestellt, bei einem knappen Drittel direkt beim Bürgermeister.[151]

Auch in großen Städten spielt die Amtslösung mit rund 50 Prozent eine wichtige Rolle. Allerdings ist hier auch mehr privatrechtlich organisierte Wirtschaftsförderung im Vergleich zu den kleineren Gemeinden zu finden. Privatrechtlich organisierte Wirtschaftsförderungen operieren zumeist als PPP, also als Public Private Partnership beziehungsweise öffentlich-private Partnerschaft. Die Kommune hat dabei in der Regel eine Mehrheitsbeteiligung.[152]

Eine große Umfrage des Deutschen Instituts für Urbanistik (Difu) von 2012, die Städte über 50 000 Einwohner erfasst, kommt bezüglich der Organisationsstruktur der Wirtschaftsförderungen zu folgenden Ergebnissen[153]:

- Wirtschaftsförderungen sind in der Mehrheit innerhalb der Kommunalverwaltung angesiedelt (70 Prozent aller Befragungsteilnehmer)
- Davon sind wiederum mehr als ein Drittel als Amt organisiert und 20 Prozent als Teil innerhalb eines Amtes. In diesen Fällen ist die WF häufig mit den Bereichen Liegenschaften zusammengefasst, hingegen nicht so häufig mit den Bereichen (nachhaltige) Stadtentwicklung, Immobilienmanagement und anderen.
- Bei den erfassten 51 Kommunen (34 Prozent), in denen die Wirtschaftsförderung in einer Wirtschaftsförderungsgesellschaft, die privatrechtlich organisiert ist, koordiniert wird, befinden sich die Gesellschaften in der Regel ganz oder mehrheitlich in kommunaler Hand. Knapp ein Viertel der erfassten Gesellschaften sind zu 100 Prozent städtische Gesellschaften, in 22 Kommunen hält die Stadt Gesellschafteranteile von mindestens 50 Prozent. 18 WF-Gesellschaften verfügen über Unternehmensbeteiligungen, 12 über Beteiligungen anderer Institutionen wie Sparkassen und Kammern.
- Die Wahrscheinlichkeit, dass eine WF als Gesellschaft ausgegliedert ist, steigt mit der Größe der Stadt. Bis zu 100 000 Einwohnern überwiegt die Organisation in der kommunalen Verwaltung stark, bei den Großstädten beträgt der Anteil dieser Organisationsform 50 Prozent.
- Es lassen sich auch föderale Unterschiede feststellen: Wirtschaftsförderungsgesellschaften bestehen vergleichsweise häufig in Niedersachsen und NRW, in den Stadtstaaten bestehen sogar durchgehend Wirtschaftsförderungsgesellschaften, während in Hessen diese Organisationsform nur eine sehr geringe Rolle spielt und in Bayern überhaupt nicht vorkommt.

Mit den unterschiedlichen Organisationsformen werden in der Regel verschiedene Vorteile verbunden. Eine im Rathaus organisierte WF kann entsprechende Anliegen vergleichsweise einfach innerhalb der Verwaltungsstruktur koordinieren. Bei der Organisation in Gesellschaften besteht, so die Vermutung, eine höhere unternehmerische Flexibilität und ein Kontakt zu den Unternehmen auf »Augenhöhe«.[154]

Ausstattung mit Mitarbeitern

Im Durchschnitt verfügt eine Wirtschaftsförderung in Deutschland über 7,5 Mitarbeiter, wobei die Ausstattung stark variiert: In Oberzentren arbeiten durchschnittlich 20,5 Mitarbeiter in einer WF, während die WF in Kommunen bis 50 000 Einwohnern mit 3,4 Mitarbeitern ausgestattet sind.[155]

In den für den Deutschen Städte- und Gemeindebund (DStGB) befragten Gemeinden bis zu 50 000 Einwohnern verfügen die WF im Schnitt über einen Mitarbeiter. In Städten über 50 000 Einwohnern beschäftigen sich in fast der Hälfte der Fälle weniger als fünf Mitarbeiter mit Wirtschaftsförderungsaufgaben.[156]

In einer Difu-Umfrage von 2012, die Städte mit mehr als 50 000 Einwohnern erfasst, reichte die Mitarbeiteranzahl der Wirtschaftsförderungen von 1 bis zu 81 Mitarbeitern. Durchschnittlich hat eine WF in Bezug zur Größe der Kommune eine Mitarbeiterausstattung von 0,62 Mitarbeitern pro 10 000 Einwohner. Die Wirtschaftsförderungen der neuen Bundesländer sind personell besser aufgestellt als die der alten.[157]

Tätigkeitsbereiche und Aufgabenfelder

Laut einer Umfrage von ExperConsult von 2016 sind die fünf Aufgabenbereiche, in denen Wirtschaftsförderungen in Oberzentren schwerpunktmäßig aktiv sind, die Organisation und Durchführung von Veranstaltungen, die Fördermittelberatung, das Standortmarketing, die Gründungsförderung sowie die Zusammenarbeit mit Hochschulen und Universitäten.[158]

Der Deutsche Städtetag formuliert in einem Diskussionspapier die Aufgabenbereiche der Wirtschaftsförderung in den Kommunen: »Kommunale Wirtschaftsförderung hat die Aufgabe, die kommunalen und regionalen Rahmenbedingungen für wirtschaftliches Handeln mitzugestalten, sodass die Arbeits- und Lebensbedingungen für Menschen in einer Kommune oder in einer Region positiv beeinflusst werden. Sie nimmt hiermit eine wichtige verwaltungsübergreifende Querschnittsaufgabe wahr. Sie ist gefordert, optimale Rahmenbedingungen für Firmen zu schaffen. Zudem ist sie zentrale Anlaufstelle und Dienstleister für die Belange der Unternehmen. Dabei unterscheiden sich die einzelnen Wirtschaftsfördereinrichtungen hinsichtlich ihrer Organisations- und Rechtsformen. Allen Wirtschaftsfördereinrichtungen gemeinsam ist jedoch, die Unternehmen in der Kommune zu fördern.«[159] Hier wird bereits ein starker Fokus auf die Unternehmensförderung deutlich.

Zu den Zielen und Aktionsfeldern führt der Deutsche Städtetag aus:

- Sicherung bestehender und Schaffung der Rahmenbedingungen für neue Arbeitsplätze;
- Schaffung eines – an den Stärken der Region/Kommune ausgerichteten Wirtschaftsstruktur – guten Wirtschaftsklimas;
- Stärkung der Wettbewerbsfähigkeit des Standortes;
- Sicherung und Stärkung der Finanzkraft der Kommune.

Um diese Ziele zu erreichen, sei die Wirtschaftsförderung Moderator, Mediator, Krisenmanager und Initiator sowie Wissensmanager/Know-How-Manager. Sie sei je nach Ressourcenausstattung schwerpunktmäßig in folgenden Aktionsfeldern aktiv:

- Sicherung und Entwicklung der wirtschaftsnahen Infrastruktur (inkl. Flächen-, Forschungs- und Telekommunikationsinfrastruktur);
- Sicherung und Entwicklung des Unternehmensbestandes;
- Förderung von Neugründungen;
- Akquisition von Ansiedlungen;
- Innovations- und Wissenstransfer, insbesondere Verbesserung der Innovationskraft bei KMU;
- Clustermanagement, branchenorientierte Netzwerkpflege und Innovationstransfermanagement;
- Schaffung und Erhalt von Arbeitsplätzen/Fachkräftesicherung;
- Zukunftssichernde Projekte der Stadtentwicklung;
- Standortmarketing;
- Sicherung des Einzelhandelsstandortes (Innenstädte und Stadtteilzentren);
- Politische und öffentliche Willensbildung;
- Erarbeitung und Definition von Standortprofilen und Branchenkonzepten.[160]

Zu den weichen Standortfaktoren führt der Deutsche Städtetag in Bezug auf die Aufgabe der Wirtschaftsförderungen aus: »Die Wirtschaftsförderung muss sich konkret an Maßnahmen zur Verbesserung der weichen Standortfaktoren beteiligen und/oder zu einer Vernetzung der relevanten Akteure beitragen. Hierzu zählen beispielsweise koordinierende Maßnahmen im Bereich Wohnen, Kultur und Freizeit, zunehmend auch in den Bereichen Bildung und Vereinbarkeit von Beruf und Familie.«[161]

Zur Sicherung von Lebensqualität und Versorgung meint der Deutsche Städtetag, zur Stärkung der Innenstädte wie auch der Stadtteilzentren sei es notwendig, die Einkaufszentralität zu erhöhen und die stadtteilnahe Versorgung zu sichern. Die

Citylagen sowie Stadtbezirke seien als Arbeits-, Lebens- und Wohnraum wieder zu entdecken. Ein gezieltes Stadtteilmanagement könne einen nachhaltigen Beitrag zur Belebung von Zentren und der Einzelhandelslandschaft leisten.[162]

Der Deutsche Städtetag schreibt zum ökologischen Wirtschaften: »Vorsorgender Umweltschutz und Innovation im Bereich Ökonomie können sich gut ergänzen. Eine ökologisch verträgliche, sozialverantwortliche und wirtschaftlich tragfähige Vorgehensweise kann ein entscheidender Wettbewerbsfaktor sein.«[163]

Trendsetter

Die kommunale Wirtschaftsförderung ist also sehr unterschiedlich ausgerichtet. Zudem messen ihr nicht alle Kommunen dieselbe Bedeutung zu. Leicht zu erkennen ist das an den investiven Mitteln und an den Ressourcen für Personal. Die Wirtschaftsförderung Dortmund beispielsweise hat rund dreimal so viele Mitarbeiter wie in Essen, obgleich beide Städte ähnlich groß sind. Dortmund war insgesamt schon recht aktiv in den Feldern der Wf4.0 – lange bevor es das Konzept überhaupt gab. Beim Thema Nachhaltigkeit engagiert sich die Stadt etwa mit einem eigenen Masterplan »Energiezukunft« oder dem Projekt »CargoBike Dortmund«. Man versucht, Gesellschaftsthemen in die Stadt zu bringen.

Es gibt noch einige Städte und Gemeinden, die unkonventionelle Schwerpunkte setzen. In Dresden sind beispielsweise zehn von rund 40 Mitarbeitern für lokale Märkte zuständig – eine wichtige Strategie, um die regionale Wirtschaft und Produktion dabei zu unterstützen, sich gegenüber dem Online-Handel zu behaupten.

4.2 Wirtschaftsförderung 4.0 als Adaption und Erweiterung traditioneller Wirtschaftsförderung

Wirtschaftsförderung als Teil der Wirtschaftspolitik in einer Marktwirtschaft ist »die Summe aller staatlichen Maßnahmen, die unmittelbar für betriebliche Investitions- und Standortentscheidungen von Bedeutung sind«.[164]

Städte, Gemeinden und Kreise als Träger der kommunalen Wirtschaftsförderung verfolgen bisher traditionelle Ansätze wie etwa die Ansiedlungsförderung neuer Unternehmen, die Bestandspflege oder die Unterstützung bei Existenzgründung mit Hilfe verschiedener Instrumente (zum Beispiel Subventionierung, Gewerbeflächenpolitik und Beratung). Die Ausprägungen dieser harten Standortfaktoren sind in deutschen Kommunen mittlerweile allerdings als homogen anzusehen und bieten somit nur noch beschränkte Vorteile im Wettbewerb zwischen Kommunen.[165]

Weiche Standortfaktoren

Einen Bedeutungszuwachs in der traditionellen kommunalen Wirtschaftsförderung erleben hingegen weiche Standortfaktoren.[166] Sogenannte weiche *personenbezogene* Standortfaktoren meinen etwa, dass sich bestehende Wirtschaftsförderungskonzepte nicht nur dem Wettbewerb um Unternehmen stellen müssen, sondern aufgrund der Veränderungen in der Wirtschaftsstruktur und des demografischen Wandels zunehmend auch um Einwohner, die als potenzielle (hochqualifizierte) Arbeitnehmer und Konsumenten auftreten und damit Grundlage für Unternehmensaktivitäten sind.

Weiche personenbezogene Standortfaktoren umfassen etwa das Wohnangebot und die -qualität, das Schul- und Betreuungsangebot, die Umweltqualität, die Nahversorgung sowie angebotene Erholungs- sowie Freizeitaktivitäten. Wohnen und Wohnumfeld wurden in einer Studie des Deutschen Instituts für Urbanistik (Difu) aus den 1990er-Jahren[167] (mit Hilfe einer Umfrage in verschiedenen Städten) als ein zentraler personenbezogener Standortfaktor identifiziert. Heute ist dieser Standortfaktor fester Bestandteil der Aktivitäten kommunaler Wirtschaftsförderer.

Die Wirtschaftsförderung 4.0 kann in diesem Zusammenhang als Instrument gesehen werden, um weiterführend auf weiche personenbezogene Standortfaktoren wirken zu können – insbesondere in einem Umfeld, wo andere Potenziale der Differenzierung bereits ausgeschöpft sind. Die Wirtschaftsförderung der Stadt Nienburg fasst diesen Typus der Standortfaktoren beispielsweise als »Lebensqualität« zusammen.[168]

Bezug zum Gemeinwohl

Unterdessen ist kommunale Wirtschaftsförderung kein Selbstzweck. Vielmehr sind generiertes Einkommen durch zusätzliche Beschäftigung und Kapital in Form von Einkommens- und Gewerbesteuer immer nur Mittel, um städtische Infrastrukturen zu erhalten und gesetzte gesellschaftspolitische Ziele zu realisieren. Die Wirtschaft soll lediglich dafür sorgen, dass alle Menschen sich gut aufgehoben fühlen, also ihre Bedürfnisse befriedigen können und für sich sagen zu können: »Ich bin glücklich.« Um den Bezug zum Gemeinwohl zu unterstreichen, bezieht sich Felber auf Artikel 14 des Grundgesetzes. Hier heißt es: »Eigentum verpflichtet. Sein Gebrauch soll zugleich dem Wohle der Allgemeinheit dienen«, noch deutlicher wird der Zweck des Wirtschaftens durch Rückgriff auf Artikel 151 der Bayrischen Verfassung: »Die gesamte wirtschaftliche Tätigkeit dient dem Gemeinwohl«.[169]

Wirtschaftsförderung ist demnach in einer Demokratie dem Willen der Bürger unterzuordnen; sie ist eine Leistung an Unternehmen, um Steuereinnahmen und Arbeitsplätze als Gegenleistung mit dem Zweck der Bereitstellung von Dienstleistungen durch die Kommune zu generieren; ohne diese Gegenleistung der Unternehmen würde den Bürgern – und damit dem Staat – der Anreiz fehlen, (kommunale) Wirtschaftsförderung zu betreiben.[170]

Sozialunternehmen

Bedürfnisdeckung, Lebensqualität und Gemeinwohl sind übergeordnetes Ziel der Bereitstellung von Dienstleistungen durch die Kommune. Diese können teilweise jedoch auch *direkt* durch Sozialunternehmen (darunter fallen verschiedene Rechtsformen, etwa auch Vereine oder Genossenschaften) befördert werden, deren gesellschaftlicher Mehrwert weniger in der Generierung von Steuereinnahmen und Arbeitsplätzen liegt, als in den Dimensionen der sozialen und ökologischen Nachhaltigkeit sowie Resilienz.[171]

Das Bundeswirtschaftsministerium erkennt Sozialunternehmen als wichtigen Anker einer Wirtschaft an. Diese können von bürgerschaftlichem Engagement getragen sein und sind zumeist durch transparente Governance-Strukturen gekennzeichnet. Laut Iris Gleicke, Parlamentarische Staatsekretärin im BMWi, stärken Sozialunternehmen »unsere Volkswirtschaft als auch den gesellschaftlichen Zusammenhalt«.[172]

Sozialunternehmen sind aus der Natur heraus nicht primär renditeorientiert, wodurch eine Adressierung durch kommunale Wirtschaftsförderung eine Anpassung des aktuellen Unternehmensbegriffs voraussetzt[173], das heißt, dass nicht nur auf finanziellen Gewinn ausgerichtete erwerbswirtschaftliche Unternehmen, sondern auch förderwirtschaftliche Unternehmen[174] durch Wirtschaftsförderung anzuerkennen wären.

Wenn es um eine Adaption bestehender Wirtschaftsförderungskonzepte geht, zeigen Beispiele aus den Geschäftsfeldern der Wf4.0 Wege auf, um weiche personenbezogene Standortfaktoren zu verbessern. Weiter zeigen die Geschäftsfelder jedoch ebenfalls Wege auf, um eine breiter gefasste Veränderung von Wirtschaftsförderungskonzepten anzustoßen und damit die eigentlichen übergeordneten Adressaten – Bedürfnisbefriedigung, Lebensqualität und Gemeinwohl – unmittelbar zu bedienen. Die Lösung gesellschaftlicher Herausforderungen tritt damit vor eine reine Marktorientierung.

Diesem breiteren Verständnis folgend, sind übergeordnete Ebenen der ausführenden Wirtschaftsförderung (Stadtrat, Landesebene) zu adressieren. Mehrwerte, die einem breiter ausgestalteten Aktionsfeld der Wirtschaftsförderung folgen können, sind die Entstehung und Skalierung von sozialen (neben technologischen) Innovationen und die Stärkung des allgemeinen Unternehmergeistes, welchem angesichts sinkender Gründungszahlen besondere Aufmerksamkeit zu schenken ist.[175]

4.3   Befragung des Difu

Das Konzept der Wirtschaftsförderung 4.0 versteht sich nicht alternativ zur etablierten Wirtschaftsförderung. Doch ist das Konzept für sich genommen ein weiteres Handlungsfeld der Wirtschaftsförderung oder lassen sich die darin enthaltenen Geschäftsfelder und Maßnahmen zumindest teilweise innerhalb der etablierten Konzepte verorten? Um diese Frage zu beantworten, hat Ulf Hahne in diesem Projekt die Strategien der Wirtschaftsförderung analysiert.[176]

Ein sehr praxisnaher Zugang liegt in der Betrachtung von Umfragen. Beispielsweise ermittelt das Deutsche Institut für Urbanistik (Difu) regelmäßig, was die Wirtschaftsförderer umtreibt. In der Difu-Umfrage zur Wirtschaftsförderung im Jahr 2012[177] nennen die Teilnehmer die Reihenfolge der für sie wichtigsten Themenfelder:

1. Vermittlung von Gewerbe- und Industrieflächen
2. Standortmarketing
3. Entwicklung von Gewerbe- und Industrieflächen
4. Einzelhandelsentwicklung
5. Fachkräftemangel
6. Verbesserung der wirtschaftsnahen Infrastruktur
7. Fördermittelberatung
8. Technologie- und Innovationsförderung
9. Clusterpolitik
10. Lokale Arbeitsmarkt- und Beschäftigungspolitik
11. Wissensgesellschaft; Kultur und Kreativwirtschaft
12. Stadtmarketing
13. Nachhaltiges Wirtschaften
14. Regionalmarketing/Regionalmanagement

15. Tourismusförderung
16. Unternehmensnachfolge
17. Lokale Ökonomie
18. PPP-Infrastrukturprojekte
19. Migrantenökonomie
20. Corporate Social Responsibilty

Ganz oben auf der Liste stehen die seit Jahrzehnten dominanten Themen. Im Kern sehen die Wirtschaftsförderer ihre Aufgabe darin, lokale Arbeitsplätze zu sichern.

Doch auch die Geschäftsfelder der Wf4.0 finden sich in der Liste. So gibt es Parallelen etwa zu den Punkten Nachhaltiges Wirtschaften, Stadtmarketing, Regionales Marketing und Lokale Ökonomie. Das unterstreicht die Anschlussfähigkeit des Konzeptes an die bisherige Wirtschaftsförderung.

4.4 Befragung der GEFAK

Im Jahr 2014 hat die GEFAK[178] in Kooperation mit »verAntworten – Forschung und Beratung für Nachhaltigkeit« im März/April eine bundesweite Online-Umfrage unter Wirtschaftsförderungseinrichtungen durchgeführt.[179] Untersucht wurde, inwiefern das Thema Nachhaltigkeit ein Gegenstand in der kommunalen Wirtschaftsförderung ist. Die Befragung ging an 1008 Wirtschaftsförderungen in Landkreisen und Städten ab 20 000 Einwohnern. Knapp 300 auswertbare Fragebögen kamen zurück. Das ist eine beachtliche Rücklaufquote, die man als ausgeprägtes Interesse am Thema Nachhaltigkeit interpretieren kann.

Aus der Befragung ergeben sich auch Hinweise für die Geschäftsfelder der Wf4.0. So wurden die Wirtschaftsförderer gefragt, inwiefern bei der Ansiedlung von Unternehmen berücksichtigt wird, ob es sich um gesellschaftlich verantwortliche Unternehmen handelt. Mit Nein antworteten 65 Prozent, mit Ja 22 Prozent und 13 Prozent gaben an, das Anliegen sei in der Diskussion. Auf die Frage, ob gesellschaftlich verantwortliche Bestandsunternehmen besonders unterstützt würden, verneinten knapp 70 Prozent.

Nicht ganz 20 Prozent bejahten die Frage. Diese konnten in der jeweils nachfolgenden Frage Faktoren angeben, die zu einer Bevorzugung verantwortlicher Unternehmen bei der Ansiedlung führen und in welcher Form diese Unternehmen in der Bestandspflege besondere Unterstützung erfahren.

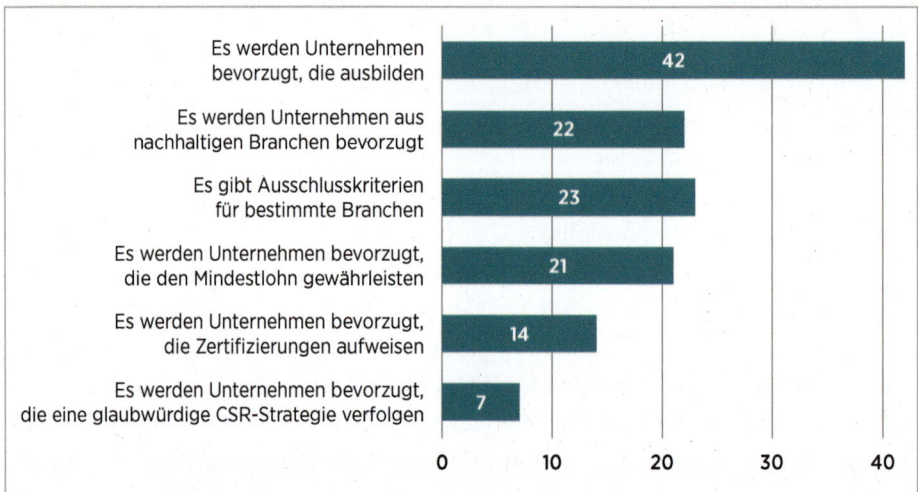

Abbildung 5: Faktoren, die zu einer Bevorzugung gesellschaftlich verantwortlicher Unternehmen bei der Ansiedlung führen (n = 203).[180]

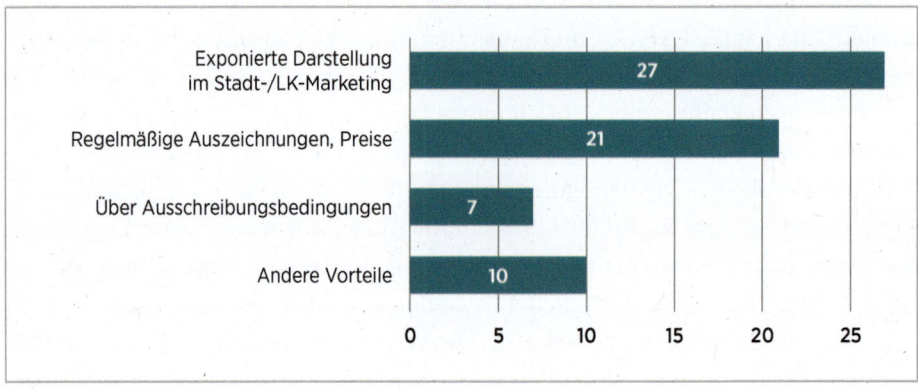

Abbildung 6: Maßnahmen zur Unterstützung gesellschaftlich verantwortlicher Bestandsunternehmen (n = 197).[181]

Darüber hinaus wurden die Wirtschaftsförderer zu ihren »Erfahrungen mit Bewegungen, Geschäftsmodellen und Instrumenten regionaler Kooperation« befragt. Im Ergebnis sind Begriffe wie Crowdfunding, Agenda-Gruppen, Sharing Modelle und andere überwiegend bekannt. Hingegen haben die Stichworte Gemeinwohlökonomie, Peer Production und Transition Town-Bewegung noch einen sehr geringen Bekanntheitsgrad (Abbildung 7). Dieses Ergebnis steht nach Einschätzung der GEFAK dem tatsächlichen Interesse an dem Thema »Erfahrungen mit Bewegungen, Geschäftsmodellen und Instrumenten regionaler Kooperation« diametral gegenüber.[182]

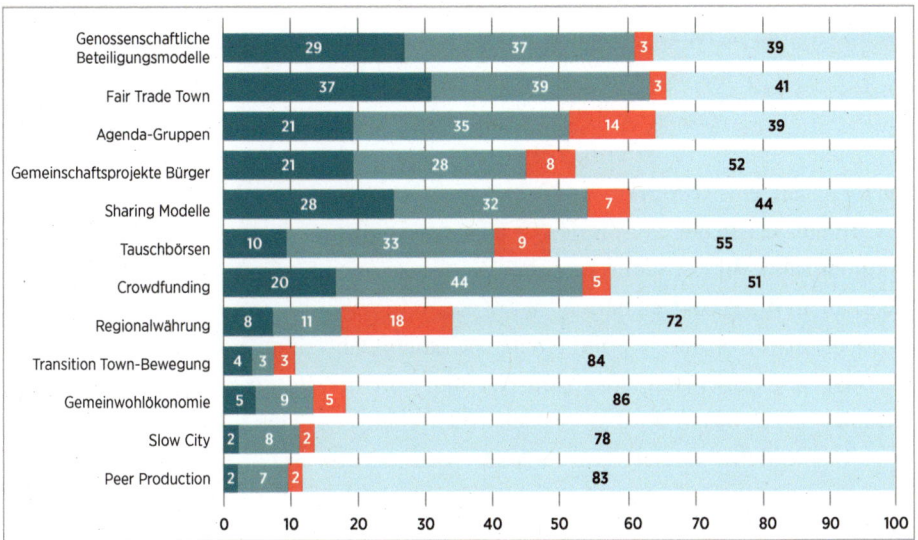

Abbildung 7: Erfahrungen mit Bewegungen, Geschäftsmodellen und Instrumenten regionaler Kooperation (n = 146).[183]

4.5   Der freie Markt und soziale Marktwirtschaft

Gemeinwohlwirtschaft, Genossenschaften, Vereinswesen, Leihen, Tauschen, Schenken: Bei solchen Stichworten kann schon einmal der Eindruck aufkommen, das Konzept der Wf4.0 strebe auf einen Regimewechsel zu. Doch das Wesen der Marktwirtschaft hat verschiedene Ausprägungen. Das zeigt auch die Geschichte der Bundesrepublik. Die soziale Marktwirtschaft der 1970er-Jahre kannte noch Wohnungsgenossenschaften, Coop und die Bank für Gemeinwirtschaft. Vieles ging durch Vetternwirtschaft zugrunde und fundierte den Leitspruch: »Der freie Markt kann es besser«.

Nunmehr zeichnet sich ab, dass der liberalisierte und ungezügelte Markt allein auch nicht heilsbringend ist. Vielmehr lassen sich die Vorzüge eines unabhängigen Unternehmens mit den Ansprüchen einer Gemeinwohlwirtschaft verbinden. Hunderte kommunale Unternehmen zeigen durchaus, dass das eine realistische Perspektive ist. Ihnen gelingt es, die Effektivität eines nach Gewinn strebenden Unternehmens mit dem Gemeinwohlanspruch der Bürgerinnen und Bürger zusammenzubringen. Deswegen ist es seit einigen Jahren populär geworden, die kommunalen Obliegenheiten der Daseinsvorsorge wieder in das Eigentum der Gemeinden zurückzuführen (mehr zu diesem Thema findet sich im Arbeitsbericht »Local Business«).

Viele Kommunen mussten feststellen, dass privatisierte Krankenhäuser, Abfallwirtschaft oder Verkehrsbetriebe zwar effizient gemanagt wurden, doch um die erwartete Rendite zu erwirtschaften, wurden und werden Löhne gedrückt, das Personal auf ein Minimum zusammengestrichen, was häufig zur Frustration der Mitarbeiter sowie der Kundinnen und Kunden geführt hat. Ein kommunales Unternehmen führt die Gewinne meist an die Gemeinde ab, ein börsennotiertes Unternehmen an die Anteilseigner.

Wenn also Kommunalpolitiker dem Gemeinwohl einen hohen Stellenwert einräumen, gegebenenfalls auch zum Nachteil von Investoren, weil man ihnen zum Beispiel keine Aktien des kommunalen Unternehmens verkauft, dann ist das keine negative Tendenz, sondern soziale Marktwirtschaft.

4.6   Zwischen Protektionismus und Freihandel?

Richtet sich die Wf4.0 gegen den freien Warenverkehr und verbirgt sich hinter den Strategien zur Förderung von regionalen Wertschöpfungsketten eine neue Form von Protektionismus? Seitdem Donald Trump den Slogan »America first« geprägt und bis zu seinem Abgang kontinuierlich gegen den Freihandel gewettert hat, gewann die Diskussion über Protektionismus international wieder an Bedeutung.

Frust durch Standortverlagerung

Dass die protektionistische Koketterie verfängt, hat seine Ursache im Frust der Menschen. Wer seinen Job verloren hat oder unsicher ist, wie es weitergeht, sucht nach einfachen Antworten. Ob Detroit im »Rust Belt« der USA oder Bochum im Ruhrgebiet: Autoproduktion war ein Wesensmerkmal dieser Regionen, verbunden mit Hunderttausenden Jobs. In beiden Regionen waren auch Kohle und Stahl prägend für die Wirtschaft und das Lebensgefühl der Menschen. Stellenabbau durch die Verlagerung an günstigere Produktionsstandorte im Ausland lässt Verdruss aufkommen. Das gilt um so mehr, wenn die Konkurrenz im Ausland mit niedrigen Sozial- und Umweltstandards produziert.

Es ist daher wohl nicht sinnvoll, die klassische Freihandelstheorie von David Ricardo, einem der Gründungsväter der modernen Volkswirtschaftslehre, als dogmatische Aufforderung dafür zu interpretieren, dass allein die billigsten Produktionsbedingungen über das Wohl und Wehe der regionalen Fertigung entscheiden. Ricardo legte dar, dass es für die beteiligten Nationen am kostengünstigsten ist, wenn sich jedes Land auf das spezialisiert, was es am effektivsten herstellen kann. Sehr naheliegend ist das etwa bei bestimmten Ressourcenvorkommen oder klimatischen Bedingungen. Die Theorie übersieht allerdings die möglichen sozialen und ökologischen Effekte, wenn die externen Kosten nicht eingepreist sind.

So mögen Kleider aus den China besonders günstig sein. Zugleich werden die Gewässer Chinas durch die Textilindustrie vergiftet. Ein Großteil der chinesischen Flüsse und Seen sind als verschmutzt klassifiziert, 60 bis 80 Prozent des Grundwassers sind nach Schätzungen nicht trinkbar.[184] Giftstoffe aus den Fabriken werden oft ungeklärt abgeleitet.[185] Ganz offensichtlich profitieren beide Seiten, Importeur und Exporteur, nicht ausgewogen vom freien Warenaustausch. Solche Effekte, auch in sozialer Hinsicht, waren Ricardo seinerzeit nicht gegenwärtig.

Stärkung der lokalen Wirtschaft ist schon heute Programm und kein Gegensatz zum Freihandel

Die regionale Wirtschaft nach Möglichkeit zu stützen, ist seit jeher eine Selbstverständlichkeit kommunaler Politik. Sie bevorzugt bis heute gerne bei der Vergabe ortsansässige Unternehmen. Die Europäische Union hat in ihrem Bestreben, den Wettbewerb zu stärken und Korruption zu bekämpfen, die Kommunen gezwungen, größere Aufträge öffentlich auszuschreiben.

Die Kommunen versuchen gleichwohl, wenn irgend möglich, die Aufträge lokal zu vergeben. Darüber hinaus befördert häufig das Stadtmarketing die regionale Nachfrage. Durch Werbemaßnahmen, Kulturaktionen oder auch Gutscheinsysteme sollen die Bürgerinnen und Bürger zum Einkauf in der City motiviert werden. Ähnlich haben die Wirtschaftsförderer Strategien im Portfolio, die dezidiert die Produktion vor Ort erhalten oder fördern sollen. Und auch das Bundeswirtschaftsministerium möchte dem Vernehmen nach die »Wirtschaft in den Regionen stärken«.[186]

Die Strategien der Wf4.0 sind vor diesem Hintergrund als ein Verstärker des bestehenden Engagements und als konzeptionelle Erweiterung zu verstehen. Die Förderer der Regionalwirtschaft sind nicht automatisch Gegner des Freihandels. Von Protektionismus keine Spur.

Das gilt auch nicht für das »Regionalgeld« (siehe »Regionale Währungen und Gutscheinsysteme«, S. 244). Auch dieses Konzept verfolgt lediglich das Ziel, den Handel mit lokalen Produkten zu stützen. Es soll und vermag nicht, den internationalen Handel in nennenswertem Umfang zu beschränken.

Zwischen regional und international

Ganz grundsätzlich stellt sich die Frage, ob wirklich jede Ware um den ganzen Erdball transportiert werden muss und allein die unmittelbaren Produktions- und Transportkosten die Standortwahl bestimmen. In Anbetracht von ökologischen oder sozialen Postulaten kann es daher durchaus sinnvoll erscheinen, bestimmte Wertschöpfungsstufen regional darzustellen. Nur welche Faktoren bestimmen darüber, wie weit oder nicht weit bestimmte Waren transportiert werden sollten?

Eine erste Einschätzung zu dieser Frage liefert der britische Thinktank New Economics Foundation, gestaffelt nach Kreis, Region, Deutschland, Europa und Weltmarkt (Abbildung 8, S. 99). Es ist gut vorstellbar, dass sich Wachstumskritiker und Globalisierungsgegner noch wesentlich kürzere Wertschöpfungsketten wünschen würden. Gleichwohl ist der Unterschied zur gegenwärtigen globalisierten Produktionsweise auch so schon sehr eindrücklich. Beispielsweise wird Kleidung heute nur noch im Ausnahmefall regional hergestellt. Theoretisch und praktisch ist das gleichwohl möglich, wie beispielsweise Trigema (Textilien) oder Waldviertler (Schuhe) zeigen.

4.7 Warum liegt die Federführung bei der Wirtschaftsförderung?

Die Annahme erscheint naheliegend, dass die Federführung bei der Umsetzung des Konzeptes »Wirtschaftsförderung 4.0« der kommunalen Wirtschaftsförderung obliegen sollte. Doch die Wirtschaftsförderer in den Städten und Gemeinden reagieren sehr unterschiedlich auf das Konzept. Im Modellstandort Osnabrück schwankte die Wirtschaftsförderung Osnabrück zwischen Zustimmung und Ablehnung.

Zwar war es vor dem Start des Projekts so, dass die Zuständigkeit klar bei der Wirtschaftsförderung Osnabrück (WFO) gesehen wurde, und zwar sowohl von der Geschäftsführerin der WFO als auch von politischer Seite. Es gab auch einen entsprechenden Ratsbeschluss.[187]

Atlas der Globalisierung
Produktion und Distribution im Raum: small is beautiful

	Produkte	Vertrieb	Dienstleistungen
	Grundnahrungsmittel für den lokalen Verbrauch		
	Agrarprodukte für den Export		Schulen
	Wohnungsbau		Hausarzt
	Erneuerbare Energie:	Frische	Hausinstandhaltung
PADERBORN	Kleinanlagen	Nahrungsmittel	Restaurants
1 250 km²	Energieeffizienz	Artikel des täglichen	Hotels
300 000 Einwohner	Wohnungssanierung	Bedarfs	Abfallrecycling

	Produkte	Vertrieb	Dienstleistungen
			Universitäten
			Krankenhäuser
			Öffentliches
	Baustoffe		Gesundheitswesen
	Verarbeitete Lebensmittel	Lebensmittel	Sicherheit
NORDRHEIN-	Möbel	Kleidung	Sparkassen
WESTFALEN	Werkzeuge	Autos	Busse
34 000 km²	Erneuerbare Energie	Haushaltsgeräte	Theater, Kino
17,5 Mio. Einwohner	(Wind, Wasser, Sonne)	Saatgut	Wasserversorgung

	Produkte	Vertrieb	Dienstleistungen
	Kleidung, Textilien		
	Kleingeräte und Bauteile		Versicherungen
	Elektronische Geräte		Eisenbahn
	Stahl		Medien
DEUTSCHLAND	Öl, Gas, Kohle	Massengüter, z. B.	Telekommunikation
357 000 km²	Öffentliches Bauwesen	Getreide	Banken
81 Mio. Einwohner	Fahrräder	Industriemaschinen	Stromversorgung

	Produkte	Vertrieb	Dienstleistungen
	Fahrzeuge		
	Elektronische Systeme		
EUROPA	Kleinflugzeuge		Luftfahrt
10,2 Mio. km²	Schiffe	Öl, Gas	Schifffahrt
740 Mio. Einwohner			

> Der Entwurf der New Economic Foundation (NEF) verdeutlicht, in welchem Maße Güter regional produziert werden könnten. Obwohl viele Vertreter*innen einer Postwachstumsökonomie noch stärker regionalisieren möchten, ist der Unterschied zur gegenwärtig vorherrschenden globalisierten Produktionsweise eindrücklich.

	Produkte
ERDE	Mikrochips
149 Mio. km²	Arzneimittel
7,16 Mrd. Einwohner	Großflugzeuge

Abbildung 8: Vision einer Relokalisierung der Wertschöpfung.[188]

Durch einen Wechsel der Geschäftsführung noch vor Beginn der Erprobungsphase veränderte sich seitens der WFO die Einschätzung und Bewertung des Projektes deutlich. Gesellschafter der WFO sind je zur Hälfte die Stadt und der Verein für Wirtschaftsförderung in Osnabrück, ein Unternehmensnetzwerk. Der Verein engagiert sich »für starke Unternehmen« und ist Sprachrohr seiner Mitgliedsunternehmen. So heißt es auf der Startseite seines Internetauftritts.[189] Auch auf der Website der WFO drehen sich die präsentierten Strategien um die Förderung von Unternehmen.[190]

Die Erfahrungen zeigen, dass konservative Wirtschaftsförderer zunächst eher skeptisch auf die Wf4.0 reagieren. Das gilt besonders, wenn Unternehmen einer Region die Strategien der Wirtschaftsförderung bestimmen.

Unternehmensförderung ist nicht gleich Wirtschaftsförderung

In Deutschland ist es eher der Normalfall, dass die Experten Unternehmensförderung mit Wirtschaftsförderung gleichsetzen. Das zeigen die im Rahmen des Projektes durchgeführten Expertengespräche, sowie die Gespräche bei Tagungen und Konferenzen.[191] Sobald sie Stichworte wie »Repaircafé« oder »Solidarische Landwirtschaft« vernehmen, lautete die erste Reaktion, dafür sei man nicht zuständig. Zwar seien solche Entwicklungen nicht unbedingt abzulehnen, jedoch liege die Zuständigkeit in anderen Ressorts. Das sind die spontanen Reaktionen.

Bei der weiteren Auseinandersetzung mit dem Konzept und auch im Verlauf der Gespräche mit Experten änderte sich häufig die Einschätzung. Die nächste Reaktion lautete dann, das könne durchaus interessant sein. Notwendig sei aber ein entsprechender politischer Auftrag, verbunden mit zusätzlichem Personal. Beides war zu Beginn des Projekts in Osnabrück gegeben, doch die kritische Haltung der WFO hat sich dadurch nicht geändert. Wie erwähnt, könnte das an der tragenden Rolle der Unternehmen in der WFO liegen.

Nachfrage- und Angebotsseite betrachten

Wie begründet sich die ablehnende Haltung mancher Wirtschaftsförderer? Die einfache Antwort: Viele betreiben fast ausschließlich Unternehmensförderung und nennen es Wirtschaftsförderung. Im Fokus steht also die Angebotsseite. Man will gute Rahmenbedingungen schaffen für Unternehmen: Autobahnanschluss, Breitband, günstige Steuern und ähnliches. Diese Strategie zielt darauf, dass die Unternehmen Arbeitsplätze schaffen. Und das hilft letztlich auch der Nachfrageseite, also den Bürgern.

Die Wf4.0 betrachtet neben der Angebotsseite auch die Nachfrage und nimmt die Bürgerinnen und Bürger in ihrer Rolle als Konsumenten und Ko-Produzenten in den Blick. In diesem Sinne gilt es die Menschen zu ermutigen, sich mit ihrer regionalen Wirtschaft zu verbünden.

Wirtschaft ist mehr als der Austausch von Geld

Die etablierte Wirtschaftsförderung basiert auf dem Verständnis, dass es bei Wirtschaftsprozessen nur um den auf Geld basierten Austausch von Waren und Dienstleistungen geht. Konkret heißt das beispielsweise, wenn ein Nachbarschaftsnetzwerk einen ehrenamtlichen Pflegeservice auf die Beine stellt, ist das nach diesem Verständnis etwas Soziales. Sobald die Bürger dafür bezahlt werden, handelt es sich um Wirtschaft.

Das Konzept der Wf4.0 möchte diese Vorstellung um die nicht geldbasierten Wirtschaftsprozesse erweitern. Es handelt sich um eine innovative Erweiterung des herkömmlichen operativen Geschäfts. Das Konzept betrachtet die gesamte Wirtschaft einer Stadt oder Region und geht damit über die reine Unternehmensförderung hinaus.

Dessen ungeachtet bergen die Handlungsfelder der Wf4.0 Potenziale zur Sicherung und Schaffung von Arbeitsplätzen, nicht nur ehrenamtlich, sondern auch für den Lohnerwerb. Beispielsweise sind durch das Carsharing viele Jobs entstanden, ebenso durch den Ausbau der erneuerbaren Energien. Beide Entwicklungen haben ihren Ursprung in bürgerschaftlichem Engagement.

Zudem tragen viele lokale Initiativen zur wirtschaftlichen Stabilität bei. Wie solche Initiativen, etwa im Sharingbereich, zu unterstützen sind, wurde im Laufe des Projektes analysiert und modellhaft erprobt. Zudem zeigt das Projekt, inwiefern sich deren Tätigkeitsfelder innovativ erweitern können.

Wf4.0 fördert die gesamte Wirtschaft

Die Formulierung »gesamte Wirtschaft« zielt darauf ab, dass Ökonomie die Gesamtheit aller Einrichtungen und Handlungen ist, die »der planvollen Befriedigung der Bedürfnisse dienen. Zu den wirtschaftlichen Einrichtungen gehören Unternehmen, private und öffentliche Haushalte, zu den Handlungen des Wirtschaftens Herstellung, Absatz, Tausch, Konsum, Umlauf, Verteilung und Recycling/Entsorgung von Gütern.«[192] Es geht also nicht allein um auf Geld basierten Austausch. Das wird schon dadurch deutlich, dass mehr als die Hälfte aller geleisteten Arbeit nicht bezahlt wird, etwa für die Betreuung von Kindern, die Pflege von Angehörigen oder die Betreuung von Jugendgruppen. Ohne diese Formen der Wirtschaft könnte auch der erwerbliche Bereich nicht existieren.[193]

Fazit

Es sprechen also viele Argumente dafür, die Umsetzung der Wf4.0-Strategien in die Obhut der Wirtschaftsförderung zu legen. Schließlich sind es schlichtweg wirtschaftliche Prozesse, die gefördert werden sollen. Das heißt jedoch nicht, dass sämtliche Maßnahmen auch von den Mitarbeitern der Wirtschaftsförderung angeschoben werden müssen. Die Kinderbetreuung etwa ist natürlich ein soziales Projekt. Es ist jedoch für Unternehmen wichtig, dass die Mitarbeiter ihre Kinder unterbringen können. Zudem wird das Thema bereits forciert bearbeitet. Doch für manche Themen, obgleich wichtig für die kommunale Wirtschaft, fühlt sich oftmals niemand zuständig. Das Wf4.0-Konzept schafft hier einen systemischen Überblick.

Wichtig ist daher zunächst, dass einem kommunalen Akteur die Federführung und damit die Koordination obliegt. Aspekte, die als originäre Aufgabe des Kulturdezernates betrachtet werden, können auch dorthin delegiert werden. Zugleich wird jede Kommune für sich entscheiden müssen, welche der Einzelmaßnahmen als Teil der Wf4.0 angefasst wird. Dabei kann es dann durchaus sein, dass beispielsweise das Social Dining von der Liste gestrichen wird.

Entscheidend ist also, ob man sich mit dem Gedanken anfreunden kann, dass die gesamte Wirtschaft auch den jenseits von Geld stattfindenden Austausch von Waren und Dienstleistungen betrachtet und auch die Nachfrageseite. Das vorausgesetzt, liegt die Kompetenz für die Umsetzung der Wf4.0 als ganz selbstverständliche Aufgabe bei der kommunalen Wirtschaftsförderung – wie der Name schon sagt.

4.8   Mission Statement der Wirtschaftsförderung 4.0

Die klassische Wirtschaftsförderung müsste eigentlich »Unternehmensförderung« heißen. Die Wf4.0 geht über die etablierten, weit verbreiteten Methoden hinaus. Das verdeutlicht die Gegenüberstellung auf der nächsten Seite.

Im ersten Eindruck scheinen sich besonders die Spiegelstriche der beiden Statements nur marginal zu unterscheiden. Doch die wenigen hinzugefügten Begriffe wie »Initiativen und Vereine« kreieren eine grundsätzlich erweiterte Perspektive.

Die Gegenüberstellung der beiden idealtypischen Mission Statements macht auch deutlich, dass die klassische Wirtschaftsförderung weite Teile »der Wirtschaft« nicht

Mission Statement einer klassischen Wirtschaftsförderung

Unternehmen in unserer Stadt und Unternehmen, die sich in unserer Stadt niederlassen wollen, haben mit ihren Anliegen absolute Priorität. Unsere Wirtschaftsförderung sichert ihnen maßgeschneiderte Lösungsvorschläge und Beratung zu. Unsere Kernaufgaben liegen zum Beispiel bei Themen wie:

- Betriebserweiterungen
- Neuansiedlungen beziehungsweise Standortsuche
- Existenzgründung
- Gewerbeflächen
- Unternehmensnachfolge
- Informieren zu Fördermitteln
- Vermittlung von Kontakten und Kooperationen zwischen den Unternehmen

Unser Ziel lautet: Wir wollen die Rahmenbedingungen für Unternehmen in unserer Gemeinde weiter verbessern, Arbeitsplätze erhalten und neue schaffen. Wir möchten Unternehmen in allen Fragen den bestmöglichen Service bieten. Wir wollen damit zu einem weiterhin wirtschaftlich erfolgreichen Leben am Standort beitragen.

Mission Statement der Wirtschaftsförderung 4.0

Unternehmen, Vereine und Initiativen in unserer Stadt liegen uns am Herzen. Unsere Wirtschaftsförderung sichert ihnen maßgeschneiderte Lösungsvorschläge und Beratung zu. Unsere Kernaufgaben sind zum Beispiel Themen wie:

- Stärkung der regionalen Wertschöpfung
- Neuansiedlungen beziehungsweise Standortsuche
- Existenz- und Initiativengründung
- Unternehmensberatung für eine nachhaltige Entwicklung
- Informieren zu Fördermitteln
- Vermittlung von Kontakten und Kooperationen zwischen Initiativen und Unternehmen

Unser Ziel lautet: Wir wollen die lokalen Wirtschaftskreisläufe stärken, unabhängiger von globalen Entwicklungen werden, Waren und Dienstleistungsströme reduzieren und qualitativ hochwertige Beschäftigung fördern. Wir möchten Unternehmen, Vereinen und Initiativen, die mit uns gemeinsam zu diesen Zielen beitragen wollen, den bestmöglichen Service bieten. Wir wollen damit zu einem guten Leben in ökologischer und sozialer Verantwortung am Standort beitragen.

beachtet. Dies betrifft insbesondere jene Dienstleistungen, die nicht gegen Geld angeboten werden. Eine ganzheitliche Wirtschaftsförderung sollte aber die Gesamtheit aller Einrichtungen und Handlungen, die der planvollen Befriedigung der Bedürfnisse dienen, gleichermaßen berücksichtigen. Neben den Unternehmen zählen hierzu vor allem auch private und öffentliche Haushalte. Wesentliche Bestandteile des wirtschaftlichen Handels sind zudem Herstellung, Absatz, Tausch, Konsum, Umlauf, Verteilung und Recycling/Entsorgung von Gütern.

Es wird somit deutlich, dass eine ganzheitliche Wirtschaftsförderung neben der betriebswirtschaftlichen Ebene auch die stadt-, welt-, volks- und hauswirtschaftliche Ebene im Blick haben muss. Denn unter »Wirtschaften« werden alle menschlichen Aktivitäten verstanden, die mit dem Ziel einer bestmöglichen Bedürfnisbefriedigung planmäßig und effizient über knappe Ressourcen entscheiden.

Die Notwendigkeit zu wirtschaften ergibt sich aus der Knappheit der Güter einerseits und der Unbegrenztheit der menschlichen Bedürfnisse andererseits. Grundlegender Untersuchungsgegenstand der Volkswirtschaftslehre ist die Frage, was wird wie (Allokation) und für wen (Distribution) produziert? Die Wirtschaftsförderung 4.0 bietet daher eine Vielzahl von Ansatzmöglichkeiten, in allen Bestandteilen des wirtschaftlichen Handels eigene Akzente zu setzen, die zu einer Stärkung resilienter Wirtschaftsstrukturen beiträgt.

4.9   Kommerzialisierung und Professionalisierung

Kritisch beobachten sollte die Wf4.0 – in Abgrenzung zur klassischen Wirtschaftsförderung –, dass gemeinwohlorientierte Projekte »kommerzialisiert« werden. Dies vor dem Hintergrund, dass ein Leitspruch der Wf4.0 lautet: »Professionalisierung ohne Kommerzialisierung«. Es ist ja durchaus ein Anliegen der Wf4.0, ehrenamtliche Initiativen dabei zu unterstützen, ihr Unterfangen professioneller auszurichten. Dass also etwa ein Laden für regionale Produkte oder ein Repaircafé nicht nur an zwei Tagen geöffnet hat.

Indes macht der Kapitalmarkt auch vor gemeinwohlorientierten Konzepten nicht halt. Viele Unternehmen haben daraus mittlerweile ein lukratives Geschäftsmodell entwickelt. Das Paradebeispiel ist der US-Konzern »Uber«. Der 2009 gegründete Online-Fahrvermittlungsdienst stellt letztlich nur eine Smartphone-App zur Verfügung. Nach rasantem Wachstum ging das Unternehmen im Mai 2019 an die Börse. Rendite und Profit dürften für die Taxi-App-Firma seitdem noch mehr im Vordergrund stehen.[194]

Apps wie die von Uber machen das Teilen und Tauschen so einfach wie nie. Die Frage stellt sich, was solche Geschäftsmodelle noch mit der Gemeinwohlorientierung der Sharing Economy zu tun haben. Vereinnahmt der Smartphone-Kapitalismus die Bewegung?

Uber ist sehr umstritten. Taxifahrer und Taxiverbände wehren sich gegen die aus ihrer Sicht unzulässige Konkurrenz und erwirkten mehrere Gerichtsurteile gegen die Firma. Anders als von Uber behauptet, handle es sich nicht um ein Sharing-Angebot, sondern um taxiähnliche Fahrten ohne Lizenz, lautet die Argumentation der Uber-Gegner. Tatsächlich ist kaum zu erkennen, wie Ubers Modell zum Konzept des Teilens und Tauschens passen soll. In erster Linie gewinnt die Firma. Die Vorteile für Fahrer und Kunden sind allenfalls bescheiden.

Unterm Strich verdienen Uber-Fahrer noch weniger als ihre professionellen Kollegen. Die Vehemenz, mit der sich die Taxi-Branche gegen die Einführung des Mindestlohns 2015 gesträubt hat, lässt vermuten, dass ein Verdienst von damals 8,50 Euro je Stunde für ihre Mitarbeiter zuvor keineswegs garantiert war. Bei der Vermittlung via Uber lässt sich eine angemessene Entlohnung leicht umgehen. Obgleich durch die Vermittlung nur Kosten im Zehntelcent-Bereich entstehen, verlangt Uber für jede vermittelte Fahrt mindestens 20 Prozent vom Fahrpreis. Das ist nicht günstiger als die Gebühr einer konventionellen Taxizentrale.

Internet und Smartphone haben die Kommerzialisierung des Teilens und Tauschens dynamisiert. Kritiker sprechen von moderner Sklaverei, Steuerbetrug und Schattenwirtschaft. Solchen Vorwürfen sind zum Beispiel Vereine nicht ausgesetzt.

Professionalisierung ohne Kommerzialisierung

Unzählige Smartphone-Apps bieten Kleindienstleistungen an. Den Einkauf erledigen, Bügeln, Fahrradreparatur oder den Hund ausführen, all das wird per Angebot und Nachfrage in Tauschbeziehung gesetzt. Doch die Kleindienstleister sind in der Regel Arbeitslose, Rentner, Studierende und Hausfrauen, die ihr schmales Einkommen mit mager entlohnten Gelegenheitsjobs aufbessern wollen. Zahlreiche Beobachter der Entwicklung halten es für keinen Zufall, dass die Service-Geschäftsmodelle seit Beginn der Finanzkrise 2008 regelrecht boomen. Prekäre Arbeitsverhältnisse breiten sich aus, die idealistischen Ideen der Sharing Economy sind da nur noch hübsche Dekoration.

Von seinem ursprünglichen Sinn her liegt der Gewinn des Teilens und Tauschens jedoch darin, zwischenmenschliche Beziehungen zu intensivieren und zu erweitern.

In einem Stadtteil laufen die Bewohner meist anonym aneinander vorbei. Wenn sie sich über den Austausch von Hilfeleistungen kennengelernt haben, erkennt man sich wieder. Das schafft Vertrauen und Zuversicht. Liegen die Orte des Tauschverhältnisses eher weit voneinander entfernt, etwa in verschiedenen Stadtteilen, verringert sich die Wiederbegegnungswahrscheinlichkeit auf ein Minimum und der soziale Aspekt des Tausches bleibt auf der Strecke.

Wohngemeinschaften, Büchereien, Mitfahrgelegenheiten oder Schwarze Bretter in Supermärkten gibt es schon seit Jahrzehnten. Einen finanziellen Profit hat daraus im Regelfall niemand geschlagen. Das ändert sich, wenn private Unternehmen mit Gewinnabsichten einsteigen. Wird von den Investoren dann noch viel Geld in Kampagnen und Kampfpreise gesteckt, verdrängen sie leicht die bürgerschaftlichen Initiativen. Aus der gemeinwohlorientierten Idee wird ein profitorientiertes Geschäftsmodell.

Das Portal »couchsurfing.org« startete als Plattform für nichtkommerzielles Tauschen. Das Konzept galt als vorbildlich. Über die Website konnte man sich einen Schlafplatz in aller Welt organisieren, wenn man im Gegenzug bereit war, Leute auch bei sich aufzunehmen. Ehrenamtliches Engagement war das Fundament der Initiative. Die Unterstützer halfen kostenfrei bei der Programmierung des Portals. 2011 wandelten die Gründer das Projekt in ein gewinnorientiertes Unternehmen um, um den Einstieg finanzkräftiger Investoren zu ermöglichen. Private Geldgeber profitieren nun von dem Werk ehrenamtlicher Softwareexperten.[195]

Durch solche Entwicklungen verlässt die Rendite den regionalen Wirtschaftsraum. Es besteht die Gefahr, dass der Kapitalismus die Mikroökonomie vereinnahmt und ihr Potenzial zur Gemeinwohlförderung verwässert. Wer seine Kinder mit Euro und Cent entlohnt, wenn sie die Treppe fegen oder die Wäsche aufhängen, untergräbt die natürlich vorhandene Bereitschaft zu freiwilligem Engagement schon von klein auf. Hilfsbereitschaft wird so zu einer Dienstleistung, die ohne Gegenleistung kaum noch denkbar ist. Es wäre fatal, wenn die Tauschwirtschaft die Kommerzialisierung selbst kleinster Dienstleistungen betreiben würde. Die Intention des Tauschens würde so in ihr Gegenteil verkehrt werden. Die Wirtschaftsförderung 4.0 will den Bürgerinnen und Bürgern mehr Handlungsspielräume und Optionen eröffnen, statt die Abhängigkeit vom Geld zu vertiefen und menschliche Beziehungen zu einer Ware zu machen, aus der auch noch Profit geschlagen wird.[196]

Werden die richtigen Akzente gesetzt, kann die Professionalisierung von Sharing-Initiativen durchaus förderlich sein. Ein Carsharing-Verein beispielsweise kam erst zur Blüte, nachdem die örtlichen Stadtwerke eingestiegen waren. Doch die Gewinne bleiben in der Gemeinschaft, wenn die Aktien der Stadtwerke noch den Bürgerinnen und Bürgern gehören. Und diese erwarten keine maximale Rendite, sondern ein gutes Angebot.

Eine andere Möglichkeit, die Kommerzialisierung der Sharing-Initiativen zu vermeiden, bieten alternative Währungen. Zeitbank oder Regiogeld stellen sicher, dass erwirtschafte Vermögen lokal gebunden bleiben.

Vorbehalte an der Graswurzel

Misstrauen gegenüber Politik und Verwaltung ist auch an der Basis von ehrenamtlichen Initiativen sehr verbreitet. Viele Bürgerinnen und Bürger haben den Eindruck, »die da oben« wüssten gar nicht, was die Menschen in der Praxis wirklich brauchen, sie wären realitätsfern und gesteuert von mächtigen Interessengruppen. So berechtigt und verständlich solche Annahmen im Einzelfall auch sein mögen, so können sie aber auch zu einem wenig hilfreichen Schwarz-Weiß-Denken verleiten: Hier die guten Selbsthilfeinitiativen vor Ort, dort die Kumpanei von Politikern und Bürokraten.

Das Ziel der Wirtschaftsförderung 4.0 ist es nicht, ein Paralleluniversum aus Regionalwirtschaften aufzubauen. Schließlich greifen wir alle auf die Dienste des Gemeinwesens zurück. Wir nutzen Straßen, Bahnen, Kommunikationstechnologien, Schwimmbäder und nicht zuletzt das Gesundheitssystem. Wir leben in Frieden. All diese Dinge dienen dem Gemeinwohl, werden aber über Steuern finanziert.

Die Wf4.0 nimmt die Vorbehalte an der Basis ernst. Sie möchte sich nicht einmischen oder etwas wegnehmen, sondern durch Geld, Räumlichkeiten und Marketing das Engagement vor Ort fördern. Ganz ähnlich wie es die Freiwilligenagenturen heute schon tun. In den zurückliegenden Jahrzehnten kamen Nahversorgung und Gemeinwohlwirtschaft ziemlich unter die Räder. Wenn nun Genossenschaften und Urban Gardening-Projekte wieder beliebter werden, ist das eine äußerst begrüßenswerte Entwicklung.

Aus zahlreichen Expertengesprächen, Workshops und Podiumsdiskussionen lässt sich die Einschätzung ziehen, dass externe Unterstützung ein entscheidender Treiber für das Gelingen von Wf4.0-Initiativen sein kann.[197]

Exemplarisch steht dafür die Aussage der Industriedesignerin Astrid Lorenzen, ohne die Möglichkeit, in einem selbstverwalteten Zentrum günstig einen Raum zu mieten, wäre es schwer, das Fab Lab in St. Pauli zu betreiben. Kommunalpolitik habe daher einen erheblichen Anteil am Gelingen selbstorganisierter Experimentier- und Freiräume.[198]

Teil B: Umsetzung

Bis hierher waren die Kapitel eher theoretisch geprägt. Darin finden sich viele Hinweise, warum es sich lohnt, in einer Stadt oder Gemeinde für eine innovative Weiterentwicklung der Wirtschaftsförderung zu werben. Ob man dabei den Titel »Wirtschaftsförderung 4.0« verwendet, ist gar nicht entscheidend. In Osnabrück heißt der entsprechende Bereich beispielsweise »Nachhaltiges regionales Wirtschaften«.

Viele Menschen, die von der Wirtschaftsförderung 4.0 erfahren haben, denken sich: »So etwas müsste es bei uns auch geben!« Man muss eine Menge Überzeugungsarbeit leisten, um so weit zu kommen. So ist das, wenn sich etwas ändern soll. Reformen kommen selten von allein.

Bilaterale Gespräche mit den relevanten Akteuren in der Politik sind mit Sicherheit maßgeblich, um zu einer innovativen Weiterentwicklung der Wirtschaftsförderung zu gelangen. Dabei wird es auch um die Finanzierungsmöglichkeiten gehen. Für den Start ist es gewiss hilfreich, wenn diese zunächst nicht von der Stadt oder Gemeinde selbst erfolgen muss. Ein von Bund, Land oder einer Stiftung finanziertes Modellprojekt wird in den Gemeinderäten eher beschlossen.

Um die Diskussion über eine Reform der Wirtschaftsförderung anzustoßen, kann es sinnvoll sein, dafür einen Experten einzuladen, etwa in den Ausschuss für Wirtschaftsförderung oder ein anderes geeignetes Gremium.

Gibt es einen Beschluss und hat der Rat personelle beziehungsweise finanzielle Ressourcen freigegeben, kommt es zur Umsetzung. Darum geht es in den folgenden Kapiteln.

5 Auftakt

Sie sind zuständig für die Umsetzung der »Wirtschaftsförderung 4.0« und fragen sich, wie es denn jetzt losgehen soll? Dann sind Sie hier richtig. Auf Basis der Erfahrungen in Osnabrück, Wuppertal, Witten und Witzenhausen haben die Autoren und Autorinnen den Umsetzungsteil dieses Buches verfasst.

5.1 Zuständigkeiten, Aufgaben und Akteure

Zu Beginn der Arbeit für eine Wf4.0 ist es ratsam, eine zuständige Person für diese Tätigkeiten (für das Wf4.0-Management) bei der Wirtschaftsförderung, in der Stadt-/ Citymarketinggesellschaft oder direkt bei der Stadt, zum Beispiel im Stab der Oberbürgermeisterin, einzustellen und das Mandat mit der zuständigen Stelle zu klären.

Zu Beginn der Arbeit verschafft diese Person sich einen Überblick. Die Wf4.0 beinhaltet fünf Geschäftsfelder, ein Überblick findet sich in Abbildung 1 auf S. 28).

Die Mitarbeiterin oder der Mitarbeiter analysiert zunächst die zu unterstützenden Initiativen in der Kommune und ihre Bedürfnisse. Mit persönlichen Gesprächen klärt sie oder er, welche Unterstützung diese benötigen könnten. Manchmal wird es genügen, eine Bürofläche bereitzustellen oder bestimmte Initiativen bekannter zu machen. Die professionelle Hilfe, etwa aus dem Stadtmarketing, kann ein wichtiger Schubfaktor sein. Unaufwendig, aber sehr hilfreich sind unter anderem Verlinkungen auf der städtischen Website zu kooperativen Angeboten. Denkbar wäre auch, suchenden Initiativen die Zwischennutzung kommunaler Liegenschaften zu ermöglichen.

Häufig werden auch Finanzierungsmodelle zu entwickeln sein. Das Wf4.0-Management kann bei der Beantragung von EU-Mitteln behilflich sein, die Gründung einer Genossenschaft begleiten oder selbst mit Finanzspritzen aushelfen. An manchen Stellen ist es womöglich angebracht, eigene Angebote zu schaffen oder auszuweiten, etwa ein Angebot der städtischen Tourismusinformation, welches (ausschließlich) regionale Produkte verkauft.

Nicht zuletzt ist die Vernetzung der bestehenden Initiativen Teil der Aufgabe des Wf4.0-Managements.

5.2   Wie starten?

Zu Beginn der Arbeit in einer Kommune klärt der Wf4.0-Zuständige, welche Initiativen und Geschäftsmodelle es in der Stadt bereits gibt, sich im Aufbau befinden oder sich gegebenenfalls zu initiieren »lohnen«.

Dann steht die Entwicklung eines Grundsatzkonzeptes auf dem Plan. Erster Bestandteil ist eine Übersicht der relevanten Geschäftsmodelle. Abbildung 9 gibt einen Überblick der potenziell im Rahmen einer Wf4.0 zu fördernden Geschäftsfelder und Initiative, wie sie für die Stadt Osnabrück zusammengestellt wurden. Osnabrück war die erste Stadt, in der eine Wf4.0-Managerin tätig war. Sie soll als Modellstadt für andere Städte dienen, welche die Wf4.0 umsetzen wollen. Die Wirtschaftsförderung Osnabrück hat die Wf4.0 fest in ihren Aufgabenbereich integriert. Im Frühjahr 2020 starteten neue Modellprojekte in Witten, Wuppertal und Witzenhausen – ebenfalls gefördert vom Bundesministerium für Bildung und Forschung.[199] Im nächsten Schritt ist abzuwägen, welche Geschäftsmodelle näher betrachtet werden sollen. Welche konkreten Aktivitäten und Maßnahmen daraus folgen, das ist zunächst nicht absehbar. Vielmehr ergeben sich aus den ersten Gesprächen mit den Initiativen potenzielle Handlungsbedarfe.

Gegebenenfalls können die Aufnahme der Ausgangssituation sowie die Entwicklung von Empfehlungen erster Maßnahmen an eine externe Beratung vergeben werden. Dafür sind Mittel im Finanzhaushalt einzustellen oder Fördermittel einzuwerben. Möglich wäre zudem, dass die zu rekrutierende neue mitarbeitende Person in Abstimmung mit diesem externen Berater die Erstanalyse erstellt.

Welches Qualifikationsprofil sollten die Wf4.0-Manager und -Managerinnen aufweisen? Ideal ist es, wenn der Person die Gegebenheiten der Stadt bestens vertraut sind. Sie sollte gut vernetzt sein und bestenfalls schon einige Jahre Berufserfahrungen in einem anderen Bereich der Kommune gesammelt haben. Gut sind Erfahrungen etwa in den Bereichen Öffentlichkeitsarbeit, Veranstaltungsmanagement, Marketing oder Wirtschaftsförderung.

In jedem Fall sind für die konkrete Umsetzung der ausgewählten Maßnahmen personelle Ressourcen bereitzustellen.

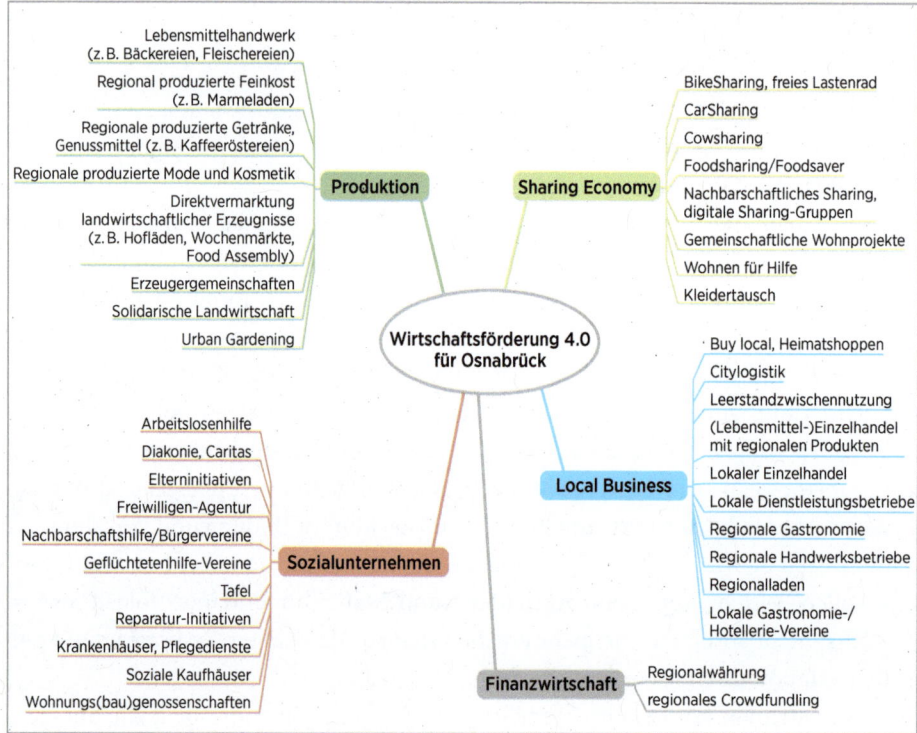

Abbildung 9: Hier das Ergebnis der Erstanalyse zur Wf4.0 in Osnabrück. Wie hier gibt es in allen Kommunen diverse Aktivitäten, die selten in einer solchen Zusammenschau betrachtet werden. Manche dieser »Geschäftsmodelle« werden bereits durch kommunale Stellen gefördert, viele jedoch nicht (eigene Darstellung von Christine Rother).

Leitfaden zum Starten einer Wf4.0

Die folgende Aufzählung soll dazu dienen, neuen Wf4.0-Managern und -Managerinnen einen Überblick zu geben, wie sie ihre Arbeit aufbauen können.

1. Recherche und Ansprache der in der Kommune vorhandenen Initiativen, Unternehmen, Akteurinnen und Akteure

- Recherche, welche Unternehmen und Initiativen in den fünf Geschäftsfeldern vor Ort vorhanden sind: per Internet, durch Telefonate, persönliche Gespräche und Besuche von Veranstaltungen (wie Repaircafés, Urban Gardening-Treffen, Foodsharing Aktionen, Wochenmärkten et cetera)

- Herausfinden, ob es schon Ansätze von Netzwerken oder Ähnlichem (Erfahrungsaustausch, Stammtisch et cetera) gibt, die gezielt ausgebaut werden könnten

- Aufbau einer Datenbank (gegebenenfalls zunächst als Excel-Liste)
- Kontaktaufnahme, möglichst umfassend per E-Mail
- Gezielt einzelne, entscheidende Akteure und Akteurinnen telefonisch/persönlich kontaktieren
- Bedarfe abfragen, konkrete Unterstützungsangebote unterbreiten
- Leistungen des eigenen Wf4.0-Managements definieren und kommunizieren – in Kooperation mit anderen städtischen Kontaktstellen (Freiwilligenagentur, Gründungsberatung, Wirtschaftsförderung, Fördermanagement, Stadtmarketing etc.)

2. Identifikation und Ansprache der relevanten institutionellen und zivilgesellschaftlichen Multiplikatoren
- Persönliche Gespräche zur Vorstellung des Vorhabens mit regionalen Stakeholdern führen, wie zum Beispiel Stadtmarketing, Stadtentwicklung, IHK, HWK, LWK, Stadtwerke, Sozialunternehmen et cetera – am besten auf Geschäftsführungsebene; Zuständigkeiten abgrenzen und Schnittstellen identifizieren
- Herausfinden, wer vor Ort Multiplikatorin/Entscheider bei den verschiedenen Themen ist
- In persönlichen Gesprächen Vorteile/Ziele darstellen, überzeugen, Unterstützung einholen
- Zielgruppen der Wf4.0 und Multiplikatorinnen vernetzen, Win-win-Situationen aufzeigen/schaffen

3. Gemeinsame Zieldefinition und Erarbeitung von Maßnahmen
- Impulse für mögliche Ziele geben
- Best-Practice-Beispiele identifizieren, Erfolgsfaktoren eruieren, gegebenenfalls Kontakt aufnehmen, Erfahrungsaustausch initiieren
- Gemeinsam mit den Zielgruppen Ziele definieren, Zeitpläne abstimmen
- Mittel und Wege festlegen und Ressourcen bereitstellen/organisieren

4. Begleitung der Maßnahmenumsetzung
- Akteure mit gemeinsamen Interessen finden und vernetzen, zum Beispiel zu gemeinsamen Aktionen (wie Pop-up-Regionalladen) oder Workshops einladen, Impulse geben
- Unterstützung als Schnittstelle zwischen Verwaltung, Gesellschaft, Wirtschaft/Lotsenfunktion

- Fördermittelrecherche/-beantragung
- Unterstützung bei Kommunikationsmaßnahmen
- Kommunikationsplanung für die eigenen Themen erstellen
- Schnittstellen zu anderen Bereichen identifizieren
- Gegebenenfalls in Kommunikation der jeweiligen Organisation integrieren

5. Tools für den Aufbau der Wirtschaftsförderung 4.0 in einer Kommune
- Informationsflyer zur Kommunikation des neuen Angebots, zur Auslage an zielgruppenrelevanten Orten
- Eigene Webseite beziehungsweise eigener Bereich auf der Webseite der übergeordneten Organisation zur Kommunikation der Themen und zur Verlinkung auf den entsprechenden *Social-Med*ia-Kanälen
- Integrierte Kommunikationsplanung in Abstimmung mit der Kommunikationsabteilung der übergeordneten Organisation beziehungsweise eigene Planung entsprechend des verfügbaren Budgets
- Software zur Erstellung von Mindmaps, zum Beispiel zum Überblick über die Ziele und Schwerpunkte sowie zur Veranschaulichung der Ziele und Aktivitäten in den einzelnen Netzwerken
- CRM[200]-System zur professionellen Organisation der Kontakte

Im Anhang sind einige Beispieldokumente aus der Arbeit in Osnabrück zu finden, die als Orientierung dienen können.

Organisation	Praxis	Kommunikation
Aufbau einer Datenbank der relevanten Unternehmen & Initiativen	Persönliche Gespräche	Digital
Identifikation von Best-Practice-Beispielen	Bedarfsanalyse	Presse- und Netzwerkarbeit
Entwicklung eines Leistungskataloges	Individuelle Handlungsempfehlungen	Info-Flyer
Überregionaler Erfahrungsaustausch	Maßnahmenumsetzung	Beteiligung an Veranstaltungen
Regionale Kooperationspartner	Netzwerkbildung	Eigene Veranstaltungen

Tabelle 1: Elemente der Wf4.0-Arbeit

5.3   Akteure: Wer ist zuständig?

Die Federführung könnte bei der kommunalen Wirtschaftsförderung liegen, die ihr Tätigkeitsfeld ausweitet. Es ist also nicht beabsichtigt, die etablierten Konzepte der Wirtschaftsförderung infrage zu stellen. Es geht lediglich um eine Erweiterung – eine komplementäre Wirtschaftsförderung.

Es gibt einige gute Gründe, die Zuständigkeit in die Wirtschaftsförderung zu legen (mehr dazu im »Rahmenbericht« zum Projekt Wf4.0).

In Osnabrück wurde das Projektbüro anfänglich in das Referat für strategische Steuerung und Rat – also direkt beim Oberbürgermeister – gelegt. Ebenso denkbar wie naheliegend ist auch die Verankerung der Zuständigkeit im Stadtmarketing.

Denn eine bedeutsame Rolle hat das kommunale Stadtmarketing. Ganz im Sinne der Wf4.0 soll es dazu beitragen, dass sich die Bürgerinnen und Bürger mit ihrer Stadt identifizieren, sich dort wohl fühlen und nicht abwandern. Konventionell zielen die städtischen Werbeagenturen darauf ab, die Attraktivität der Stadt zu stärken – als Wirtschaftsstandort, Wohn- und Einkaufsort sowie für Touristen. Hinzu kommt nun die Agenda der Wf4.0. Teilweise geht das Hand in Hand, wenn es etwa um »Buy Local« oder »Heimat shoppen«-Kampagnen oder Regionalläden geht. Aber auch die solidarische Landwirtschaft oder Reparaturwerkstätten kann das Stadtmarketing unterstützen. Denn solche Initiativen erhöhen die Lebensqualität in einer Stadt und somit auch die Identifikation der Einwohner mit ihrem Wohnort.

Darüber hinaus gibt es zahlreiche weitere Akteure, die sich die Wf4.0 zur Aufgabe machen können. In der Kommunalverwaltung haben alle Ressorts Überschneidungen mit dem Anliegen der Wf4.0. Beispielsweise kann das Jobcenter mit seinen Beschäftigungs- und Qualifizierungsmaßnahmen mitwirken. Einen herausgehobenen Stellenwert haben die Handwerks- und Handelskammern. Nur mit ihrem Rückhalt kann eine neue Wirtschaftsförderpolitik in Gang kommen. Nicht zuletzt sind es die Gewerkschaften, Kirchen, Verbände, Vereine, Unternehmen und Schulen, die als Treiber und Träger der Wf4.0 agieren können.

Insgesamt kommt ein großes potenzielles Netzwerk zustande, das es zu aktivieren gilt.

5.4   Lessons learnt

Aus den bisherigen Erfahrungen ergeben sich einige Hinweise für das Wf4.0-Management:

Zeitlich flexibel sein: Wir arbeiten mit Menschen, die ihre Aufgaben häufig ehrenamtlich ausführen oder die ihre Geschäftsmodelle nebenberuflich aufbauen. Termine müssen also oft abends oder an Wochenenden stattfinden.

Sichtbar sein: Ein authentisches und glaubwürdiges Wf4.0-Management kennt die regionalen Orte und ist dort auch privat zu sehen. Also: einkaufen auf dem Wochenmarkt statt im Supermarkt, Kaffee trinken bei der privaten Rösterei statt in der Systemgastronomie, Geschenke kaufen im Regionalladen statt im Internet, Reparieren im Repaircafé, Kleider tauschen bei der Tauschbörse, regional investieren, zum Beispiel in die solidarische Landwirtschaft vor Ort, Besuch von Informationsveranstaltungen der regionalen Nachhaltigkeitsszene et cetera.

Vertrauen aufbauen: Menschen aus ehrenamtlichen Initiativen sowie lokale Unternehmer und Unternehmerinnen haben manchmal Vorbehalte gegenüber der Verwaltung und Institutionen. Klare Absprachen und transparentes Handeln helfen dabei, Vertrauen aufzubauen.

Zuhören: Wir verbringen viel Zeit damit, mit den Menschen zu reden und vor allem zuzuhören, um ihre Ziele, Motivationen und Bedürfnisse zu erfahren. Wir melden uns bei den Akteuren, auch einfach »mal so«, rufen an, nehmen teil an Aktionen, kommen vorbei zum Kaffee trinken.

Telefonate und persönlicher Besuch schlagen E-Mails: Was wir von unserer Zielgruppe wissen möchten, finden wir nicht zwischen den Zeilen von E-Mails. Auch unsere eigene Sichtbarkeit, Glaubwürdigkeit und Authentizität wird nicht in E-Mails übermittelt.

Geduldig sein: Das Tempo geben die Initiativen/Unternehmen vor, nicht das Wf4.0-Management. Unser Ziel ist nicht automatisch auch das Ziel unserer Zielgruppen. Wir geben Impulse, machen Angebote, die Ziele und das Tempo bestimmen die Akteure.

Dranbleiben: Wenn die Ziele abgestimmt sind, geben wir nicht auf, auch wenn es langsam vorangeht. Wir erinnern, haken nach, bieten Unterstützung an, immer wieder. Menschen in Initiativen sind oft dankbar für freundliche Erinnerungen und Motivation, den nächsten Schritt zum selbst-bestimmten Ziel zu gehen.

Uneigennützig sein: Wir sind Impulsgeber und Wegbereiter, aber auch Dienstleister für unsere Zielgruppen. Wir sind uns nicht zu schade dafür, Protokoll zu führen, Termine zu koordinieren, Inhalte zu recherchieren und aufzubereiten, aber auch Kaffee zu kochen und Brötchen zu schmieren. So schaffen wir den Rahmen, in dem unsere Zielgruppen in der Zeit, die sie für gemeinsame Projekte investieren, gute Ergebnisse produzieren können.

Uneitel sein: Die Ergebnisse unserer Arbeit sind immer ein Gemeinschaftsprodukt. Wir stellen uns nicht selbst in den Vordergrund. Logos und Namen sind nicht wichtig, es geht uns um die Inhalte und um die Ergebnisse. Das Wf4.0-Management ist das stille Rädchen im Hintergrund, hält die Fäden zusammen und schafft Öffentlichkeit für die Themen, Orte und Menschen seiner Zielgruppen, nicht für sich selbst.

6 Local Business

Spezialisierung, Arbeitsteilung und Massenfertigung haben dazu geführt, dass nur noch wenige Unternehmen ihre Produktion vorwiegend in ihrer Region vertreiben. Insbesondere eine hohe Abhängigkeit vom Export macht die Firmen krisenanfällig. Wenn die Konjunktur in Asien schwächelt, macht sich das auch in unseren Städten und Gemeinden bemerkbar. Die Unternehmen fahren ihre Produktion zurück, bauen Arbeitsplätze ab, die Gewerbesteuereinnahmen schrumpfen. Manche Branchen sind hauptsächlich auf den Export ihren Waren angewiesen, weil die heimischen Märkte gesättigt sind. Sie reagieren umso empfindlicher auf internationale Krisenfaktoren. Eng kann es werden, wenn eine Kommune auf den Erfolg weniger Firmen angewiesen ist. Ein extremes Beispiel ist Wolfsburg.

Eine weitere Herausforderung liegt im Wachstumsdrang von Unternehmen. Es gibt eine ganze Reihe von Gründen, warum ein Unternehmen wachsen will, wachsen sollte oder sogar wachsen muss. Wachstum gilt als Indiz für die Wettbewerbsfähigkeit von Unternehmen. Wenn sie wachsen, ist das nicht grundsätzlich schlecht. Weitet sich etwa die Produktion eines Windkraftherstellers aus, kann das durchaus erfreulich sein. Dehnt sich hingegen die Produktion von SUVs und Kohlestrom aus, ergeben sich Nachteile für die Umwelt.[201]

Im Fokus der Wirtschaftsförderung 4.0 stehen deshalb Unternehmen, deren Produktion eher im Interesse einer zukunftsfähigen, sozial tragfähigen Entwicklung ist und die besonders krisenfest sind oder werden können. Die relevanten Förderkonzepte lassen sich aus der Initiative »Ökoprofit«[202] übertragen, die Kommunen und örtliche Wirtschaft zusammenbringt. Im Rahmen von Workshops besprechen die teilnehmenden Firmen, wie sich der Energie- und Ressourcenverbrauch und damit zugleich die Betriebskosten senken lassen. Das Konzept ist geeignet, um den Austausch zwischen Unternehmen zu unterstützen, die krisenfester und nachhaltiger werden wollen. Ist man einmal mit den Unternehmen im Gespräch, ist es sinnvoll, auf die Vorzüge flexibler Arbeitszeiten hinzuweisen. Damit fördern die Unternehmen indirekt Freiwilligenarbeit und kooperatives Wirtschaften. Die Mitarbeiter und Mitarbeiterinnen haben so mehr Spielraum, um sich außerhalb der Lohnarbeit einzubringen. Zugleich können Unternehmen mit variablen Arbeitszeiten besser auf Nachfrageschwankungen reagieren, wie die Erfahrungen in der Covid-Krise gezeigt haben.

Es ist auch für Unternehmen möglich, sich krisenfester auszurichten und von den üblichen Erfolgsindikatoren zu lösen. Unternehmen, die auf Stabilität statt Expansion setzen, lehnen externes Kapital tendenziell ab, sind stark in der lokalen Gemeinde verwurzelt, haben eine enge Beziehung mit Lieferanten und Kunden, schaffen eine besondere Arbeitsatmosphäre und verfügen über innovative Managementstrukturen, hat der amerikanische Journalist und Autor Bo Burlingham recherchiert.[203] Gerade Genossenschaften, Stiftungen und kommunale Unternehmen bieten ideale Voraussetzungen für Stabilität.

Zunächst führen die Kapitel »Regionalläden«, »Lokale Kauf-Initiativen« und »Leerstandsmanagement« in die konkrete Beratungstätigkeit einer innovativen, ganzheitlichen Wirtschaftsförderung ein. Die anschließenden Kapitel ergänzen diese guten Beispiele, jedoch ohne Handlungskonzept.

Mehr zur Einführung in das Geschäftsfeld »Local Business« siehe S. 62.

6.1   Regionalläden

In Städten findet sich eine Vielzahl von kleineren Produzenten und Produzentinnen, die von der Lebensmittelproduktion bis zur Herstellung von Kleidung in vielen verschiedenen Bereichen aktiv und Teil der regionalen Wirtschaft sind. Um diese Produzenten bekannt und sichtbar zu machen, kann ein Regionalladen gegründet werden, in dem sich die verschiedenen Anbieterinnen versammeln und gemeinsam ihre Produkte einem breiten Publikum präsentieren können und eine Verkaufsfläche haben. Der die verschiedenen Produkte verbindende Moment ist die Qualifikation »Made in ...«. Kleine einzelne Produzentinnen haben dann einen Raum, um ihre Waren zu verkaufen, und zwar im Idealfall in einem zentral gelegenen Geschäft mit viel Laufkundschaft.

6.1.1   Zum Beispiel: Unikum – Der Regionalladen

Im Regionalladen »Unikum« im rheinland-pfälzischen Altenkirchen können regional Produzierende ihre Produkte zum Kauf anbieten. In dem von einem Verein getragenen Laden kann die einzelne Anbieterin aus der Region für einen bestimmten Preis ein Regalfach anmieten und dort ihre Produkte auslegen und erhält den vollständigen Verkaufspreis. Mit dem Konzept wird es für kleine Anbieter aus der

Region möglich, öffentlich präsent zu sein und über einen Verkaufsort zu verfügen. Das Warenangebot ist vielfältig und verläuft von Handwerk und Kunst über Mode bis zu Lebensmitteln.

Die Initiative ist ein Beispiel dafür, wie Lösungen aussehen können, um kleine regionale Produzierende zu unterstützen und in der Öffentlichkeit sichtbarer zu machen. Mit dem Regionalladen wurde ein Raum geschaffen, in dem Bürger und Besucherinnen kompakt an einem Ort ein vielfältiges regionales Produktangebot kennenlernen können.

Mit einem solchen Laden, in dem regionale Anbieter die Möglichkeit haben, einen kleinen Raum (ein Fach) anzumieten und zusammen mit den anderen Anbieterinnen Präsenz im Zentrum zu zeigen, werden nicht nur neue Absatzwege eröffnet. Es kann so potenziell auch gelingen, das Bewusstsein der Verbraucher und Verbraucherinnen über das Vorhandensein regionaler Produzierender beziehungsweise Einkaufsmöglichkeiten zu stärken.

Private Vorfinanzierung ermöglichte den Start.

Mitte des Jahres 2013 gab es seitens der Bevölkerung erste Ideen für einen Regionalladen. Im Dezember 2013 wurde der »Förderverein für nachhaltiges regionales Wirtschaften e. V.« gegründet, welcher der Träger des Regionalladens »Unikum« ist. 2014 wurde der Laden von dem Verein aufgebaut. Dafür musste ein Ladengeschäft gemietet und Einrichtung sowie ein Warenwirtschaftssystem beschafft werden. Eine private Vorfinanzierung eines großen Teils der Anschaffungen beim Start der Initiative ermöglichte die Arbeit.[204]

Ziel: Regionale Erzeugnisse sichtbarer machen

Im Unikum-Regionalladen in Altenkirchen können insgesamt 120 Regalmieter und -mieterinnen ihre Produkte anbieten. Der Mietzeitraum beträgt drei Monate, wobei sich der Preis nach Größe und Lage des Fachs unterscheidet. Mit den Mieteinnahmen werden die laufenden Ladenkosten, Versicherungen, Organisationstätigkeiten, das Warenwirtschaftssystem sowie Veranstaltungen und Werbung finanziert. Bei einem Produktverkauf erhält der Produzierende den vollen Kaufpreis. Jeder Anbieter kann über ein Onlinekonto seinen Warenbestand beziehungsweise den Warenverkauf in seinem Regal aktuell nachverfolgen und weiß so beispielsweise, wann Produkte nachzulegen sind. Angelieferte Waren werden in ein System eingebucht und eingescannt.

Geöffnet ist der Regionalladen montags bis mittwochs von 14 bis 18 Uhr, mittwochs zusätzlich auch von 9 bis 12.30 Uhr, donnerstags und freitags bereits und ohne Unterbrechung ab 9 Uhr sowie samstags von 9 Uhr bis 13 Uhr. Das Laden-team besteht aus einer Koordinatorin auf Minijob-Basis sowie etwa 30 Ehrenamtli-chen, die zumeist selbst Regalmieter sind. Der Laden ist als Lösung gedacht, regional erzeugte landwirtschaftliche, handwerkliche und künstlerische Produkte bekannter zu machen respektive deren Produzenten und Produzentinnen.

Es geht der Initiative darum, diese aus ihrer »Unsichtbarkeit« durch ihre örtliche Verstreuung und dezentrale Lage zu holen. Die Initiative ist Mitglied im Bundes-verband der Regionalbewegung e. V. Es geht explizit darum, die regionale Wirtschaft zu stärken. Das Konzept bietet die Möglichkeit, Vertrauen zwischen Produzierenden »um die Ecke« und der Kundschaft aufzubauen.

Gleichzeitig soll der Laden auch Touristen und Touristinnen die Region näher-bringen und hält touristische Informationen bereit. Die Produzierenden können außerdem Veranstaltungen in dem Laden durchführen, wie etwa Herstellungsvor-führungen oder Produktverköstigungen. Unterstützt wird die Initiative von der Stadt, die auch Vereinsmitglied ist, und der Verbandsgemeinde Altenkirchen.[205]

Bereits mehrfach ausgezeichnet

Dem Verein, der hinter dem Unikum-Regionalladen steht, geht es unter anderem darum, den Ansatz der Stärkung regionaler Wirtschaftskreisläufe und nachhaltigen Wirtschaftens zu unterstützen, daher führt er zu diesen Themen auch Infoveran-staltungen durch. Der Verein setzt auf Vernetzung und Kooperation mit anderen Akteuren vor Ort und betätigt sich beispielsweise auch im Kulturbereich. Durch den Regionalladen entsteht ein Austausch und auch Kooperationen zwischen den Pro-duzierenden.[206]

2015 erhielt die Initiative eine Sonderauszeichnung beim Wettbewerb »Land und Leute« der Wüstenrot Stiftung. 2016 gewann der Regionalladen Unikum den 1. Preis beim »Bundespreis REGIOkommune«. Als wichtige Punkte für die Zukunftsfähig-keit beziehungsweise Stabilität der Initiative wurde die starke ehrenamtliche Arbeit, eine gute Vernetzung und die Schaffung des als breit aufgestellt charakterisierten Fördervereins herausgehoben, auf deren Basis die Initiative in den ersten Jahren ste-hen beziehungsweise entstehen konnte.[207]

6.1.2 Vorzüge

Kleine Produzierende werden häufig nicht in der Lage sein, ein eigenes, zentral gelegenes Verkaufsgeschäft zu unterhalten oder zu bestücken. Hemmende Faktoren sind hier die Kosten und der (Zeit-)Aufwand. Vielleicht würde die einzelne produzierende Person auch gar nicht erst auf die Idee kommen, einen Schritt in diese Richtung zu wagen, da diese sich für zu klein hält oder ein Verkaufsgeschäft mit ihrem kleinen Produktangebot und kleinen Mengen alleine schlicht nicht bestücken kann. Fehlt aber eine zumindest halbwegs zentrale Präsenz des Produzierenden, besteht die Gefahr, dass dieser von den Bürgerinnen und Bürgern schlicht übersehen wird.

Möglicherweise weiß die potenziell interessierte Kundschaft gar nicht vom Angebot in ihrer Nähe, da die Produzierenden bisher nur per Internet oder ab Hof verkaufen. Die Kundschaft in der städtischen Einkaufsmeile erwarten dann gegebenenfalls nur gängige Ketten und Produkte von außerhalb. Schließen sich die Produzierenden vor Ort zusammen und gründen einen Regionalladen, wird es möglich, gemeinsam Kosten und Aufwand für das Betreiben eines Ladenlokals zu bewältigen. Alle Produzierenden haben dann kleine Räume, um ihre Produkte anzubieten und damit gleichzeitig den Kunden und Kundinnen vor Ort aufzufallen.

6.1.3 Hintergrund

Ein Regionalladen schafft lokalen Produzierenden eine Plattform für Vorstellung und Verkauf ihrer Produkte. In gemeinsamen Räumen präsentieren die unterschiedlichen Anbieterinnen ihre Waren. Organisatorisch sind Fragen zu klären, wer wie viel Verkaufsfläche erhält (mögliches Anbieten unterschiedlich großer Verkaufsfläche für unterschiedliche Bedarfe), wie oder von wem die Ladenbetreuung übernommen wird und wie abgerechnet wird (Ladenkosten und Verkaufsgewinn). Hier lassen sich unterschiedliche Lösungen finden (das Fallbeispiel Unikum-Regionalladen zeigt einen möglichen Weg auf). Auch kann überlegt werden, wie die Produkte möglichst einfach und ökologisch (etwa mit dem Lastenrad) in den Laden kommen.

Das Konzept Regionalladen nimmt in der Wf4.0 eine Doppelrolle ein: Neben der zum einen selbst zu fördernden Initiative stellt er gleichzeitig auch ein Förderinstrument für die lokalen Produzierenden dar. Er ist selbst bereits konkretes Mittel, um die Situation kleiner lokaler Produzenten und Produzentinnen zu verbessern.

6.1.4 Wie starten?

Existiert noch kein Regionalladen, ist zu prüfen, ob bei den Produzierenden Interesse an dieser Absatzmöglichkeit besteht. Es gilt also, die entsprechenden Akteure anzufragen und bei einer ersten positiven Rückmeldung an einen Tisch zu bringen. Damit wird ein erster Impuls gegeben, sich mit dem Konzept und bestehenden Möglichkeiten auseinanderzusetzen. Ein paar lokal Produzierende werden dem vernetzten Wirtschaftsförderer sicherlich ad-hoc einfallen. Wird bereits länger Wf4.0 betrieben, kann auf die Akteure aus einem erfolgten Mapping zurückgegriffen werden beziehungsweise auf die durch die anderen Zweige der Wf4.0 bereits bekannten entsprechenden Produzierenden. Also beispielsweise Landwirte, zu denen man in Sachen Direktvermarktung schon einen Kontakt aufgebaut hat oder ein Unternehmen aus dem Bereich Upcycling.

Existiert bereits ein solcher Laden, sind Unterstützungsbedarf und -interesse auszuloten.

6.1.5 Kooperieren und fördern

Ein sich im Aufbau befindender Zusammenschluss für einen Regionalladen kann von der Wf4.0 beispielsweise dabei unterstützt werden, passende Räumlichkeiten zu finden, also solche, die über eine ausreichende Größe verfügen und gleichzeitig möglichst zentral gelegen sind. Zu Beginn sollte der Regionalladen ins öffentliche Interesse gerückt werden, etwa durch Aktionen beim Eröffnungstermin und entsprechendes Marketing.

Auch ein bestehender Regionalladen kann ein möglicherweise noch geringes Interesse durch entsprechende Aktionen gegebenenfalls steigern. Aktiv sollten hier die Vorteile des Kaufs der regionalen Produkte kommuniziert werden: Die Kundschaft unterstützt die Produzierenden und die lokale Wirtschaft und kann damit unter Umständen auch ökologisch nachhaltiger einkaufen, wenn Produkte ansonsten lange Transportwege hinter sich haben würden.

Darüber hinaus wird es durch den Regionalladen – oder durch eine entsprechende Plattform – besonders einfach und bequem, diesen Schritt zu gehen. Er lässt sich mit sonstigen Erledigungen oder dem »Stadtbummel« verbinden. Möglicherweise braucht der Regionalladen Unterstützung beim Marketing, um bekannter zu werden. Hier kann schon die professionelle Gestaltung von Flyern eine Unterstützungsmöglichkeit sein. Auch ist anzunehmen, dass eine ansprechende Gestaltung des Ladens von erheblicher Bedeutung ist. So ist ein nur dürftig eingerichteter, »kahler« Verkaufsraum mit (noch) wenigen Produkten, der eher den Eindruck von Leerstand und Behelfsmöglichkeit vermittelt, zu vermeiden.

Partnerin kann auch die Touristeninformation sein. Diese kann auf den Regionalladen aufmerksam machen und gegebenenfalls selbst eine kleine Auswahl aus dem Warenangebot bereithalten. Alternativ oder ergänzend zum Regionalladen-Konzept kann auch der Einzelhandel – beispielsweise die Supermärkte vor Ort – als Partner der Produzierenden angesprochen werden. Diese können die Produkte, falls noch nicht geschehen, in ihr Sortiment aufnehmen. Hier bietet sich eine besonders auffallende Präsentation der Waren als »lokal« an, etwa in Form von »Regionalregalen«.

Gute Beispiele für solche Regale gibt es beispielsweise vom Regionalen Erzeuger-verband Südniedersachsen e. V. (»Kostbares Südniedersachsen«), von der Regional-marke Rhönwiese sowie zwei Beispiele aus der Region Osnabrück, das Regionalregal Badbergen und die Drehscheibe Neuenkirchen. In Osnabrück steht seit März 2019 ein Regionalregal des neuen Produzierenden-Netzwerkes unter dem Motto »Typisch Osnabrück« im StadtGalerie-Café mitten in der Innenstadt. Die Heilpädagogische Hilfe als Betreiberin stellte das Regal zunächst für eine Testphase kostenlos zur Ver-fügung. Später verlängerte sie die kostenlose Nutzung bis auf weiteres, weil sie das Projekt unterstützenswert findet. Im ersten Jahr wurde mit diesem Regal ein Umsatz von knapp 3000 Euro generiert.[208]

Manche Geschäfte sind auch für weitergehende Kooperationen offen. So können etwa größere Flächen temporär für die Präsentation von regionalen Waren zur Ver-fügung gestellt werden.

Eine alternative und möglicherweise zunächst einfachere Herangehensweise zu einem dauerhaften Regionalladen ist es, durch das kurzzeitige Nutzen eines leerste-henden Ladenlokals einen phasenweisen Raum für Vorstellung und Verkauf regio-naler Produkte zu schaffen (siehe S. 129 ff.). Anlass kann beispielsweise ein geplantes Stadtfest oder Veranstaltungen der Einzelhändler sein. Solch eine Zwischennutzung wurde in Osnabrück bisher verschiedentlich zu den Aktionstagen »Heimat shop-pen« umgesetzt. Eine längere Zwischennutzung mit elf Handmade-Labels aus der Region wurde von September bis Ende 2019 in Osnabrück unter dem Motto »Zwi-schenzeit« umgesetzt (siehe S. 299).

In der Endnote 209 finden sich Kontakte und weitere Informationen.[209]

6.1.6 Erfolgsindikatoren

Der Erfolg eines Regionalladens lässt sich vergleichsweise einfach und »klassisch« ermitteln. Erste naheliegende Ermittlungsgrößen sind Verkaufs- und Kundenzahl. Die einzelnen Produzierenden können darüber hinaus danach befragt werden, ob sich durch die neu geschaffene Öffentlichkeit auch die sonstige Nachfrage erhöht hat. Andererseits bietet auch die Zahl der teilnehmenden Produzierenden Orientierung, um die Attraktivität dieses Angebots zu ermitteln. Bleiben dauerhaft Verkaufsbeziehungsweise Ausstellungsflächen leer, wäre zu fragen, woran dies liegt.

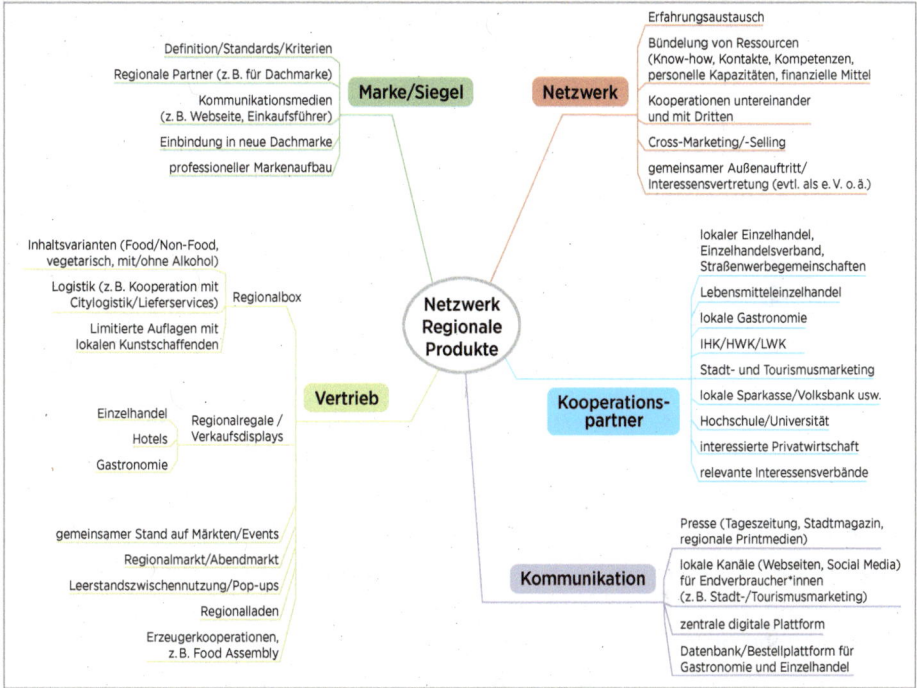

Abbildung 10: Die Mindmap »Regionale Produkte« ist das Ergebnis von drei Workshops (Nov 18/März 19/ Juni 19) und mehreren Arbeitsgruppen-Treffen in Osnabrück (eigene Darstellung von Christine Rother)

6.2   Lokale Kauf-Initiativen

Die Vielfalt der Innenstädte wird durch den wachsenden Onlinehandel konterkariert. Die Corona-Krise hat diesen Trend verschärft. Gewiss, der Gang in das Geschäft vor Ort bietet ein Einkaufs-Erlebnis in Form von Anfassen, persönlicher Beratung und Vergleichen. Flanieren, im Café verweilen und nicht zuletzt die Begegnung mit Menschen sind weitere Vorzüge gegenüber dem Onlinehandel. Doch es ist nicht selbstverständlich, dass die Einzelhändler der Innenstädte geschlossen und systematisch für diese Vorzüge werben, etwa auch mit regionalen Einkaufsgutscheinen.

Es gibt zwar Initiativen wie »Buy Local«, »Online City Wuppertal« (siehe weiter unten) oder »Heimat shoppen«. Sie versuchen, gegen die Verödung der Innenstädte mit Leerständen und 1-Euro-Shops vorzugehen, organisieren gemeinsame Aktionen der Einzelhändler, um gemeinsam auf sich aufmerksam zu machen.

Meist dämmern solche Initiativen jedoch mehr oder weniger vor sich hin. Notwendig ist aber eine allgegenwärtige, dauerhafte und progressive Kampagne. Es geht letztlich darum, das Bewusstsein der Bürger und Bürgerinnen zu schärfen, etwa dafür, dass sie mit jedem Einkauf in naheliegenden Geschäften die regionale Wirtschaft stärken und damit Arbeitsplätze erhalten, womöglich sogar – in letzter Konsequenz – den eigenen.

6.2.1 Zum Beispiel: Buy Local

»Buy Local« ist eine Förderinitiative für den lokalen Einzelhandel mit dem Ziel, die Verantwortung für die Lebensqualität in der eigenen Region oder Stadt zu übernehmen. Die Initiative will dazu beitragen, dass die Vielfalt des Einzelhandels in Innenstädten angesichts des sich ausbreitenden Großketten- und des Internethandels erhalten bleibt. Die Kampagne macht Verbraucherinnen und Verbraucher auf die Bedeutung ihrer Kaufentscheidung für die Region aufmerksam und bietet mit ihrem orangefarbenen Siegel deutschlandweit Orientierung.

Das von ihnen erwirtschaftete Geld bleibt in der Region

Die Buy Local-Initiative fördert inhabergeführte Einzelhandelsgeschäfte, örtliche Dienstleisterinnen und Dienstleister sowie lokale Handwerksbetriebe, die zur Lebensqualität ihrer Region beitragen, indem sie wohnortnahe Einkaufsmöglichkeiten, Dienstleistungen, Arbeitsplätze und Ausbildungsmöglichkeiten für die Bevölkerung bieten. Die Mitgliedsunternehmen sind eng ins lokale Umfeld und in regionale Wirtschaftskreisläufe eingebunden. Soweit möglich, beziehen sie ihre Produkte oder Ausstattungen aus der Region.

Das von ihnen erwirtschaftete Geld bleibt in der Region und durch örtlich abzuleistende Steuern tragen die Gewerbetreibenden zur Finanzierung des lokalen Gemeinwesens bei. Darüber hinaus müssen sich die Gewerbetreibenden gemäß den Mitgliedskriterien von Buy Local vor Ort gesellschaftlich, sozial oder kulturell engagieren. Insgesamt unterstützt Buy Local also lokale und gemeinwohlorientierte Unternehmerinnen und Unternehmer, die damit die Resilienz der lokalen Ökonomie aktiv fördern.

Vielfalt erhalten

Buy Local fördert vor allem die Anpassungs- und Innovationsfähigkeit ihrer Mitglieder und leistet so einen Beitrag dazu, dass in den Regionen entgegen dem allgemeinen Trend vielfältige, eigenständige Geschäfte und Unternehmen erhalten bleiben. Die Initiative ermöglicht die bundesweite Vernetzung von Akteuren einer Branche und branchenübergreifende Kooperation in einer Region. Durch die Kampagne werden Politik und Öffentlichkeit auf die Bedeutung des lokalen Handels aufmerksam gemacht, wodurch Kaufkraft langfristig an die Regionen gebunden und regionale Wirtschaftskreisläufe gestärkt werden können.

Der Verein Buy Local wurde im Jahr 2012 von fünf Unternehmen im baden-württembergischen Singen gegründet. Sie verband der gemeinsame Wille, sich für die eigene Stadt zu engagieren, um die regionale Vielfalt und Kaufkraftbindung zu erhalten. Ziel des Vereins ist die deutschlandweite Verbreitung der Bewegung unter kleinen und mittelständischen Einzelhändlerinnen und Einzelhändlern sowie weiteren Unternehmen.

Für die Mitgliedsunternehmen gelten von Buy Local aufgestellte Qualitätskriterien bezüglich fairer Arbeitsbedingungen, Serviceangebot, Steuerentrichtung vor Ort sowie der Verpflichtung des zu leistenden sozialen Engagements.

Die Initiative ist innerhalb weniger Jahre stark angewachsen und scheint dem Ziel, dass die Bewegung unter unabhängigen Einzelhandels-, Dienstleistungs- und Handwerksunternehmen weitverbreitet ist, im Süden Deutschlands schon recht nahe zu sein. In Deutschland gibt es derzeit rund 340[210] auf der Website von Buy Local registrierte Mitgliedsunternehmen (Stand März 2021).

Außerdem hat die Initiative prominente Förderer aus Industrie, Großhandel und Verwaltung, beispielsweise die Bundesvereinigung City- und Stadtmarketing Deutschland, den Mittelstandsverband, den Landesapothekerverband Baden-Württemberg oder Verlage wie C. H. Beck und Kiepenheuer & Witsch. Der Initiative Buy Local gehören auch rund 50 Volks- und Raiffeisenbanken an.

6.2.2 Vorzüge

Durch den Zusammenschluss lokaler inhabergeführter Einzelhändler und Einzelhändlerinnen entsteht ein Netzwerk, welches sich gegenseitig inspiriert und unterstützt. Gemeinsam wird die Wichtigkeit des lokalen Einkaufens für die Städte in die Öffentlichkeit getragen. Neben der Einsparung von Werbekosten durch die gemeinsame Aktion, kooperieren die Mitglieder des Netzwerks gegebenenfalls auch in anderen Situationen. Gemeinsam tragen sie zur Verschönerung der Innenstädte sowie zur regionalen Wertschöpfung bei.

6.2.3 Hintergrundinformationen

Onlineshopping und große Einkaufszentren haben das Bild unserer Innenstädte verändert. Leerstehende Verkaufsräume und große Zentren prägen heute den Eindruck vieler Innenstädte. Dabei waren es oft gerade die kleinen Läden, welche Anwohnerinnen und Anwohner ebenso wie Besucherinnen und Besucher der Städte angezogen haben. Zudem ist es gerade der Einzelhandel, der sich auch auf anderen Ebenen für seine Städte engagiert. Doch die Zahl derartiger Einzelhandelsunternehmen wird immer geringer. Um diesem Trend entgegen zu wirken, hat sich beispielsweise die Initiative Buy Local gebildet. Sie inspiriert die lokalen inhabergeführten Einzelhändler zu gemeinsamen Aktionen, die auf die Wichtigkeit ihrer Existenz hinweisen.

6.2.4 Wie starten?

Lokale inhabergeführte Einzelhändler können beim Verein Buy Local Mitglied werden. Die Mitgliedschaft bringt laut Verein folgende Vorteile:

- Vernetzung der Mitglieder innerhalb gleicher Branchen bundesweit und branchenübergreifend vor Ort
- Eigene Profilseite auf der Buy Local-Homepage mit Google-Suchfunktion, Postleitzahlen- und Branchensuche
- Vielfältige Kommunikationskampagnen in Zusammenarbeit mit Markenherstellern und Partnerinnen, wie »Tue Gutes« und »Buy Local redet drüber«
- Politische Interessensvertretung über Partnerverbände
- Mediale Interessenvertretung[211]

So sind die Einzelhändler vernetzt in ihrer Stadt und ihrer Branche und für potenzielle Kundschaft besser auffindbar. Daraus ergeben sich dann weitere Kooperationsmöglichkeiten.

Zu Beginn könnte zum Beispiel gemeinsam mit dem Verein eine Informationsveranstaltung für den lokalen Einzelhandel angeboten werden. Am besten in Kooperation mit dem örtlichen Einzelhandelsverband oder Ähnliches.

6.2.5 Kooperieren und fördern

Als Wf4.0-Manager oder -Managerin können Sie den lokalen Einzelhandel zunächst einmal auf Angebote wie diese lokalen Kaufinitiativen aufmerksam machen und die Vorzüge erläutern.

Sie können aber auch selbst konkrete Vorschläge und Angebote machen:

- Bei den kleinen inhabergeführten Geschäften anfangen und viel Öffentlichkeitsarbeit für die Aktionen machen, dann wollen die anderen irgendwann auch mitmachen
- Sofern vorhanden, mit dem Einzelhandelsverband oder einer vergleichbaren Organisation zusammenarbeiten und deren Kommunikationskanäle nutzen
- Tagesordnungspunkte für Vorstandsitzungen, Jour fixes et cetera anbieten
- Neue Impulse einbringen, da den Händlern dafür selbst oft die Zeit fehlt.

6.2.6 Erfolgsindikatoren

Eine erfolgreiche Arbeit der Wf4.0 im Bereich lokale Kauf-Initiativen kann zum Beispiel an der

- Anzahl der Teilnehmenden an den Buy Local-Aktionen
- Erhöhung der Passantenfrequenz
- Anzahl der Presseberichte zum Thema

gemessen werden.

6.3 Leerstandsmanagement

Das Leerstandsmanagement von Städten ist in der Regel, sofern vorhanden, entweder bei der kommunalen Wirtschaftsförderung oder beim Citymanagement angesiedelt.[212] Professionell aufgezogen trägt es zur Stärkung der Innenstädte und Stadtteilzentren bei und bezieht die Immobilieneigentümerinnen mit ein.

Der achtsame Umgang mit Leerständen im Sinne der Wirtschaftsförderung 4.0 kann regionale Produktionsbetriebe, Dienstleistungsunternehmen und Handwerksbetriebe, Start-ups und Gründerinnen sowie lokale Künstler fördern, indem ihnen Räume für temporäre Zwischennutzungen kostenfrei oder -günstig zur Verfügung gestellt werden. Auch Eigentümer beziehungsweise Vermieterinnen und umliegende Unternehmen profitieren in vielfacher Hinsicht von den oft kreativ umgesetzten Zwischennutzungen.

Beispiele für kommunales Leerstandsmanagement zur Zwischennutzung:

- http://startraum-mannheim.de/
- http://radar-frankfurt.de/
- https://www.kreativeraeumewien.at/

6.3.1 Zum Beispiel: Schauzeit Rheydt

Bei der »Schauzeit Rheydt« handelt es sich um eine Aktion, die seit 2015 alle zwei Jahre vom Quartiersmanagement Rheydt in Mönchengladbach umgesetzt wird.[213] 2015 standen 15 Leerstände für den Aktionszeitraum von vier bis sechs Wochen zur Verfügung, die von insgesamt 44 Ausstellern genutzt wurden. 2019 wurden 19 leerstehende Geschäfte genutzt. Teilnahme-Interessierte mit kreativen Produkt-, Geschäfts- oder Raumnutzungsideen können sich bis sechs Wochen vor Aktionsbeginn um das »Pop-up Ticket« zur Teilnahme an der Schauzeit bewerben.

Erfolgreiche Kooperation

Schauzeit Rheydt ist ein Beispiel für ein erfolgreiches Zusammenspiel von Quartiersbewohnerinnen, lokaler Verwaltung und Privatwirtschaft. Initiierung und Organisation gingen aus der Bewohnerschaft hervor, Quartiersmanagement und Wirtschaftsförderung unterstützten fachlich und inhaltlich. Der Stromanbieter förderte finanziell. Die Aussteller, von denen viele aus anderen Städten kamen, brachten neue Impulse in den innerstädtischen Leerstand. Zudem wurde ein lokales Designbüro beauftragt, um für die Veranstaltung zu werben. Dank dieser Kombination aus Akteuren und Akteurinnen innerhalb und außerhalb des Quartiers konnte für die Schauzeit Rheydt großes Interesse geweckt werden.

Entstehungsgeschichte

Rheydt war bis 1975 eine eigenständige Stadt und gehört seitdem zu Mönchengladbach. Bekannt war sie für Textilien. Seit dem Zusammenschluss im Zuge der Gebietsreform und Entwicklungen im Einzelhandel, die in vielen Städten zu beobachten sind, ist die Rheydter Innenstadt durch Leerstand geprägt. Im Jahr 2014 waren über 80 Verkaufsflächen leer. Dabei sind kleine sowie große Verkaufsflächen und auch innerstädtische Kaufhäuser sowie Einkaufspassagen betroffen.[214]

Die Idee zur Schauzeit Rheydt stammt von der in Rheydt lebenden Modedesignerin Barbara Schwinges, die ursprünglich in einem Pop-up-Store ihre eigenen Produkte ausstellen wollte. In Zusammenarbeit mit dem Quartiersmanagement

Rheydt und der Wirtschaftsförderung Mönchengladbach entstand die Idee des Pop-up-Events »Schauzeit Rheydt«. Die 15 Eigentümer und Eigentümerinnen stellten ihre freistehenden Flächen miet- und nebenkostenfrei bereits zwei Wochen vor und auch noch eine Woche nach der Einrichtungszeit zur Verfügung. Dies kostete einige Überzeugungsarbeit. Schließlich reichten die potenziellen Verkäufer beziehungsweise Ausstellerinnen ihre Ideen für die Schauzeit ein.[215]

Außergewöhnliche Produkte

Im Rahmen des Projektes Schauzeit Rheydt entsteht ein attraktives Angebot für die Verkäufer beziehungsweise Ausstellerinnen: »Verfügbare Einzelhandelsflächen in Innenstadtlage zum Nullpreis. Selbst die Stromkosten werden zu einem Fixpreis von einem großen Stromunternehmen gesponsert.«[216]

Es wurden bewusst Einzelhändler und Einzelhändlerinnen mit außergewöhnlichen Produkten und Start-ups mit kreativen Geschäftsideen wie »Objektdesigner und Modeschöpfer sowie Künstler und Kulturschaffende« ausgewählt.[217]

Eine Finanzierung kam im ersten Jahr über das Programm »Soziale Stadt Rheydt« des Quartiersmanagements. Inzwischen gibt es eine professionelle Website, auf der eine Vielzahl von Förderern, Freundinnen und Helfern genannt werden.[218]

Großes Medienecho

Die erste Schauzeit Rheydt lockte nicht nur viele Interessierte in die Ladenlokale, auch das Medienecho war sehr groß. Außerdem wurden von den 15 bespielten Flächen anschließend drei Flächen zu verbesserten Mietkonditionen von den Kurzzeit-Mietern übernommen. Andere Flächen wurden anschließend wieder vermietet.

»Die Schauzeit Rheydt hat bewiesen, dass mit weniger preissensitiven Produkten abseits des alltäglichen Bedarfes nicht nur wirtschaftlich erfolgreich ein neues Zielpublikum angesprochen werden kann, sondern dass dies auch zu einer Verbesserung der urbanen Aufenthaltsqualität im öffentlichen Raum führt.«[219]

6.3.2 Vorzüge

Zwischenmieter erhalten durch eine temporäre Nutzung die Möglichkeit, ihr Geschäftsmodell unter realen Bedingungen ohne beziehungsweise mit nur geringem finanziellen Risiko zu testen. Sie profitieren von einer Erhöhung ihres Bekanntheitsgrades durch das erhöhte Interesse von Medien und Öffentlichkeit. Ihre Produkte erhalten Sichtbarkeit und sie können neue Zielgruppen erschließen. Anbieter, die ihre Produkte zuvor nur online vertrieben haben, erhalten die Möglichkeit des persönlichen Kundenkontakts und können beispielsweise neue Produkte mit direktem Feedback der Kundschaft testen. Nicht zuletzt wird der Umsatz während der Aktion gesteigert.

Vermieterinnen respektive Eigentümer profitieren ebenso vom Interesse der Medien und der Öffentlichkeit. Auch potenzielle Dauermieter könnten so auf die Immobilie aufmerksam werden. Für den Zeitraum der Zwischennutzung wird der Leerstand genutzt, geheizt und frequentiert, was eine Wertminderung durch die negativen Effekte eines längeren Leerstandes verhindern kann. Auch Schäden durch Vandalismus werden so verhindert. Die Zwischennutzung ist jederzeit kündbar, wenn eine Dauervermietung realisiert werden kann. Je nach Vertragsgestaltung können durch die Einnahmen der Zwischennutzung die Betriebskosten gedeckt oder sogar geringe Gewinne erwirtschaftet werden, ohne zusätzlich in die Immobilie zu investieren.

Das Quartier beziehungsweise die Stadt und die umliegenden Geschäfte erfahren eine Aufwertung durch die kreative Nutzung der Leerstände. Bekanntheit und Image können verbessert werden, die Frequenz wird erhöht, neue Zielgruppen können erschlossen werden. Durch das zeitlich begrenzte stationäre Angebot wird ein zusätzlicher Anreiz für den Besuch der Innenstadt geschaffen.

6.3.3 Wie starten?

Zunächst werden die leerstehenden Ladenlokale in der Stadt dokumentiert. Gegebenenfalls kann hier auf Vorarbeiten der Wirtschaftsförderung, der Stadt, des Quartiersmanagement oder anderen Akteuren und Akteurinnen zurückgegriffen werden. Anschließend werden die leerstehenden Räume mit den potenziellen Nutzerinnen zusammengebracht. Hier sind viel Netzwerkarbeit und Kommunikation gefragt.

6.3.4 Kooperieren und fördern

Einige Wirtschaftsförderungen oder andere Institutionen dokumentieren bereits leerstehende Ladenlokale in ihrer Stadt. Mit diesen sind Kooperationen sinnvoll.

Immobilieneigentümer, die örtlichen Makleragenturen, aber auch Interessensvertretungen wie etwa Straßenwerbegemeinschaften sollten möglichst früh überzeugt und in die Aktivitäten eingebunden werden.

6.3.5 Erfolgsindikatoren

Ein leerstehendes Gebäude hat nicht nur Nachteile für die Eigentümer, sondern auch für das Umfeld. Es entsteht eine Atmosphäre im Umfeld, die nicht sehr dienlich ist. Mit dem Leerstandsmanagement und der Zwischennutzung können also nicht nur Erfolge für die Eigentümer, sondern auch für die anliegenden Geschäfte und Wohnungen erzielt werden. Im Dokument »Pop-up-Regionalläden als Leerstand-zwischennutzung« (siehe Anhang 13.1, S. 299) werden zahlreiche Vorteile für Vermieter, für den Standort sowie für die Nutzerinnen aufgeführt, die zur Überzeugung der nötigen Akteure und Akteurinnen kommuniziert werden können.

6.4 Zum Beispiel: Regionale und nachhaltige Beschaffung

Jährlich werden in der Bundesrepublik Deutschland öffentliche Aufträge im Wert von mindestens 500 Milliarden Euro vergeben.[220] Daran haben die deutschen Kommunen im Vergleich zu Bund und Ländern den größten Anteil. Computer, Bürogeräte, Autos, Müllfahrzeuge, Arbeitskleidung und Lebensmittel, es gibt fast nichts, was der Staat nicht einkauft. Die Kommunen können ihre Beschaffung deutlich konsequenter als bislang an sozial-ökologischen Kriterien ausrichten und, soweit möglich, auf die Potenziale der Region zurückgreifen. Elektronische Geräte werden zwar zumeist in Asien hergestellt, aber der Einkauf beim Großhändler vor Ort ist durchaus möglich. Besonders naheliegend ist die regionale Beschaffung bei landwirtschaftlichen Produkten. Ob Schulen, Kindergärten, Verwaltung oder kommunale Krankenhäuser, Abfallwirtschaft oder Stadtwerke, die Ausrichtung an regionaler Beschaffung sichert und fördert Arbeitsplätze, Nahversorgung und Vielfalt.

Komplizierte Rechtsgrundlage

In der Europäischen Richtlinie über die öffentliche Auftragsvergaben finden sich viele Hinweise zur regionalen, sozialen und umweltfreundlichen Beschaffung. Das Vergaberecht ist kompliziert, es gibt verschiedene Rechtsgrundlagen für die Beschaffungen der öffentlichen Hand in Deutschland:

- das Gesetz gegen Wettbewerbsbeschränkungen
- die Vergabeverordnung
- die Vergabe- und Vertragsordnungen
- die neue Sektorenverordnung, das Haushaltsrecht
- sowie rechtliche Bestimmungen auf Ebene der Bundesländer.

Häufig ist die Vergabe in den Städten dezentral organisiert. Inwiefern dann jeweils regionale oder öko-faire Aspekte beachtet werden, obliegt in solchen Fällen unterschiedlichen Zuständigkeitsbereichen. Eine systematische, regionale und nachhaltige Ausschreibung ist so kaum möglich. So ist es von entscheidendem Vorteil, wenn etwa über Dienstanweisungen das Vorgehen vereinheitlicht wird.

Viele Städte haben entsprechende Beschlüsse gefasst: Zum Beispiel legt die Vergabeordnung der Stadt Leipzig für Bauleistungen, Lieferungen und Leistungen sowie freiberufliche Leistungen fest, dass bei Vergaben mit Umweltrelevanz die Hinweise und Empfehlungen des Umweltbundesamtes zur umweltfreundlichen Beschaffung[221] zu berücksichtigen sind. Bevorzugt werden sollen unter anderem Produkte mit dem »Blauen Engel«. Es ist auch möglich, einen Regionalbezug festzuschreiben, wenn dieser mit Nachhaltigkeitskriterien begründet und entsprechend formuliert wird – etwa kürzere Transportwege.

Großes Potenzial für den Klimaschutz

Insgesamt gibt es im Beschaffungswesen ein sehr großes Potenzial für den Klimaschutz. Es wird jedoch nur ansatzweise gehoben, weil es den zuständigen Mitarbeitern oft nicht präsent ist. Teilweise haben die Kommunen auch Angst vor Klagen, wenn sie regionale und nachhaltige Kriterien in die Vergabe aufnehmen. Doch selbst wenn die zuständigen Sachbearbeiter gern Aspekte der Nachhaltigkeit beachten möchten, werden sie nicht selten von den Vorgesetzten davon abgehalten. Es gibt nach wie vor viele Vorbehalte: zu teuer, zu unsicher, zu aufwendig und anderes.

6.5   Regionale Produktion

6.5.1 Zum Beispiel: WeiberWirtschaft

Die »WeiberWirtschaft« ist im Rahmen der Wf4.0 ein Bespiel für den Bereich »Kooperatives Wirtschaften«. Hier geht es um die Förderung von Genossenschaften, Stiftungen und Vereinen. Ziel ist, innovative Geschäftsmodelle der Gemeinwohlwirtschaft in ihrer Entstehung zu unterstützen, das heißt, die Wirtschaftsförderung sollte als Ansprechpartner nicht nur zur Verfügung stehen, sondern auch für die Gründerinnen und Treiber einer Initiative sichtbar sein.

Ausgangsbedingungen für Frauenbetriebe und -projekte verbessern

Das Berliner Gründerinnen- und Unternehmerinnenzentrum WeiberWirtschaft eG will die Ausgangsbedingungen für Frauenbetriebe und -projekte verbessern, indem durch das Zentrum günstige Gewerbeflächen bereitgestellt, eine Gründungsberatung angeboten und wirtschaftliche, soziale sowie kulturelle Interessen von Frauen gefördert werden.

WeiberWirtschaft betreibt außerdem einen Gewerbehof mit rund 60 Unternehmen, Vereinen und Verbänden, die im Dienstleistungssektor, Handel, produzierenden Gewerbe oder im Handwerk tätig sind.[222] Dort sind beispielsweise eine Buchhandlung, Werkstätten, Ateliers, Beratungsunternehmen oder unabhängige Forschungsinstitute zu finden mit insgesamt 150 Arbeitsplätzen. Auf dem Gelände gibt es auch einen Kindergarten.

Der Gewerbehof wird nach ökologischen und sozialen Prinzipien betrieben. So führte die Genossenschaft Anfang der 1990er-Jahre die erste ökologische Gewerbehofsanierung durch, welche die Errichtung eines Blockheizkraftwerks sowie eine Regenwasserspeicherung für Toiletten einschließt. Die Hofflächen wurden entsiegelt sowie ortsübliche und umweltverträgliche Baustoffe verwendet. So wird das Gebäude ressourcenschonend betrieben.

Auch im laufenden Betrieb werden ökologische und soziale Kriterien beachtet. Die genossenschaftliche Organisationsform beteiligt die Mieterinnen an der Gestaltung des Zentrums und es werden, soweit möglich, Fairtrade-Produkte bezogen.

Im Rahmen ihrer Tätigkeit trägt die Genossenschaft die eigens praktizierten Prinzipien des nachhaltigen Wirtschaftens nach außen. Die in Kooperation mit dem Verein »LIFE Bildung Umwelt Chancengleichheit e. V.« entwickelte Broschüre »Grün. Gerecht. Gestalten« dient Gründerinnen und Unternehmerinnen als Leitfaden für ökologisch nachhaltiges und sozial gerechtes Wirtschaften. Somit ist die Weiber-Wirtschaft auch Multiplikatorin für nachhaltiges Wirtschaften.

Das Geschäftsmodell ist gemeinwohlorientiert

WeiberWirtschaft unterstützt Unternehmerinnen und Frauen, die auf dem Weg in die Selbstständigkeit sind. Viele der Geschäftsmodelle zeichnen sich durch Zukunftsorientierung und sozial gerechtes Wirtschaften aus. Die zugrundeliegende Motivation ist meist die Verbesserung der eigenen Arbeitsbedingungen. Profitorientierung spielt hingegen oft keine Rolle. Im Gegenteil, die Unternehmen bleiben recht klein und Zweck der Gründung ist die Verwirklichung von Ideen für nachhaltige Produkte und Dienstleistungen.

Die Genossenschaft, die selbst ökologisch und sozial verantwortlich wirtschaftet, unterstützt die Gründerinnen und ist Multiplikatorin für nachhaltiges Wirtschaften. Sie fördert außerdem die Vernetzung der Unternehmerinnen, was Ausgangspunkt von Kollaboration und regionalen Wirtschaftsbeziehungen sein kann. Damit leistet die Genossenschaft einen wichtigen Beitrag zur lokalen Ökonomie.

Die Genossenschaft selbst ist durch den Gewerbehof und ihre mitgliederbasierte Organisationsform fest in der Hauptstadt verankert. Das Geschäftsmodell ist gemeinwohlorientiert und auf Langfristigkeit angelegt. Im Rahmen der genossenschaftlichen Selbstverwaltung werden die Mieterinnen und Unterstützerinnen an strategischen Entscheidungen zur Genossenschaft beteiligt. Dadurch wird der Gewerbehof bedarfsorientiert geführt. Durch die ökologische Ausgestaltung kann das Gebäude bezüglich der Energie- und Wassernutzung weitestgehend ressourceneffizient betrieben werden.

Genossenschaftliche Organisation ermöglicht Unabhängigkeit

Die Idee eines Gründerinnenzentrums entstand Mitte der 1980er-Jahre. Im Rahmen einer Studie zu den »Voraussetzungen, Schwierigkeiten und Barrieren bei Existenzgründungen von Frauen«, die vom West-Berliner Senator für Wirtschaft und Arbeit in Auftrag gegeben wurde, erörterten die Autorinnen Vorteile eines Gründerinnenzentrums. Diese wurden 1987 auf einem Frauenarbeitskongress aufgegriffen und zur Idee eines selbstverwalteten Gewerbehofs weiterentwickelt. Noch im gleichen Jahr schlossen sich Frauen aus verschiedenen Projekten, Betrieben, der Wissenschaft und der Existenzgründungsberatung zusammen und gründeten den Verein WeiberWirtschaft. Im Rahmen dessen entwickelten die Mitglieder ein Konzept für das Gründerinnenzentrum und verbreiteten diese Idee. Die später gegründete Genossenschaft eröffnete ihr Gründerinnenzentrum 1996. Im Jahr 2006 wurde im Gewerbehof schließlich die Gründerinnenzentrale eingerichtet und die Genossenschaft wurde zur Berliner Regionalvertretung der »bundesweiten Gründerinnenagentur« (bga).

Die genossenschaftliche Organisation ermöglicht den Unternehmerinnen selbstverwaltetes und selbstbestimmtes Wirtschaften und hat den Aufbau des Gründerinnenzentrums durch die Bündelung von Ressourcen ermöglicht. Gemäß dem demokratischen Prinzip sind die Mieterinnen und Unterstützerinnen an der Gestaltung der gemeinschaftlichen Unternehmung beteiligt.

An der Genossenschaft sind Frauen verschiedenster Professionen beteiligt. Mieterinnen im Gründerinnen- und Unternehmerinnenzentrum sind verpflichtet, sich durch den Kauf eines Genossenschaftsanteils an der Unternehmung zu beteiligen. Darüber hinaus können Frauen, die die Initiative unterstützen möchten, Mitglied der Genossenschaft werden. Letztere machen den Großteil aus. Außerdem wurde die Initiative punktuell staatlich gefördert.

Finanzielle Basis der WeiberWirtschaft bilden die Genossenschaftsanteile. Für die Sanierung des Gewerbehofs investierte die Gemeinschaft 18,6 Millionen Euro. Das finanzierte sie aus Eigen- und Wirtschaftsförderungsmitteln, einem Darlehen aus dem Berliner Stadterneuerungsprogramm und Bankkrediten. Zu Beginn der 2000er-Jahre war der Gewerbehof mit einer Hypothek in Höhe von rund fünf Millionen Euro belastet. Daraufhin startete die Genossenschaft die Kampagne »WeiberWirtschaft freikaufen«, mit der für Anteilszeichnungen geworben wird. Jede Fläche, die durch den Kauf von Genossenschaftsanteilen von der Hypothekenbelastung befreit wurde, erhält den Namen einer Frauenrechtlerin. So veranschaulicht die Genossenschaft die Rückzahlung ihrer Schulden. Die Unternehmung trägt sich mittlerweile selbst. Einkünfte werden durch die Vermietung von Gewerbeflächen und Tagungsräumen erwirtschaftet.

Durch die Kooperation mit dem Mikrofinanzinstitut Goldrausch e. V. kann WeiberWirtschaft Frauen auf dem Weg in die Selbstständigkeit auch finanziell unterstützen, indem sie Mikrokredite vermittelt. Außerdem ermöglicht sie im Rahmen verschiedener Veranstaltungen die Vernetzung von Unternehmerinnen.

Die WeiberWirtschaft ist mittlerweile Europas größte Frauengenossenschaft

WeiberWirtschaft ist mit rund 2000 Frauen die größte Frauengenossenschaft Europas und betreibt ein florierendes Gründerinnen- und Unternehmerinnenzentrum. Seit 2010 sind die Berliner Gewerbeflächen ununterbrochen belegt und es gibt eine lange Warteliste. Im Laufe der Zeit konnte das Unternehmen eine Vielzahl von Projekten initiieren, wie das jährliche Mentoringprogramm »Push up für Gründerinnen«, den »WeiberWirtschafts-Mikrokredit«, das Fortbildungsformat »Germany's Next Erfolgsmodell: Chefin sein!« oder das Modellprojekt »FrauenUNTERNEHMEN green economy«.

Außerdem wurde die Initiative mit zahlreichen Auszeichnungen geehrt. So gewann WeiberWirtschaft im Jahr 2005 beim Wettbewerb »Mitmacher der Nation« des Landes Berlin, erhielt den Innovationspreis der Arbeitsgemeinschaft der Selbstständigen in der SPD oder auch den »Preis der Regionen« vom Kongress der Gemeinden und Regionen des Europarates. Für die nachhaltige Wirtschaftsweise im Zentrum wurde der Genossenschaft 2004 der NABU Baupreis verliehen. Außerdem wurde die Initiative 2011 mit dem Innovationspreis der SPD ausgezeichnet und 2015 für den Start-Green-Award nominiert. Geschäftsführerin Katja von der Bey wurde im Jahr 2013 mit dem Berliner Frauenpreis ausgezeichnet und erhielt 2017 den Verdienstorden des Landes Berlin.

6.5.2 Zum Beispiel: Feinkost Leipzig

Die Leipziger »Kunst- und Gewerbegenossenschaft Feinkost eG« setzt sich aus Kreativen und Gewerbebetreibenden zusammen, die gemeinsam das Gelände einer ehemaligen Brauerei und Konservenfabrik in Leipzig als Standort für ihre jeweiligen Betriebe und Ateliers erhalten und gebäudetechnisch aufwerten. Das Gelände bietet durch einen hohen Selbstbauanteil erschwinglichen Raum für kleinteiliges Gewerbe, Handwerkerinnen und Handwerker sowie Kunstschaffende. Eine Schuhmanufaktur, ein Bekleidungsgeschäft, in dem Stücke aus der eigenen Schneiderei verkauft werden, ein Buch- sowie ein Spieleladen, eine Druckerei und ein Architekturbüro sind dort ebenfalls ansässig. Darüber hinaus dient das Feinkostgelände Leipzig als Veranstaltungsort für Kulturveranstaltungen und Märkte.[223]

Ehemaligen Industriestandort gemeinschaftlich nutzen

Feinkost Leipzig ist ein Beispiel dafür, wie lokale Gewerbetreibende gemeinschaftlich einen ehemaligen Industriestandort umnutzen, wiederbeleben und als Gewerbe- und Kulturort erhalten und weiterentwickeln. Durch den gemeinschaftlichen Besitz des Geländes und die genossenschaftliche Organisationsform stehen bei der Bewirtschaftung der Fläche, auf der sich kleinteiliges und differenziertes Gewerbe angesiedelt hat, nicht Gewinninteressen, sondern die Bedürfnisse der Gewerbetreibenden und sonstigen Nutzerinnen und Nutzer im Vordergrund. In der Satzung der Genossenschaft sind Demokratie, Eigeninitiative, Selbstverwaltung und Solidarität als zentrale Werte festgeschrieben.

Ein solches Konzept stärkt die lokale Ökonomie, indem es günstige Gewerbeflächen für die Kreativwirtschaft bereitstellt und eine Plattform zur Kooperation unter den verschiedenen Gewerken bietet. Im Rahmen der genossenschaftlichen Bewirtschaftung des Geländes können Ressourcen gebündelt und die Sanierung des Geländes gemeinschaftlich vorangebracht werden.

Alternative Gewerbestrukturen statt Einkaufszentrum

Das »Feinkostgelände« wurde von 1853 bis 1879 als Brauerei errichtet, deren Nutzung in den 1920er-Jahren endete. Anschließend wurden auf dem Gelände Nahrungsmittel hergestellt. Nach der Wende blieb das Areal weitgehend ungenutzt zurück. Im Laufe der Zeit siedelten sich vereinzelt Gewerbetreibende, Handwerkerinnen und Handwerker sowie Künstlerinnen und Künstler an, sodass sich das Areal zu einem Kunst-, Kultur- und Gewerbehof entwickelte.

Zu Beginn der 2000er-Jahre wurde für das Gelände, das sich damals im Besitz einer Treuhand befand, ein Investor gesucht. Es gab Abrisspläne und das Vorhaben, dort ein Einkaufszentrum zu errichten. In einer Unterschriftenaktion bekundeten 13 000 Leipzigerinnen und Leipziger ihren Unmut bezüglich der Planungen. Um die alternativen Gewerbestrukturen zu erhalten und das Gelände weiterzuentwickeln, gründeten die ansässigen Unternehmerinnen und Unternehmer im Jahr 2004 die Kunst- und Gewerbegenossenschaft Feinkost eG. Diese übernahm nach Vermittlungen durch die Stadt Leipzig im Jahr 2007 einen Teil des Geländes, der bis heute sukzessive saniert wird.

Die Sanierung nach dem Grundsatz »Sicherung – Erhalt – Erneuerung« erfolgt schrittweise, die Nachnutzung passt sich an die historischen baulichen Gegebenheiten an. Finanziert wird die Sanierung durch Eigenleistung, Mikrokredite und Sponsoring. Im Rahmen der genossenschaftlichen Organisationsform sind die ansässigen Gewerbetreibenden sowohl Mieterinnen und Mieter als auch Miteigentümerinnen und Miteigentümer und demnach direkt an der Umgestaltung des Geländes beteiligt.

Aufgrund des großen öffentlichen Interesses am Erhalt des Feinkostgeländes schaltete sich die Stadt Leipzig in die Verhandlungen zwischen der Treuhand und den ansässigen Gewerbetreibenden und Kreativen ein. Sie bot der Treuhand im Gegenzug für das Feinkostgelände ein anderes Grundstück an, sodass das Gelände in den Besitz der Gewerbetreibenden gelangen konnte. Des Weiteren hat die Stadt Leipzig 2008 eine einzelne Baumaßnahme gefördert.

Entscheidend ist bei der Sanierung des Geländes die Unterstützung durch den »Goodwill« einzelner Bauunternehmen und Ingenieurbüros, die der Genossenschaft durch Vorfinanzierung und zinslose Ratenzahlungen Spielräume verschaffen, die Sanierungsmaßnahmen umzusetzen. Auch im soziokulturellen Bereich sind informelle Netzwerke unersetzlich für die Durchführung von Theateraufführungen oder dem Sommerkino. So stellt das kooperierende Programmkino die Leinwand und die Bestuhlung bereit, sodass die Veranstaltungen stattfinden können.

Anziehungspunkt für Menschen aus Leipzig

Das Feinkostgelände ist ein selten gewordener Ort in dem mittlerweile gentrifizierten Leipziger Stadtviertel Südvorstadt. Ziel der Genossenschaft ist es nach wie vor, kreative Ideen auf dem Gelände umzusetzen, auch wenn es in dem mehr als zehn-jährigen Bestehen nicht immer einfach war, das große Engagement der Anfangstage aufrecht zu halten. Wirtschaftlich ist die Genossenschaft stabiler geworden, sodass der Vorstand positiv in die Zukunft blickt. Gut 20 Mitglieder, zumeist Kreative oder Gewerbetreibende, aber auch ideelle Unterstützerinnen und Unterstützer treiben die Sanierung voran, sodass die Räumlichkeiten im Erdgeschoss nahezu vollständig ver-mietet sind. In den oberen Etagen stehen noch zahlreiche Schritte in der Sanierung an.

Das Feinkostgelände hat sich als Anziehungspunkt für Menschen aus Leipzig und auch für Touristen und Touristinnen etabliert und wird von der Marketing-Gesellschaft der Stadt Leipzig für das Image einer jungen, kreativen Stadt genutzt. Das Gelände ist ein seltenes Industriedenkmal und auch Bestandteil verschiedener geführter Stadttouren.

6.5.3 Zum Beispiel: EKOCity

Regionalunternehmen wie »EKOCity« entstehen als Zusammenschluss von Kom-munen und Landkreisen oder auch kommunaler Unternehmen zur effizienten Daseinsvorsorge. Ziel ist es, Synergieeffekte zu schaffen aus der effizienten Nutzung von Infrastrukturen, deren Betrieb für eine einzelne Kommune allein viel zu hohe Kosten verursachen würde.

EKOCity ist ein Zusammenschluss acht nordrhein-westfälischer Städte und Kreise zur Kooperation in der Abfallwirtschaft. Die Kooperation soll dazu dienen, den steigenden technischen und rechtlichen Anforderungen in der Branche gerecht zu werden sowie den Bürgerinnen und Bürgern langfristige Entsorgungssicherheit zu sozialverträglichen Gebühren zu garantieren. Die Mitgliedsstädte und -kreise behalten die Zuständigkeit für die Entsorgung auf ihrem Gebiet und kooperieren bei der Behandlung und Aufbereitung der Abfälle. So kann eine optimale Kapazi-tätsnutzung der einzelnen Anlagen durch regionalen Abfall erreicht und die orts-nahe Abfallentsorgung erhalten bleiben.[224]

Kommunen kooperieren bei der Abfallentsorgung

EKOCity basiert auf interkommunaler Kooperation und ermöglicht somit eine effizi-ente ortsnahe Abfallentsorgung der beteiligten Städte zu sozialverträglichen Kosten. Durch die Kooperation bei der Behandlung und Aufbereitung der Abfälle können die Kapazitäten der einzelnen Anlagen optimal genutzt werden. Die Abhängigkeit von Müllmengen von außerhalb der Region zur Auslastung der Anlagen, ein sogenannter

»Mülltourismus«, wird weitgehend reduziert. Langfristig stabile Entsorgungspreise werden sichergestellt. Aufgrund von Arbeitsteilung und der Bündelung von Ressourcen können neue Technologien leichter implementiert und ökologische Standards weiterentwickelt werden. Insgesamt führt die effizientere Arbeitsweise zur Reduzierung von Kosten, sodass die einzelnen Kommunen dem Wettbewerb mit privaten Anbietern standhalten können. So wird sichergestellt, dass die Leistungserstellung langfristig nicht in erster Linie an der Erzielung von Gewinnen, sondern an den Prinzipien Entsorgungssicherheit, Sozialverträglichkeit, Umweltschutz und Bürgernähe ausgerichtet wird. Außerdem werden so dauerhaft Arbeitsplätze bei den kommunalen Entsorgungsunternehmen gesichert und Gewinne verbleiben in der Region.

EKOCity ist darüber hinaus eng in das lokale Umfeld eingebunden. So entsenden die einzelnen Kommunen gewählte politische Vertreterinnen und Vertreter in die Verbandsorgane. Das Erfahrungswissen der einzelnen kommunalen Unternehmen wird in dem Verband gebündelt und bietet Spielräume für Innovationen innerhalb der einzelnen Unternehmen und des Kooperationsverbands. Auch die Bürgerinnen und Bürger profitieren von dem gebündelten Wissen und können sich durch einen Bürgerservice zu Themen der Abfallentsorgung informieren und beraten lassen.

Politische Kontrolle und Bürgernähe

Kommunale Entsorger stehen in einer ganz besonderen Verantwortung gegenüber den Bürgern, den Unternehmen ihrer Region und der Umwelt. Mit der Gründung und Konstituierung des Abfallwirtschaftsverbandes EKOCity und der EKOCity GmbH am 11. Oktober 2002 wurden die Zuständigkeiten und die Organisation der einzelnen Organe festgelegt.

Aufgrund des permanenten Wandels in der Abfallwirtschaft, dem steigenden Wettbewerb zwischen öffentlich-rechtlichen und privaten Entsorgungsunternehmen und der Dynamik technologischer Entwicklungen hat sich das Regionalunternehmen EKOCity gegründet, um somit einen zukunftsfähigen kommunalen Verbund zu schaffen, der bei den gegebenen ökologischen Standards der Kreislaufwirtschaft langfristig eine verlässliche Entsorgungssicherheit zu sozialverträglichen Kosten für die Bevölkerung gewährleisten kann.

Seit Gründung der Initiative 2002 sind die Städte Bochum, Herne, Remscheid und Wuppertal mit den Kreisen Recklinghausen, Ennepe-Ruhr und dem Regionalverband Ruhr (RVR) involviert. 2006 hat sich auch der Kreis Mettmann dem Projekt angeschlossen.

Um größtmögliche Bürgernähe, Information der Öffentlichkeit und Kontrolle zu gewährleisten, werden die gewählten politischen Vertreter der angeschlossenen Kommunen in die Organe der Entsorgungskooperation delegiert. Die wesentlichen Elemente sind der Abfallwirtschaftsverband (EKOCity-Zweckverband) und die EKOCity GmbH. Der Verband übernimmt die thermische Behandlung, die mechanische Aufbereitung, die Vorbehandlung und die Beseitigung von überlassungspflichtigen/überlassenen Siedlungsabfällen aus privaten Haushaltungen und anderen Herkunftsbereichen als Teilaufgabe der Abfallentsorgung inklusive der Dienstleistungen, die für eine Behandlung, Lagerung und Ablagerung von Abfällen erforderlich sind (zum Beispiel Umladeanlagen und Transporte von diesen zu den Behandlungsanlagen et cetera).

Die EKOCity GmbH betreibt dann das operative Geschäft im Auftrag des EKOCity Verbandes. Ihre Aufgabe besteht in der thermischen Behandlung, mechanischen Aufbereitung, Vorbehandlung und Beseitigung von Siedlungs- und Gewerbeabfällen aus dem Verbandsgebiet. Dazu bedient sie sich der Anlagen in den Mitgliedskommunen Wuppertal, Herten und Bochum.

Hürde war die Verpflichtung zur öffentlichen Ausschreibung

EKOCity ist eine schöne Erfolgsgeschichte, die jedoch auch allerlei Hürden nehmen musste. So war es beispielsweise vergaberechtlich erforderlich, dass alle Beteiligten zu 100 Prozent kommunale Unternehmen sind. Ansonsten wäre das EKOCity-Prinzip, welches dem Grunde nach eine ausschreibungsfreie Vergabe von Betriebsführungsverträgen ist, rechtlich nicht zulässig. Denn sobald ein privatwirtschaftliches Unternehmen beteiligt ist, müssen derartige Aufträge ausgeschrieben werden.

Das ging so weit, dass sich über mehr als drei Jahre die EU-Kommission mit dem Abfallwirtschaftsverband EKOCity befasst hat und in diesem Zuge sogar ein Vertragsverletzungsverfahren »EKOCity« (Verfahrens-Nr. 2004/2081) gegen die Bundesrepublik Deutschland eingeleitet hat, welches erst 2006 eingestellt wurde. Im Wesentlichen ging es nach Einschätzung der Kommission um den Ansatz, dass die Bundesrepublik Deutschland es zugelassen hat, dass die im Abfallwirtschaftsverband EKOCity abgeschlossenen Betriebsführungsverträge nicht den europäischen Vergaberichtlinien entsprechen. In diesem Zusammenhang gab es zahlreiche Erörterungstermine und Stellungnahmen, an denen der Abfallwirtschaftsverband teilnehmen musste.

Erst als Einigkeit darüber bestand, dass die Betriebsführungsverträge der Ausnahmebestimmung des Artikels 11 Abs. 3 b) RL 92/50/EWG unterliegen, bestand

Rechtssicherheit über das hier gewählte Verfahren. Denn in diesen Fällen handelt es sich um vergaberechtsfreie In-House-Geschäfte. Darüber hinaus wurde in dem Verfahren auf das Prinzip der Nähe und der Beseitigungsautarkie hingewiesen, mit denen die Städte und Kreise in eigener Verantwortung ihre Abfälle aus Haushaltungen schadlos und umweltschonend beseitigen können. Schlussendlich sind diese zentralen Prinzipien auch in den Entwurf der Novelle der sogenannten Abfallrahmenrichtlinie, den die EU-Kommission im Jahr 2006 vorgelegt hat, eingegangen.

Das Gebiet des EKOCity-Zweckverbandes umschließt rund 2,4 Millionen Einwohnerinnen und Einwohner, die ganz wesentlich von dem Verband profitieren. Laut Steuerzahlerbund NRW zählen die EKOCity-Kommunen zu den preiswertesten Kommunen im Land bei der Abfallentsorgung. Knapp 160 Euro zahlt ein Vier-Personen-Haushalt hier beispielsweise in Hilden im Kreis Mettmann (Annahme: 120-Liter-Tonne, 14-tägliche Leerung, 120-Liter-Biotonne, 14-tägliche Leerung und Papierabfall in haushaltsüblichen Mengen). Münster dagegen zählt zu den teuersten Kommunen im Land. Dort kostet die gleiche Leistung 564 Euro und ist damit mehr als dreimal so teuer wie in Hilden.[225]

6.5.4 Zum Beispiel: Rheinischer Bauernmarkt

Die extreme Zunahme globaler Wertschöpfungs- und Lieferketten im Lebensmittelbereich zeichnet sich durch eine regelrechte Entfremdung der Kunden von täglichen Lebensmitteln aus. So werden ganzjährig in den Supermärkten quasi alle Obst- und Gemüsesorten sowie deren weiterverarbeiteten Produkte wie Säfte und Marmelade angeboten. Natürliche Erntezeiten spielen quasi keine Rolle mehr.

Mit dieser Globalisierung ist auch für die heimische Landwirtschaft ein Rückgang des Anteils der landwirtschaftlichen Einkommen an den Verkaufserlösen einhergegangen. Auf der anderen Seite ist zunehmend ein gesellschaftliches Unbehagen mit dieser Entfremdung zu beobachten. Lebensmittelskandale, Berichte über renditegetriebene Tierhaltung und Tiertransporte sowie die mit der Globalisierung verbundene Intransparenz hinsichtlich der Herkunft von Lebensmitteln haben zu einer gestiegenen Sensibilisierung weiter Bevölkerungsteile beigetragen. Der gestiegenen Skepsis gegenüber der konventionellen Lebensmittelproduktion kann durch den Direktvertrieb landwirtschaftlicher Produkte begegnet werden, womit die »Entfremdung« und Intransparenz überwunden werden kann.

Im Verein »Rheinischer Bauernmarkt« haben sich rund 20 Landwirte und Gärtnerinnen aus dem Rheinland zusammengeschlossen, um ihre Produkte auf Bauernmärkten in Düsseldorf, Krefeld und weiteren niederrheinischen Städten direkt zu vermarkten. An insgesamt acht Standorten finden die Märkte wöchentlich statt. Im Gegensatz zu anderen Wochenmärkten werden dort ausschließlich regional erzeugte Produkte wie Gemüse, Obst, Fleisch, Milchprodukte, Eier, Backwaren, Blumen und regionale Spezialitäten angeboten. Verbrauchern und Verbraucherinnen dienen die Märkte nicht nur als Einkaufsmöglichkeiten, sondern auch als Treffpunkt. Sie können dort mit Erzeugern und Erzeugerinnen der Produkte sowie Nachbarn und Nachbarinnen ins Gespräch kommen. Zusätzlich zu den Märkten organisiert der Verein Veranstaltungen wie Hof- oder Erntedankfeste.

Die Initiative ermöglicht landwirtschaftlichen Betrieben, ihre Produkte in der Region selbst zu vermarkten

Der Verein wurde 1998 von 17 Landwirten und Gärtnerinnen gegründet. Im darauffolgenden Frühling veranstalteten die Mitglieder ihren ersten Bauernmarkt auf dem Krefelder Dionysiusplatz. Während sich dieser dort etablierte, engagierten sich Agenda 21-Vereine und Bürgerinitiativen in Düsseldorf, Neunkirchen-Vluyn, Kleve, Kevelaer und Hamminkeln für die Eröffnung von Bauernmärkten in ihren Städten. Mit Unterstützung des örtlichen Umweltamtes und begleitet vom Umweltzentrum Düsseldorf konnten diese umgesetzt werden. Noch im Sommer 2016 wurde ein weiterer Marktstandort in Düsseldorf-Heerdt eröffnet.

Die Initiative ermöglicht landwirtschaftlichen Betrieben, ihre Produkte in der Region selbst zu vermarkten. Das stärkt die regionale Landwirtschaft, indem Abhängigkeiten von überregionalen Unternehmen reduziert und Kontakte zwischen Erzeugerinnen und Verbrauchern ermöglicht werden. Letzteres fördert auf Seiten der Betriebe zudem verantwortungsvolles Handeln. In den lokalen Wertschöpfungsketten sind die Transportwege kurz und die erwirtschafteten Gewinne bleiben in der Region. Insgesamt leistet die Initiative also einen Beitrag zur Resilienz der niederrheinischen Region.

Transporte vermieden, regionale Wertschöpfung gestärkt

Durch die Direktvermarktung landwirtschaftlicher Produkte unterscheidet sich der Einkauf von Lebensmitteln deutlich von einem anonymen Supermarkteinkauf. Mehreren Landwirten ermöglichte die Initiative eine Erweiterung der Wertschöpfungskette, etwa durch den eigenen Betrieb von Fleischereien und Käsereien oder durch Eigenvertriebsmöglichkeiten auf dem Markt sowie in eigenen Hofläden. Insgesamt trägt dies zu einer stärkeren Unabhängigkeit von Preisentwicklungen beziehungs-weise von Preisvorgaben der großen Lebensmittelketten und deren Vorlieferanten bei. Zudem werden Transporte von Lebensmitteln und Tieren vermieden.

Die Initiative konnte bereits acht Bauernmärkte eröffnen, sodass Menschen in Düsseldorf, Krefeld und weiteren niederrheinischen Städten die Möglichkeit haben, regionale Lebensmittel direkt bei den Erzeugerinnen und Erzeugern zu kaufen. Die Märkte finden ein- bis zweimal pro Woche statt und gelten mittlerweile als feste Institutionen in den Städten respektive Stadtteilen.

7 Produktion

In den modernen Industrieländern können die Menschen mehr oder weniger alles kaufen, was zum Überleben nötig ist. Kleidung gibt es in allen denkbaren Variationen und Preisen. Wer Hunger hat, kann in die nächste Imbissbude gehen oder sich ein Fertiggericht aus dem Supermarkt aufwärmen. Man gibt Geld und bekommt sofort, was man will. Das ist einfach, bequem und angenehm.

Und doch gibt es Millionen Bürgerinnen und Bürger, die gerne etwas selbst herstellen. Das eigenständige Erzeugen und Gestalten von Dingen ist offenbar ein natürliches Verlangen. Trotz der fortschreitenden Industrialisierung boomt die »Do it Yourself«-Bewegung. Im Wissenschaftsbetrieb spricht man unter anderem von »Prosumenten«, einer Begriffsbildung aus den Wörtern Konsument und Produzent. Produktion in diesem Sinne ist ein Handlungsfeld der Wirtschaftsförderung 4.0.

Es geht beispielsweise um Upcycling, die Herstellung von Schuhen, Kleidung und Möbeln, die regionale Energieerzeugung sowie die landwirtschaftliche beziehungsweise Lebensmittel-Produktion mit den Bereichen solidarische Landwirtschaft, Direktvermarktung, Urban Gardening und Ernährungsräte.

Einige werden in den folgenden Kapiteln erörtert, besonders in Hinblick auf die Rolle einer innovativen Wirtschaftsförderung, die nicht nur Existenzgründer mit Hightech im Blick hat. Mehr zur Einführung in das Geschäftsfeld »Produktion« siehe S. 54.

7.1 Upcycling

Zu den zentralen Herausforderungen einer ökologisch nachhaltigen Wirtschaftsweise gehört der möglichst schonende und sparsame Umgang mit Ressourcen bei der Produktion. Das Upcycling nimmt in diesem Zusammenhang eine besondere Stellung ein.

Der Begriff bezieht sich auf die Abwandlung/Aufwertung und Wiederverwendung von Materialien beziehungsweise Produkten in einem neuen Nutzungskomplex, die in ihrem ursprünglich vorgesehenen Verwendungszusammenhang bereits ausgemustert sind und sonst gegebenenfalls der Müllverwertung zulaufen würden oder vollständig aus dem Materialzyklus entfallen. Alte, aber – in einem anderen Zusammenhang – noch nutzbare Materialien werden so wiederverwendet, und zwar im Sinne einer Höherstufung, so dass aus einem zunächst nicht mehr nutzbaren Teil wieder ein höherwertiger Gegenstand wird.

Die Bandbreite des Upcyclings reicht von der Bearbeitung von alten Elektronikkomponenten über Schmuck bis hin zur Herstellung von Möbeln oder Wohnaccessoires aus altem Holz, beispielsweise ausgemusterten Holzpaletten.

Durch Upcycling werden neue Produkte geschaffen. Mit dem Ansatz ist in der Regel auch die politische und gesellschaftliche Botschaft verbunden, dem Wegwerftrend und der Ressourcenverschwendung etwas entgegenzusetzen. Es geht hier konkret darum, die Menschen zum Nachdenken über den Umgang mit Ressourcen zu bringen, indem gezeigt wird, was sich noch aus vermeintlichem Abfall herstellen lässt. Viele Upcycling-Akteure und -Akteurinnen betätigen sich nicht nur selbst in der Produktion. In Workshops können Privatpersonen von ihnen zudem lebensnah erlernen, was sich aus alten Materialien herstellen lässt, und werden so befähigt, in ihrem eigenen Nahraum Alternativen zum Wegwerfen zu entwickeln.

Upcycling als Betätigungsfeld der Wirtschaftsförderung 4.0 zeichnet sich durch die besonderen Bedingungen des Produktionsprozesses aus. Die ausrangierten Materialien werden vielfach bereits in der Stadt zu finden sein, bezogen wird idealerweise dort, wo auch produziert wird. Kleine Upcycling-Startups wird es vor allem im kreativen Bereich geben. Die Wirtschaftsförderung 4.0 fördert in diesem Aktionsfeld sowohl die Unternehmen als auch mögliche Upcycling-Initiativen, die etwa Workshops anbieten, oder Zusammenschlüsse, in denen gemeinsam Upcycling betrieben wird.

7.1.1   Zum Beispiel: Oelberger Taschenmanufaktur

Das kleine Unternehmen »Oelberger Taschenmanufaktur«, ansässig im gleichnamigen Wuppertaler Stadtviertel, produziert und verkauft Taschen aus upgecycleten Materialien in Handarbeit. Aus gesundheitlichen Gründen musste die Inhaberin den Betrieb nach zwölf Jahren aufgeben. Dennoch ist die Geschichte des Unternehmens ein gutes Beispiel.[226]

Start mit nur einer Nähmaschine

Das Beispiel der Oelberger Taschenmanufaktur zeigt, wie der ökologische Ansatz des Upcyclings über eine Hobby- und Freizeittätigkeit hinaus auch als Geschäftsidee erfolgreich umgesetzt werden kann. Upcycling ist ein Konzept, das darauf setzt, Ressourcen einzusparen. Umweltschonende Produktion vor Ort ist ein Ansatzpunkt für die Wirtschaftsförderung 4.0, die es sich zur Aufgabe macht, nachhaltige Wirtschaftsformen in der Kommune zu stärken. Die Wuppertaler Manufaktur ist lokal verankert und setzt innovative Designideen um.

Die Unternehmerin gründete das Startup im Jahr 2006 mit nur einer Nähmaschine auf dem Wuppertaler Ölberg von ihrem Wohnzimmer aus. Sie hatte bereits zuvor mit Upcycling-Material gearbeitet und eine Faszination hierfür entwickelt. Die Designerin sieht die Arbeit mit dem Material als aufwendiger und gleichzeitig auch als spannender an, da man sich dabei den speziellen Gegebenheiten der Stoffe anpassen muss. In einem ersten Entwicklungsschritt musste Material gesucht und mit Leuten gesprochen werden, verschiedene Dinge wurden ausprobiert, eine gebrauchte Maschine erworben und die ersten Arbeiten gezeigt. Auch eine Auseinandersetzung mit dem Thema Recycling und der Frage, wie die Stoffe zu reinigen sind, war notwendig. Als es nach den ersten Schritten zuhause zu voll wurde, mietete die Unternehmerin schließlich weitere Räume hinzu. Um Rückmeldungen zu erhalten und um herauszufinden, wie ihre Ideen respektive Arbeiten ankommen, führte sie Veranstaltungen durch. Nach fünf Jahren wollte die Gründerin der »oelberger taschenmanufaktur« dann mehr unter Leute kommen und eröffnete ein Ladengeschäft.[227]

Die Taschen sind teurer, aber individuell

Die angebotenen Taschen wurden aus upgecycleten Industriematerialen, die zuvor mit einem biologisch abbaubaren Waschmittel gereinigt werden, in Handarbeit gefertigt. Neue Materialien wurden nicht genutzt. Auch eine individuelle Fertigung wurde angeboten. Etwa 25 bis 30 Prozent der Verkäufe waren individuelle Anfertigungen, der Großteil direkte Verkäufe fertiger Taschen im Laden. Da individuelle Anfertigungen sehr viel aufwendiger sind, waren diese Taschen auch entsprechend teurer. Die lokale Verwurzelung des Unternehmens zeigte sich auch über die Präsenz im Internetangebot »Online City Wuppertal« sowie in Aktionen wie der Fertigung von Taschen unter Nutzung von altem Boden aus dem Tanztheater Pina Bausch. Die Inhaberin Silvia Werner verfügte über eine Mitarbeiterin, die auf Basis von ein paar Stunden arbeitete.[228]

Die Unternehmerin folgte dem Anspruch, modernes Design, Nachhaltigkeit und Umweltbewusstsein miteinander zu verbinden. Auch die Langlebigkeit der Produkte wurde als Pluspunkt im Sinne der Nachhaltigkeit beworben.[229]

Eine erste Kundengruppe der Taschenmanufaktur waren Personen mit besonderem ökologischem Anspruch, Veganer, für die Ledertaschen nicht infrage kommen, sowie insgesamt Personen, die einen Lebensstil pflegen, der nachhaltig und fair sein soll. Ein weiterer Kundenkreis waren Menschen, die besonders »hippe« Modegegenstände haben möchten.

Besonders wichtig für die Arbeit der Manufaktur war der gute Kontakt zu den Firmen, von denen etwa Werbebanner bezogen wurden. Hier wurde beispielsweise auch angeboten, etwas für deren Beschäftigte zu produzieren. Auch die Unternehmen in unmittelbarer Umgebung auf dem Ölberg sah die Gründerin als wichtige Akteure an, mit denen beispielsweise gemeinsame Aktionen durchgeführt wurden, statt zu versuchen, sich als Einzelkämpfer durchzusetzen. Die gemeinsame große Herausforderung stellte aus Sicht der »oelberger taschenmanufaktur« das Internet dar. Besonders erwähnenswert ist hier, dass die Unternehmerin Gründungsmitglied der »Online City Wuppertal« war und damit Teil einer aktiven Online-Strategie für den lokalen Einzelhandel, der das Internet in sein Angebot mit einbaut und gleichzeitig eine Alternative zu übermächtigen Onlineshops bietet. Für die Taschenmanufaktur war der Onlineshop ein Ladenabbild, ein nützliches Schaufenster, allerdings weniger zum direkten Verkauf.[230]Später folgte eine eigene Website.

Neben der Kooperation mit lokalen Unternehmen betätigte sich die Unternehmerin Silvia Werner auch in der Begleitung von Designstudierenden.[231]

Innovativer und ökologischer Produktionsansatz im Quartier verankert

Das Unternehmen rief ein breites Echo in der Lokalpresse hervor.[232] Die Produkte von Silvia Werner erreichten einen überregionalen Kultstatus.[233]

Das kleine Unternehmen pflegte enge Kontakte zu regionalen Akteuren und Akteurinnen (etwa der Feuerwehr), von denen Materialien abgenommen werden konnten. Als Problem beziehungsweise Herausforderung sah die Unternehmerin die fehlenden zeitlichen Kapazitäten: Zwar komme man im Ergebnis über die Runden, aber es laufe nicht so gut, wie es aus Sicht der Manufaktur wünschenswert wäre; weitere Kräfte wären nach Eigeneinschätzung wichtig. Im Jahr 2018 suchte die Unternehmerin daher auch jemanden, der den kaufmännischen Teil der Arbeit übernimmt.[234]

Insgesamt ist die »oelberger taschenmanufaktur« ein Beispiel für ein kleines Unternehmen, das einen innovativen ökologischen Produktionsansatz umsetzt und im Quartier verankert ist. Designt und produziert wurde vor Ort.

7.1.2 Vorzüge

Upcycling ist eine kreative Tätigkeit, die eine Auseinandersetzung mit der Ressourcenproblematik (»Wegwerfgesellschaft«) befördert und das Umweltbewusstsein steigern kann. In ausgedienten Materialien wird ein noch vorhandener Wert erkannt, der die Weiternutzung in einem anderen Zusammenhang ermöglicht. Für Stoffe, die sonst entsorgt und gegebenenfalls nur schlecht oder gar nicht wiederverwertet würden, beginnt so ein neuer Lebenszyklus. Upcycling ist nicht nur aufgrund ökologischer Erwägungen ein interessantes Konzept. Wird es beispielsweise in Upcycling-Initiativen oder in Workshops gemeinschaftlich betrieben, bietet es Gelegenheit zu sozialem Austausch und gemeinsamer Arbeit.

Darüber hinaus können Upcycling-Produkte für die unterschiedlichsten Unternehmen im Bereich Marketing und Corporate Social Responsibility (CSR) von Bedeutung sein. So lassen sich aus manchen Stoffen, die in einem Zusammenhang mit dem Unternehmen stehen, Geschenk-/Werbeartikel herstellen, die gleichzeitig einen ökologischen Gedanken unterstreichen.

7.1.3 Hintergrundinformationen

Einzelne Upcycling-Produkte, wie etwa Schmuckaccessoires, lassen keinen direkten Umweltnutzen erwarten. Zumindest kann aber das In-Berührung-Kommen mit dem Thema eine differenziertere Betrachtung der Ressourcenproblematik auslösen. Ob tatsächlich alte und in ihrem früheren Nutzungszusammenhang tatsächlich nicht mehr brauchbare Materialien zum Einsatz kommen, ist entscheidend für die Frage, ob es sich um Upcycling handelt.

Produkte und Konzepte, die mit Upcycling beworben werden, sind daher auch kritisch zu hinterfragen. Insgesamt bewegt sich der Ansatz sowohl im Bereich einer bewussten ökologischen Agenda als auch des Lifestyles, wobei genau hierin auch das Potenzial des Upcyclings liegt.

7.1.4 Wie starten?

Grob lassen sich beim Upcycling drei mögliche Akteursformen unterscheiden. Zum einen (kleine) Unternehmen, die in der Upcycling-Branche gewerblich tätig sind, die also beispielsweise Upcycling-Schmuck, -Taschen oder -Einrichtungsartikel produzieren und vertreiben. Hiervon zu unterscheiden sind Unternehmen aus der Sozialbranche oder auch sonstige unternehmerisch Beteiligte, die Upcycling-Workshops für Interessierte anbieten, entweder als Hauptaktivität oder als Teil eines breiten

Angebotsportfolios. Drittens können auch Initiativen in diesem Bereich tätig sein, die Upcycling als gemeinschaftlich organisiertes Hobby betreiben.

Die Förderbedarfe dieser Beteiligten werden recht unterschiedlich ausfallen. Ist in der Kommune keine Tätigkeit in diesem Bereich erkennbar, so ist es nicht Aufgabe der Wf4.0, initiativ Gründungen in diesem Bereich anzuregen. Eine Ausnahme bildet dabei die zweite Akteursform, also Unternehmen der Sozialbranche, die Upcycling-Workshops anbieten könnten.

Nur wenn ein angehender beziehungsweise sich in Gründung befindender Upcycling-Unternehmer oder eine Initiative Unterstützung anfragt, wird die Wf4.0 hier in der Startphase aktiv. Ansonsten beschränkt sich die Wf4.0-Aktivität auf die Unterstützung laufender Unternehmen/Initiativen. Ist eine solche Unterstützung in der Startphase eines Upcycling-Unternehmens gefragt, ist hier beispielsweise beratende und vermittelnde beziehungsweise vernetzende Unterstützung vorzunehmen. Konkret denkbar sind etwa folgende Ausgangssituationen und Förderungsmöglichkeiten:

- Vernetzung mit
  - verwandten regionalen Angeboten, zum Beispiel aus der Handmade-Szene
  - der Wirtschaft, zum Beispiel dem Handel
- Kooperationen für gemeinsame Vermarktungsaktionen fördern, etwa als Leerstandszwischennutzung, gemeinsamer Stand auf Wochenmärkten, Weihnachtsmärkten et cetera
- Ein sich in Gründung befindender Upcyling-Unternehmer stellt sich die Frage der passenden Materialbeschaffung. Hier kann auf entsprechende Personen in der Region aufmerksam gemacht und gegebenenfalls Kontakte vermittelt werden. Ansatzpunkt sind Unternehmen einer infrage kommenden Branche oder Wertstoffhöfe.
- Ebenso kann die Frage nach Absatzmöglichkeiten aufkommen. Auch hier sind Unternehmenskontakte eine denkbare Option zur Unterstützung. Möchte ein Upcycling-Unternehmer etwa »Give-Aways« für Unternehmen entwickeln, so wird es sicherlich interessierte Unternehmen in der Stadt geben, die gerne auf ökologisch und lokal hergestellte Produkte zurückgreifen.
- Wie bei anderen Startups auch steht die Upcycling-Unternehmerin vor »klassischen« Herausforderungen, bei denen die Wirtschaftsförderung möglicherweise unterstützen kann: Wo gibt es geeignete Räume für eine Upcycling-Werkstatt/Upcycling-Geschäft? Wie kann ich mein Unternehmen zu Beginn finanzieren und welche Fördermöglichkeiten gibt es?

7.1.5   Kooperieren und fördern

Bestehende Upcycling-Unternehmungen werden von der Wf4.0 gefördert. Insbesondere kleinen Upcycling-Manufakturen kann gegebenenfalls mit der Vermittlung von Kontakten (siehe auch oben) geholfen werden. Erfahrungen aus Praxisrecherchen im Rahmen dieses Projekts zeigen außerdem, dass viele Upcycling-Geschäfte im Ein-Personen-Betrieb bewältigt werden, woraus sich spezifische Herausforderungen ergeben. Es fehlt dann oft an Zeitkapazitäten, um vertieft kreativ-planerisch tätig zu werden, sich mit anderen Unternehmern zu vernetzen oder möglicherweise vorhandene Potenziale der Ausweitung des Geschäfts zu nutzen. Hier muss gegebenenfalls mit einer weiteren Mitarbeiterstelle gegengesteuert werden.

Neben den bereits beschriebenen Maßnahmen bieten sich möglicherweise Netzwerkaktivitäten und Kooperationen mit weiteren für die Wf4.0 relevanten Personen an. Vermutlich lässt sich in Repaircafés ein »Upcycling-affines« Publikum finden. Dementsprechend können hier etwa Flyer ausgelegt, Upcycling-Workshops angekündigt oder auch direkt vor Ort angeboten werden. Beide Konzepte teilen den Ansatz des Ressourcensparens.

7.1.6   Erfolgsindikatoren

Je nach Unternehmenskonzept respektive Ausgestaltung der Initiative bieten sich unter anderem folgende Erfolgsindikatoren zur Messung an:

- Anzahl und Teilnahmezahl von Upcycling-Kursen (im Jahr)
- hinzugewonnene Kooperationspartnerschaften, etwa Bildungs- und Sozialeinrichtungen (beispielsweise für Kurse)
- Verkaufszahlen der Upcycling-Manufaktur
- Zahl der Großkunden (Unternehmen)
- subjektives Zufriedenheitsgefühl der Unternehmerin (zum Beispiel: Ist der Zeitaufwand angemessen? Hat eine Entlastung durch die Einstellung einer Aushilfe stattgefunden? Konnten Projekte wie geplant verwirklicht werden?)

7.2   Solidarische Landwirtschaft, Regional- und Direktvermarktung

Die Versorgung mit landwirtschaftlich erzeugten Produkten gehört zu den grundlegendsten Bedürfnissen der Bevölkerung. Eine starke und nachhaltige landwirtschaftliche Produktion ist dementsprechend ein entscheidender Beitrag zur lokalen beziehungsweise regionalen Resilienz. Beschäftigten in der Landwirtschaft stehen prinzipiell verschiedene Wirtschaftsweisen und Absatzwege zur Verfügung, unter ihnen auch der Ansatz der solidarischen Landwirtschaft und die Möglichkeit der Direktvermarktung.

Bei der solidarischen Landwirtschaft kooperiert eine Gruppe von Verbrauchern auf lokaler Ebene mit einem oder mehreren Partner-Landwirten und -Landwirtinnen. Teilweise werden die Mitglieder auch selbst zu Produzierenden. Der Zusammenschluss firmiert als Abnahmegemeinschaft und sorgt durch feste (monatliche) Zahlungen der einzelnen Mitglieder an die Produzierenden für eine höhere Planungssicherheit in der Landwirtschaft, unabhängig von der tatsächlichen Ernte.

Einbußen durch eine schlechte Ernte werden genauso gemeinschaftlich getragen wie ein über die Erwartungen hinausgehender Ertrag. Die Produkte werden den Mitgliedern beispielsweise in Gemüsekisten bereitgestellt. Das Konzept kann im Einzelnen unterschiedlich beziehungsweise abweichend ausgestaltet sein, ebenso der rechtliche Rahmen.

Bei der Direktvermarktung verkauft der Landwirt seine Produkte direkt an die Endkunden und Endkundinnen. Dies kann beispielsweise über einen eigenen Hofladen und/oder die Auslieferung der Produkte an die Kundschaft geschehen. Auch Marktstände sind hier eine Absatzmöglichkeit für die Produzierenden. Hier bestehen ebenfalls verschiedenste Ausgestaltungsmöglichkeiten.

Im Falle der solidarischen Landwirtschaft können die zuvor eher passiv Konsumierenden bereits im Rahmen des Produktionsprozesses Einfluss nehmen, etwa durch Hilfen der Mitglieder auf dem Hof, aber auch bereits bei der gemeinsamen Planung der Saison.

Die Wirtschaftsförderung 4.0 unterstützt Initiativen solidarischer Landwirtschaft etwa bei der Klärung logistischer Herausforderungen. Niedrigschwellige Hilfe kann die Wf4.0 auch den Beschäftigten in der (Bio-)Landwirtschaft bei der Direktvermarktung bieten. Denkbar wäre hier beispielsweise die Unterstützung bei der Bekanntmachung des Angebots, die gegebenenfalls ein Schritt in Richtung einer Stabilisierung und Professionalisierung des Angebots sein kann.

Die Website www.solidarische-landwirtschaft.org stellt unter anderem das Konzept vor, hält eine Liste von Initiativen bereit, gibt praktische Tipps zum Aufbau einer solidarischen Landwirtschaft und erörtert Ausgestaltungsmöglichkeiten.

7.2.1 Zum Beispiel: Kartoffelkombinat München

Das »Kartoffelkombinat« in München ist eine genossenschaftlich organisierte solidarische Landwirtschaft, die gemeinsam angebautes Gemüse für die Mitglieder in wöchentlichen Gemüsekisten an bestimmten Abholpunkten zum Verzehr bereitstellt. Gezahlt wird ein fester Betrag. Die Genossenschaft ist in der Vergangenheit stark gewachsen und engagiert sich für einen umfassenden Wandel von Konsum- und Lebensstilen.

Das Kartoffelkombinat ist ein Beispiel für die Möglichkeit, eine solidarische Landwirtschaft in der Struktur einer Genossenschaft zu organisieren, und zeigt mit dem System der Abholpunkte für Gemüsekisten, wie eine solidarische Landwirtschaft im Konkreten in einer Großstadt realisiert werden kann. Mit dem Ansatz der Selbstversorgung stellt die solidarische Landwirtschaft einen integralen Bestandteil einer resilienten Kommune dar, die weniger abhängig von überregionalen und internationalen Einflüssen ist.

Die Idee des Projekts geht auf zwei Personen zurück, die 2011 erste Aktivitäten für den Aufbau der Initiative unternahmen. Seit der Gründungsphase wurden verschiedene Investitions- und Kooperationsmöglichkeiten diskutiert und erprobt und auch wieder verworfen beziehungsweise beendet. Am 30. April 2011 fand die Gründungsversammlung der Genossenschaft statt. Wurden zuvor Einzellieferungen getätigt, wurde das System im Lauf der Zeit auf die Verteilung über Abholpunkte umgestellt. Eine eigene Anbaufläche wurde schließlich erworben.[235]

Abholung erfolgt an sogenannten Lieferpunkten

Um Mitglied der Kartoffelkombinat eG werden zu können, muss mindestens ein Genossenschaftsanteil in Höhe von 150 Euro erworben werden. Die Interessierten haben zwei Möglichkeiten, an der Initiative teilzunehmen: Zum einen lässt sich für 74,50 Euro monatlich eine Mitgliedschaft mit Ernteanteil beantragen, die den Empfang einer wöchentlichen normalgroßen Gemüsekiste mit einschließt. Bei einem kleinen Ernteanteil sind es 47,16 Euro im Monat. Zum anderen ist es für 30 Euro im Jahr auch möglich, Mitglied zu werden, ohne sich am Bezug des Gemüses zu beteiligen.[236]

Das Gemüse wird seit 2017 in einer von der Genossenschaft erworbenen Gärtnerei außerhalb des Münchener Stadtgebiets angebaut. Bewirtschaftet wird nach Ökokriterien. Es wird wöchentlich an über ein bestimmtes Liefergebiet in München verteilten Ausgabepunkten für die Mitglieder deponiert.[237]

Inzwischen sind über 1800 Haushalte Teil der Initiative

Das weitere gesellschaftspolitische Engagement des Kartoffelkombinats wird über einen gemeinnützigen Verein organisiert. Das Kartoffelkombinat betont die Bedeutung lokaler Grundversorgung und gesellschaftlicher Souveränität, die Unterstützung kleiner, regionaler Betriebe und eines aktiven Umweltschutzes. Die Verteilerpunkte sind beispielsweise Bioläden und Gastronomiebetriebe. Die Inhaber und Inhaberinnen dieser Geschäfte unterstützen das Kartoffelkombinat damit freiwillig und unentgeltlich. Damit ist von den Abholenden eine gewisse Verlässlichkeit und Ordnung gefordert, damit sich die Läden auch weiterhin für das Projekt engagieren und nicht mit zusätzlicher Mehrarbeit konfrontiert werden.[238]

Inzwischen sind über 1800 Haushalte Teil der Initiative. Die Genossenschaft hat darüber hinaus in der Vergangenheit schon überregionale Medienaufmerksamkeit auf sich gezogen.[239] Das Potenzial wäre deutlich größer, denkbar wären auch 18 000 oder noch mehr Haushalte, durch eine gezielte Förderung im Rahmen der Wf4.0.

Der Erfolg der Initiative zeigt sich auch an der Entwicklung der Ernteanteile in den vergangenen Jahren: Wurden in der Kalenderwoche 19 im Jahr 2012 50 Ernteanteile ausgegeben, so betrug die Zahl in der Kalenderwoche 29 im Jahr 2020 bereits 1648 Ernteanteile.[240]

7.2.2 Zum Beispiel: Hof zur Hellen

Der »Hof zu Hellen« im Windrather Tal im Kreis Mettmann in Nordrhein-Westfalen wirtschaftet nach strengen verbandlichen Öko-Richtlinien und betätigt sich mit zahlreichen und umfangreichen Angeboten in der Direktvermarktung.[241] Mit seinem Angebot von Gemüsekisten-Lieferungen, dem Hofladen und einem Bauerncafé zeigt der Betrieb beispielhaft lokale Absatzwege für Beschäftigte in der Landwirtschaft vor Ort auf. Der Hof existiert seit 1985 als zertifizierter Demeterbetrieb und wird seit 2010 als Betriebsgemeinschaft zweier Familien geführt.

Der Bauernhof im Windrather Tal setzt als Gemischtbetrieb seinen Schwerpunkt auf die Milchviehhaltung und den Gemüseanbau, jeweils nach Biorichtlinien. Er arbeitet im Verbund mit anderen regional Produzierenden vor Ort zusammen. Gemeinsam mit fünf weiteren Biobetrieben bildet der Hof den Verbund »Biohöfe Windrather Tal«.

Die Kundschaft kann sowohl ein hofeigenes Café besuchen als auch einen Gemüsekistenlieferdienst in Anspruch nehmen. Dieser Service ist weitreichend: Bestellt werden kann über verschiedene Wege, unter anderem über einen Webshop. Es gibt

Gemüsekisten in verschiedenen Größen, Obstkisten, eine Kombination, ein spe-
zielles Angebot ausgerichtet auf die Bedürfnisse von Familien mit Babys und eine
Single-Kiste. Auch Fleisch aus eigener Schlachtung ist im Angebot des Biobetriebs
enthalten. Das eigene Angebot wird dabei ergänzt durch die Produkte der lokalen
Partnerbetriebe sowie regionale Bio-Angebote.

Neben dem Hofcafé werden auch Hofführungen angeboten, sowie auch spezielle
Aktivitäten im Bereich der Kinder- und Jugendarbeit. Darüber hinaus ist es möglich,
den Bundesfreiwilligendienst auf dem Hof zu absolvieren.

Als Besonderheit der Arbeit des Bio-Hofes kann die intensive Arbeit mit Kindern
beziehungsweise das breite Angebot für Kinder gelten. So ist der Hof beispielsweise
Partner der Sarah Wiener-Stiftung und ist Ziel organisierter Bauernhoffahrten. Kinder aus der Stadt können im Rahmen dieser Fahrten die Arbeit in der Landwirtschaft miterleben und lernen, wo und wie Lebensmittel produziert werden. Den
Kindern wird der unmittelbare Kontakt zu den Tieren ermöglicht und sie werden
aktiv in die Arbeit einbezogen.[242]

Auszeichnung durch die Sarah Wiener-Stiftung

Im Oktober 2016 konnte eine Kindergruppe das Arbeiten auf dem Bauernhof im
Rahmen einer Hoffahrt auch über zwei Tage inklusive Übernachtung kennenler-
nen. Jungen und Mädchen zwischen sechs und elf Jahren konnten aktiv mitarbeiten,
Kontakt zu Tieren aufbauen und Fragen zum Hofleben stellen.[243]

Der Hof zur Hellen wurde von der Sarah Wiener-Stiftung als Bio-Hof des Jahres
2012 ausgezeichnet. Während der Preisverleihung wurde die besonders gute pädagogische Arbeit mit Kindern auf dem Hof, auf dem »Landwirtschaft, Naturschutz und
Bildung als Einheit begriffen und gelebt (wird)«, betont.[244]

Der Hof zur Hellen erfüllt gleich eine Reihe von Kriterien, die ihn beispielhaft
zu einer zu fördernden Initiative im Rahmen der Wirtschaftsförderung 4.0 werden
lassen. Unmittelbare ökologische Vorteile entspringen aus der ökologischen Bewirtschaftung des Betriebs im Vergleich zu einer konventionellen landwirtschaftlichen
Produktion. Durch die vielfältigen Angebote, insbesondere der Direktvermarktung, werden die Konsumierenden in der Region potenziell verstärkt angesprochen,
Bio-Produkte aus der Region zu beziehen. Besonders hervorzuheben sind auch die
Angebote für Kinder, die diesen die landwirtschaftliche Produktion von Lebensmitteln nahebringt und so nachhaltige Wirtschaftsweisen unmittelbar vermittelt sowie
zur Bildung beiträgt.

7.2.3 Vorzüge

Regionale Landwirtschaft sorgt für kürzere Lieferwege gegenüber weiten Transportwegen bei nationalen oder internationalen Bezügen. Allerdings ist auch beim regionalen Bezug im konkreten Fall darauf zu achten, Abholungswege respektive Auslieferungsketten möglichst effizient zu gestalten. Mit dem Bezug der Produkte von vor Ort verbleibt auch die wirtschaftliche Rendite verstärkt in der Region, im Vergleich zum Kauf der gleichen Lebensmittelprodukte etwa aus dem Ausland.

Vor allem bei einer ökologischen Produktion nach Bio-Richtlinien, insbesondere bei strengen Verbandsrichtlinien, fallen verstärkt positive ökologische Wirkungen an. Eine enge und im Idealfall verlässliche Beziehung zwischen Produzierenden und Konsumierenden stabilisiert das Vertrauen zwischen Angebots- und Nachfrageseite.

7.2.4 Hintergrundinformationen

Bei der Direktvermarktung treten die Produzierenden mit der Kundschaft in direkten Kontakt, Zwischenstationen über Händler entfallen. Die Produzierenden haben dadurch potenziell die Möglichkeit, ihre Waren kostengünstiger beziehungsweise mit einer für sie höheren Gewinnmarge zu verkaufen.

Aus Sicht der Wirtschaftsförderung, welche die Wirtschaft aus und in der Region stärken will, ist hier auch der Effekt des direkten Kontakts bedeutsam. Regionale Produzierende bekommen ein Gesicht, werden von den Menschen vor Ort wahrgenommen. Wenn den Landwirtschaft Betreibenden vor Ort Vertrauen geschenkt wird – gegebenenfalls kann sich die Kundschaft bei einem Hofbesuch gleich noch ein eigenes Bild von den Produktionsbedingungen vor Ort machen –, wird die Kaufkraft der Menschen vor Ort im Idealfall verstärkt auch der lokalen Wirtschaft (in diesem Fall den landwirtschaftlichen Produzierenden) helfen.

Zu den verschiedenen Direktvermarktungsmöglichkeiten, die zur Verfügung stehen, zählen unter anderem Hofläden, Lieferangebote und – in einer Gruppe regional Produzierender – Erzeugermärkte, auf denen der einzelne Produzierende Präsenz durch einen Marktstand zeigen kann.

Diese Angebote sind mit einem nicht zu unterschätzenden Aufwand für den Produzierenden verbunden, vor allem logistischer und zeitlicher Art. Ein Marktstand nimmt beispielsweise von der Vorbereitung über Anfahrt, Aufbau, Verkauf und Rückfahrt regelmäßig einen erheblichen Zeitraum in Anspruch. Ebenso bedeuten Hofläden nicht nur eine Einkommensquelle, sondern auch einen Mehraufwand. Nicht nur der »bloße« Verkauf kommt hier auf die Produzierenden zu, die Ware muss auch ansprechend präsentiert werden. Wird gar ein Hofcafé angeboten, steigt der Aufwand noch einmal deutlich.

Alle drei hier genannten Direktvermarktungsmöglichkeiten können verschieden ausgestaltet werden. In Hofläden, kleiner oder größer ausfallend, werden die Eigenerzeugnisse der Kundschaft zum Verkauf angeboten. Die gute Erreichbarkeit des Hofes ist dabei ein wichtiger Ausgangspunkt. Einige Höfe erweitern ihr Angebot um zugekaufte Waren und wollen der Kundschaft so ein breiteres Sortiment anbieten, hier wird der Laden dann beispielsweise zum kleinen »Bio-Markt«. In Hofcafés können Kuchen und sonstige Speisen aus eigener Herstellung angeboten werden und zum Verweilen einladen.

Eine andere Absatzmöglichkeit sind Lieferdienste. Ein Hof kann sich hier einen Kundenkreis aufbauen, der (regelmäßig) mit Produkten beliefert wird. Denkbar sind beispielsweise Gemüsekisten-Abonnements und ähnliches. Tatsächlich zeigt sich hier ein erhebliches Potenzial, einen solchen Service möglichst professionell auszugestalten. Im Idealfall ist die Bestellung (oder Abbestellung/Änderung von Abonnements) für die Kundschaft möglichst einfach und bequem und gleichzeitig der Aufwand für den Hof nicht übermäßig hoch. Denkbar sind telefonische Bestellungen, per E-Mail oder in einem Online-Shop-Formular.

Wochenmärkte gehören in vielen deutschen Städten fest zum Stadtbild. Auf speziellen Märkten sind exklusiv landwirtschaftliche Direktvermarkter aus der Region zu finden. Auch »konventionelle« Wochenmärkte bieten dem einzelnen Produzierenden aus der Region die Möglichkeit, über einen Marktstand seine Produkte abzusetzen und direkten Kontakt zur Kundschaft aufzubauen.

7.2.5 Wie starten?

Landwirtschaft beziehungsweise die landwirtschaftliche Produktion von Lebensmitteln werden für viele Wirtschaftsförderungen ein neues Betätigungsfeld sein. Zunächst scheint es daher sinnvoll, sich einen Überblick über die Bauern respektive Höfe in der Region zu verschaffen. Relevante Fragen sind hier, was produziert wird und wie. Die Ausgangslage für die Vermarktung ist beispielsweise für einen Betrieb, der ausschließlich Milch produziert, anders als für einen Hof, der im Gemüseanbau oder in der Schlachtung aktiv ist. Relevant ist ebenso die Frage, unter welchen Bedingungen bewirtschaftet wird. Für die Wf4.0 kommen Akteure und Akteurinnen infrage, die nicht zuletzt aus ökologischer Perspektive besonders förderungswürdig sind, sie müssen jedoch nicht nach Bio-Standards wirtschaften.

Ansatzpunkt der Wf4.0 ist die Unterstützung sowohl von Initiativen zur Etablierung regionaler Erzeugermärkte als auch die Unterstützung von Landwirtschaftsbetrieben beim Aufbau einer eigenen Direktvermarktungsschiene ab Hof oder per Auslieferung. Möglicherweise gibt es in der Stadt schon länger ein informelles oder formelles Bündnis von Produzierenden, die einen Wochenmarkt auf die Beine stellen möchten oder die Bedingungen für einen bestehenden Markt verbessern wollen. Einige Landwirte möchten eventuell in die Direktvermarktung einsteigen, benötigen aber Hilfe bei logistischen oder Marketingfragen. Hier kann die Wf4.0 zum Beispiel:

- Kontakte in den Lebensmitteleinzelhandel vermitteln
- beim Aufbau einer Food Assembly/Marktschwärmerei unterstützen
- beim Thema Digitalisierung bei der Vernetzung mit Agrar-Tech-Start-ups helfen.

7.2.6 Kooperieren und fördern

Bestehende Hofläden und Lieferservice-Angebote von Landwirten können durch die Wf4.0 unterstützt und, wenn gewollt, professionalisiert werden. Gerade weil anzunehmen ist, dass viele Landwirte beziehungsweise Teams auf dem Bauernhof zeitlich bereits sehr ausgelastet sind, kann es eine erhebliche Unterstützung bedeuten, wenn sich der Hof mit der Wf4.0 einer kompetenten Ansprechperson und Unterstützerin in der Stadt sicher ist.

Ansatzpunkte für Unterstützung und Förderung können sein:

- Die Professionalisierung des Marketings und öffentlichkeitswirksamer Maßnahmen zur Steigerung des Bekanntheitsgrads und Nachfrage des Angebots, etwa über Flyer oder das Zusammentragen und übersichtliche Auflisten und Präsentieren von Erzeugerangeboten in der Region für die Kundschaft in der Stadt (beispielsweise städtische Homepage).
- Die Beratung und Unterstützung beim Aufbau einer geeigneten Bestellinfrastruktur für Lieferserviceangebote (etwa Aufbau eines Webshops). Vermittlung von Kontakten zu sonstigen regionalen Anbietern in diesem Zusammenhang, etwa Anbieter von Lieferfahrzeugen.
- Gegebenenfalls Vernetzung der regional ansässigen Produzierenden und Initiierung eines Gesprächskreises dazu, welche Strukturen und Kooperationen von gegenseitigem Nutzen sein können.
- Unterstützung beim Aufbau weiterer Direkt-Absatzwege wie etwa Automaten (in möglichst zentraler Lage), an denen regionale landwirtschaftliche Produkte eingekauft werden können (etwa Milch, Eier).

- Die Maßnahmen aus dem Geschäftsfeld Direktvermarktung lassen sich sehr gut integrieren und kombinieren mit Tätigkeiten der Wf4.0 im Bereich Regionalladen und der Förderung sonstiger, nicht-landwirtschaftlicher Produzierenden vor Ort. In einem Regionalladen können beispielsweise auch einige landwirtschaftliche Produkte angeboten werden.

7.2.7 Erfolgsindikatoren

Je nach Direktvermarktungsform kann der Erfolg der Wf4.0-Arbeit gemessen werden. Wichtige Indikatoren können sein:

- generell Stabilisierung beziehungsweise Erhöhung der Einnahmen für die Produzierenden; Stabilisierung des Betriebs durch Aufbau alternativer Absatzwege (Diversifizierung)
- im Bereich Lieferservice: Anzahl Bestellungen im Monat/Jahr, Anzahl der (Neu-)Kunden
- im Bereich Hofladen/Hofcafé: Besucherzahlen und Verkaufszahlen
- im Bereich Erzeugermärkte: allgemeine Annahme und Etablierung des Marktes; Verkaufszahlen der einzelnen Anbieterinnen und Erfassung möglicher Werbeeffekte (gegebenenfalls höhere Besucherzahlen im Hofverkauf)
- aufgrund des hohen Aufwands der Angebote für die einzelnen Produzierenden ist insbesondere die Relation von (Mehr-)Einnahmen und Zusatzkosten wie zeitlichem Aufwand und Belastung regelmäßig zu reflektieren; ist die Wf4.0 konkret aktiv geworden, um durch Optimierung und Unterstützung des Angebots den Bauern zu entlasten, ist zu überprüfen, inwieweit eine solche Entlastung, etwa zeitlicher Art, eingetreten ist; hier ist neben objektiven Kriterien auch das subjektive Empfinden der Landwirtschaftsbetreibenden entscheidend.

7.3   Stadt- und Regionalgärten

Gärtnerische Aktivitäten in der Stadt, insbesondere solche, die in (teil-)öffentlichen Räumen stattfinden und sich durch die gemeinschaftliche Unternehmung auszeichnen, können Städte und ihre Viertel bereichern und aufwerten. In unterschiedlichen Organisations- und Umsetzungsformen pflanzen und ernten Menschen hier an einem Ort gemeinschaftlich beispielsweise Gemüse und treten miteinander in Kontakt.

Eine Reihe möglicher positiver Effekte lassen stadtgärtnerische Initiativen zu einem interessanten Ansatzpunkt der aktiven Stadtgestaltung und der Wirtschaftsförderung 4.0 werden. Freie beziehungsweise brachliegende Flächen können verschönert und in eine sinnvolle Nutzung überführt sowie grüne Flächen in der Stadt geschaffen werden. Gärten können als offene Orte des menschlichen Zusammenkommens fungieren und einen Beitrag zur Stärkung des sozialen Zusammenhalts in der Kommune darstellen.

Das Gärtnern kann sich zu einem sinnvollen Betätigungsfeld für Menschen unterschiedlicher sozialer Hintergründe entwickeln. Die Attraktivität von Vierteln lässt sich anheben. Der Anbau von Gemüse und Kräutern vor Ort kann – auch wenn die ökologischen Effekte aufgrund der begrenzten Größe der Projekte (derzeit) wohl nur gering ausfallen werden – einen Beitrag zu einer stärker nachhaltigen Form der Lebensmittelversorgung leisten. Zumindest wird so das praktische Wissen um Pflanzen und das Gärtnern in der Bevölkerung verbreitert. Eine (Teil-) Versorgung mit Gemüse ist ebenfalls ein Beitrag zu einer höheren Resilienz der Kommune.

Zu den Herausforderungen und Problemen solcher Initiativen zählt unter anderem ihre räumliche Integration in ihr Umfeld. Mögliche Nutzungskonflikte sind umfassend zu klären, nicht nur im Eigeninteresse der jeweiligen Initiative, für die eine höhere Planungs- und Bestandssicherheit erhebliche Vorteile hat. Mögliche schädliche Belastungen von zu verspeisendem Gemüse – etwa durch städtische Umweltbelastungen wie Luftverschmutzung sowie mögliche Bodenbelastungen – sind auszuschließen.

Ansatzpunkte für eine mögliche Förderung könnte beispielsweise das Aufmerksam-Machen auf bestehende Initiativen sein, die Unterstützung der Initiative bei der Suche nach Flächen sowie Hilfe bei der Klärung von Eigentums- und Nutzungsverhältnissen.

Ein Beispiel für eine umfassende Förderung des Gärtnerns in seinen verschiedenen Formen ist die Stadt Wien (siehe dazu »Garteln in Wien«).

In der Endnote 245 finden sich weitere Internet- und Literatur-Hinweise zum Thema Stadtgärten.[245]

7.3.1 Zum Beispiel: Garteln in Wien

»Garteln in Wien« ist ein Projekt, das den Einheimischen der Stadt sowohl Beratung zum Bezug von regionalem Gemüse als auch für die Startphase von Garteninitiativen anbietet. Es ist eingebunden in vielfältige Aktivitäten der Stadt Wien, die Gemeinschaftsgärten und ähnliche Initiativen fördern und unterstützen. Das Projekt zeigt beispielhaft, wie eine Kommunalverwaltung oder Wirtschaftsförderung Initiativen im Bereich der Stadt- und Regionalgärten konkret fördern kann. Die beratenden Angebote sind Teil einer Stadtpolitik, die den gärtnerischen Initiativen auch eine finanzielle Unterstützung anbietet und Flächen zugänglich macht.

Die Informationsstelle für die Wienerinnen und Wiener wurde im Juni 2016 ins Leben gerufen. Sie ist Teil eines größeren Ansatzes, der aus dem Anliegen des rot-grünen Regierungsübereinkommens von 2015 entstand, Urban Gardening im Allgemeinen zu fördern.[246]

Das Projekt »Garteln in Wien« wird gemeinsam getragen von dem außeruniversitären, nicht gewinnorientierten Forschungsinstitut Bio Forschung Austria und der Magistratsabteilung 49 für den Forst- und Landwirtschaftsbetrieb der Stadt Wien. Die gegründete Anlaufstelle soll den Wienerinnen und Wienern eine Informationsmöglichkeit bieten, wie in Wien gegärtnert beziehungsweise regional produziertes (Bio-) Gemüse bezogen werden kann. Das Projekt bietet auch Beratung für Garten-Initiativen in der Startphase an, etwa zur Wahl der Rechtsform und möglichen Flächen.[247]

Stadt Wien fördert fachübergreifend und systematisch

Dieses Informationsangebot ist eingebettet in vielfältige Aktivitäten der Stadt Wien im gärtnerischen Bereich. Unterschiedliche Magistratsabteilungen der Stadt sind eingebunden. So sind auf den Flächen der Abteilung Forst- und Landwirtschaftsbetrieb Ökoparzellen und Gemeinschaftsgärten zu finden. Die Abteilung Wiener Stadtgärten fördert pro Bezirk einen Gemeinschaftsgarten und verpachtet Parkflächen an Gemeinschaftsgärten. Die Abteilung Straßenverwaltung und Stadtbau wiederum stellt Baumscheiben zum Gärtnern bereit. Weitere Stellen wie die Gebietsbetreuungen Stadterneuerung engagieren sich ebenfalls in dem Bereich.

Sodann finden sich in Wien zahlreiche Gemüsepachtparzellen, die von einem Landwirtschaftsbetrieb für eine Zeit an Interessierte verpachtet und später wieder von dem Betrieb übernommen werden. Auch die Stadt bietet solche Gemüsepachtparzellen an, die günstiger als die der Landwirte sind, wobei aber die Nachfrage so hoch ist, dass dies keine negativen Auswirkungen auf die Angebotsinanspruchnahme bei den Landwirten hat. In den Gemeindebauten, bei denen die Sozialarbeit von den Wohnorganisationen in Wien erbracht wird, gibt es zahlreiche Urban Gardening-Projekte, etwa mobile Hochbeete, die vor allem aufgrund ihrer flexiblen Einsatzmöglichkeit Vorteile bieten. Bei Errichtung eines Gemeinschaftsgartens in einer Siedlung muss die Hälfte der Bewohnerinnen hierfür unterschreiben.

Die Wiener Stadtgärten bieten eine Einmalförderung für die Errichtung eines Gemeinschaftsgartens in Höhe von maximal 3600 Euro an, die die Initiative nach Errichtung überwiesen bekommt. Der geplante Gemeinschaftsgarten – gefördert wird eine Initiative pro Bezirk – muss dafür als Verein organisiert sein. Eine Genehmigung des Bezirksvorstehenden muss eingeholt und mit der Grundstücksbesitzerin ein Vertrag geschlossen werden.

Eine Liste der verschiedenen Gemeinschafts- und Nachbarschaftsgärten in der Stadt wird auf der Internetseite »Garteln in Wien« für Interessierte zur Verfügung gestellt.

»Garteln in Wien« ist die offizielle Anlaufstelle in dem komplexen Fördersystem

»Garteln in Wien« betont die lange Tradition von Urban Gardening-Projekten, die es bereits nach dem Zweiten Weltkrieg gab, dann aus der Mode kamen und heute wieder verstärkt nachgefragt werden. Die Angebote sollen möglichst gleichberechtigt nebeneinander stehen. Anstoß für die heutige Förderstruktur in Wien gab ein rot-grünes Regierungsübereinkommen, das Urban Gardening fördern wollte.

»Garteln in Wien« ist die offizielle Anlaufstelle in dem komplexen Fördersystem, die den Gesamtüberblick behalten soll, mit 2,5 Arbeitskräften Anfragen zu Urban Gardening beantwortet und die Bürgerinnen und Bürger entsprechend weitervermittelt. Zweimal pro Woche ist für jeweils zwei Stunden eine Infohotline geschaltet. Die Bürgerinnen und Bürger können sich auch per E-Mail informieren. So melden sich dann Menschen und wollen beispielsweise wissen, wo sie sich mit einer bestimmten Tätigkeit einbringen können, die ihnen vorschwebt, und werden dann mit Informationen versorgt, wo in ihrem Umkreis eine solche Tätigkeit möglich ist.

Initiativen, die sich neu gründen möchten, werden über notwendige Voraussetzungen informiert und auf zu beachtende Punkte aufmerksam gemacht, etwa die Notwendigkeit einer Wasserentnahmestelle. Die Info-Stelle wird durch die Stadt finanziert und nutzt auch die Infrastruktur der Stadt.

Die Bio Forschung Austria ist ein gemeinnütziges Forschungsinstitut. Angeboten werden Informationsveranstaltungen und Kurse für Konsumenten, Landwirtinnen und beispielsweise auch speziell für Kinder beziehungsweise Schulklassen. Hier geht es etwa darum, handwerkliche Dinge zu erlernen, sich mit dem Gartenbau zu beschäftigen oder sich mit der Frage auseinanderzusetzen, warum es wichtig ist, biologischen Anbau zu betreiben.

Die Wiener Erfahrungen zeigen insgesamt, dass die städtische Förderung eines Gemeinschaftsgartens mit 3600 Euro nicht vollständig ausreicht. In Wien fördern die Bezirke die Gärten zusätzlich. Die Förderung eines Gartens pro Bezirk kann allerdings dazu führen, dass pro Bezirk ein »Vorzeigegarten« entsteht.

Für den Erfolg einzelner Projekte ist vor allem auch deren Erreichbarkeit entscheidend. So müssen Gemüsepachtparzellen gut öffentlich erreichbar sein, genauso wie sonstige Projekte in Randbezirken, für deren Gelingen die öffentliche Anbindung etwa durch eine Buslinie entscheidend ist. Bei Gemeinschaftsgärten in der Stadt ist hingegen die fußläufige Erreichbarkeit wichtig.

Außerdem muss bei Errichtung eines Gemeinschaftsgartens in einer Siedlung die vorherige Nutzung abgeklärt werden. Die betroffenen Menschen sollten möglichst in den Prozess eingebunden werden. So können beispielsweise Jugendliche, die den Bereich vorher nutzten, erfolgreich in das Projekt eingebunden werden, womit auch das Risiko von Vandalismus sinkt.

Die Erfahrung zeigt, dass Gemeinschaftsgärten einer Betreuung bedürfen. So sind monatliche Besprechungen wichtig und viele organisatorische Aufgaben, etwa die Organisation von Festen, zu bewältigen. So wird in Wien ein Tag der offenen Gemeinschaftsgärten organisiert und es gibt Fahrradtouren zwischen den verschiedenen Gärten. Der Großteil der Gärten würde ohne eine Betreuung in der Startphase wohl nicht funktionieren.

Positiv ist grundsätzlich, dass die unterschiedlichen Menschen unterschiedlichste Möglichkeiten haben sich einzubringen, da von dem Bau von Gartenmöbeln bis zum Mähen von Wiesen zahlreiche Dinge zu erledigen sind. Auch bei den kleinteiligeren Wiener Ansätzen wie der äußerst erfolgreichen Baumscheibenpflege hat sich gezeigt, dass die Menschen eine Ansprechperson brauchen, an die sie sich bei Problemen, etwa der Verstellung der Fläche durch Fahrräder, wenden können. Die Berücksichtigung von Kindern ist ebenso Bestandteil des Konzepts von »Garteln in Wien«. So werden etwa bei entsprechenden Kursen fünf Euro pro Kind verlangt, was nicht kostendeckend, aber gut fördermöglich ist.

Funktionierende Gemeinschaftsgärten haben nicht nur auf das Zusammenkommen innerhalb eines Viertels positive Effekte. Ein Wiener Fall zeigt, dass darüber hinaus auch für die Raumordnung positive Effekte entstehen. So kann eine Befriedung und Aufwertung von Fläche erfolgen, so geschehen in einem Wiener Gemeinschaftsgarten, durch den es in der Umgebung in der Nacht deutlich leiser geworden ist.

Gehen Hand in Hand: Ökologischer Vorteil und Heimatgefühl

In Wien bestehen heute zahlreiche Gemeinschaftsgärten und darüber hinaus viele weitere, kleinteiligere Angebote für die Bürgerinnen und Bürger, gärtnerisch in der Stadt tätig zu werden. So werden beispielsweise inzwischen mehr als 800 Baumscheiben in ganz Wien von Bürgerinnen und Bürgern gepflegt und sollen das Stadtbild verschönern. Die Anlaufstelle »Garteln in Wien« mit 2,5 Angestellten, die zum Thema Urban Gardening arbeiten, fungiert in dem System als Lotse und erste Anlaufstelle für Interessierte, denen die verschiedenen Möglichkeiten des Urban Gardenings aufgezeigt werden können.[248]

Der Wiener Ansatz, Urban Gardening zu fördern, zeigt Wege auf, die auch eine erfolgreiche Wirtschaftsförderung 4.0 beschreiten kann, um Stadt- und Regionalgärten umfassend zu unterstützen. Die Informations- und (Erst-)Anlaufstelle »Garteln in Wien« ist ein solches Beispiel innerhalb des komplexen Unterstützungssystems in Wien.

Interessierte finden hier eine zentrale Ansprechperson, die sie beraten beziehungsweise an die betreffende Stelle weitervermitteln kann. Mit dem Angebot kann erreicht werden, dass mehr Menschen von den Möglichkeiten des Urban Gardenings in ihrer Umgebung erfahren. Dies mindert für die Initiativen das Risiko, dass weitere Teilnehmende bloß aufgrund fehlender Informationen nicht zur Initiative hinzustoßen. Wien fördert die Möglichkeit, regional und umweltschonend vor Ort Gemüse anzubauen.

7.3.2 Vorzüge

Eine Reihe möglicher positiver Effekte lassen stadtgärtnerische Initiativen zu einem interessanten Ansatzpunkt der aktiven Stadtgestaltung und der Wirtschaftsförderung 4.0 werden. Freie beziehungsweise brachliegende Flächen können verschönert und in eine sinnvolle Nutzung überführt werden. Grüne Flächen werden in der Stadt geschaffen. Gärten können als offene Orte des menschlichen Zusammenkommens fungieren und einen Beitrag zur Stärkung des sozialen Zusammenhalts in der Kommune darstellen. Das Gärtnern kann zu einem sinnvollen Betätigungsfeld für Menschen unterschiedlicher sozialer Hintergründe werden. Urban Gardening steigert die Attraktivität von Vierteln und fördert die Identifizierung der Bürgerinnen und Bürger mit ihrem Stadtteil, mit ihrer Stadt. Anders gesagt: Urban Gardening stärkt das Heimatgefühl.

Der Anbau von Gemüse und Kräutern vor Ort kann – auch wenn die ökologischen Effekte aufgrund der begrenzten Größe der Projekte (derzeit) wohl nur gering ausfallen werden – einen Beitrag zu einer stärker nachhaltigen Form der Lebensmittelversorgung leisten. Zumindest wird so das praktische Wissen um Pflanzen und das Gärtnern in der Bevölkerung verbreitet. Eine (Teil-)Versorgung mit Gemüse ist ebenfalls ein Beitrag zu einer höheren Resilienz der Kommune.

7.3.3 Hintergrundinformationen

Menschen können auf unterschiedliche Weise gärtnerisch aktiv sein. Die gärtnerische Aktivität kann beispielsweise eher Selbstzweck sein, zur Erholung und der Zierde (Blumen) dienen oder auch konkret dem Anbau und der Ernte von Nahrungsmitteln zur teilweisen Selbstversorgung. Gegärtnert werden kann alleine oder zu mehreren Personen und an unterschiedlichen Orten, vom eigenen Balkon oder Garten über eine Parzelle in einer Schrebergartenanlage bis hin zu öffentlichen Plätzen.

Unter »Urbanen Gärtnern« im Kontext der Wf4.0 ist in der Regel das gemeinschaftliche Gärtnern in einer offenen Gruppe zu verstehen, vor allem zum Anbau von Gemüse und an einem (teil-)öffentlichen Ort im urbanen Bereich. Auch Äcker können zum gemeinsamen Gemüseanbau gepachtet werden. Solche Initiativen nutzen beispielsweise brachliegende Flächen und kleine geeignete Bereiche in der Stadt, um dort temporär auf Hochbeeten Gemüse anzubauen.

Das Gärtnern kann stärker informell in einer loseren Gruppe Agierender geschehen oder in einer strukturierteren Form und beispielsweise eingebettet in einen Verein. Die Aktiven sind keine ausgebildeten Gärtner und Gärtnerinnen. Möglich ist aber je nach Art der Initiative, dass ein beziehungsweise mehrere ausgebildete Gärtner und Gärtnerinnen beschäftigt sind und unterstützen. Ein professioneller (Gemüse-)Anbau im engen Sinne ist also nicht zu erwarten. Stattdessen müssen die Initiativen auch als Orte des Ausprobierens und Lernens sowie der gemeinsamen Freizeitgestaltung verstanden werden.

Gleichwohl kann und wird im Konkreten der Wunsch vorliegen, einen gewissen Ertrag zu erreichen und sich zu einem gewissen Grad mit Gemüse oder Kräutern versorgen zu können. Je nach Ausrichtung der Initiative werden der Aspekt der gemeinsamen Freizeitgestaltung und der Nutzfaktor der Gemüseversorgung unterschiedlich stark ausgeprägt sein. Auch weitere Eigenarten der Initiativen können stark variieren. Ein Projekt, bei dem eine Gruppe gemeinsam einen Acker pachtet, um hier vor den Toren der Stadt Gemüse anbauen und ernten zu können, hat andere Ziele und steht vor anderen Herausforderungen als eine Nachbarschaftsinitiative in einem Häuserblock, die das Viertel mit Blumen- und Gemüsebeeten verschönern will und einen Ort des Zusammenkommens errichten möchte.

In der Endnote 249 finden sich Hinweise zu weiteren Hintergrundinformationen und Beratungsangeboten.[249]

7.3.4 Wie starten?

Eine sich in Gründung befindende Stadtgärtnern-Initiative steht vor einer Vielzahl von Herausforderungen. Gerade wenn man eine aus Sicht der Wf4.0 wünschenswerte – möglichst zu einem gewissen Grad koordinierte Herangehensweise – verfolgt und die Initiative nicht nur auf einem sehr kleinen Niveau verbleiben soll, bietet die mit der Wf4.0 beauftragte Person als Ansprechpartnerin ihre Unterstützung an.

Hat eine Personengruppe aus Urban Gardening-Interessierten etwa noch kein konkretes Areal in den Blick genommen, kann die Wf4.0 bei der Suche nach einem geeigneten Ort für das Vorhaben helfen. Möglichweise versteht sich die Initiative explizit als eine Initiative für den Stadtteil oder das Quartier, aus dem sie kommt, und sucht hier nach einem passenden Ort. Gegebenenfalls ist der Raumbezug noch kleiner und eine Initiativen-Gruppe, bestehend aus Menschen aus einigen wenigen Straßen, möchte in der direkten Umgebung aktiv werden und ein bestimmter Bereich ist dafür möglicherweise bereits in den Blick genommen.

Ist der Raumbezug der einzelnen Mitglieder verstreuter oder besteht nur die vage Vorstellung, gärtnerisch aktiv zu werden, kann auch weiträumiger nach einem passenden Ort gesucht werden. An diesen Ort müssen – immer angepasst an die jeweilige Ausgangssituation – bestimmte Ansprüche gestellt werden.

Zunächst einmal ist die Erreichbarkeit wichtige Ausgangsbedingung für eine tatsächlich anhaltend starke Nutzung. Bei Initiativen, die in ihrer direkten Nachbarschaft in einem Wohnviertel aktiv werden wollen, sollte dies gegeben sein. Liegt beispielsweise ein Feld oder ein anderer möglicher Anbauort etwas weiter außerhalb, so sollte geprüft werden, ob eine möglichst gute Anbindung des Ortes an den Öffentlichen Personennahverkehr gewährleistet ist.

Für brachliegende Flächen in der Stadt kann Urban Gardening eine Strategie der Aufwertung darstellen. Bei der Suche nach geeigneten Umsetzungsorten und der Abklärung bestehender Fragen werden auch Akteurinnen und Akteure in den Stadtteilen oder Quartieren nützliche Ansprechpersonen sein, zum Beispiel Bürgervereine oder im Quartiersmanagement.

Ist eine Fläche konkret in den Blick genommen, sind viele Fragen zu klären. Selbstverständlich sind Eigentums- und Nutzungsverhältnisse umfassend zu klären. Urban Gardening-Initiativen sind in der Praxis durchaus mit Problemen konfrontiert, beispielsweise wenn die Nutzungserlaubnis für eine Fläche entzogen wird. Es ist daher anzunehmen, dass es sich lohnt, zu Beginn einige Zeit darauf zu verwenden, Fragen in diesem Zusammenhang möglichst mit allen Beteiligten ausführlich zu erläutern. Auch bisherige inoffizielle Nutzungen und der Alltag um die Fläche herum sind zu klären, beispielsweise um zu erfassen, ob und wenn ja welche Gruppen die (angrenzenden) Flächen bisher nutzen (siehe hierzu auch Fallbeispiel »Garteln in Wien«).

Besonders wichtig ist auch die Berücksichtigung gesundheitlicher Aspekte bei der Wahl der Fläche und der Art des Anbaus. Hier sind beispielsweise mögliche Bodenbelastungen abzuklären, die genaue Art des Anbaus (zum Beispiel auf Hochbeeten) und ein möglichst guter Schutz gegen städtische Umweltbelastungen.

Grundsätzlich muss auch die jeweilige Garteninitiative in Wahl und Gestaltung ihrer Fläche und später in der tagtäglichen Arbeit die Belange und Interessen von Anwohnerinnen und Flächennutzern in der Umgebung beachten.

7.3.5 Kooperieren und fördern

Eine laufende Stadtgärtner-Initiative hat je nach Situation verschiedene Unterstützungsbedarfe. Sollen mehr Mitstreiterinnen gefunden werden, kann die Wf4.0 helfen, die Initiative bekannter zu machen. Mögliche Maßnahmen reichen von Informationsflyern bis hin zur Vorstellung einer Initiative bei den verschiedensten Gelegenheiten und Veranstaltungen (beispielsweise auf Stadtteilfesten oder bei städtischen Akteuren[250]). Eine mediale Berichterstattung kann möglicherweise einen erheblichen Zuwachs von Teilnehmenden für die Initiative bedeuten.

Möglich ist auch die Situation, dass eine Initiative zwar eigentlich über genug (unregelmäßige) Teilnehmende verfügt, sich aber trotzdem zu wenig und zu unstetig einzelne Personen verantwortlich fühlen, bestimmte Tätigkeiten zu übernehmen. Hier kann es dann dazu kommen, dass sich ein kleiner Personenkreis zunehmend überfordert fühlt oder die Initiative nicht richtig funktioniert.

Die Wf4.0 hat nicht die Aufgabe, sich um interne Probleme einer Initiative zu kümmern. Möglicherweise kann sie aber punktuell Impulse geben oder zu bestimmten Themen (wie Gemüseanbau-Methoden) Kontakt zu einer Fachexpertise vermitteln und so Unterstützung leisten. Das Fallbeispiel Wien zeigt, wie nützlich und wichtig es ist, wenn sich Verantwortliche beständig um eine Initiative kümmern. Eine so umfassende Förderung wie in Wien wird es in den meisten Städten kurz- und mittelfristig nicht geben. Das Fallbeispiel kann jedoch Anregungen geben, wie Urban Gardening sinnvoll unterstützt werden kann.

Eine wiederkehrende Herausforderung wird die Suche nach neuen Flächen sein, etwa wenn die Nutzungserlaubnis für die bis dahin genutzte Stelle nicht mehr verlängert wird. Hier kann die Wf4.0 gezielt bei der Suche nach neuen geeigneten Flächen helfen. Zu Beginn kann sich die Wf4.0 – wie bei anderen Geschäftsfeldern auch – aktiv den Initiativen in der Stadt vorstellen. Die Stadtgärtnernden wissen dann, dass sie eine Ansprechperson haben, an die sie sich bei solchen Problemen wenden können.

7.3.6 Erfolgsindikatoren

Eine erfolgreiche Arbeit der Wf4.0 im Bereich Stadtgärtnern kann an der Anzahl der Urban Gardening-Projekte und deren Größe und Gedeihen gemessen werden.

- Wie viele Personen arbeiten regelmäßig bei den Urban Gardening-Projekten mit und wie hat sich die Zahl entwickelt?
- Wie viele Urban Gardening-Projekte gibt es in der Stadt und wie sind diese verteilt?
- Wie zufrieden sind die Urban Gardening-Projekte mit ihrer eigenen Arbeit und den städtischen Rahmenbedingungen?
- Konnten erfolgreich Flächen für die Initiativen gefunden werden?
- Wie viel Gemüse konnte die Initiative ernten? Ist die Initiative selbst mit dem Ergebnis zufrieden oder gab es größere Probleme?
- Gibt es Probleme in der Nachbarschaft oder Nutzungskonflikte oder ist die Initiative gut in ihr Umfeld integriert?

7.4 Ernährungsrat

Ernährungsräte setzen sich kritisch mit dem Ernährungssystem auseinander und wollen nicht zuletzt durch politisches Engagement auf eine Änderung der städtischen Nahrungsmittelversorgung hinwirken. Hauptziel ist hier in der Regel ein Mehr an regionaler und saisonaler Lebensmittelversorgung sowie gesunder und nachhaltiger Ernährung.

Entsprechende Initiativen bringen verschiedene Akteurinnen aus dem Ernährungssektor zusammen, also beispielsweise Verbraucherinnen, Landwirte, Händlerinnen, Produzierende und Kommunalpolitiker. Gearbeitet wird zum Beispiel in Gremienstrukturen beziehungsweise in entsprechenden Arbeitsgruppen, die sich mit verschiedenen Unterthemen beschäftigen.

Wie andere Initiativen müssen sich auch Ernährungsräte für eine erfolgreiche Arbeit ausreichend feste Strukturen und Regeln geben. Auch und gerade für Akteure und Akteurinnen, die sich selbst als möglichst offen und partizipationsfreundlich verstehen, ist eine gewisse Festigkeit der Grundstrukturen wichtig. Basisregeln und Organisationsstrukturen ermöglichen Arbeitsweisen und Entscheidungsfindungen, die sich an demokratischen Prinzipien orientieren. Auch die Wirtschaftsförderung findet so bessere Anknüpfungsmöglichkeiten, um die Initiativen zu unterstützen und einen Ernährungsrat gegebenenfalls auch in seiner weiteren Professionalisierung zu unterstützen.

7.4.1 Zum Beispiel: Ernährungsrat Köln und Umgebung

Der Kölner Ernährungsrat setzt sich für eine nachhaltige, regionale Versorgung mit Lebensmitteln ein und engagiert sich dafür als politisches Gremium. Er vernetzt unterschiedliche agierende Personen und fungiert als Berater der Stadt Köln in Ernährungsfragen.

Der Ernährungsrat Köln zeigt beispielhaft, wie die Stadt in das Konzept eines Ernährungsrates eingebunden werden kann. In Köln war die Stadt von Anfang an Partnerin und Unterstützerin der Initiative. Die Initiative richtet sich wiederum auf die Beratung der Stadt in Ernährungsfragen. In einem Ernährungsrat kann unter Einbindung vieler relevanter Personen an der Erarbeitung einer stärker regional orientierten Lebensmittelversorgung der Stadt gearbeitet werden. Mit solchen Konzepten kann die regionale Wirtschaft gezielt gestärkt werden, ökologische Vorteile durch den Wegfall langer Bezugswege erzielt und die Selbstversorgung ausgebaut werden.

Der Ernährungsrat entstand im Frühjahr 2016, maßgeblich verantwortlich war der Verein »Taste of Heimat«, den die Stadt Köln im Entwicklungsprozess begleitet und unterstützt hat.[251] Während »Taste of Heimat« vor einigen Jahren als gemeinnütziger Verein gegründet wurde, hat der Kölner Ernährungsrat selbst keine rechtsverbindliche Form.

Dem Entschluss, einen Ernährungsrat zu gründen, ging bereits die Existenz vieler kleinerer Projekte voraus. Die an der Gründung beteiligten Personen fanden für ihr Anliegen Ansprechpartner im Umweltamt, bei dem Interesse für das Projekt vorhanden war. Gestützt werden konnte das Vorhaben auch auf die zuvor erfolgte Unterzeichnung des »Urban Food Policy Pact« durch den damaligen Oberbürgermeister der Stadt, wodurch sich Köln zu einer nachhaltigen Ernährungspolitik verpflichtete. Dadurch war ein konkreter politischer Anknüpfungspunkt für die Initiative vorhanden. Der Kontakt zur Stadt wurde aktiv gesucht und persönliche Gespräche geführt.

Im März 2015 gab es ein Netzwerktreffen mit vielen Initiativen im Stadthaus Köln, bei dem sich verschiedene Stakeholder aus der Szene trafen. Die offizielle Gründung im März des folgenden Jahres wurde als Event organisiert.[252]

Zu den Themen zählen etwa Direktvermarktung und Schulverpflegung

Der Ernährungsrat Köln wird von dem gemeinnützigen Verein »Taste of Heimat« getragen. Den Vorsitz hat der Dokumentarfilmer, Journalist und Autor Valentin Thurn inne. Die 30 festen Mitglieder setzen sich gleichmäßig verteilt aus den Bereichen Wirtschaft, Zivilgesellschaft und Verwaltung zusammen, wobei die Vertreterinnen aus Politik und Verwaltung nicht als Einzelpersonen, sondern in ihrer Funktion als Vertreterinnen der jeweiligen Stelle Mitglied sind.

Bei der Ausschussarbeit, die prinzipiell allen Bürgerinnen und Bürgern zur Mitwirkung offensteht, wird thematisch gearbeitet. Laut Geschäftsordnung von November 2016 bestehen die Ausschüsse regionale Direktvermarktung, Events und Veranstaltungen, urbane Landwirtschaft/essbare Stadt und Ernährungsbildung und Schulverpflegung. Die Ausschüsse setzen sich aus einer Vielzahl von Personen aus unterschiedlichen Bereichen zusammen, etwa aus der regionalen Gastronomie, der Wissenschaft, dem regionalen Lebensmittelhandel, Politik, Verwaltung und Verbände sowie Verbraucher und Verbraucherinnen. Hier beteiligen sich rund 100 Menschen.

Jeder Ausschuss wählt zwei Sprecher, die als Beauftragte des Ausschusses Mitglied des Ernährungsrats sind. Einzig bezahlte Stelle in der Initiative ist die Koordinationsstelle. Das Projekt wurde von Beginn an durch die Stadt Köln unterstützt, die 2017 auch entschied, für zunächst drei Jahre einen festen jährlichen Zuschuss von 50 000 Euro zu gewähren. Die Stadt stellt Logistik und Räumlichkeiten und finanziert die Stelle der koordinierenden Person.

Ausgehend von einem Workshop und einer Ideenwerkstatt sowie einer Online-Bürgerbeteiligung und Gesprächen mit Expertinnen und Experten entwickelte der Ernährungsrat eine Ernährungsstrategie für die Stadt Köln, die im Mai 2019 übergeben wurde. Im Vordergrund steht dabei die Ermöglichung einer gesunden, nachhaltigen und regionalen Ernährung für die Bürgerinnen und Bürger, die Sicherung bäuerlicher Landwirtschaft in der Region und das Bestreben, möglichst auf frische, saisonal-regionale und ressourcensparend hergestellte Lebensmittel zurückzugreifen.[253]

Der Ernährungsrat sieht sich als beratende Institution für die Politik vor Ort: »Ein Ernährungsrat formuliert Ziele für eine lokale Ernährungspolitik und berät die jeweilige Kommune in allen relevanten Fragen. Damit sollen die Stadt und die Region wieder Kontrolle über die Gestaltung ihres eigenen Ernährungssystems zurückerhalten.«[254]

Bestandsanalyse für Produkte aus regionaler Landwirtschaft

In den kommenden Jahren sollen vielfältige Projekte, vor allem auch in Vernetzung und Kooperation mit anderen Akteurinnen, realisiert werden. So hat der Ausschuss Ernährungsbildung und Gemeinschaftsverpflegung des Ernährungsrats eine Kooperation mit Trägerinnen von Kindertagesstätten vor Ort aufgenommen. Der Ausschuss Regionalvermarktung erstellt eine Bestandsanalyse, welche regionalen Landwirte welche Produkte liefern können, da eine solche Datenbank bisher nicht existiert. Zudem wurden die Bürgerinnen und Bürger der Stadt in ihren Stadtvierteln an der Erstellung eines Konzepts für eine »Essbare Stadt« beteiligt.

In der praktischen Arbeit zeigen sich ein aktiver Kern von Personen, die sich engagieren, ein erweiterter Kern von Engagierten sowie ein erweiterter Pool von Menschen, die die Informationen lesen und zu Events kommen. Da viele Stellen von den gleichen Leuten besetzt werden, ergibt sich für die Einzelpersonen eine Mehrfachbelastung; mit einer Position geht wiederum auch eine Position in einem anderen Gremium einher. Der Umweltdezernent der Stadt Köln Harald Rau ist eines der Mitglieder des Ernährungsrats.

Der Ernährungsrat Köln erreicht mit seiner Arbeit eine Vielzahl von Menschen. Nach Angaben der Initiative werden mit dem Verteiler eines Ausschusses etwa 40 bis 120 Personen erreicht, zur Sitzung kommen etwa 20 bis 30 Leute. Gleichzeitig ist die Ehrenamtlichkeit auch eine Herausforderung für die Initiative. Hier stellt sich etwa die Frage, wie die Menschen motiviert werden können, dauerhaft dabei zu bleiben. Nach Möglichkeit sollen in der Initiative weiter Arbeitsplätze entstehen. Die Initiative geht davon aus, dass durch die Schaffung von Mitarbeiterstellen sich für die Ausschussarbeit ein deutlich höheres Potenzial entfalten und die Möglichkeiten dafür, was gemacht werden kann, deutlich steigen würde. Als Vorteil für die Arbeit heute wird die Einbindung der Stadt gesehen.[255]

Im Bereich Ernährungsbildung wurden bisher Kooperationen angebahnt, Bestandsaufnahmen dazu durchgeführt, wie gegessen wird und ein Projektantrag geschrieben. Für den Bereich »Essbare Stadt« ist eine größere Projektmittelförderung vorhanden, hier arbeiten zwei Mitarbeiterinnen zu je 60 Prozent. Der Kontakt zur Politik wird als gut wahrgenommen.[256]

7.4.2 Vorzüge

Die Zielrichtung der Ernährungsräte bedingt, dass bei diesen Initiativen in der Regel gleich mehrere Kriterien als gegeben gelten können, die sie förderungswürdig im Sinne der Wf4.0 machen. Mit ihrem Ziel einer weitgehend regionalen Versorgung mit Lebensmitteln setzen Ernährungsräte auf eine Stärkung der regionalen Wirtschaft und auf kurze Wertschöpfungsketten. Mit der Reduzierung von weiteren (internationalen) Lieferwegen kann die Krisenfestigkeit durch ein höheres Maß der Selbstversorgung der Region gestärkt werden.

Positive ökologische Wirkungen werden erreicht, wenn der Ernährungsrat es schafft, sein Ziel einer nachhaltigen, regionalen Lebensmittelversorgung der Stadt und des verstärkten biologischen Anbaus durch- beziehungsweise umsetzen kann. Ein Ernährungsrat in der Stadt kann zu einem Netzwerkakteur im Lebensmittelsektor werden. Das Zusammentreffen der verschiedenen Akteure und Akteurinnen kann mögliche neue Wirtschaftsbeziehungen unter den lokalen Unternehmern fördern.

7.4.3 Hintergrundinformationen

Der Ursprung der Ernährungsräte liegt in den USA, in denen 1981 in Knoxville/Tennessee ein sogenanntes »Food Policy Council« gegründet wurde. Ab den 1990er-Jahren wurden in den Vereinigten Staaten und Kanada weitere solcher Organisationen ins Leben gerufen. Zu unterscheiden sind drei mögliche Organisationsformen von Ernährungsräten. Zum einen der Ernährungsrat als Beirat beziehungsweise Kommission der Kommune mit Einbettung in die Verwaltungsstrukturen, sodann als Nicht-Regierungsorganisation, die als Akteurin neben der Kommune steht, sowie eine Mischform als unabhängiges Gremium, das eine kommunale Einbindung erfährt und durch die Kommune beispielsweise finanziell unterstützt wird.[257]

Ernährungsräte wollen die Städte wieder zu relevanten Entscheidungsakteurinnen der Ernährungspolitik machen. Die unterschiedlichen Mitglieder beziehungsweise Teilnehmerinnen in einem Ernährungsrat – beispielsweise Bürger, aktive Verbraucherinnen, Politiker, Landwirtinnen, Ernährungsaktivisten – können gemeinsam Wissen um das Ernährungssystem generieren und bündeln. Auf dieser Basis können Diskussionen angestoßen, Projekte ins Leben gerufen und Handlungsprogramme entworfen werden.[258]

7.4.4 Wie starten?

Ein wichtiger Faktor für das Zustandekommen eines Ernährungsrates wird das Zusammenkommen einer Reihe engagierter Akteure und Akteurinnen aus dem Ernährungsbereich sein, die sich für ein solches Format interessieren. Sind diese bereits vernetzt, kann sich die Idee zur Gründung eines Ernährungsrates entwickeln. Neben der Hinzugewinnung weiterer Mitstreiter und Mitstreiterinnen ist die entscheidende Frage zu klären, welche Form der Ernährungsrat annehmen soll. Er kann beispielsweise ein rein zivilgesellschaftliches Bündnis sein oder in städtische Strukturen integriert werden. Das Verhältnis zur Kommune und die Organisationsform (beispielsweise Vereinsträgerschaft) sind zu bestimmen. Da die Stadt in jedem Fall die zentrale Ansprechpartnerin der Initiative werden muss, sollten hier frühzeitig Kontakte aufgebaut und das Interesse abgeleuchtet werden. Vielleicht lassen sich hier Möglichkeiten der Zusammenarbeit oder Integration früh klären.

Fürsprecherinnen in Stadt und Politik können eine hilfreiche Stütze für die Initiative werden. Hier wird es darauf ankommen, sich in jedem Fall parteiübergreifend aufzustellen. Für viele wird das Konzept »Ernährungsrat« eine unbekannte Idee sein, bei der es – im Gegensatz zum Umgang mit anderen städtischen Akteuren wie Unternehmen oder kirchlichen Einrichtungen et cetera – keine Vorerfahrungen oder Routinen gibt. Dementsprechend sollte Zeit darauf verwendet werden, das Konzept zu erklären und bekannt zu machen.

Zwar ist auch für die Wirtschaftsförderung die Arbeit mit einem Ernährungsrat ein neues Terrain, in vielfacher Hinsicht sind aber Fähigkeiten und Ideen gefragt, mit denen der Wirtschaftsförderer vertraut sein wird. Ein Ernährungsrat ist ein Akteur, der verschiedene Akteurinnen aus dem Ernährungsbereich miteinander vernetzt und seinerseits wiederum gut vernetzt sein muss. Dementsprechend stellen Aufbau und Pflege von Kontakten ein wichtiges Arbeitsfeld des Ernährungsrates dar. Die Wf4.0 unterstützt hier bei der Suche nach geeigneten Ansprechpersonen.

7.4.5 Kooperieren und fördern

Zu Beginn stellen sich für einen Ernährungsrat viele organisatorische Fragen, bei denen die Wf4.0 helfen kann. Beispielsweise müssen Räumlichkeiten gefunden werden, die für die Treffen genutzt werden können. Je nach Einbindung der Stadt sind hier bereits städtische Räume vorhanden, die sich unkompliziert nutzen lassen. Später benötigt der Ernährungsrat gegebenenfalls Hilfe bei der Erstellung von

Fördermittel- oder Projektanträgen. Oder die Presse- und Öffentlichkeitsarbeit soll professionalisiert werden, wofür die Wf4.0 Kontakte herstellen kann.

Die Arbeit eines Ernährungsrates weist zahlreiche Verknüpfungen zu weiteren Geschäftsfeldern der Wf4.0 auf. Einerseits ist die Wf4.0 eine sehr wichtige Ansprechpartnerin für den Ernährungsrat, beispielsweise wenn es darum geht, weitere Mitstreiter zu finden. Zum anderen kann auch die Wf4.0 von einem gut vernetzten Ernährungsrat profitieren, weil sich hier wichtige Akteurinnen an einem Ort versammeln, die für die Wf4.0 in anderen Geschäftsfeldern von hoher Bedeutung sind.

Folgende Akteure können unter anderem Mitglied oder wichtiger Vernetzungspartner eines Ernährungsrates sein und sind gleichzeitig wichtige Zielakteure der Wf4.0 in anderen Bereichen: Eine Regionalwert AG (oder eine ähnliche Institution), Nahversorgungsläden, die ansässige Tafel, solidarische Landwirtschaft-Initiativen, regionale Slow Food-Gruppen, Netzwerke inhabergeführter Gastronomiebetriebe oder Hotels, Bauern (mit Direktvermarktung) und Urban Gardening-Projekte sowie Aquaponik- und Vertical Farming-Startups.

Selbstverständlich sind Anzahl und Organisationsform dieser Akteure stark durch das eher urbane oder eher ländliche Umfeld der Kommune bedingt. So werden Nahversorgungsläden eher auf dem Land eine größere Rolle spielen und Vertical Farming eher in urbanen Zentren. Möglicherweise ist der Ernährungsrat auch der Ort, an dem Ideen für die Neugründung solcher Initiativen entstehen oder Innovationen und Abwandlungen der bisherigen Konzepte. In jedem Fall besteht bei einer erfolgreichen Arbeit erhebliches Potenzial für die Vernetzung der regionalen (Land-) Wirtschaft und die Etablierung regionaler Wertschöpfungsketten.

7.4.6 Erfolgsindikatoren

In diesem Geschäftsfeld wird es nicht Ziel sein, die Anzahl der Initiativen zu erhöhen, sondern vielmehr *einen* städtischen Ernährungsrat zu fördern beziehungsweise die Entstehung eines solchen zu begleiten. Der Erfolg der Wf4.0-Arbeit kann gemessen werden über:

- Anzahl der Mitglieder des Ernährungsrates (quantitative Annahme)
- Diversität der Mitglieder des Ernährungsrates: Sind möglichst viele Akteure, die für das städtische Ernährungssystem bedeutsam sind, vertreten, also zum Beispiel nicht nur Konsumenten und Ernährungsinitiativen, sondern auch eine Reihe Bauern und Gastronominnen?

- Bekanntheits- und Akzeptanzgrad: Ist der Ernährungsrat in der Stadt bekannt und wird beispielsweise in der Politik von unterschiedlicher politischer Seite (Parteien) als Gesprächs- und Arbeitspartner anerkannt? Wie zufrieden ist der Ernährungsrat selbst mit seiner politischen Arbeit?
- Welche Projekte können/konnten konkret umgesetzt werden und welcher Output (beispielsweise Arbeitspapiere, Stellungnahmen, Entwicklungsziele) konnte erarbeitet werden?

7.5   Schuhe, Kleidung, Möbel

Die Hervorhebung der *lokalen* Produktion von Kleidung, Schuhen und Möbeln und die offensive Bewerbung dieses Produktionsmerkmals als besondere Qualitätsauszeichnung für Produkte stellt einen Gegenpunkt zu dem seit langem diskutierten »Trend« einer Abwanderung und Verlagerung der Produktion ins Ausland (Stichwort »Billiglohnländer«) dar. Aus Perspektive der Wirtschaftsförderung 4.0 sind nachhaltige und vor Ort produzierende Unternehmen in besonderer Weise förderungswürdig.

Der Nutzen einer Produktion »vor Ort« für die Stadt liegt dabei auf der Hand. Zum einen schafft beziehungsweise erhält lokale Produktion Arbeitsplätze. Die Qualität der Produkte kann von den Unternehmen vor Ort gesichert werden, Label wie »Made in Germany« oder »Made in Osnabrück« werden damit – wenn authentisch und für den Verbraucher nachvollziehbar verwendet – zu einem besonderen Qualitätsmerkmal.

Die Unternehmen und letztendlich auch die Stadt sind darüber hinaus potenziell geringer abhängig von globalen Krisenereignissen, die beispielsweise auch die Bezugswege und Lieferketten betreffen können, und werden dadurch resilienter.

Auch in ökologischer Hinsicht verspricht lokale Produktion Chancen für eine nachhaltigere Wirtschaftsweise. Die Sicherung angemessener Produktionsbedingungen und die Einhaltung von Umweltschutzstandards geschieht vor Ort in Deutschland, globale Lieferketten entfallen. Der Unternehmer hat die Produktion stärker oder sogar vollständig selbst »in der Hand«, sie wird für ihn kontrollierbarer.

Unternehmen mit besonders hohen Qualitäts- und Umweltansprüchen können im Sinne der Transparenz ihre Produktionsweise offenlegen und für den Kunden in besonderer Weise nachvollziehbar machen und sich von (internationaler) Konkurrenz abheben. Explizit regionale Produkte können den Bezug der Menschen zu ihrer Region stärken, im Idealfall können so starke nachhaltige Unternehmen von der Region und umgekehrt profitieren. Ein Kernanliegen von Wirtschaftsförderung wie Stadtmarketing wird hier angesprochen.

Im Kontext lokaler Produktion sind auch neue Entwicklungen städtischer Raumordnung zu diskutieren. Urbane Produktion löst die strikte räumliche Trennung von Wohnen und Arbeiten auf. »Urbane Produktion bezeichnet die Herstellung und Bearbeitung materieller Güter in dicht besiedelten Gebieten, die häufig lokale Ressourcen und lokal eingebettete Wertschöpfungsketten nutzt. Die Nähe zum Lebensraum verlangt emissionsarme und ressourceneffiziente Produktions- und Transportweisen, um Nutzungskonflikte mit den Anwohnerinnen und Anwohnern zu vermeiden. Die eigenwirtschaftlich agierenden Betriebe weisen dabei vielfach Synergieeffekte mit kreativen Milieus und Dienstleistungen auf.«[259] Ökologische Erfordernisse, die Einbettung in die lokale (Kreativ-)Wirtschaft und das Ansprechen eines Kundenkreises, der auf qualitativ hochwertige Produkte setzt, gehen hier eine enge Verbindung ein.[260]

Die Wirtschaftsförderung 4.0 stärkt die Kommune als Produktionsstandort für nachhaltige und hochwertige Produkte und unterstützt Unternehmen – von kleinen Start-ups und urbanen Manufakturen bis zu größeren Akteuren – bei der regionalen Produktion.

7.5.1 Zum Beispiel: Carl Klostermann Söhne

Die Firma Carl Klostermann Söhne (CKS) ist im Bandwebe- und -flechtgewerbe tätig. Das Wuppertaler Unternehmen produziert vor allem Schnürsenkel, Kordeln und Gummilitzen für die deutsche und europäische Schuhindustrie. Während andere Unternehmen der Branche ihre Produktion nach Osteuropa und Asien ausgelagert haben, fertigt das Familienunternehmen in vierter Generation nach wie vor in Wuppertal. Dort beschäftigt der Betrieb 50 Mitarbeiter.[261]

Die verarbeiteten Garne lässt CKS bei Unternehmen aus dem regionalen Umfeld färben und veredeln. Außerdem setzt die Geschäftsführung auf die Werte Qualität, Nachhaltigkeit und Zuverlässigkeit. Der verwendete Strom stammt beispielsweise zu 100 Prozent aus regenerativen Quellen. Damit kann sich das Unternehmen gegenüber globalen Konkurrenten erfolgreich behaupten.

Gegen den Wachstumstrend

Der Familienbetrieb wurde 1891 von Carl Klostermann gegründet und stellte vielfältige Flechtartikel her. Nach dem Eintritt seiner Söhne in die Firma spezialisierte sich der Betrieb 1922 auf die Produktion von Schnürsenkeln. Carl Klostermann Söhne wurde dann noch ein weiteres Mal an die Folgegeneration übergeben, bis 1991 und 1998 die heutige Urenkelin des Gründers gemeinsam mit ihrem Ehemann den Betrieb übernahm.

Die Geschäftsführung, die sich bewusst vom Wachstumstrend in der Wirtschaft abkehrt, umgeht den Preisdruck des Weltmarktes durch ihre alternative Unternehmensstrategie. Statt einer möglichst günstigen Herstellung der Produkte setzt Carl Klostermann Söhne auf eine hohe Qualität der verwendeten Materialien, einen umfangreichen Service und eine hohe Lieferzulässigkeit. Die gleichbleibend geringe Größe des Unternehmens kommt dieser Strategie entgegen: Da die Prozesse relativ übersichtlich bleiben, kann das Unternehmen eine bestmögliche Betreuung der Kundinnen und Kunden durch die schnelle Handlungsfähigkeit und den direkten und persönlichen Kontakt gewährleisten.

Flexible Arbeitszeitmodelle für schwankende Nachfrage

Auch in Sachen Klimaschutz engagiert sich das Unternehmen zum Beispiel durch die weitestgehend schadstofffreie Produktion und Weiterverarbeitung der Materialien. Dementsprechend sind die Kundinnen und Kunden auch bereit, vergleichsweise höhere Preise der Produkte in Kauf zu nehmen.

Da das Kerngeschäft des Unternehmens saisonalen Schwankungen unterliegt, werden Arbeitsplätze über flexible Arbeitszeitmodelle, die sich an der schwankenden Nachfrage innerhalb eines Geschäftsjahres orientieren, gesichert. Die Zusammenarbeit von Carl Klostermann Söhne mit Kooperationspartnern ermöglicht es zudem, sich in Zeiten extrem hoher Auslastung gegenseitig zu unterstützen.

Carl Klostermann Söhne ist ein regional verankertes Unternehmen, das sich – entgegen der globalen Trends und einer damit einhergehenden Abwanderung von Textilfirmen nach Asien – bewusst für einen Standort in Deutschland entschieden hat. Dabei bestehen geringe Abhängigkeiten von Importen sowie stabile und kurze Lieferbeziehungen, da das Unternehmen Arbeitsschritte wie die Färbung und Veredlung der Garne an Betriebe in der Region vergibt.

7.5.2 Zum Beispiel: Manomama

Bei der Öko-Modemanufaktur Manomama geht es weniger um die Verwirklichung einer innovativen Produkt- oder Dienstleistungsidee, sondern vielmehr darum, Menschen, die auf dem Arbeitsmarkt benachteiligt sind, eine Erwerbstätigkeit und damit gesellschaftliche Partizipation zu ermöglichen. Dementsprechend beschäftigt die Gründerin des Augsburger Unternehmens ausschließlich Arbeitnehmer und Arbeitnehmerinnen, die zum Beispiel aufgrund ihres Migrationshintergrundes, ihrer Familiensituation (zum Beispiel alleinerziehend) oder ihres Alters für Arbeitsagenturen als »schwer vermittelbar« gelten. [262]

In einer Branche, die regelmäßig durch katastrophale Produktionsbedingungen in anderen Ländern Aufsehen erregt, zeigt die Unternehmerin Sina Trinkwalder, wie Kleidung vor Ort unter Beachtung sozialer und ökologischer Aspekte hergestellt werden kann. Im Fokus des Unternehmens sollen Menschen anstatt der Gewinnmaximierung stehen.

Die Beschäftigungsverhältnisse bestehen auf unbefristeter Basis und sichern den derzeit rund 150 Beschäftigten neben dem Lohn auch familienverträgliche und flexible Arbeitszeiten zu.

Die Produkte von Manomama erstrecken sich von Damen- und Herrenmode über Accessoires und Schmuck bis zu eigens verfassten Büchern der Gründerin. Vertrieben werden sie sowohl über das Internet als auch im eigenen Manomama-Laden in Augsburg und über Einzelpersonen, die die Waren in ihren eigenen Geschäften und Boutiquen anbieten oder als »Mobile Herzen« die Kunden zuhause besuchen und beraten. Die Herstellung dieser Waren ist dabei nicht nur im sozialen Sinne fair. Manomama berücksichtigt zudem strenge ökologische Standards und verzichtet etwa auf den Einsatz von bestimmten Chemikalien. Die verwendeten Stoffe werden, wie zum Beispiel die Wolle aus Augsburg, regional bezogen.

Faire Löhne und möglichst viel Wertschöpfung in der Region
Die Arbeitsbeziehungen sind durch faire Löhne und Orientierung an den Bedürfnissen der Mitarbeiter gekennzeichnet – ein Zustand, der sich deutlich von den typischen Arbeitsbedingungen der Branche in Schwellen- und Entwicklungsländern abhebt. Somit wird deutlich, dass das Unternehmen nicht Profit und Wachstum als zentrales Ziel fokussiert, sondern stattdessen auf fair produzierte und qualitativ hochwertige Produkte setzt.

Außerdem legt Gründerin Trinkwalder Wert darauf, dass möglichst viel Wertschöpfung in der Region stattfindet. So lässt sie vor Ort produzieren und auch die Materialen werden, wenn möglich, aus dem regionalen Umfeld bezogen. Damit trägt Manomama auch zur Stärkung anderer Betriebe in der Region bei und minimiert die Anfälligkeit der regionalen Branche gegenüber Störungen durch Schwankungen am Weltmarkt.

Das Geschäftsmodell wurde seit der Gründung 2010 vielfach ausgezeichnet, unter anderem mit dem Barbara-Künkelin-Preis für couragierte Frauen (2014), dem Deutschen Nachhaltigkeitspreis in der Kategorie »Social Entrepreneur der Nachhaltigkeit« (2011) und dem Bayerischen Bürgerkulturpreis. Zudem erhielt Sina Trinkwalder 2015 das Bundesverdienstkreuz.

7.6 Regionale Energieerzeugung

Eines der zentralen Zukunftsthemen ist die Gestaltung und Umstrukturierung des Energiesektors, der Energiegewinnung und -versorgung. Verschiedenste Akteure sind heute in der regionalen Energieerzeugung aktiv, investieren in und betreiben Anlagen regenerativer Energieerzeugung (Solarenergie, Windkraft, Biomasseanlagen) und sind Teil einer stärker dezentralen Ausrichtung innerhalb des Energiesektors. Der Wechsel zu erneuerbaren Energien verringert den CO_2-Ausstoß bei der Energieerzeugung und gilt als zentraler Baustein des Klimaschutzes. Verstärkte umweltschonende Effekte sind in erster Linie dann zu erwarten, wenn man gleichzeitig eine (Politik der) Einsparung von Energie, also Handlungen und Konzepte zur Senkung des Energieverbrauchs, verfolgt.

Wirtschaftsakteure, die in der regionalen Energieerzeugung aktiv sind, firmieren oft auch als Genossenschaften. Bürger und Bürgerinnen vor Ort investieren hier ihr Geld in den Bau etwa von Photovoltaikanlagen oder Windrädern beziehungsweise betreiben diese Anlagen anschließend selbst. Energiegenossenschaften sind dabei in verschiedenen Bereichen aktiv. Die Bürger, die sich in die Projekte einbringen, profitieren im Erfolgsfall und bei Ausschüttung einer Dividende unmittelbar finanziell. Gleichzeitig stellen Energiegenossenschaften für viele Menschen, die die Energiewende vorantreiben wollen, einen Ort konkreter persönlicher Einflussnahme und Engagements dar. Im weiteren Kontext der Transformation des Energiesektors stellen solche Ansätze, bei denen die Menschen vor Ort unmittelbar selbst an Energiewende-Projekten beteiligt werden, einen interessanten Ansatz dar, um die Akzeptanz für die Energiewende in der Bevölkerung zu sichern beziehungsweise zu erhöhen.

Die Wirtschaftsförderung 4.0 unterstützt Wirtschaftsakteure im Bereich der regionalen Energieerzeugung, die in regenerative Energieprojekte investieren und Angebote im Kontext eines umweltschonenden Umgangs mit Energie bereitstellen. So können Energiegenossenschaften etwa neben ihrer Aktivität bei Aufbau und Betrieb entsprechender Anlagen Serviceangebote zum Thema Energieeinsparung vorhalten.

Die Wf4.0 will die Rendite wirtschaftlicher Aktivität an die Region binden. Erfolgreiche Energiegenossenschaften zeigen beispielhaft, wie Bürger vor Ort neben ihrer Rolle als Konsumenten selbst zu Akteuren und Akteurinnen der Energiewirtschaft werden und von entsprechenden Projekten vor Ort profitieren können. Für die Kommunen bietet sich gegebenenfalls eine Zusammenarbeit mit der Energiegenossenschaft vor Ort an. Für zentrale Herausforderungen haben die Energiegenossenschaften bereits heute Lösungen erarbeitet. So wurde es über einen bundesweiten Zusammenschluss möglich, dass die (kleinen) regionalen Energiegenossenschaften in den Stromvertrieb einsteigen konnten (siehe hierzu Fallbeispiel der Bürgerwerke eG).

Eine praktikable Definition von Energiegenossenschaften, die insbesondere auf den partizipativen Moment dieser Akteure sowie auf den Bezug zur Energiewende eingeht, findet sich bei Klemisch: »Energiegenossenschaften sind Akteure der Energiewirtschaft in der Rechtsform der Genossenschaft mit dem Ziel einer dezentralen, konzernunabhängigen und ökologischen Energiegewinnung. Sie sind eine Form der Bürgerbeteiligung vorwiegend auf kommunaler Ebene und bieten den Bürgern die Möglichkeit, zur Energiewende und zum Klimaschutz beizutragen«.[263]

Für die Aktivitäten von Energiegenossenschaften im Allgemeinen zeigen sich Rahmenbedingungen wie rechtliche Vorgaben als entscheidend. So ist etwa der Rückgang an Neugründungen nach einer Gründungswelle zu Beginn der 2010er-Jahre auch im Kontext der durchgeführten EEG-Novellen zu sehen.[264]

Für Energiegenossenschaften wichtig ist der Aufbau eines funktionierenden Verhältnisses von ehrenamtlichem Engagement und Hauptamtlichkeit und damit einem Mehr an hauptamtlichen Mitarbeitern.[265] Für die Wirtschaftsförderung 4.0 zeigt sich hier ein erster Ansatzpunkt für die Unterstützung von Energiegenossenschaften. Die Schaffung von hauptamtlichen Stellen trägt zur Professionalisierung und zur Handlungsfähigkeit der Akteure und Akteurinnen bei, wie sie die Wf4.0 forciert.

Die Potenziale zur Entfaltung respektive Steigerung lokaler Wertschöpfung, die Energiegenossenschaften bieten können, lassen sich durch eine gezielte Förderung aktivieren. Dies kann auch positiven Einfluss auf eine Reihe weiterer lokaler Akteure und Akteurinnen haben.[266]

7.6.1 Zum Beispiel: Energiegenossenschaft Starkenburg

Über die Energiegenossenschaft Starkenburg in Südhessen beteiligen sich Bürgerinnen und Bürger der Region an Erneuerbare-Energien-Projekten vor Ort. Dabei realisiert die Bürgerenergiegenossenschaft Projekte unter anderem in den Bereichen Windkraft und Photovoltaik und betreibt darüber hinaus eine Biogasanlage. Über ihre Beteiligung an den Bürgerwerken eG ist sie auch als Stromanbieter aktiv.

Die Energiegenossenschaft Starkenburg ist in besonderer Weise Beispiel für eine erfolgreiche Initiative im Sinne der Wf 4.0. Vor allem über ihr Engagement in gleich mehreren Bereichen der Erneuerbaren Energien – Windkraft, Solarenergie, Bioenergie – sticht sie auch unter anderen Energiegenossenschaften hervor und ist besonders breit aufgestellt.[267] Das Beispiel zeigt, dass selbst große Energieprojekte wie etwa Windräder erfolgreich von einer regionalen Genossenschaft und damit Bürgerinnen und Bürgern vor Ort umgesetzt werden können. Über die Wirtschaftsförderung 4.0 hinaus weist der Ansatz, die Menschen vor Ort finanziell von der Errichtung von Windenergieanlagen profitieren zu lassen, den Weg für eine für die Betroffenen akzeptable und auf einen breiteren Konsens gestellte deutsche Energiewende.

Entstehungsgeschichte

Die Gründungsversammlung der Energiegenossenschaft fand im Dezember 2010 statt. Anstoß des Vorhabens gaben Aktivitäten und Überlegungen in der südhessischen Kleinstadt Heppenheim. Deren Umweltbeauftragter begleitete einen Agendaprozess und Runde Tische mit Bürgerinnen und Bürgern zum Thema Energie. Hier kam es im Laufe der Zeit zu einem Impuls aus der Runde, als ein Teilnehmer von einer nordbayerischen Energiegenossenschaft berichtete und in der Folge ein Vortrag von einer Person aus Bayern hierzu gehalten wurde. Nachdem die Gründung einer Genossenschaft in der Stadt nicht in Gang kam, da niemand die Federführung übernehmen wollte, gelang schließlich aus einem Netzwerk von 13 Menschen, die sich in ihrer Freizeit hierfür engagierten, die Gründung der Energiegenossenschaft Starkenburg, die explizit in der Region Starkenburg und nicht beschränkt auf eine Stadt aktiv ist.

Ausschlaggebend für den Erfolg der Gründung war, dass viele regionale Experten und Expertinnen aus unterschiedlichen Bereichen beteiligt waren, unter anderem ein Windprojektierer und Steuerberater. Seit 2015 verfügt die Initiative über einen hauptamtlichen Mitarbeiter. Als Graswurzelorganisation entstanden, war die Energiegenossenschaft Starkenburg schließlich eines der Gründungsmitglieder der bundesweit im Stromvertrieb tätigen Bürgerwerke eG.[268]

Die Energiegenossenschaft Starkenburg setzt sich zum Ziel, die Erzeugung und Nutzung der erneuerbaren Energien in der Region auszubauen, und engagiert sich darüber hinaus in dem Bereich Energieeinsparung und Effizienz. Die Energieprojekte in der Region sollen dabei unter Beteiligung der Bürgerinnen und Bürger vorangetrieben werden, außerdem wird eine enge Zusammenarbeit unter anderem mit den Kommunen angestrebt. Mit ihrer Beteiligung an der deutschlandweiten Dachgenossenschaft Bürgerwerke eG ist es der Genossenschaft darüber hinaus gelungen, in den Stromvertrieb einzusteigen.[269]

Auffällig ist das umfangreiche Engagement der Genossenschaft im Windenergiebereich. Hier wurden bereits mehrere Projekte realisiert beziehungsweise erfolgten Beteiligungen an Projekten, einige Windräder werden von der Genossenschaft selbst betrieben. Mit dem Ansatz, die Menschen, bei denen das Windrad gebaut wird, von diesem auch profitieren zu lassen, kann auch die Akzeptanz für Energieprojekte vor Ort erhöht werden. Bis Ende 2020 hat die Genossenschaft darüber hinaus bereits 31 Photovoltaik-Projekte realisiert. Entsprechende Module finden sich unter anderem auf Sporthallen, einer Schule und einem Kindergarten, einem Rathaus, einem Getränkemarkt und landwirtschaftlichen Betrieben.

Bauern aus der Region sind direkt eingebunden

Die Gebäudebesitzer können dabei von einer Pacht profitieren. In den Bereich Biogas stieg die Initiative im September 2014 durch die Übernahme einer bereits bestehenden Biogasanlage ein, die Finanzierung erfolgte vollständig aus Eigenkapital. Hier entsteht Strom und thermische Energie. Bauern aus der Region sind direkt in das Projekt eingebunden. Voraussetzung für den Eintritt in die Energiegenossenschaft ist der Erwerb von zwei Genossenschaftsanteilen à 100 Euro. Jedoch ist zusätzlich vorgesehen, dass der Bürger ein projektbezogenes Nachrangdarlehen von 1800 Euro zur Verfügung stellt, womit sich ein finanzieller Beteiligungsaufwand von 2000 Euro ergibt.[270]

Für die Realisierung der Projekte hat die Initiative mehrere Einzelbetriebe gegründet. Insgesamt gibt es vier Betreibergesellschaften für die Großprojekte, drei für jeweils ein Windradprojekt sowie eine für die Biogasanlage. Die Genossenschaft ist Mehrheitseigner dieser Gesellschaften, die Energiestark GmbH ist deren Komplementär, die selbst zu 100 Prozent der Genossenschaft, die ehrenamtlich arbeitet, gehört. Diese Mischung der Unternehmensformen wird als erforderlich und erfolgreich angesehen.

Integraler Bestandteil des Ansatzes ist es, bei der Verwirklichung der Energieprojekte die Bürgerinnen und Bürger vor Ort einzubinden und zu beteiligen und regionale Firmen bei der Projektrealisierung zu bevorzugen, womit möglichst ein System regionaler Wertschöpfungskreisläufe realisiert werden soll. Bei der Projektrealisierung strebt die Genossenschaft einen möglichst hohen Eigenkapitalanteil an, der bisher zwischen 55 Prozent und der vollständigen Finanzierung der Projekte lag. Die erwirtschaftete Dividende fließt an die Mitglieder der Genossenschaft zurück.[271]

Geld mit gutem Gewissen anlegen

Die Motive der beteiligten Menschen sind verschieden. Einige investieren aufgrund der Fukushima-Erfahrung, andere möchten ihr Geld mit gutem Gewissen anlegen. Relevant ist auch der unmittelbare lokale Bezug.

Jedes neue Genossenschaftsmitglied muss zudem Geld für ein konkretes Projekt zur Verfügung stellen. Diese Bedingung hat man festgelegt, um möglichst organisch zu wachsen. Viele neue Leute stoßen zu der Genossenschaft, wenn konkrete Projekte angegangen werden.

Wird beispielsweise eine neue Photovoltaikanlage auf einem Kindergartendach geplant, wird ein Informationsabend für Erzieher und Erzieherinnen sowie Eltern organisiert. Die Menschen sollen möglichst immer zu den späteren Standorten der Anlagen eingeladen werden. Zu solchen Infoveranstaltungen erscheinen dann Artikel in der Zeitung, wodurch man ein Medienecho erzeugen kann. Als besonders nützlich empfindet es die Initiative, dass sie inzwischen die Projekte auch vorfinanzieren kann, was es deutlich einfacher macht, Unterstützung für die Projekte einzuwerben, da die Menschen den Bau bereits sehen können.

Im Vergleich zu Energiegenossenschaften, die an Volksbanken und Raiffeisenbanken angeschlossen sind, nimmt sich die Initiative eher als politischer »Outlaw« wahr und sieht sich auch von der Wirtschaftsförderung wenig beachtet. Die finanziellen Potenziale, die die Genossenschaft bieten würde, können so nach eigenen Angaben gar nicht ausgeschöpft werden. Der Umgang mit den kommunalen Liegenschaften wird von der Initiative als insgesamt besonders wichtiger Aspekt der kommunalen Politik betont. Die Energiegenossenschaft Starkenburg würde sich wünschen, dass die Kommunen und Landkreise stärker darauf achten, welches Potenzial bei ihnen vor Ort durch die Energiegenossenschaft vorhanden ist. Es fehlt aus Sicht der Initiative an einem Kontakt-Anbahner, um in einen Dialogprozess einsteigen zu können.[272]

Die Genossenschaft hatte Anfang 2021 über 1000 Mitglieder. Als besonderer Erfolg können die Realisierung der Windkraftprojekte und die umfangreiche

Beschaffung von Eigenkapital, das eine starke Unabhängigkeit von Banken schafft, gelten. Die Initiative selbst betont nicht zuletzt glückliche Fügungen, aber auch die Bedeutung von Kontakten und Netzwerken, die zu einer erfolgreichen Realisierung von Projekten geführt haben. Das Aufeinandertreffen der Genossenschaft mit den Landwirten zu einem Zeitpunkt, als eine Nachfolgeoption zum Weiterbetrieb der Biogasanlage gesucht wurde, führte beispielsweise zum Engagement der Initiative in diesem Bereich.[273]

8 Sharing Economy

Seit Jahrtausenden betreiben Menschen Tauschhandel, um ihre Bedürfnisse zu befriedigen. Doch mit wachsendem Wohlstand und dem Preisverfall von Haushaltsgeräten, Garten- und Heimwerkzeugen zerfielen gemeinschaftliche Nutzungsformen. Billige Produkte und mehr Einkommen haben den Luxus des Besitzens ermöglicht, häufig zu dem Preis, dass ein minderwertiges Produkt angeschafft wurde, mit hohem Energieverbrauch und kurzer Lebensdauer. Reparieren lohnt sich bei Ramsch nicht.

Heute ist es selbstverständlich, dass für zehn nebeneinanderliegende Reihenhausgärten ebenso viele Rasenmäher, Freischneider und Heckenscheren vorhanden sind. Jeder besitzt sein eigenes Gerät, statt eine gemeinsame Nutzung mit den Nachbarn zu vereinbaren. Lässt sich diese Entwicklung umkehren? Möglicherweise, wenn sich das Lebensumfeld ändert. Die Überzeugungsarbeit dafür könnte die Wf4.0 leisten.

Im Sektor Mobilität ist das Teilen inzwischen sehr populär. Noch hat rechnerisch jeder Haushalt mindestens ein Privatauto. Doch das ändert sich womöglich bald. Das wünschen sich zumindest viele Stadtplaner und auch die breite Mehrheit der Stadtbewohner und -bewohnerinnen.[274]

Zugleich zeigt sich: Nicht nur mit der Produktion von Autos lassen sich Geschäfte machen, sondern auch mit dem Unterhalt einer Sharing-Angebots. Sämtliche Dienstleistungen, wie etwa die Wartung, übernimmt der Anbieter. Praktisch für die Nutzer. Beim E-Roller hat man womöglich das Besitzdenken übersprungen. In den Städten sind sie derweil allgewärtig, selten stehen darauf Besitzer. Mehr zur Einführung in das Geschäftsfeld Sharing Economy siehe S. 60.

8.1 Mobility

Sharing Mobility bezeichnet das Teilen von Fahrzeugen und von Fahrten. Die ältesten Formen des Teilens von Fahrzeugen sind das Taxi und die Autovermietung. Eine weitere, in Deutschland seit etwa der 1990er-Jahre existierende und in den letzten Jahren im Zeichen der Digitalisierung stark wachsende Form im Bereich der Sharing Mobility stellt das sogenannte »Carsharing« dar. Unter Carsharing versteht man eine organisierte gemeinschaftliche Nutzung von Autos, wobei im Gegensatz zur Autovermietung eine auch nur minutenweise Nutzung möglich ist. Die ursprüngliche Idee ist, dass Fahrzeuge von festen Mietstationen aus zur Verfügung gestellt werden. Nach Gebrauch müssen die Fahrzeuge wieder an die Mietstation zurückgebracht werden. Durch die Entwicklung mobiler Informationstechnologien sind Carsharing-Unternehmen jedoch mehr und mehr zu einem flexiblen Modell (»free floating car«) übergegangen, bei dem Fahrzeuge frei innerhalb eines fest definierten Nutzungsgebietes im öffentlichen Parkraum parken und dadurch die Option erfüllen, nur für einen Weg genutzt werden zu können.

Das Ziel von Ridesharing liegt darin, dass ein Fahrer sein Auto mit weiteren Fahrgästen teilt, die in dieselbe Richtung wollen (»Fahrgemeinschaft« oder »Trampen«). Durch die Möglichkeiten der technologischen Innovationen sind in den letzten Jahren Dienste entstanden, die dem Geschäftsmodell klassischer Mitfahrzentralen entsprechen, die es in Deutschland schon seit Jahrzehnten gibt.

Darüber hinaus sind über Smartphone-Apps auch Taxisharing und Taxivermittlung möglich, deren Ziel es ist, Personen, die zur gleichen Zeit in eine ähnliche Richtung wollen, zu einer Fahrgemeinschaft in einem Taxi zu verbinden und damit das Verkehrsaufkommen und die Kosten für alle Beteiligten zu reduzieren.

8.1.1 Zum Beispiel: Cambio

Die Cambio Mobilitätsservice GmbH & Co. KG (auch Cambio-Gruppe) bietet service- und bedarfsorientiertes Carsharing für Privat- und Geschäftskunden. Das unabhängige Unternehmen kombiniert nach eigenen Angaben moderne und spritsparende Fahrzeuge mit flexiblem 24-Stunden-Service und kostengünstigen Tarifen. Cambio unterhält aktuell in 30 deutschen und 78 belgischen Städten über 3400 Fahrzeuge für mehr als 145 000 Kunden. Gemeinsam mit Partnerunternehmen bietet die Firma in über 210 Städten in Deutschland und Belgien über 7100 Fahrzeuge.[275]

Cambio wurde 1990 als gemeinnütziger Verein gegründet und startete als zweiter Carsharing-Anbieter Deutschlands. Cambio hat sich seitdem stark professionalisiert und hatte 2019 115 000 Kunden in Deutschland und Belgien bei einem Umsatz von rund 30 Millionen Euro. Als Zusammenschluss aus 16 Beteiligungs- und Partnerunternehmen ist Cambio noch immer lokal verankert (siehe unten). Cambio ist ein schönes Beispiel für die Professionalisierung einer Resilienzinitiative.

Entstehungsgeschichte

Die Motivation der sieben Privatleute zur Gründung eines Carsharing-Vereins war, die Anzahl von Privatautos in der Stadt zu senken und damit Umwelt- und Klimaschutz zu betreiben sowie den Stadtraum aufzuwerten, indem mehr Platz für andere Funktionen als Parken geschaffen wird.

Los ging es mit zwei Gebrauchtwagen. Die Wagenschlüssel hingen in einer Geldkassette. Alle Vereinsmitglieder besaßen einen Schlüssel. In den ersten zehn Jahren wuchs die Kundenzahl langsam. Anfangs wurden von den Kunden Kautionen verlangt, von denen die Fahrzeuge gekauft werden konnten, sodass keine Verschuldung stattfand.

Im Jahre 2000 erfolgte mit Gründung der Cambio-Gruppe der entscheidende Schritt hin zu einem professionellen Mobilitätsanbieter. Der Zusammenschluss der Carsharing-Unternehmen Aachen, Bremen und Köln ermöglichte es, gemeinsame Aufgabenbereiche zentral zusammenzufassen (etwa Marketing) und effizienter zu betreiben. Die weiterhin eigenständigen Unternehmen vor Ort konzentrierten sich seitdem auf die lokalen Aufgaben.

Die örtliche Politik verfolgte Cambio wohlwollend. Die Stadt Aachen legte per Satzung fest, dass Cambio öffentliche Parkplätze unter bestimmten Voraussetzungen anmieten darf. Die Aufnahme des Carsharings in den Nahverkehrsplan und die Sondernutzungssatzung der Stadt erfolgte im Jahr 2007.

Öffentliche Verkehrsbetriebe verschlafen den Trend

Die Gründungsmitglieder des Vereins hatten von vornherein das Ziel, Carsharing zu etablieren und wachsen zu lassen. Es ging nicht um die Befriedigung eigener Mobilitätsbedürfnisse. Bereits früh wurden die örtlichen ÖPNV-Betriebe (ASEAG) gefragt, ob sie ein Carsharing-Angebot in ihr Portfolio integrieren wollten. Nachdem die ASEAG kein Interesse gezeigt hatte, wurde eine GmbH gegründet und damit selbst das Unternehmen aufgebaut. Die Gründungsmitglieder hatten durch ihre Tätigkeit in der Verkehrsplanung über die Entwicklung von Verkehrsentwicklungsplänen bereits eine professionelle Sicht auf ihre Privatinitiative.

Die Weiterentwicklung zur GmbH war allein deshalb unabdingbar, um eine persönliche Haftung der Risiken von Personen- und Sachschäden zu vermeiden. Eine vertraglich fixierte Kooperation mit den ÖPNV-Betrieben hat bisher nicht stattgefunden, aber es gibt eine gute Arbeitsbeziehung mit gemeinsamen Initiativen, etwa das Auftreten als Werbegemeinschaft ohne vertragliche Bindung.

Mit der Stadt besteht ebenfalls eine gute Arbeitsbeziehung. So hat Cambio auf Vorschlag des Umweltamts eine »Cambio-Wahl« ins Leben gerufen, in der die Kunden und Kundinnen über den Standort des nächsten Carsharing-Parkplatzes abstimmen dürfen. Dadurch entstehen mehr Standorte in den Randbezirken, was mit den Verkehrsentwicklungszielen der Stadt einher geht. Sie möchte in den Randbezirken aufgrund des hohen Pendleraufkommens mehr Alternativen zur privaten Automobilität etablieren.

Cambio kooperiert mit der IHK

Die IHK sensibilisiert ihre Mitgliedsunternehmen für die Möglichkeit des Carsharings. Lokale Großkunden mit bestimmtem Ansehen, wie zum Beispiel die Fachhochschule Aachen, helfen bei der allgemeinen Kundenakquise. Die Hochschule ist seit Ende der 1990er-Jahre Kundin. Bei Expansionen in kleinere Städte muss sich die jeweilige Stadt aktiv um ein Carsharing-Angebot bemühen. Die Kommune selbst soll Carsharing nutzen und muss in einer Anfangsphase einen Mindestumsatz garantieren.

Ziel von Cambio ist es, ökologisch wirksam zu sein, indem Privatautos ersetzt werden. Durch das stationsbasierte Carsharing ist das aus Sicht von Geschäftsführerin Gisela Warmke eher möglich als durch die Freefloater. Diese sind eher darauf angewiesen, dass die anderen Angebote des Umweltverbunds gut genug sind, wenn sie für Kunden ohne eigenes Auto attraktiv sein wollen. ÖPNV und Freefloater reichen aus dieser Sicht allein nicht aus, um das eigene Auto zu ersetzen.

Werbung ist wichtig. Cambio Aachen hat kontinuierlich öffentliches Interesse geweckt und die lokale Presse hat über das Unternehmen berichtet, da es in den 1990 Jahren ein völlig neues Konzept war. Von dem Eintritt der Autohersteller in das Geschäft und dem damit verbundenen Marketing hat auch Cambio profitiert.

8.1.2 Zum Beispiel: Vélib'

Vélib' ist einer der größten Fahrrad-Sharing-Services der Welt und der größte außerhalb von China. Einerseits ist dies eine Geschichte geschäftlichen Erfolgs, andererseits aber vor allem auch Beispiel für die erfolgreiche Verankerung eines nachhaltigen grünen Fortbewegungssystems auf städtischer Ebene. Das Angebot wurde 2007 in Paris geschaffen und wuchs seitdem zu einem System mit rund 250 000 Abonnierenden und etwa 30 Millionen Mietnutzungen jährlich. Inzwischen hat es sich zu einem Mittel der täglichen Mobilität für Hunderttausende Pariserinnen und Pariser als auch für die Einwohnerschaft der angrenzenden Städte entwickelt und verändert den Gebrauch von Fahrzeugen für das tägliche Pendeln massiv.

Vélib' hält an den alle 300 Meter vorzufindenden 1400 Fahrradstationen 20 000 Fahrräder über die ganze Stadt verteilt bereit, die das ganze Jahr über 24 Stunden täglich zur Verfügung stehen. Der Service bewirbt sich selbst als alternative Möglichkeit der Mobilität in der Metropole, was angesichts der zahlreichen positiven Auswirkungen auf die Umwelt als bescheiden angesehen werden kann.

Durch die Zusammenarbeit des Unternehmens JCDecaux und der Stadt Paris wurde eine neue Möglichkeit geschaffen, der Öffentlichkeit Zugang zu einem sauberen und preiswerten Fortbewegungsmittel zu schaffen, wodurch sich die städtischen Luftbelastungen und die Pkw-bedingten Verkehrsbelastungen reduzieren. Die Initiative basiert auf dem wechselseitigen Nutzen für den Inhaber (Stadt Paris) und den Betreiber (JCDecaux).

Das Betreibermodell ist einfach und ermöglicht es der Stadt und ihrer Bevölkerung, ohne eigene Investitionen ein Fahrradverleihsystem aufzubauen. Außerdem ist die Nutzung eines Fahrrads anfangs kostenlos. Nicht nur deshalb ist es für die Wf4.0 interessant.

Entstehungsgeschichte

Für die Firma JCDecaux ist das Pariser Fahrrad-Sharing-System nicht das erste Projekt dieser Art. Das gleiche Angebot wurde 2003 bereits in Wien etabliert und wird auch in anderen europäischen Städten verfolgt. JCDecaux hat für den Betrieb eine Lizenz der Stadt Paris. Im Gegenzug garantiert die Stadt Paris JCDecaux einen großen Teil der Einnahmen aus Straßenwerbung. Die Gründer haben seither eine Strategie zur Nachhaltigkeitsentwicklung ins Leben gerufen, in denen unter anderem Ziele wie die Reduzierung des Energieverbrauchs sowie anderer Umweltauswirkungen verankert sind, mit einem starken Fokus auf Umweltverantwortung.

Die Räder sind einfach zu handhaben und wartungsarm

Vélib' – eine Zusammensetzung aus Vélo (Fahrrad) und Liberté (Freiheit) – ist ein großes Fahrrad-Sharing-System in Paris. Die Fahrräder werden in Ungarn von der französischen Firma Mercier gebaut, während die Wartung von JCDecaux durchgeführt wird. Die Fahrräder verfügen über eine Dreigang-Schaltung, sind mit einem Schließsystem, einem Fahrradkorb an der Vorderseite und einer dynamobetriebenen LED-Beleuchtung ausgestattet. Personen, die das System nutzen wollen, können sich über ein Anmeldesystem registrieren und dann für eine festgelegte Zeit beliebig oft Fahrräder leihen, wobei Studierende und junge Erwachsene eine Preisreduzierung erhalten. Darüber hinaus gibt es in bestimmten Fällen Preisreduktionen oder zusätzliche Zeitgutschriften, etwa wenn Fahrräder zu Stationen auf Anhöhen von 60 Metern Höhe zurückgebracht werden oder in den Außenbezirken der Stadt gemietet oder dorthin zurückgebracht werden.

Die Startinvestition von JCDecaux betrug zusammengefasst über 140 Millionen US-Dollar. Derzeit werden rund 285 Personen in Vollzeit für den Betrieb beschäftigt, unter anderem um Fahrräder von vollen zu leeren Stationen zu verteilen und Reparaturen durchzuführen. JCDecaux zahlt der Stadt eine Gebühr von 4,3 Millionen US-Dollar pro Jahr und verfügt über die gesamten Einnahmen des Dienstes. Im Gegenzug hat JCDecaux die exklusiven Nutzungsrechte über 1628 Werbetafeln erhalten, die an verschiedene Unternehmen vermietet werden. Aufgrund der hohen Nachfrage wurde das System 2008 auf benachbarte Gemeinden ausgeweitet (bis zu 1,5 Kilometer entfernt von der Pariser Stadtgrenze).

Vélib' hat sein System mit dem Pionierprogramm P'titVélib' auch um ein Angebot für Kinder erweitert. 300 Kinderfahrräder an fünf grünen Bereichen und Fußgängerzonen in der Stadt werden angeboten. Hier soll den jungen Ortsansässigen aus und Gästen in Paris geholfen werden, sich mit einem umweltfreundlichen Verkehrsmittel vertraut zu machen.

Das Angebot war international wegweisend

Das Fahrrad-Sharing-Angebot Vélib' ist sehr erfolgreich. Das Angebot von 7000 Fahrrädern und 750 Ausleihstationen erweiterte sich zu 20 000 Fahrrädern und 1400 Stationen, die alle 300 Meter in der Stadt zu finden sind.[276] Nach eigenen Angaben finden jährlich 30 Millionen Ausleihen statt und die Zahl der Abonnements beträgt 250 000.

Das Angebot hat ökologische Erfolge vorzuweisen, da der Nutzergruppe Alternativen zum privaten Pkw geboten werden.

Trotz des Erfolgs hat das System auch mit einigen Schwierigkeiten zu kämpfen. Vandalismus und Diebstahl sind die größten Probleme, zusammen mit Wartungsschwierigkeiten. JCDecaux verstärkte die Fahrradketten und Körbe und realisierte einen besseren Diebstahlschutz, indem der Mechanismus gestärkt wurde, der die Fahrräder an den elektronischen Parkdocks befestigt.

Ein anderes Problem war, wie man die Nutzerinnen und Nutzer davon abhalten konnte, ein von einem früheren Fahrer beschädigtes Fahrrad zu entleihen beziehungsweise solche, die gewartet werden müssen. Hier hat sich ein System etabliert, das erheblich von der freiwilligen Mitarbeit der das System nutzenden Personen abhängt: Bei beschädigten Fahrrädern dreht die Person, die das Fahrrad zuletzt genutzt hat, beim Abstellen den Sattel um 180 Grad, sodass dieser nach hinten zeigt. Diese Praxis hilft auch dem Personal, schnell zu erkennen, welche Fahrräder gewartet werden müssen.

Vélib' ist auch mit der logistischen Herausforderung konfrontiert, im Laufe eines Tages immer wieder Fahrräder verlegen zu müssen, ein Problem, für das mehr Personal eingestellt wurde.

Anpassungen waren auch im Verleihsystem notwendig. So erhalten Personen, die ihr Fahrrad an einer überfüllten Station nicht abgeben können, dort 15 Minuten Extra-Zeit und bekommen freie Stationen in der Umgebung angezeigt. So kann auf das Freiwerden an der Station gewartet oder eine andere Station angefahren werden. Die 15-Minuten-Zeitgutschrift kann auch erneut ausgelöst werden. Auch an Stationen am Stadtrand und hoch gelegenen Stationen bekommt die Person, die das Fahrrad gerade nutzt, eine 15-Minuten-Gutschrift.

Insgesamt hat das Angebot die Bindung zwischen den Menschen in Paris, die sich um die von ihnen genutzten Fahrräder gemeinsam kümmern müssen, gestärkt.

8.1.3 Vorzüge

Wenn die Menschen ihr Auto vor der Stadt abstellen und von dort mit dem Rad fahren können oder nach der Anreise mit der Bahn vom Hauptbahnhof, nachdem sie den Wagen am Bahnhof im ländlichen Raum abgestellt haben, ist der Einspareffekt immens. Zugleich entstehen durch den Unterhalt eines Rad-Sharing-Systems Arbeitsplätze.

8.1.4 Hintergrundinformationen

Beim *stationsgebundenen* Sharing – wie etwa in Paris – werden die Fahrräder an ortsfesten Selbstbedienungsterminals in der ganzen Stadt aufbewahrt beziehungsweise zum Abstellen eingeklinkt. Bei vielen Systemanbietern ist die erste halbe Stunde gratis. Die Person ist für alle Schäden oder Verluste verantwortlich, bis das Fahrrad an derselben oder an einer anderen festen Station zurückgegeben und eingecheckt wird. Diese Art des Sharing bietet sich besonders dann an, wenn das Radsystem für Pendlerinnen und Pendler gedacht ist, die vom Bahnhof oder Stadtrand in die City wollen.

Anders ist die Handhabung beim *stationslosen* System. Hier können die Leihräder per App gefunden und nicht an einer Verleihstation, sondern an beliebigen Orten innerhalb des definierten Nutzungsgebietes wieder abgestellt werden.

In Deutschland gibt es kein sich selbsttragendes Fahrradverleihsystem. Obwohl beispielsweise in Hamburg das Angebot im Jahr 2015 über 2,5 Millionen Mal genutzt wurde, reichen die Einnahmen nicht, um die Kosten zu tragen. Gut abgestimmt können Radstationen jedoch die Attraktivität von Bus und Bahn erhöhen und so einen verbesserten Kostendeckungsgrad ermöglichen.

Rad-Sharing erhöht die Attraktivität einer Stadt. Sie wirkt dadurch urban und modern. Zugleich entstehen Arbeitsplätze durch Aufbau und Unterhalt.

8.1.5 Wie starten?

Rad-Sharing fügt sich ideal in das örtliche Nahverkehrsangebot ein. Die kommunalen Verkehrsbetriebe müssten inzwischen ein natürliches Interesse daran haben, ein solches Angebot zu schaffen. Aber das muss natürlich nicht so sein. Daher wäre es naheliegend, in einem ersten Gespräch vorzufühlen, wie die Haltung des Verkehrsbetriebs dazu ist. Bei einem sehr ausgeprägten Desinteresse sollte gegebenenfalls davon Abstand genommen werden, ein Fahrradverleihsystem zu initiieren. Es ist wichtig, die Energie nur auf solche Dinge zu konzentrieren, die aussichtsreich erscheinen und sich nicht an einer Stelle zu »verkämpfen«.

Wenn sich aber Rückmeldungen ergeben, wie »darüber haben wir auch schon nachgedacht« oder »gute Idee«, dann lohnen sich weitere Gespräche. Hilfreich ist es, zugleich in der Politik für das Konzept zu werben. Denn es ist, wie erwähnt, auf Zuschüsse angewiesen. Wenn die lokalen Stadtwerke in das Geschäft einsteigen, mindern sich gegebenenfalls die Gewinne. Denkbar ist zugleich auch, dass sich bei den Stadtwerken die Kosten an anderer Stelle wieder einspielen, beispielsweise weil sich die Zahl der Abonnements erhöht.

Schließlich gilt es, mögliche weitere existierende Initiativen in diesem Bereich ausfindig zu machen und mit den anderen zu vernetzen. Gegebenenfalls können die Kräfte gebündelt und ein gemeinsames System für die Kommune erarbeitet werden.

8.1.6 Kooperieren und fördern

Neben den oben genannten Personengruppen, die als Initiierende eines Radverleihsystems in einer Stadt fungieren könnten, gilt es, weitere sinnvolle Kooperationen ausfindig zu machen. Dazu können der lokale Fahrradhandel oder Unternehmen für Lastenradverleih (CargoBike) zählen.

- **Stadtwerke und Fahrradhändler:** Stadtwerke oder die kommunalen Verkehrsbetriebe wären die natürlichen Partnerorganisationen für Rad-Sharing. Womöglich sind Fahrradläden daran interessiert, einen Teil der Wartungsarbeiten im Gegenzug für Werbung an den Rädern zu übernehmen.

- **Transport-, Lastenräder (CargoBikes):** An Bedeutung gewinnt das CargoBiking besonders durch die Verstärkung mit einem Elektromotor. Neben dem Fahrradhandel können hier noch weitere Kooperationen für mögliche Organisationen wie der Einzelhandel, Industrie- und Handels- sowie Handwerkskammer infrage kommen. In den Innenstädten werden so bereits Transportdienste für die letzten Kilometer von professionellen Anbietern wie DHL oder UPS bewältigt. Auch ein eigenständiges CityLogistik-System ließe sich damit auf die Beine stellen.
- **Finanzierung:** Es ist gegenwärtig unwahrscheinlich, dass der Fahrradverleih Gewinn erwirtschaften wird. Wenn die lokalen Stadtwerke in das Geschäft einsteigen, mindert sich gegebenenfalls ihr Gewinn. Denkbar ist zugleich auch, dass sich bei den Stadtwerken die Kosten an anderer Stelle wieder einspielen, beispielsweise, weil sich die Zahl der Abonnenten erhöht. Zugleich ist es denkbar, dass die Stadt das Engagement direkt fördert. Ein Teil der Kosten kann sich durch Sponsoring beziehungsweise Werbung an den Rädern wieder einspielen lassen.
- **Call a Bike, Nextbike und andere:** Denkbar und womöglich am einfachsten wäre es, einen bereits etablierten Anbieter anzufragen. Diese Firma wird einen Zuschuss erwarten.

8.1.7 Erfolgsindikatoren

- Zahl der Buchungen und Abonnements pro Jahr, Nutzungen einzelner Stationen
- Steigerung der Attraktivität einer Stadt
- Entstandene Arbeitsplätze
- Kostenreduktion durch genutzte Synergieeffekte zwischen bestehenden Anbietern und Anbieterinnen

8.2 Werkzeuge, Börsen für Bauteile und Baustoffe

Werkzeuge im Privatbesitz werden in der Regel relativ selten genutzt. Das Teilen von Werkzeugen bietet damit ein großes Potenzial, Ressourcen einzusparen.

Ein noch weitaus größeres Potenzial zur effizienteren Nutzung bieten Bauteile und Baustoffe. Jährlich werden rund 120 Millionen Tonnen Materialien durch Neubau und Sanierung von Gebäuden verbraucht. Insgesamt geht man davon aus, dass rund 15 Milliarden Tonnen an Materialien in Gebäuden gebunden sind.[277] Über 50

Prozent des deutschen Abfallaufkommens im Jahr 2018 waren laut Statistischem Bundesamt Bau- und Abbruchabfälle.[278]

8.2.1 Zum Beispiel: Bauteilbörse Bremen

Über die »Bauteilbörse Bremen« können Baustoffe und -materialien, die etwa im Zuge einer Sanierung oder eines Gebäudeabrisses ausrangiert wurden, aber noch funktionstüchtig sind, zur Wiederverwendung in anderen Gebäuden weiterverkauft werden. Die Mitarbeiter und Mitarbeiterinnen der Börse unterstützen die Verkäufer auch beim Ausbau der Teile. Das Sortiment umfasst jegliche Bauteile von Türen über Fenster bis hin zu Sanitäreinrichtungen, Elektrogeräten oder auch Gartentoren. Dabei sind die Objekte oft historische, künstlerisch sowie handwerklich anspruchsvolle Raritäten. Es gibt aber auch eine Reihe neuer Gegenstände im Angebot, die gar nicht erst in Gebäude eingebaut wurden, da sie zum Beispiel falsch lackiert wurden oder eine unpassende Größe aufweisen.

Interessenten können die Bauteile entweder über einen Online-Katalog einsehen oder vor Ort einen Teil des Angebots innerhalb des Börsenlagers begutachten. Die Börse richtet sich somit gleichermaßen an regionale Privatpersonen und Behörden als auch an Akteure wie Handwerker oder Baugesellschaften aus der Baubranche selbst, die über die Bauteilbörse Bremen Bauteile ver- und einkaufen können.

Bauteilbörsen wirken sich insbesondere auf das Klima positiv aus. Eine erneute Verwendung von Baumaterialien und -stoffen spart Ressourcen, verringert das Müllaufkommen und trägt somit zur Minderung des Treibhausgasausstoßes bei. Auch die Gesellschaft und Betriebe der Branche profitieren von der Möglichkeit, günstig handwerklich einwandfreie Waren im Rahmen regionaler Warenkreisläufe aufkaufen zu können. Dabei bleiben insbesondere auch Stücke alter, heimatlicher Handwerkskunst erhalten.

Bremen machte den Anfang

Die Bauteilbörse Bremen sieht sich darüber hinaus verantwortlich, die Öffentlichkeit im Hinblick auf einen bewussten und nachhaltigen Umgang mit Ressourcen zu schulen und Erfahrungswerte zu kommunizieren. Dementsprechend berät der tragende Verein potenzielle Initiatoren ähnlicher Initiativen.

Kurz nach Eröffnung der Bauteilbörse initiierten weitere Akteure aus Bremen im Jahr 2006 ein bundesweites Netzwerk von Bauteilbörsen, unter anderem unter Beteiligung der Bauteilbörse Bremen.[279] Die Stadt Bremen gilt seitdem als »Ursprungsort« für Börsen in Deutschland, die sich der Wiederverwendung von Baustoffen und -materialien widmen.

Träger der Bauteilbörse Bremen ist der 2002 gegründete Verein »Alt-Bauteile Bremen e. V.«. Dieser setzt sich aus einer Vielzahl Bremer Handwerksbetriebe und Baubüros zusammen, welche die Wiederverwendung von Bauteilen innerhalb der Stadt fördern sowie Impulse für ein ressourcenschonendes und abfallvermeidendes Bauen geben möchten. In diesem Zuge engagiert sich der wirtschaftlich arbeitende Verein in diesem Bereich neben dem Betrieb der Bauteilbörse auch durch öffentliche Informationsveranstaltungen und wirbt Betriebe der Branche sowie andere Börsen und Organisationen als Netzwerkpartner.

Wirtschaftsförderung Bremen unterstützte den Verein

Außerdem wurde die Bauteilbörse insbesondere in der Gründungsphase durch die Wirtschaftsförderung Bremen und den Bremer Energie-Konsens, die gemeinnützige Klimaschutzagentur für das Land Bremen, gefördert. Es bestehen aber auch viele weitere Partnerschaften und Kooperationen mit anderen Bauteilbörsen sowie lokalen Organisationen wie dem Umweltbetrieb, dem BUND und der FUTUR ZWEI-Stiftung in Bremen. Darüber hinaus ist die Börse Mitglied im deutschen und schweizerischen Bauteilbörsennetzwerk und dem Unternehmensverband Historische Baustoffe e. V.

Im Hinblick auf die Finanzierung versteht sich die Bauteilbörse Bremen als Vermittlerin zwischen Käufern und Ankäufern, weswegen der eigentliche Kaufvertrag über die Bauteile ausschließlich zwischen An- und Verkäufern zustande kommt. Die Bauteilbörse Bremen finanziert sich daher ausschließlich über eine Bearbeitungsgebühr von etwa vier bis 20 Prozent des Objektpreises, die für die dreimonatige Einstellung der Bauteile auf der Internetplattform anfällt. Kommt innerhalb dieses Zeitraumes kein Kauf zustande, muss eine weitere Gebühr von zehn Euro gezahlt werden, sofern das Objekt weiter im Bauteilkatalog angeboten werden soll.

Niederlande: Alte Bauteile wiederzuverwenden ist gesetzlich verankert

Das Konzept der Bauteilbörsen ist europaweit betrachtet nicht neu. Insbesondere in der Schweiz oder in den Niederlanden gibt es solche Initiativen bereits seit Jahrzehnten.

Veröffentlichte Zahlen zur Tätigkeit der Bauteilbörse Bremen bestätigen den Erfolg des Projekts. Die Bauteilbörse verkauft pro Jahr rund 2500 gebrauchte Objekte, wodurch insgesamt 140 Tonnen Bauabfälle vermieden werden.[280] Bauteilbörsen haben in einer Studie zwölf Rückbauprojekte näher unter die Lupe genommen, bei denen in den letzten Jahren intakte Baustoffe vor einem Abriss oder einer Sanierung ausgebaut und später wiederverwendet wurden. Dabei wurden 144 000 Kilo Rohstoffe, 29 000 Kilo CO_2-Emissionen und 151 000 Kilowattstunden Energie eingespart.[281]

Bundesweit waren bis 2011 1200 Menschen in Bauteilbörsen beschäftigt. Mit Zuschüssen der Agentur für Arbeit ist 200 Menschen der Sprung in den ersten Arbeitsmarkt gelungen. 2012 wurden diese Gelder gestrichen, was oft zur Schließung führte.[282] Warum gelingt es manchen Städten, die Börsen zu erhalten? Grundsätzlich scheint das Konzept scheint zu funktionieren. Eine innovative Wirtschaftsförderung könnte die Übertragung initiieren. Das wäre gut für den Klimaschutz, für die Wirtschaft und für einen optimierten Umgang mit Ressourcen.

8.2.2 Zum Beispiel: Pumpipumpe

»Pumpipumpe« ist der Name für eine Initiative aus der Schweiz, die durch ihre Einfachheit besticht. Durch Aufkleber auf dem Briefkasten kann man seiner Nachbarschaft zeigen, welche Geräte man hat und bereit ist zu verleihen (siehe Abbildung 11).

Abbildung 11: Sticker, die zeigen, welche Geräte und Utensilien man besitzt und bereit ist, an Nachbarn zu verleihen.

Die Sticker können online bestellt oder in manchen Geschäften in der Schweiz, Deutschland und Österreich gekauft werden. Über die Aufkleber an den Briefkästen anderer kann man sehen, was man eventuell selbst einmal leihen möchte. Dafür steht außerdem eine Online-Karte auf der Website von Pumpipumpe zur Verfügung, die die Adresse und die dort auszuleihenden Gegenstände zeigt.

In der Pressemitteilung heißt es: »Pumpipumpe ist ein Sharing-Projekt, das sich für einen bewussten Umgang mit Konsumgütern und mehr soziale Interaktion in der Nachbarschaft einsetzt.«[283] Die Sticker, die auf den Briefkästen angebracht werden, ermöglichen eine Kommunikation zum Teilen von Haushaltsgeräten, Werkzeugen und vielem anderen auf einfachste Art und Weise. Damit trägt die Initiative dazu bei, dass Sachen intensiver genutzt werden, die Anschaffung einzelner Geräte und Gegenstände in Haushalten gegebenenfalls unterbleibt und so Ressourcen gespart werden. Das eigentliche Verleihen fördert zudem die Kommunikation in der Nachbarschaft.

Die Idee wurde im Oktober 2012 von Lisa Ochsenbein, Ivan Mele und Sabine Hirsig in Bern (Schweiz) als Projekt umgesetzt. Die Nachfrage nach den Aufklebern wurde schnell so groß, dass sie sich Unterstützung suchen mussten. Im September 2014 wurde ein nicht-gewinnorientierter Verein zur Fortführung des Projekts gegründet, der aus aktiven, überwiegend ehrenamtlich Arbeitenden Vorstands- und Aktivmitgliedern besteht und aus Gönnermitgliedern, die den Verein durch ihre Beiträge finanziell unterstützen.

Das Sortiment an Stickern umfasst aktuell 50 Haushaltsgeräte, Kleinwerkzeuge und andere Gegenstände. Eine Online-Bestellung kostet sieben Schweizer Franken beziehungsweise Euro, worüber die Produktions- und Versandkosten gedeckt werden und der Betrieb des Projekts langfristig gesichert werden soll. Laut Projekt-Website haben bis heute 20 000 Haushalte Sticker bestellt. Auf der Online-Karte, die seit Mai 2015 auf der Homepage läuft, lässt sich erkennen, dass sich die Sticker neben der Schweiz, Deutschland und Österreich auch in Frankreich relativ weit verbreitet haben. Einzelne Haushalte finden sich inzwischen weltweit.[284]

8.2.3 Vorzüge

Das Teilen von Werkzeugen und die Wiederverwendung von Baustoffen birgt erhebliches Einsparpotenzial bezüglich des Verbrauchs von Ressourcen und damit auch von Energie, die bei der Herstellung anfallen würde. Vielfach möchte der Einzelne ein Werkzeug auch gar nicht anschaffen müssen, da er ohnehin davon ausgeht, dieses nur einmal oder äußerst selten benutzen zu müssen. Initiativen, die den einfachen Verleih von Werkzeug (untereinander) ermöglichen, schaffen hier Abhilfe, ebenso wie Baustoffbörsen ein Angebot für ein nachhaltigeres Bauen darstellen. Über das Teilen von beispielsweise Werkzeug in der Nachbarschaft können Menschen miteinander ins Gespräch kommen. Womöglich entstehen Kooperationsnetzwerke und der soziale Zusammenhalt im Viertel wächst. Auf Bauteilbörsen können wiederum Arbeitsplätze entstehen.

8.2.4 Hintergrundinformationen

Teilen stärkt sozialen Zusammenhalt, Gemeinsinn und Kooperation. Egal, was man tauscht oder leiht, die Menschen kommen anders als sonst miteinander in Kontakt. Besonders deutlich wird das im Projekt »Pumpipumpe«. Das typische Beispiel für gegenseitiges Leihen ist die Bohrmaschine sowie diverse Werkzeuge sowie Spiele, Inlineskater, Schlittschuhe und Waffeleisen. All diese Dinge spenden nur Freude, wenn sie genutzt werden.

Besonders in Mehrfamilienhäusern funktioniert das ganz hervorragend. Beispielsweise finden sich in den Hofbauten Berlins leicht ein Dutzend Briefkästen nebeneinander. Profitieren können etwa junge Haushalte. Sie haben sich noch nicht so viel angeschafft und verfügen über ein vergleichsweise geringes Einkommen. Ungern möchte man von Tür zu Tür gehen und zum Beispiel nach einem Racletteofen fragen. Die Aufkleber helfen, diese Hemmschwelle zu überwinden und bringen die verfügbaren Dinge in den Überblick. Die Nachbarschaft traut sich eher zu fragen, weil die potenziellen Verleihenden ihre Bereitschaft bereits signalisiert haben.

8.2.5 Wie starten?

Zunächst gilt es, sich einen Überblick über mögliche bestehende Initiativen und Unternehmen in diesem Bereich zu verschaffen. Gegebenenfalls existiert bereits eine Baustoff-/Bauteilbörse oder befindet sich im Aufbau. Ansatzpunkt für eine Förderung kann dann beispielsweise sein, die Akteure und Akteurinnen bekannter zu machen und mögliche Kooperationen anzubahnen. Auch Teil-Initiativen in der Nachbarschaft können bekannter gemacht werden, etwa indem Menschen im Quartier (Nachbarschaftsnetzwerke, Vereine et cetera) angesprochen werden, die als Multiplikator dienen können. Hier kann es sich auch lohnen, die Idee einer Plattform für das Werkzeug-Teilen im Quartier neu vor Ort als Anregung hineinzutragen. Stößt die Idee auf Interesse, entsteht gegebenenfalls eine neue Initiative, die die Wirtschaftsförderung 4.0 dann zu einem späteren Zeitpunkt auch wieder um Rat fragen kann. Gibt es keine Resonanz auf entsprechende Anregungen, kann auf eine Weiterverfolgung der Idee verzichtet werden.

Eine grundsätzlich geeignete Plattform für Nachbarschaftsnetzwerke im Allgemeinen ist www.nebenan.de. Ganz konkret für den Verleih sinnvoll und auch analog einsetzbar ist das Projekt Pumpipumpe. In jedem Fall geht es darum, diese Möglichkeit bekannter zu machen. Dies könnte zum Beispiel im Rahmen eines Schülerprojektes oder einer (kirchlichen) Jugendgruppe geschehen. Oder es werden Pumpipumpe-Aufkleber an verschiedenen Stellen in der Stadt verteilt. Die Finanzierung und Ausführung könnte etwa über die Abfallwirtschaft versucht werden. Ein Nebeneinander verschiedener Verleih-Plattformen gilt es zu vermeiden.

8.2.6 Kooperieren und fördern

Zentral ist es, den Bekanntheitsgrad der Initiative zu steigern. Insbesondere bei Baustoff-/Bauteilbörsen ist hier die Bekanntheit bei Personen im Umfeld der Branche als besonders wichtig anzunehmen, also etwa beim Handwerk vor Ort. Die Kommune selbst kann ihren Bürgern auf dem Internetportal der Stadt Hinweise zu ressourcenschonendem Bauen beziehungsweise Teilen von Geräten und Werkzeugen geben und auf entsprechende Initiativen vor Ort verweisen.

8.2.7 Erfolgsindikatoren

Mögliche Erfolgsindikatoren sind in Bezug auf Baustoff-/Bauteilbörsen die Menge an verkauften Teilen oder die Größe des Kundenkreises. Bei Werkzeug-Sharing-Initiativen vor Ort wird nicht so sehr die Frage zentral sein, wie viele Initiativen es gibt, sondern deren Umfang und Bedeutung. Die genaue Anzahl an Tauschaktivitäten wird sich gerade bei informelleren Tauschbeziehungen in der Praxis nicht leicht ermitteln lassen. Personen, die solche Initiativen initiieren, werden aber zumindest eine recht fundierte Einschätzung dazu geben können, ob ihre Initiative »ankommt«. Also beispielsweise, ob sich der Kreis der teilnehmenden Personen erweitert hat oder immer nur die gleichen Leute aktiv sind.

8.3 Gebrauchtwaren

Fast jeder besitzt Gegenstände, welche nicht mehr in Gebrauch sind, aber in zu gutem Zustand, um sie zu entsorgen. Sei es ein alter Pullover, welcher nicht mehr getragen wird, oder Möbelstücke, die nur noch auf dem Dachboden Platz finden. Die Weitergabe an andere Personen erhöht die Nutzungsdauer und -intensität solcher Sachen und trägt damit zu einer Reduktion des Ressourcenbedarfs für Neuwaren bei.

Dabei gibt es unterschiedliche Konzepte zur Weitergabe von gebrauchten Waren. So bieten Dienstleister unter anderem den Verkauf an, dienen als Vermittler zum Tausch oder auch zum Verschenken.

8.3.1 Zum Beispiel: Oxfam Deutschland Shops

Oxfam Shops sind der Idee nach Gebrauchtwarenläden, basieren aber auf einem besonderen Konzept: Ehrenamtliche Teams verkaufen hier Dinge, die andere gespendet haben. Die erwirtschafteten Finanzmittel kommen der entwicklungspolitischen Arbeit des Oxfam Deutschland e. V. zugute. Somit kann die Arbeit von Oxfam durch Kleider- und andere Sachspenden unterstützt werden, durch ehrenamtliche Mitarbeit oder den Einkauf in Oxfam Shops.

Neben den gespendeten Artikeln nehmen die Shops mit »Oxfam unverpackt« Geldspenden an. Mit Karten und Magneten wird in der Art eines Gutscheins gezeigt, wofür gespendet wurde. So kann man etwa symbolisch Nutztiere, Schulbildung oder Wasserversorgung erwerben, die in konkreten Projekten den Menschen vor Ort zugutekommen.

Oxfam verbindet in seinem Konzept unterschiedliche Aspekte, die zur Wirtschaftsförderung 4.0 passen. Zum einen werden gebrauchte, aber noch nutzbare Kleider, Bücher und andere Gegenstände weitergegeben und so ihre Nutzungsdauer verlängert, Abfälle und Ressourcenverbrauch vermieden. Die durch den Verkauf der Spenden generierten Einnahmen werden für sozialpolitische Projekte in benachteiligten Ländern eingesetzt, wobei der ehrenamtliche Einsatz der Mitarbeiterinnen und Mitarbeiter in den Shops in Deutschland die Ausgaben so gering hält, dass immerhin 19 Prozent der Umsätze an den Oxfam Deutschland e. V. gehen und drei Prozent in Form von Dienstleistungen für den Verein (Öffentlichkeitsarbeit, EDV-Unterstützung et cetera) erbracht werden. Und schließlich bieten Oxfam-Shops die gespendeten Sachen zu relativ kleinen Preisen an, so dass im Sinne des Gemeinwohls auch Menschen mit geringen Einkommen hier ein Angebot finden.

Rund 3200 ehrenamtliche Mitarbeiterinnen, über zwölf Millionen Umsatz

Die insgesamt 55 Oxfam Shops sind innerhalb einer gGmbH organisiert, die ein 100 %-iges Tochterunternehmen des Oxfam Deutschland e. V. ist. Gemeinsam wollen sie so zu dem verfolgten Ziel beitragen, ein flächendeckendes Netz an Läden aufzubauen, in denen ehrenamtlich gespendete Secondhand-Waren verkauft werden können. Derzeit beschäftigt die gGmbH etwa 3200 Mitarbeiter und

Mitarbeiterinnen auf ehrenamtlicher Basis. Außerdem unterstützt sie den Oxfam Deutschland e. V. durch Leistungserbringungen in den Bereichen Service, Finanzen, Personal und IT.

Die interne Organisation der gGmbH setzt sich zusammen aus der Geschäftsführung, die vom fünfköpfigen Vorstand des Oxfam Vereins ernannt wird, sowie einem Aufsichtsrat, welcher die Geschäftsführung kontrolliert. Dabei werden sowohl in der gGmbH als auch im Verein die jeweiligen Vorstands- und Aufsichtsratsaufgaben streng von den Aufgaben der jeweiligen Geschäftsführungen getrennt.

Die Positionen innerhalb der Vorstands- und Aufsichtsratsorgane werden größtenteils von Mitgliedern des Vereins auf ehrenamtlicher Basis besetzt. Die Geschäftsführer innerhalb beider Instanzen arbeiten hingegen hauptamtlich und auf Vergütungsbasis.

Im Geschäftsjahr 2015 erzielten die zu diesem Zeitpunkt eröffneten 50 Oxfam Shops einen Umsatz von etwa 12,3 Millionen Euro. Hiervon konnte die gGmbH nach Abzug von Betriebskosten, Kosten für den Aufbau neuer Shops und Verwaltungskosten insgesamt etwa 2,35 Millionen Euro an den Verein zwecks seiner entwicklungspolitischen Arbeit ausschütten. Außerdem trug die gGmbH die Kosten von mehr als 360 000 Euro für die dem Verein zur Verfügung gestellten Service-, Finanz-, Personal- und IT-Dienstleistungen. Über Spendeneinnahmen konnten die Shops außerdem insgesamt 415 000 Euro zusätzlich an Kapital einnehmen, die dem Verein zugutekamen.

8.4   Wohnen und Arbeiten

Konzepte des Teilens in der Wohnungswirtschaft haben eine lange Geschichte. Historisch gesehen könnte man demnach feststellen, dass gemeinschaftliche Wohnkonzepte die eigentlich konventionelle Form des Wohnens sind. Heute allerdings ist das Wohnen stark individualisiert. Unter »konventionell« wird eher das Wohnen in der (Klein-)Familie, mit dem Partner, der Partnerin oder alleine verstanden. Seit Anfang der 1960er-Jahre ist der Anteil der Einpersonenhaushalte in Deutschland von gut 20 auf über 42 Prozent im Jahr 2019 gestiegen und ist damit heute die am meisten vertretene Haushaltsgröße. Auch der Anteil von Haushalten mit zwei Personen ist in diesem Zeitraum von 26,5 auf 33,2 Prozent gestiegen, Haushalte mit drei oder mehr Personen sind anteilig zurückgegangen.[285] Gemäß den Vorausberechnungen des Statistischen Bundesamtes setzt sich dieser Trend auch in Zukunft fort.[286]

Entgegen dieser Entwicklung zeichnet sich in den letzten Jahren ein vermehrtes Interesse an gemeinschaftlichen Wohnformen ab. Dies gilt sowohl für den Erstwohnsitz (Gemeinschaftswohnprojekte, Mehr-Generationen-Wohnen, Baugruppen et cetera) wie auch für Zweitwohnsitze, etwa aus beruflichen Gründen (zum Beispiel Berufstätigen-Wohngemeinschaften, Wohnen auf Zeit), oder für Unterkünfte auf Reisen (Couch-Surfing, Airbnb).

8.4.1 Zum Beispiel: Handwerkerhof Ottensen

Auf dem »Handwerkerhof Ottensen« im Stadtteil Hamburg-Ottensen bewirtschaften derzeit 19 (Handwerks-)Betriebe gemeinsam eine Gebäudenutzfläche von mehr als 1400 Quadratmetern. Mieter und Mieterinnen sind dort neben Tischlereien und Zimmereien beispielsweise auch Architekten oder Anwältinnen, die sich zudem gemeinschaftliche Einrichtungen wie Küchen, Toiletten oder auch Arbeitswerkstätten teilen. Besonders ist hier, dass die ansässigen Betriebe sowohl den Grundstückserwerb als auch die Realisierung des viergeschossigen Neubaus in Kooperation mit dem Unternehmensverbund »Mietshäuser Syndikat« in Eigenregie durchgeführt haben. Dementsprechend konnte den steigenden Mietpreisen und dem daraus resultierenden Verdrängungsdruck von mittelständischen (Handwerks-)Betrieben in der Metropole Hamburg entgegengetreten werden.

Mieteinnahmen bleiben lokal gebunden

Der Handwerkerhof Ottensen zeigt in Verbindung mit dem Mietshäuser Syndikat auf, wie mittelständische Betriebe kollektiv eine Verdrängung des Gewerbes aus Wachstumsregionen umgehen können. Mieteinnahmen wandern in diesem Fall beispielsweise nicht in anonyme Immobiliengesellschaften ab, sondern dienen rein zur Instandhaltung des Gebäudes. Darüber hinaus profitieren die ansässigen Betriebe aber nicht nur von den günstigen Mieten, sondern können auch vielfältige, überbetriebliche Synergien nutzen. Handwerksbetriebe können beispielsweise Folgeaufträge, die sich auf mehrere unterschiedliche Dienstleistungen beziehen, hausintern weitergeben oder kollektiv teure Werkzeuge oder Materialien anschaffen. Das stärkt die Betriebe sowie die lokale Wirtschaft und macht sie resilienter gegenüber Krisen. Von solchen Lösungen »aus einer Hand« profitieren die Kunden im Viertel genauso wie von der Nähe zu den Betrieben, die mithilfe des Handwerkerhofes erhalten bleiben kann.

Aber auch der Umwelt kommt ein solcher kollektiver Neubau zugute. Die hohe Flächen- und Ressourceneffizienz sowie die gemeinschaftliche Nutzung von Toiletten oder Küchen spart Energie und mindert den Ausstoß von Treibhausgasen.

Der heutige »Trend«-Stadtteil Ottensen in Hamburg ist geprägt durch steigende Mietpreise und eine zunehmende Verdrängung von handwerklichen Hinterhofbetrieben infolge eines massiven Wohnungsneubaus. In den Jahren 2010/2011 schlossen sich ein Kfz-Händler, ein Klempner und eine Zimmerei aus dem Stadtteil daher zusammen, um gemeinsam eine Alternative zu dem mangelnden Angebot an Gewerbeflächen zu schaffen.

Die Organisation und Verteilung der Eigentumsanteile an der immobilienbesitzenden Handwerkerhof Ottensen GmbH ist wie bei allen Syndikatsprojekten zu etwa gleichen Teilen zwischen dem Verein und dem Mietshäuser Syndikat aufgeteilt. Demnach besitzt keiner der ansässigen Einzelbetriebe ein individuelles Eigentum an dem Handwerkerhof, sondern ist gemeinsam mit den anderen Vereinsmitgliedern und dem Syndikat Eigentümer der Gesamtimmobilie.

Finanziert wird das insgesamt 2,9 Millionen Euro teure Projekt zu einem Großteil über Kredite der GLS-Bank.[287] Die restlichen knapp 700 000 Euro stammen aus Direktkrediten, Vorleistungen und Einlagen vom Verein und dem Mietshäuser Syndikat. Die Tilgung der Bank- und Direktkredite erfolgt über Mieteinnahmen, die für jeden ansässigen Betrieb je Quadratmeter genutzter Fläche anfallen. Die Gewerberäume weisen beispielsweise eine vergleichsweise günstige Kaltmiete von 8,61 Euro pro Quadratmeter auf; die Büroräume im 3. Geschoss liegen leicht höher bei 13,62 Euro pro Quadratmeter. Bis zum Herbst 2016 konnten so etwa 780 000 Euro an Mieteinnahmen generiert werden, die fast vollständig zur Tilgung der Kredite eingesetzt werden konnten.[288] Derzeit liegt der Mietpreis bei 13,50 Euro pro Quadratmeter.[289]

Innerhalb der Mietpreise ist zwar keine Gewinnspanne für den Verein selbst inkludiert, ein kleiner Teil der Einnahmen wird aber für die Bildung von Rücklagen genutzt, um diese für eventuelle Sanierungen oder Mietausfälle vorzuhalten. Neben den Mietkosten müssen alle Vereinsmitglieder außerdem zusätzlich Mitgliedseinlagen sowie regelmäßig Solidarbeiträge an das Syndikat leisten.

Das Vorhaben wurde unter anderem durch die Stadt Hamburg unterstützt, welche den zusammengeschlossenen Betrieben nicht nur die Fläche zum Kauf anbot, sondern auch sämtliche Bodengutachten sowie die Beseitigung bestehender Altlasten übernahm. Darüber hinaus haben auch die Hamburger Wirtschaftsförderung, die

Bürgerschaftsgemeinschaft Hamburg, die städtische Baubehörde sowie die Laewetz-Stiftung das Projekt insbesondere während des Bauprozesses begleitet.[290]

Vorbild für andere Handwerksbetriebe

Die Stadt Hamburg sieht das Projekt des Handwerkerhofes Ottensen in den Punkten Effizienz, Finanzierung und Nachhaltigkeit als Vorbild für andere Handwerksbetriebe, die ebenfalls mit den steigenden Mietpreisen zu kämpfen haben. Die Hamburger Wirtschaftsförderung (HWF) will beispielsweise unter anderem nach Vorbild des Handwerkerhofes städtische Industrie- und Gewerbeflächen bevorzugt an Betriebe vergeben, die Gebäude ähnlich innovativ und flächeneffizient planen. Dementsprechend soll der Kriterienkatalog der HWF für die Vergabe städtischer Flächen überarbeitet werden.[291]

8.4.2 Zum Beispiel: Demenz-WG Köln

In den beiden Demenz-WGs der »Dabei sein«-Wohngruppeninitiative für demenzkranke Menschen e. V. am Kölner Barbarossaplatz leben insgesamt 20 demenzerkrankte Bewohner und Bewohnerinnen gemeinschaftlich zusammen. Die Erkrankten der Pflegegrade 2 bis 5, die in ihren vorherigen Wohnungen oft nicht mehr ausreichend gepflegt und betreut werden konnten, werden dort rund um die Uhr durch den zuständigen Pflegedienst »Medden em Levve« (Mitten im Leben) betreut.

Trotz der intensiven Betreuung sollen die Pflegebedürftigen so gut es eben geht in die Bewältigung der Alltagsaufgaben eingebunden werden. Dabei wird innerhalb des Zusammenlebens und der Pflege stets darauf geachtet, dass kein Bewohner zu irgendetwas gezwungen wird. Vielmehr sollen die Erkrankten möglichst viele Entscheidungen selber treffen. Jede in der WG lebende Person richtet sich beispielsweise ihr Zimmer in der 400 Quadratmeter großen Wohngemeinschaft nach ihren eigenen Vorstellungen ein und darf eigene Möbel sowie Erinnerungsstücke, Bilder oder andere persönliche Gegenstände mitbringen. Außerdem gibt es zum Beispiel auch keine festen, verpflichtenden Aufsteh- oder Frühstückszeiten für die Bewohnerinnen oder abgesteckte Besuchszeiträume für die Angehörigen. Generell kann jeder, der gerne einen der Bewohner und Bewohnerinnen besuchen möchte, zu jedem Zeitpunkt in der WG vorbeischauen. Die Erkrankten können außerdem auch in Begleitung an Kirchen- oder Theaterbesuchen, Spaziergängen oder sonstigen Aktivitäten teilnehmen.

Der Verein »Dabei sein« selbst sieht sich innerhalb dieses Wohnkonzeptes als Wohngruppeninitiative, die als Organisator den Wohnraum anmietet und zwischen in der WG lebenden Personen, deren Angehörigen sowie den Pflegekräften des zuständigen Pflegedienstes vermittelt. Außerdem verstehen sie sich als eine Art »Verbraucherschutzinformation« für die demenzerkrankten Bewohner und Bewohnerinnen und begleiten die Einhaltung der bedarfsgerechten Standards innerhalb der Pflege.

Gemeinwohlorientierung und Offenheit

Initiativen wie die Demenz-WG in Köln eignen sich insbesondere aufgrund der hohen Gemeinwohlorientierung für eine Förderung im Rahmen der Wirtschaftsförderung 4.0. So erhalten demenzerkrankte Menschen und ihre Angehörigen eine oft kostengünstigere Alternative zum Altenheim, die ihnen darüber hinaus Mitbestimmungsrechte zusichert. So finden beispielsweise regelmäßig Angehörigengremien statt, in denen die Familien der Bewohner und Bewohnerinnen Anregungen, Wünsche und Kritik äußern können. Darüber hinaus kann in Köln prinzipiell jeder, der an Demenz leidet, unabhängig seines finanziellen Status, in eine solche WG einziehen. In Härtefällen übernimmt beispielsweise das Sozialamt die Kosten der Unterbringung.

Außerdem können die Wohngemeinschaften in städtische Viertel integriert werden, ohne dass sie von außen als abgeschottet wahrgenommen werden. So bleibt eine Nähe zum gesellschaftlichen und städtischen Leben erhalten und erhöht die Wahrscheinlichkeit, mit der Nachbarschaft in direkten Kontakt zu treten oder spontane Besuche von Familienmitgliedern zu erhalten. Dies bringt ein gewisses Maß an Normalität in den Alltag der Bewohner und Bewohnerinnen.

Die Idee entstand aus dem Wunsch zweier Bekannter, ein Wohnumfeld für Demenzkranke zu schaffen, in dem auf die sehr unterschiedlichen Ausprägungen und Stadien der Krankheit eingegangen werden kann. Diese Möglichkeiten sind in den meisten Pflege- oder Altenheimen nur sehr eingeschränkt oder gar nicht vorhanden und die Lebensqualität für die Bewohnerinnen und Bewohner entsprechend gering. Auch pflegende Angehörige sind oft ab einem gewissen Stadium oder je nach Verlauf der Krankheit mit der alleinigen Betreuung überfordert. Auf Basis dieser Motivation hat sich im Jahr 2009 die erste »Demenz-WG« gegründet.

Die Finanzierung des Pflegedienstes übernimmt die Pflegekasse der Bewohner und Bewohnerinnen jeweils in Abhängigkeit von deren Pflegestufe. Die Kosten für Miete, die Betreuung und Versorgung außerhalb der Pflege zahlen entweder die Demenzerkrankten oder ihre Angehörigen selbst, sofern dies finanziell möglich ist. Sollte dies nicht der Fall sein, übernimmt das Sozialamt die Mietkosten.

Der initiierende Verein finanziert sich zudem zusätzlich über Mitgliedsbeiträge und Spenden. Der Jahresbeitrag für eine Mitgliedschaft, in die jeder unkompliziert eintreten kann, beträgt 60 Euro. Über die Homepage kann aber auch jede interessierte Privatperson oder jedes Unternehmen dem Verein ohne den Abschluss einer Mitgliedschaft eine Spende zugutekommen lassen.[292]

Die Angehörigen stützen das Konzept

Eine finanzielle Unterstützung durch die Stadt Köln oder deren Behörden gibt es bisher nicht. Jedoch unterstützen eine Reihe (lokaler) Einzelpersonen, Unternehmen und Stiftungen die Arbeit des Vereins durch Spenden oder anderweitige Hilfeleistungen, wie etwa der Verein »Köln bewegt« mit seinem Film über das Leben in der Demenz-WG.[293]

Eine wichtige Stütze im Rahmen des Konzepts sind aber vor allem die Angehörigen, die im Rahmen ihrer Besuche Versorgungsaufgaben übernehmen, wie zum Beispiel Essen und Trinken anreichen, Tisch decken et cetera. Im Sinne des gemeinschaftlichen Wohnens sollen sie nicht nur zu Besuch sein, sondern an dem Leben in der WG partizipieren. Zu diesem Konzept gehört auch, dass Geburtstage und andere Feste regelmäßig gefeiert werden.

Die Nachfrage nach den Plätzen ist seit Gründung der WGs kontinuierlich hoch. Leer werdende Zimmer können in der Regel sehr schnell wieder vermietet werden, was vermutlich neben dem besonderen Konzept auch daran liegt, dass die Kosten für einen Platz in der WG im Vergleich zu den meisten Alten- und Pflegeeinrichtungen in Köln relativ günstig sind.

Die Zimmer werden in der Regel leer übernommen und können mit den privaten Möbeln und vertrauten Sachen aus dem ehemaligen Zuhause eingerichtet werden. Fehlt die Einrichtung, so kann im Einzelfall mit Möbeln ausgeholfen werden, die von ehemaligen Bewohnerinnen und Bewohnern übernommen wurden.

Aufgrund der guten Erfahrung mit dem Modell einer »Demenz-WG« wurde schon ein Jahr nach Gründung der ersten WG mit zehn Erkrankten eine weitere Etage im selben Haus in der Kölner Südstadt angemietet. Hier finden weitere zehn Erkrankte eine Möglichkeit zum Wohnen. Außerdem plant der Verein, in naher Zukunft auch weitere Wohngemeinschaften im Raum Köln/Bonn zu eröffnen.

8.4.3 Vorzüge

Sharing im Wohnen ist nicht für jeden beziehungsweise für jeden Bedarf geeignet, erweitert aber sinnvoll das Angebot und die Auswahl an Wohnmöglichkeiten und kann für den Einzelnen oder eine Gruppe eine individuell passende Form des Wohnens und Lebens darstellen. Wohnprojekte bergen vielfach Potenziale, die sie förderungswürdig im Sinne der Wf4.0 machen. Zum einen können sie sozialen Zusammenhalt fördern. Das Zusammenleben respektive nachbarschaftliche Miteinander bietet gute Bedingungen für die Ausbildung von Kooperation und das Zustandekommen ausgeprägter menschlicher Beziehungsmuster. Beim Mehrgenerationenwohnen können die unterschiedlichen Generationen beispielsweise gegenseitig voneinander profitieren und sind sozial eingebunden. Spezielle Betreuungsangebote und WGs für ältere Menschen können die soziale Teilhabe steigern und ein attraktives Angebot für Seniorinnen und Senioren wie für die Familien sein. Darüber hinaus können Wohnprojekte Lösungen für flächeneffektives Wohnen sein und durch das Teilen von Einrichtungen und Geräten können Ressourcen gespart werden.

8.4.4 Hintergrundinformationen

Nicht nur im Bereich des Wohnens wird Raum geteilt. Auch Arbeitsplätze entwickelten sich in den letzten Jahrzehnten von Großraumbüros über Einzelbüros bis hin zu Mehrpersonenbüros. Eine hierbei neu entstandene Form der Arbeitsplatznutzung ist das sogenannte Co-Working, das vor allem für freiberuflich arbeitende Personen oder auch kleine Unternehmen, wie zum Beispiel Start-ups, geeignet ist. Hierbei teilen sich verschiedene Parteien einen offenen Raum, in dem sie einerseits unabhängig voneinander agieren, andererseits von der Gemeinschaft profitieren können.

Zur Organisation dieser Räume gibt es unterschiedliche Anbieterinnen für »Co-Working Spaces«. Diese vermieten zeitlich begrenzt ihre Arbeitsplätze mit der nötigen Infrastruktur. Aufgrund der damit entstehenden geringen Bürokosten ist dies vor allem für neugegründete Unternehmen interessant.

8.4.5 Wie starten?

Zunächst sollten bestehende Projekte im Bereich des gemeinschaftlichen Wohnens identifiziert werden.

- Welche Projekte (unter anderem denkbar sind Projekte für ältere und erkrankte Menschen, Mehrgenerationenwohnen et cetera) im Bereich des gemeinsamen Wohnens bestehen an welchen Orten in der Stadt?

- Was ist Ziel der bestehenden Initiativen und welche Zielgruppe wird angesprochen?
- Wer ist Träger oder Trägerin dieser Einrichtungen beziehungsweise Projekte?
- Sind vorhandene Projekte bereits vernetzt und gibt es eine Interessensvertretung (zum Beispiel in Osnabrück: Projektgruppe »Gemeinschaftliches Wohnen« unter dem Dach des Familienbündnisses Osnabrück)

Gegebenenfalls zeigen sich Unterstützungsbedarfe schon durch entsprechende lokale Medienberichte über ein Projekt, in denen auf Herausforderungen eingegangen wird. Darüber hinaus kann der Kontakt zu den Projekten gesucht werden, um sie bei einem Besuch näher kennenzulernen. Hier werden Punkte thematisiert, bei denen sich eine Unterstützung durch die Wf4.0 anbietet. Vielfalt und Individualität der einzelnen Initiativen erfordern es stets, den Förderbedarf am spezifischen Projekt auszurichten, sodass hier nur Orientierungsfragen formuliert werden können, die bei der Identifizierung von Ansatzpunkten helfen können.

- Soll das Projekt auf der bisherigen Größe verbleiben beziehungsweise stabilisiert werden oder wird eine Expansion angestrebt?
- Schafft es das Projekt, die spezifische Zielgruppe zu erreichen? Wie hoch ist die Nachfrage?
- Werden Flächen und Räume oder beispielsweise geeignetes Personal gesucht?
- Ist die Initiative auf der Suche nach neuen Finanzierungswegen?
- Ist das Wohnprojekt in das Umfeld integriert oder ist eine stärkere Integration in das Umfeld von der Initiative gewünscht, konnte bisher aber nicht erreicht werden?

8.4.6 Kooperieren und fördern

Falls von der Initiative nachgefragt, kann diese von der Wf4.0 beispielsweise in den Bereichen Suche nach neuen Räumen, Marketing und Öffentlichkeitsarbeit und Einwerbung von Fördermitteln oder Zuschüssen unterstützt werden. Folgende Maßnahmen sind im Anschluss an die identifizierten Probleme oder Ziele der Initiative möglich:

- Beim Ziel einer Vergrößerung des Projekts kann bei der Suche nach geeigneten Räumen beziehungsweise Flächen unterstützt werden. Ebenso kann die Wf4.0 bei der Suche nach neuen Mitarbeitern und Mitarbeiterinnen helfen (beispielsweise Pflegekräften im Bereich des Seniorenwohnens).
- Bei Bekanntmachung der Initiative (Öffentlichkeitsarbeit) und bei der Integration der Initiative in ihr soziales Umfeld können unterschiedliche Maßnahmen

sinnvoll sein. Gängige Formen der Öffentlichkeitsarbeit sind die Erstellung und zielgerichtete Verteilung von Flyern, die Erstellung und aktive Pflege einer Internetpräsenz und die Forcierung von Medienberichten der Lokalpresse über das Projekt durch eine aktive Pressearbeit (Pressemitteilung bei Events et cetera). Die Wf4.0 kann hier beratend unterstützen oder Kontakte zu einer Expertise herstellen, bei der eine Beratung/Vermittlung grundlegender Kenntnisse in diesem Bereich stattfindet.

Zur Integration in das räumliche und soziale Umfeld wie zur allgemeinen Öffentlichkeitsarbeit bieten sich Feste (eigene Veranstaltung oder Präsenz auf Stadtteilfesten), ein »Tag der offenen Tür« und weitere Veranstaltungen, die das Kennenlernen fördern, an. Es wird sinnvoll sein, der Nachbarschaft die Möglichkeit zu geben, sich das Projekt anzuschauen und ins Gespräch zu kommen. Falls eine Vernetzung noch nicht geschehen ist, kann die Wf4.0 auf die entsprechenden Beteiligten vor Ort verweisen und einen Kontakt herstellen (Stadtteilvereine, Quartiersmanagement et cetera).

- Bei der Beantragung von Fördermitteln kann die Wf4.0 einen Überblick geben und bei der Antragstellung helfen. Auch kann die Vorstellung der Initiative bei anderen Akteuren in der Stadt dazu führen, dass Unterstützerinnen gefunden werden.

- Möglicherweise bieten sich Formen der Zusammenarbeit mit weiteren Akteurinnen und Akteuren vor Ort an: beispielsweise soziale Einrichtungen und Initiativen, um das Angebot (zum Beispiel im Bereich Freizeit) zu erweitern, oder weitere Initiativen im Sinne der Wf4.0 wie etwa Bio-Kisten-Lieferangebote, wenn nach ergänzenden Formen der Lebensmittelversorgung gesucht wird. Vorschlag und Beratung zu solchen Angeboten und Ansätzen sollten aber wie sonst auch nur erfolgen, wenn im konkreten Fall tatsächlicher Bedarf besteht beziehungsweise die Initiative nach solchen Möglichkeiten fragt.

8.4.7 Erfolgsindikatoren

Der Erfolg der Wf4.0 kann ermittelt werden anhand allgemeiner Faktoren, die geeignet sind, Aussagen darüber zu treffen, wie die einzelne Initiative insgesamt gedeiht, sowie an der Erreichung sehr konkreter Ziele, mit denen das Wohnprojekt an die Wf4.0 herangetreten ist.

- Allgemein wichtige Faktoren, die den Erfolg einer Initiative zeigen, sind beziehungsweise können sein: Anzahl der Mitglieder, stabile finanzielle Situation,

Nachfrage und Anziehungskraft des Projekts (Auslastung), Zufriedenheitsgrad der Bewohnerinnen und Bewohner und möglicher Beschäftigter.

- Spezifisch ist zu klären, ob vorgenommene Ziele erreicht werden konnten, zum Beispiel: Ist die Initiative öffentlich bekannter geworden (Anzahl Zeitungsartikel, Rückfragen auf Festen/Veranstaltungen), konnten Räume oder Personal gefunden werden, konnten erfolgreich Fördergelder beantragt oder Lokal-Sponsoren gefunden werden, hat das Wohnprojekt Kooperationspartnerinnen gewonnen?

9 Social Business

Ein großer Teil des sozialen Lebens funktioniert nur, weil Millionen Menschen sich unbezahlt engagieren. Auch umgekehrt gilt: Hilfe und Kooperation sind das Ergebnis eines funktionierenden Gemeinwesens. Das kommt nicht von allein. Daher ist die Förderung des bürgerschaftlichen Engagements ein ausgewiesenes Handlungsfeld in der Kommunalpolitik. In vielen Städten gibt es eine Freiwilligenagentur. Sie berät Menschen, die sich engagieren möchten, und vermittelt sie an passende Vereine und Einrichtungen. Flankiert werden solche Maßnahmen durch den Bundesfreiwilligendienst.

Wie wichtig ehrenamtliche Arbeit für Wirtschaft und Gesellschaft ist, hat der US-amerikanische Soziologe und Politikwissenschaftler Robert Putnam in zahlreichen Studien untersucht. Je höher das Potenzial bürgerschaftlichen Engagements in einer Region ist, so das Fazit, desto erfolgreicher vermag diese auf neue wirtschaftliche Chancen zu reagieren und umso zufriedener sind die Bürger mit »ihrer« Verwaltung, die sich dann auch objektiv stärker an ihren Wünschen orientiert.[294]

Verbunden mit dem demografischen Wandel, bietet die längere Lebenserwartung neue Chancen für die Gesellschaft. So versorgen bereits heute viele Rentner und Rentnerinnen ihre Enkelkinder oder engagieren sich in der dritten Lebensphase ehrenamtlich. Sind heute (Stand 2019) rund 18 Millionen Menschen über 65 Jahre, könnte diese Zahl in 20 Jahren auf über 23 Millionen anwachsen.[295] Insbesondere Potenziale für das Ehrenamt könnten in der Wirtschaftsförderung 4.0 mit dieser Entwicklung weiter gehoben werden, um Städte und Stadtteile resilienter zu gestalten.

Auf der anderen Seite benötigen immer mehr ältere Menschen Unterstützung und Begleitung im Alltag, wie etwa durch eine altersgerechte Nahversorgung mit Lebensmitteln, Unterstützung durch geeignete Assistenz- und Pflegedienste und formalisierte Pflegedienstleistungen, welche wachsende Wirtschaftsbereiche darstellen. Die Wirtschaftsförderung 4.0 könnte hier integrierte Konzepte mit anderen städtischen Ressorts eruieren und umsetzen. Zum Jahresende 2019 waren 4,1 Millionen Menschen in Deutschland pflegebedürftig. Das ist eine Verdopplung gegenüber 1999.[296] Vier von fünf Pflegebedürftigen im Sinne der Pflegeversicherung werden aktuell von zu Hause aus gepflegt und rund 980 000 erhalten Unterstützung durch ambulante Pflegedienste.[297]

Die Ausgaben der Kommunen, insbesondere im ambulanten Pflegebereich, weisen zudem hohe finanzielle Belastungen mit zunehmenden jährlichen Wachstumsraten auf.[298] Die ambulante Pflege, Assistenzdienste und eine geeignete Nahversorgung sollten weiterhin Mittel der Wahl einer Stadt sein. Dies ermöglicht den Erhalt der gewohnten sozialen Infrastruktur und ist damit stationären Lösungen vorzuziehen.[299]

Die Förderung des bürgerschaftlichen Engagements ist deshalb von herausragender Bedeutung für die Wf4.0. Mehr zur Einführung in das Geschäftsfeld »Social Business« siehe S. 62.

9.1 Kooperationen zwischen Freiwilligenagentur und Einzelhandel

Deutschlandweit gibt es mittlerweile über 500 Freiwilligenagenturen (auch Ehrenamtsbörsen, -büros, Freiwilligenzentren). Freiwilligenagenturen vermitteln als Kernaufgabe zwischen Menschen, die ehrenamtlich tätig werden möchten, und Einrichtungen, die auf Freiwillige in ihrer Arbeit angewiesen sind.

Fähigkeiten, Kenntnisse und Interessen des Einzelnen werden mit dem Bedarf der ehrenamtlich agierenden Einrichtungen abgeglichen. Durch die Aktivität der Freiwilligenagentur als Intermediär reduzieren sich für Einzelpersonen als auch Einrichtungen die Such- und Zeitkosten erheblich. Durch ihre Präsenz und Werbetätigkeit können Freiwilligenagenturen die Hemmschwelle für weitere Interessierte senken. Darüber hinaus haben sich Freiwilligenagenturen je nach Kapazität zu sogenannten Entwicklungsagenturen etabliert und realisieren gesellschaftlich relevante Projekte in ihrem Umfeld selbst.

Auch Unternehmen sind als Kooperationspartner an einigen Standorten fester Bestandteil, etwa werden Beschäftigte motiviert, ehrenamtlich tätig zu werden (Corporate Volunteering) oder es ergeben sich im Rahmen sogenannter Marktplätze Win-win-Beziehungen zwischen Unternehmen und Einrichtungen (beispielsweise betreut eine Werbeagentur die Internetseite eines kulturellen Vereins, im Gegenzug organisiert der Verein ein Programm für die Weihnachtsfeier der Agentur). Dem Einzelhandel kann, wie unten beschrieben, eine besondere Rolle bei der örtlichen Verfügbarkeit von Beratungsstellen zukommen.

9.1.1   Zum Beispiel: Zentrum Aktiver Bürger (ZAB) Nürnberg: Win-win für Ehrenamtsförderung und Buchhandlung

Um die Bekanntheit der Freiwilligen-Informationsstelle[300] zu verbessern und gleichzeitig die Problematik restriktiver räumlicher Ressourcen zu überwinden, kooperiert das »Zentrum Aktiver Bürger« (ZAB) in Nürnberg mit einer ortsansässigen Buchhandlung und bietet seither vor Ort Beratungsgespräche an. Das ZAB wollte seine Öffnungszeiten verlängern, um diese auch für berufstätige Menschen attraktiver zu machen und einen größeren Interessentenkreis anzusprechen.

Gleichzeitig profitiert die Buchhandlung von der öffentlichen Wahrnehmung als sozial engagierteres Unternehmen sowie durch zusätzliche Buch- und Geschenkartikelkäufe der Besucher der Freiwilligen-Informationsstelle. Die Kooperation ist Beispiel für einen innovativen Lösungsansatz mit Win-win-Wirkung für Ehrenamtsförderung und Unternehmen.

Das Rathaus der Stadt bot sich als Ort ebenfalls an, hatte jedoch den Nachteil eingeschränkter Öffnungszeiten. Die Idee einer Kooperation wurde dem damaligen Leiter der Buchhandlung Thalia Buchhaus Campe vorgeschlagen, die zentral in der Nürnberger Einkaufszone liegt. Kurz darauf konnte die Freiwilligen-Info ihre Arbeit in 2012 aufnehmen. 2016 erhielt das Projekt den Innovationspreis für Freiwilligenagenturen.

Die Freiwilligenagentur ist Teil des Tätigkeitsbereichs des ZAB, welches vor 20 Jahren gegründet wurde. Die Aktivitäten umfassen unter anderem Handwerkergruppen, die kleinere Reparaturen in Kindertagesstätten, Museen, Seniorenheimen und ähnlichen Einrichtungen übernehmen, den Bücherdienst in Krankenhäusern, Familienpatenschaften oder die Wohnraumberatung. Insgesamt sind 600 Freiwillige in ZAB-Projekten aktiv. Mit der Freiwilligenagentur werden darüber hinaus Ehrenamtliche in 450 externe Einsatzstellen vermittelt. Das ZAB arbeitet eng mit der Stadt Nürnberg und insbesondere der Koordinationsstelle Bürgerschaftliches Engagement zusammen. Projekte werden durch die Stadt auch finanziell unterstützt. Pressearbeit und eine Facebook-Seite unterstützen die Bekanntheit der ZAB-Aktivitäten.[301]

Thalia stellt die genutzte Fläche unentgeltlich zur Verfügung

Die Freiwilligen-Information befindet sich nun zentral in der Nürnberger Innenstadt. »Durchgangsverkehr« wird auf die Information aufmerksam und die Hemmschwelle für eine Beratung abgebaut. Im Büro wurden jährlich 100 bis 150 Gespräche geführt, bei Thalia konnte das Interesse um das Doppelte gesteigert werden.

Ähnliche Konzepte finden sich in Bremen und Magdeburg, wo Freiwilligenagenturen in städtischen Bibliotheken integriert sind. Die Kooperation mit einem Unternehmen ist deutschlandweit einmalig. Die durch die Freiwilligen-Information genutzte Fläche bei Thalia wird dem ZAB unentgeltlich zur Verfügung gestellt. Weiterhin übernimmt die Buchhandlung Getränke für die Beraterinnen und Besucher. Der Bekanntheitsgrad der Freiwilligenagentur steigt, da sich nun auch »Publikumsverkehr« informieren lassen kann.

9.1.2 Vorzüge

Freiwilligenagenturen üben durch ihre Vermittlungstätigkeit sowie als Entwicklungseinheiten von Projekten positive Effekte auf die Lebensqualität, das soziale Kapital und die Krisenfestigkeit einer Kommune beziehungsweise eines Stadtteils aus. Die Zusammenarbeit mit Unternehmen macht deutschlandweit allerdings bisher nur einen geringen Anteil aus. Laut einer Studie aus dem Jahr 2011 sehen lediglich 14 Prozent der Freiwilligenagenturen eine starke oder sehr starke Besetzung bei dem Thema Zusammenarbeit mit Unternehmen. Hier sollte sich eine zukunftsorientierte kommunale Wirtschaftsförderung als zentraler vermittelnder Akteur verstehen. Der Einzelhandel, insbesondere in Innenstädten, ist einer der interessanten Kooperationspartner für Freiwilligenagenturen.

Abgelegene Beratungsstellen der Freiwilligenagenturen behindern meist die Sichtbarkeit von Freiwilligenagenturen in Städten und Gemeinden. Diese Problematik fehlender geeigneter Räumlichkeiten in Stadtzentren kann durch Kooperationen mit dem Einzelhandel aufgehoben werden. Ein positives Beispiel findet sich in Nürnberg (siehe oben).

9.1.3 Hintergrundinformationen

Wie oben bereits erwähnt, existieren deutschlandweit derzeit etwa 500 Freiwilligenagenturen, jede fünfte liegt in kommunaler Trägerschaft. In anderen Fällen ist der Träger ein Verein oder Wohlfahrtsverband; Stiftung, Kirche(nkreis) oder GmbH stellen eher Ausnahmen dar.[302] Als zentrale Ansprechpartner für Freiwilligenagenturen in Deutschland agieren der Verein Bundesarbeitsgemeinschaft der Freiwilligenagenturen (bagfa) e. V. und die Landesarbeitsgemeinschaften (lagfas). Die Bundesarbeitsgemeinschaft hat in diesem Zuge mehrere Leitfäden für Freiwilligenagenturen zu unterschiedlichen Fragestellungen entwickelt. Diese können auf der Website der Bundesarbeitsgemeinschaft kostenlos heruntergeladen werden.[303]

9.1.4 Wie starten?

Befindet sich eine Freiwilligenagentur in kommunaler Trägerschaft, ist das erste Gespräch quasi ein Austausch unter Kollegen und Kolleginnen. Aber auch sonst dürfte bei den Freiwilligenagenturen immer eine Bereitschaft zum Dialog anzutreffen sein.

Vermutlich haben die Mitarbeitenden der Agentur schon einmal von solchen Kooperationsmöglichkeiten gehört. Sie sind ja schließlich auch vernetzt. Also stellt sich die Frage: »Warum gibt es das noch nicht?« Genau dann, wenn die Mitarbeitenden die Idee gut finden, aber sie noch nicht umgesetzt haben, wird es spannend. An den Punkten, wo es hakt, kann die Wf4.0 möglicherweise unterstützend tätig werden.

Handlungsbedarf besteht vor allem, wenn die Öffnungszeiten als Einschränkungen empfunden werden. Aber auch unabhängig davon kann die Kooperation mit Einzelhändlern oder anderen Einrichtungen, etwa kulturellen Begegnungsstätten, sinnvoll sein, um weitere Zielgruppen und Teile der Öffentlichkeit anzusprechen.

Besonders wenn die Agentur nicht eine Einrichtung der Stadt ist und bereits durch Fördermittel der Stadt unterstützt wird, besteht eine mögliche Hilfe in einer – gegebenenfalls zeitweisen – Aufstockung der Mittel, um eine neue Kooperation zu initiieren und zu etablieren.

Dienlich kann es außerdem sein, die Beantragung von Fördermitteln zu unterstützen. Freiwilligenagenturen haben meist mit einer unsicheren Finanzierung zu kämpfen.[304] Die Fördermittelberatung könnte bei der kommunalen Wirtschaftsförderung liegen. Weiter ist die Vermittlung zu Unternehmen, bzw. wie in diesem Fall zum Einzelhandel, und die Koordination dieses Geflechts eine mögliche Aufgabe der Wirtschaftsförderung.

9.1.5 Kooperieren und fördern

Auch wenn die Kommune nicht Träger der Freiwilligenagentur ist, kann die Wf4.0 folgende Barrieren beziehungsweise Herausforderungen durch eine Kooperation mit dem Einzelhandel adressieren helfen:

- **Marketing:** Öffentlichkeitsarbeit für freiwilliges Engagement ist insgesamt mit einem hohen Aufwand für die Freiwilligenagentur verbunden, ohne diese ist die erfolgreiche Vermittlung von Freiwilligen als Kernaufgabe einer Freiwilligenagentur jedoch nicht möglich. Erfahrungen haben gezeigt, dass je abgelegener die Räumlichkeiten sind, desto höher ist der notwendige Aufwand für die Öffentlichkeitsarbeit.[305] Die erhöhte Sichtbarkeit durch eine Zweigstelle der Freiwilligenagentur in einem zentral gelegenen Geschäft kann erheblich dazu beitragen, diesen Aufwand zu reduzieren. Freigewordene Kapazitäten können dann für andere Aufgaben genutzt werden.

- **Finanzierung:** Auch der Finanzierungsdruck, etwa durch zu zahlende Miete für eine innerstädtisch gelegene Zweigstelle, kann durch die Maßnahme für die Freiwilligenagentur sinken.

9.1.6 Erfolgsindikatoren

- Entwicklung der Besucherzahl in der Freiwilligenagentur
- Entwicklung der Beratungstermine
- Entwicklung registrierter Freiwilliger

9.2 Nutzung von Fahrrad und Pedelec in der ambulanten Pflege fördern

Die ambulante Pflege erfährt durch den demografischen Wandel einen immer höheren gesellschaftlichen Stellenwert in Deutschland. Mit Blick auf die Wf4.0 sind in diesem wachsenden Pflegemarkt vor allem resilienzfördernde und nachhaltige Konzepte von besonderem Interesse.

Konventionelle Anbieter ambulanter Pflege bedienen oft weitläufige Flächen, die mit dem Auto zurückgelegt werden. Mittlerweile gibt es jedoch auch Beispiele ambulanter Pflegedienste, die ausschließlich mit Fahrrad oder Pedelec (Pedal Electric Cycle) ihre Kunden und Kundinnen versorgen, meist mit einem geringeren Versorgungsradius (zum Beispiel in einem Quartier). Ziel der Maßnahme ist die Förderung dieser innovativ handelnden Pflegedienstanbieter und die Umstellung des Fuhrparks bestehender konventioneller Pflegedienste.

9.2.1 Pflegedienste Frauen pflegen Frauen und Wüstenwerk: Mit dem Fahrrad sozial, ökonomisch und ökologisch nachhaltig

Die Pflege von Angehörigen ist inzwischen ein relevanter kommunaler Arbeitsmarkt. Mit Blick auf die Wf4.0 besonders interessant sind vor allem nachhaltige Konzepte. Exemplarisch sind hier der Pflegedienst »Frauen pflegen Frauen« aus Heidelberg sowie der Ansatz des »Wüstenwerks« aus Osnabrück.[306] Beide adressieren die ambulante Pflege, die durch den demografischen Wandel in Deutschland einen immer höheren Stellenwert erfährt.

Anders als konventionelle Anbieter ambulanter Pflege, die oft weitläufige Flächen bedienen und somit auf den Einsatz von Autos angewiesen sind, haben die beiden vorgestellten Pflegedienste einen geringeren Versorgungsradius, sind jedoch flexibler in der Stadt und sparen die Zeit der Parkplatzsuche. Diese Freiräume können stattdessen für die Pflege aufgewendet werden. Auch bietet der Einsatz von Fahrrädern und Pedelecs wirtschaftliche Vorteile für die Betriebe (Verzicht auf kostenintensiven Kfz-Fuhrpark). Das Beispiel zeigt, dass mobile Dienstleistungen – nicht ausschließlich nur soziale – zahlreich auch mit alternativen Möglichkeiten zum Kraftfahrzeug bereitgestellt werden können.

Der Heidelberger Pflegedienst Frauen pflegen Frauen besteht bereits seit 1995 und ist Teil des gemeinnützigen Vereins zur beruflichen Integration und Qualifizierung (VbI) e. V. Der Verein begann seine Arbeiten zunächst mit dem Pflegedienst unter Leitung von Claudia Köber. Danach kamen weitere Aktivitäten in der Vereinsarbeit hinzu (siehe unten). Ökonomische und insbesondere ökologische Motive spielten bereits zu Beginn bei der Entwicklung des Konzepts eine zentrale Rolle.

Das im Jahr 2013 gegründete Wüstenwerk in Osnabrück ist als GmbH & Co KG organisiert und wird heute durch Christina Riessland geleitet. Die Idee für den Pflegedienst entkoppelte sich aus der Wüsteninitiative, einem Verein zur Förderung der Quartiersentwicklung im Stadtteil Wüste. Es ist einer von über 30 Pflegediensten in Osnabrück.

Berufliche Integration von Frauen fördern

Träger der Initiative in Heidelberg ist der Verein zur beruflichen Integration und Qualifizierung (VbI). Er begleitet Menschen nach langer Arbeitslosigkeit und Menschen mit Behinderungen auf ihrem Weg in Arbeit und Beschäftigung. Das Spektrum der Vereinsaktivitäten ist breit gefächert und umfasst unter anderem das Recycling gebrauchter Fahrräder, die Essensversorgung an Schulen, die Förderung der Barrierefreiheit und die Unterstützung von Tagesmüttern. Durch die generierten Einnahmen aus der Arbeit des Pflegedienstes können andere Aktivitäten des Vereins finanziell unterstützt werden. Gleichzeitig profitiert der Pflegedienst von der vereinsinternen Fahrradwerkstatt des Vereins.

Ziel des Pflegedienstes ist seit Beginn, die berufliche Integration von Frauen zu fördern. Das Konzept kommt dem Wunsch vieler Frauen entgegen, die nur von Frauen gepflegt werden möchten. Dies schließt jedoch die Pflege von Männern nicht aus. Der Pflegedienst beschäftigt rund zehn Mitarbeiterinnen. Im Kontrast zu konventionellen Pflegediensten sind die Pflegerinnen ausschließlich mit dem Rad beziehungsweise seit Kurzem mit zwei Pedelecs unterwegs, nicht zuletzt aufgrund der veränderten Altersstruktur der Beschäftigten.

Das Wüstenwerk in Osnabrück versorgt seine Kundschaft mit Fahrrädern und insbesondere Pedelecs. Für die Pedelecs wird ausschließlich erneuerbarer Strom bezogen. Übergeordnetes Ziel war es seit Beginn, über den reinen Pflegedienst hinaus die nachbarschaftlichen Strukturen zu stärken und eine Sensibilisierung im Stadtteil zu erreichen. Daneben versuchen die Beteiligten, Hilfe im Alltag etwa in Form von Einkaufsdiensten oder eine Begleitung zum Spazierengehen auf ehrenamtlicher Basis zu vermitteln. Hier ist die Zusammenarbeit mit der Freiwilligenorganisation der Wüsteninitiative zentral. Weiter profitiert das Wüstenwerk von regelmäßigen Berichten oder Anzeigen im Stadtteilmagazin des Wüstenwerks.

Kooperationen mit städtischen Einrichtungen bestehen über die Pflegestützpunkte und Sozialdienste der Krankenhäuser. Das Konzept des Wüstenwerks wurde durch die Wirtschaftsförderung Osnabrück (WFO) als innovativer Ansatz erkannt. Eine zugesprochene finanzielle Förderung wurde letztendlich jedoch durch das Wüstenwerk nicht in Anspruch genommen.

Pedelecs erweitern den Versorgungsradius

Für den Einsatz von Fahrrädern ist grundsätzlich entscheidend, inwiefern Entfernung und Topographie einen Fahrradeinsatz ermöglicht. Pedelecs erweitern den Versorgungsradius. Lastenräder bieten zudem die Möglichkeit, auch zusätzlich notwendiges Material mitnehmen zu können. Ein Förderprogramm seitens der Stadt wäre hier denkbar.

Kfz-basierte Pflegedienste zeigen insbesondere aufgrund der ökonomischen Vorteile Interesse an dem Konzept, wie Anfragen an die Initiative in Heidelberg zeigen. Es bestehen jedoch Umsetzungsbarrieren bei der Umstellung auf Fahrräder beziehungsweise Pedelecs in bestehenden Betrieben, etwa mangelnde Affinität der Mitarbeiterinnen zum Fahrrad, notwendiger Personen- und Materialtransport, Unsicherheit der Kundenakzeptanz und zusätzlicher Organisationsaufwand. Die beiden Beispiele verdeutlichen jedoch, dass die genannten Probleme überwunden werden können. Andere Einzelbeispiele für Assistenz- und Pflegedienste mit Fahrrad oder Pedelec finden sich unter anderem in Hamburg, Berlin und Bremen.

Weiter zeigen beide Beispiele, dass einige Mitarbeiterinnen ausschließlich wegen des bewussten Verzichts auf Autos angeworben werden konnten. Einige wollten bewusst auf ein Auto verzichten (ökologische Motivation, Gesundheitsaspekte), andere ausgebildete Pflegekräfte haben keinen Führerschein und konnten nur aufgrund des Konzepts eingestellt werden.

Ergebnisse

Die Entscheidung gegen einen Kfz-Fuhrpark war ökologischer und ökonomischer Natur und hat sich als erfolgreich bewährt. Lastenräder können sinnvolle Ergänzungen darstellen. Inzwischen sind auch konventionelle Pflegedienste an dem Konzept interessiert, insbesondere aus ökonomischen Gründen. Jedoch bestehen noch Umsetzungshemmnisse.

Fahrräder und Pedelecs können besonders in Städten mit starker Verkehrsbelastung und geringem Parkplatzangebot zu Zeitersparnissen führen. Grundsätzlich ist denkbar, dass auch andere mobile Dienstleistungen der Stadt (etwa Verkehrsüberwachung) oder Handwerker dieses Geschäftsmodell (teil-)übernehmen. Anreizmechanismen durch die Stadt werden jedoch voraussichtlich notwendig sein.

9.2.2 Vorzüge

Durch den Einsatz von Fahrrad oder Pedelec als Verkehrsmittel können Pflegekräfte flexibler in der Stadt agieren und Zeit bei der sonst notwendigen Parkplatzsuche sparen. Diese zeitlichen Freiräume können stattdessen für die Pflege – die eigentliche Dienstleistung – aufgewendet werden. Weiter bestehen ökologische Vorteile durch Kraftstoffeinsparungen und Lärmreduktion sowie wirtschaftliche Vorteile für die Pflegebetriebe (Verzicht auf kostenintensiven Kfz-Fuhrpark).

Auch können lokale Fahrradgeschäfte durch Verkauf und Wartungen profitieren. Erfahrungen bestehender Pflegedienste haben zudem gezeigt, dass das Konzept weiteres meist knappes Pflegepersonal erschließen kann, da Personen dieser Berufsgruppe teilweise keinen Führerschein haben oder bewusst auf ein Auto als Verkehrsmittel verzichten wollen. Der Ansatz ist zudem grundsätzlich auf andere mobile Dienstleistungen – nicht ausschließlich nur soziale – übertragbar.

9.2.3 Hintergrundinformationen

Die Anzahl der mobilen Pflegedienste mit Fahrrad oder Pedelec ist bisher in Deutschland beschränkt. Der übliche Weg scheint bisher die Neugründung. Es finden sich deutschlandweit bisher nur einzelne Pflegedienste, die überwiegend Fahrrad oder Pedelec einsetzen. Diese entstanden beispielsweise aus sozialen Vereinen heraus (etwa zur Förderung der Berufschancen von Frauen wie bei Frauen pflegen Frauen in Heidelberg, oder entkoppelten sich aus einem zivilgesellschaftlichen Quartiers-entwicklungskonzepts wie in Osnabrück-Wüste).

Interesse besteht allerdings aufgrund der oben genannten Vorteile auch bei konventionellen ambulanten Pflegediensten, die eine (Teil-)Umstellung auf Pedelec anstreben. Dabei ist das Potenzial groß. Insgesamt gibt es 14 700 ambulante Pflegedienste in Deutschland. Zwei Drittel davon sind in privater Hand, ein Drittel befinden sich in freigemeinnütziger Trägerschaft (zum Beispiel Diakonie, Caritas) oder in öffentlicher Trägerschaft. Bundesweit wurden Ende 2019 rund 980 000 Menschen ambulant versorgt.[307]

9.2.4 Wie starten?

Zunächst einmal wäre zu klären, welche Angebote es bereits gibt. In persönlichen Gesprächen mit den Pflegediensten in der Stadt lässt sich ausloten, ob es Interesse am Einsatz von Fahrrad oder Pedelec gibt. Dafür gilt es, sich gut vorzubereiten. Worin liegen die gesundheitlichen und betriebswirtschaftlichen Vorteile? Welche Vorzüge ergeben sich im Kundenkontakt und durch die Nähe der Dienstleister und Kundschaft zum persönlichen Umfeld? Berichte über Vorreiter aus anderen Städten haben viel Überzeugungskraft.

Es folgen weitere Gespräche. Wenn etwa ein Quartiersmanagement vorhanden ist oder es eine Nachbarschaftsinitiative gibt, ist eine Verknüpfung sinnvoll. Es werden Ideen und Kritikpunkte aufkommen, die geeignet sind, den Ansatz weiterzu-entwickeln. Erst dann kann es sinnvoll erscheinen, einen Workshop mit mehreren Pflegediensten zusammen anzuschieben. Womöglich gibt es Synergieeffekte und Kooperationsmöglichkeiten. Aus Konkurrenten können gegebenenfalls Partner werden. Es kann auch sein, dass ein kommunales Umsetzungskonzept angemessen erscheint.

Im Rahmen von Workshops können die Pflegedienste mit Fahrraderfahrung ihre Erfahrungen an interessierte Pflegedienste weitergeben. Es besteht weiter die Möglichkeit, ein kommunales Förderprogramm aufzusetzen, um bestehenden Pflegediensten den Anreiz zur (Teil-)Umstellung des Fuhrparks zu geben. Beispielsweise gibt es bereits Kommunen, die die Anschaffung von Lastenrädern durch Gewerbe oder private Haushalte fördern. Auch Neugründungen von Fahrrad-Pflegediensten könnten finanziell unterstützt werden.

9.2.5 Kooperieren und fördern

Es ist nicht anzunehmen, dass eine Kommune als Trägerin eines Pflegedienstes auf-
tritt. Somit kann sie lediglich Anreize bieten, um bestehende Pflegedienste zu einer
Umstellung zu bewegen. Barrieren beziehungsweise Herausforderungen, die durch
Pflegedienste genannt wurden und durch Informations- und Beratungsangebote
adressiert werden sollten, sind:

- **Topografie und Einwohnerdichte der Kommune:** Eine hohe Einwohnerdichte wirkt beispielsweise positiv auf den Erfolg des Konzepts. In Kommunen
mit anspruchsvoller Topografie sollte eher auf Pedelecs zurückgegriffen werden.
Diese haben auch einen größeren Einsatzradius.
- **Unsicherheit der Kundenakzeptanz und zusätzlicher Organisationsaufwand:**
Pflegedienste fürchten den zusätzlichen Organisationsaufwand beim Einsatz
von Fahrrädern, allerdings sind auch Autos Wartungen unterworfen. Kurzfristiger Mehraufwand ist langfristigen Vorteilen gegenüberzustellen. Unsicherheiten
bezüglich der Kundenakzeptanz sind durch Erfahrungen von bereits umgestellten
Betrieben zu adressieren. Diese verstehen den Einsatz von Fahrrädern/Pedelecs
als Alleinstellungsmerkmal ihres Geschäftsmodells.
- **Akzeptanz der Mitarbeiterinnen:** Mitarbeiter und Mitarbeiterinnen sind in den
Prozess einzubeziehen, damit die Umstellung erfolgreich ist. »Bei jedem Wetter
raus zu müssen« ist ein zu adressierender Aspekt, daher sollten gesundheitliche
Aspekte unterstrichen werden.
- **Material- und Personentransport:** Erfahrungen zeigen, dass Transport von Pfle-
gematerial oftmals keine Einschränkung darstellt. Falls dies jedoch notwendig ist,
können Lastenräder eingesetzt werden.
- **Finanzierung:** Unterstützung durch die Kommune bei anfänglichen Umstellun-
gen des Fuhrparks ist denkbar, damit Pflegedienste erste Erfahrungen sammeln
können und Handlungsbarrieren sinken.

Zentrale Kooperationspartner, insbesondere wenn quartiersbezogene Ansätze verfolgt werden, sind quartiersbezogene Vereine. Pflegedienste können in diesem Fall
Stadtteilfeste oder Stadtteilmagazine als Plattform nutzen. Auch in Ansätzen kommunaler Quartiersentwicklung sind Pflegedienste dieser Art mitzudenken.

9.2.6 Erfolgsindikatoren

Folgende Indikatoren können geeignet sein, um den Erfolg des kommunalen Einsatzes zu messen:

- Anteil von Pflegediensten, die Fahrräder/Pedelecs als Dienstfahrzeuge einsetzen
- Zurückgelegte Pedelec-/Fahrrad-Kilometer zu Auto-Kilometern interessierter Pflegedienste beziehungsweise aller Pflegedienste in der Kommune

9.3 Reparatur-Initiativen, Sozialkaufhaus und MakerSpace

Sozialunternehmen beziehungsweise -initiativen in Form von Repaircafés und offenen Werkstätten als Labore gesellschaftlicher Transformation, aber auch Sozialkaufhäuser, weisen Elemente des kollaborativen Handelns auf und bieten neue Formen des Zusammenlebens.[308] Weiter dienen diese der Nutzungsintensivierung von Gütern und helfen somit, negative Externalitäten auf die Umwelt durch zusätzliche Produktion zu vermeiden.

Repaircafés haben beispielsweise die Besonderheit, mangelndes Wissen des Besitzers über eine mögliche Reparatur durch das Zusammenbringen mit Reparatur-Experten zu überwinden und mitgebrachte Gegenstände wieder gebrauchstüchtig zu machen.

Viele Gegenstände lassen sich relativ leicht reparieren, wenn man weiß, wie es geht. Dieses Wissen bündelt sich in Reparatur-Initiativen, die Reparaturwerkstatt, Repaircafé oder Reparatur-Treff genannt werden. Die Bandbreite der Gebrauchsgüter, die von Reparatur-Initiativen repariert werden, ist seit dem Aufkommen immer umfangreicher geworden. Reparatur-Initiativen organisieren Veranstaltungen, bei denen defekte Alltagsgegenstände repariert werden. Dazu gehören elektrische und mechanische Haushaltsgeräte, Unterhaltungselektronik, aber auch Textilien, Fahrräder, Spielzeuge und andere Gebrauchsgüter. Diese Treffen sind in der Regel nicht-kommerzielle Veranstaltungen und werden ehrenamtlich getragen. Ziel der Maßnahme ist es, neue und bestehende Reparaturwerkstätten bedarfsorientiert zu unterstützen.

Neben der Hilfe zur Selbsthilfe, spielt in Repaircafés vor allem das Miteinander und der Austausch beim Reparieren bei Kuchen und Kaffee eine wichtige Rolle.[309] Wie die zahlreichen Erfahrungen mit Repaircafés zeigen, werden diese gerne von älteren Menschen besucht, die sozialen Anschluss suchen.

Das Konzept wurde im Jahre 2009 von der Niederländerin Martine Postma entwickelt.[310] Die Anleitung zum Aufbau eines Cafés oder einer Werkstatt nach Vorbild der von Potsma gegründeten Stiftung »Stichting Repair Café« steht heute als Franchise Lizenz zur Verfügung, welche für einen einmaligen Beitrag von rund 50 Euro erworben werden kann. Deutsche Partnerorganisation der Stichting Repair Café ist seit 2014 die Stiftungsgemeinschaft Anstiftung & Ertomis gGmbH. Sie versammelt auf ihrer Internetplattform reparatur-initiativen.de deutschlandweit heute rund 850 Initiativen (Stand April 2020) und spricht von über 1500 aktiven Initiativen in Deutschland. 2013 lag die Zahl der Repaircafés hierzulande noch bei 21.[311]

Neue Richtlinien der Europäischen Union, wonach Elektrogeräte nun langlebiger und reparierbar sein sollen, werden den Trend verstärken und das Reparieren mehr und mehr zum Geschäftsmodell machen.

Offene Werkstätten verfolgen ein ähnliches Konzept wie die Repaircafés. Im Gegensatz zum Reparieren steht hier jedoch die Herstellung (unter anderem Ersatzteile) und das Upcycling von Gegenständen im Vordergrund. Weiterhin geht es weniger um die Anleitung von Personen, sondern vielmehr darum, eigene Ideen auszuprobieren. Meist werden offene Werkstätten von Technophilen besucht. Zunehmend werden sie aber auch mit pädagogischen Konzepten verbunden, um bestehende Hemmschwellen abzubauen. Ähnliches passiert bereits bei den Repaircafés (siehe Fallbeispiel).

Ein weiterer Unterschied zu Repaircafés ist, dass offene Werkstätten meist einen Mitgliedsbeitrag aufgrund der Anschaffung und Wartung von bereitgestellten Geräten und Anlagen verlangen (müssen). Reparatur-Cafés verzichten hierauf und finanzieren sich meist über freiwillige Spenden und/oder durch Kaffee- und Kuchenverkauf.

Soziale Kaufhäuser entstehen in Deutschland bereits seit den 1980er-Jahren. Zahlreiche Kaufhäuser verfolgen das explizite Ziel, ökonomisch benachteiligten Menschen die Möglichkeit zu geben, Möbel, Kleidung und andere Gebrauchsgüter günstig erwerben zu können. Andere sind primär ökologisch orientiert und setzen sich das Ziel, Abfall zu reduzieren. Die meist zu sehr niedrigen Preisen verkauften Gegenstände werden nach dem grundlegenden Prinzip durch den ehemaligen Besitzer kostenlos zur Verfügung gestellt. Ein direkter Austausch zwischen dem Vorbesitzer und dem neuen Besitzer findet damit nicht statt, vielmehr agieren die Kaufhäuser als Intermediär. Darunter fallen Kaufhäuser der Tafeln e. V., kirchlicher Einrichtungen (etwa Diakonie), der Abfallwirtschaftsbetriebe oder auch andere dezentral organisierte Einrichtungen.

Das Angebot umfasst meist Möbel, Hausrat, Unterhaltungsmedien, Bücher, Spielsachen und gut erhaltene Textilien. Diese können meist günstig (ohne Ausschluss von Personenkreisen) erworben werden. Die Einnahmen dienen in einigen Fällen einem breiteren Ziel. Im Falle der Tafeln werden Überschüsse zur (teils mobilen) Versorgung von Menschen mit Mahlzeiten und medizinischen Diensten verwendet (siehe Fallbeispiel).

Sowohl Soziale Kaufhäuser, Repaircafés und offene Werkstätten können sich ohne die Mitarbeit von ehrenamtlich Engagierten oft nicht selbst tragen. Dies führt zu einem hohen zusätzlichen Koordinationsaufwand.

9.3.1 Zum Beispiel: Reparaturnetzwerk Wien

Gehen Großgeräte oder andere Gegenstände im Haushalt (wie Werkzeug, Möbel) kaputt, besteht oft eine Hemmschwelle, sich um eine Reparatur zu bemühen. Der Zeitaufwand, einen geeigneten Reparaturbetrieb in der Nähe zu finden, und die etwaigen Reparaturkosten schrecken oftmals von einer Reparatur ab. Stattdessen kaufen die Kunden lieber ein neues Gerät. Das alte wird entsorgt. Es hatte womöglich nur einen kleinen Defekt. Das Reparaturnetzwerk Wien[312] hilft in diesem Fall. Über die Hotline beziehungsweise Internetseite wird schnell und unkompliziert vermittelt, welcher qualifizierte Mitgliedsbetrieb den jeweiligen Reparaturwunsch erfüllen kann. Zudem kann ein Transportservice als Servicepaket genutzt werden.

Das Konzept ist in seiner Art besonders weit entwickelt und exemplarisch. Von der Reduktion der Sachkosten für den Endverbraucher profitieren insbesondere auch die Reparaturbetriebe, für die es durch die abnehmende Haltbarkeit von Produkten und Preisbildungsstrategien der Hersteller immer schwieriger wird, Kunden zu akquirieren. Weiter gehen hohe Potenziale für die Ressourcenschonung einher.

Das Reparaturnetzwerk Wien wurde 1999 gegründet. Betreut wird es von »Die Umweltberatung«, einer Einrichtung der Wiener Volkshochschulen GmbH. Neben der Empfehlung geeigneter Betriebe im Reparaturfall berät die Umweltberatung zu ökologischem Bauen und Wohnen oder auch zu biologischer Ernährung. Zielgruppe sind neben Privathaushalten auch Unternehmen. Hauptinitiatoren für das Reparaturnetzwerk waren Sepp Eisenriegler, damals Mitarbeiter der Umweltberatung, und Norbert Weiß, Mitautor des Buches »Die Reparaturgesellschaft – das Ende der Wegwerfgesellschaft«.

Natürlich weniger Mist

Das Reparaturnetzwerk wird von der Stadt Wien im Rahmen der Initiative »Natürlich weniger Mist« gefördert. Die Anzahl der teilnehmenden Betriebe ist seit Gründung von 23 auf über 70 Betriebe gestiegen. Über die Vermittlung von geeigneten Reparaturbetrieben werden auch Tipps zum Kauf von langlebigen Geräten gegeben und Mietoptionen von Geräten (inklusive möglicher Reparatur) angeboten.

Zum Zweck der Qualitätssicherung müssen die teilnehmenden Betriebe verschiedene Kriterien erfüllen. So müssen sich die Reparateure bereit erklären, an Weiterbildungen teilzunehmen, auch wird der Know-how-Austausch zwischen Betrieben gefördert.

Betriebe sind zudem angewiesen, der Kundschaft bei Erstkontakt einen Kostenvoranschlag zukommen zu lassen. Dieser ist bei einem Betrag von 45 Euro exklusive Transport gedeckelt. Entstehen während der Reparatur abzusehende Mehrkosten, ist der Kunde oder die Kundin zu informieren; diese können den Reparaturauftrag in diesem Fall zurückziehen. Zudem können negative Erfahrungen mit einem Betrieb dem Netzwerk rückgemeldet werden. Betriebe sind verpflichtet, Reparaturen einem Neuverkauf immer vorzuziehen.

Zusätzlich bietet das Reparaturnetzwerk einen Transportservice für Geräte mit Hin- und Rücktransport zum Reparateur und in Kooperation mit dem Demontage- und Recycling-Zentrum D. R. Z. an. Das D. R. Z. ist ein sozialökonomischer Betrieb und beschäftigt Arbeitssuchende. Die Kosten für den Kunden belaufen sich auf 24 Euro für ganz Wien.

Kaum Nachahmer in Deutschland

Mittlerweile gibt es auch Reparaturnetzwerke in anderen Bundesländern Österreichs. In Deutschland findet sich eine weniger umfangreiche Konzeptumsetzung, beispielsweise in München. Hier können Interessierte über die Abfallwirtschaftsbetriebe online auf einen Reparaturführer, gegliedert nach Branchen, zugreifen.

Reparatur-Cafés werden laut dem Reparaturnetzwerk Wien nicht als Konkurrenz für die Reparaturbetriebe empfunden. Der Grund ist, dass Repaircafés ausschließlich auf Kleingeräte und Kleinarbeiten ausgerichtet sind, beziehungsweise die Reparatur in einem Café versicherungsbedingt durch den Besitzer nicht erwünscht ist. Weiter wird die Sensibilisierung der Bevölkerung für Reparaturen durch das Netzwerk geschätzt.

Weitere Ergebnisse

Reparaturbetriebe nehmen sehr gerne an öffentlichkeitswirksamen Veranstaltungen teil und verbreiten so auch die Arbeit des Netzwerks in Wien. Das Reparaturnetzwerk konnte in der Vergangenheit die Such- und Zeitkosten beim Verbraucher deutlich verringern und durch qualitätsabsichernde Maßnahmen Vertrauen schaffen. Zudem können Betriebe vergleichsweise einfach Kunden akquirieren. Die Hotline erhält jährlich mehrere tausend Anfragen, hinzu kommen wachsende Besucherzahlen auf der Website. Pro Jahr führen die Reparaturnetzwerksbetriebe rund 50 000 Reparaturen durch und vermeiden damit etwa 600 Tonnen Abfall.

Auch andere Städte haben mittlerweile Reparaturnetzwerke gegründet. Die Tiefe des Angebots kann je nach verfügbaren Mitteln und abzudeckendem Einzugsgebiet variieren. In Wien wird gleichzeitig die Qualität der Reparaturdienstleistung durch Vernetzung der Betriebe und Weiterbildungsmaßnahmen verbessert, Unsicherheiten beim Endverbraucher konnten gesenkt werden.

9.3.2 Zum Beispiel Hamburg-Sasel und Gröbenzell: Repaircafés als Erfolgskonzept der Wiedernutzung und des Zusammenkommens

Beide Initiativen in Hamburg-Sasel und in Gröbenzell im oberbayerischen Landkreis Fürstenfeldbruck[313] sind Beispiele für die sehr zahlreichen Repaircafés in Deutschland. Sie entstanden beide aus privatem Engagement und konnten bisher eine große Beliebtheit im Stadtteil beziehungsweise der Gemeinde entfalten. Möglichkeiten der Reparatur erstrecken sich meist über Kleingeräte, Smartphones oder Kleidung.

Eine perspektivische Entwicklung lässt sich dem Fallbeispiel über das Reparaturnetzwerk Wien entnehmen. Ebenfalls sehr professionell und wiederum etwas anderer Ausrichtung ist die RecyclingBörse Herford. Hier sind gut hundert geförderte Arbeitsplätze entstanden.[314]

Durch die Anleitung zur Selbsthilfe durch erfahrene Reparateure können viele Gegenstände in den Warenkreislauf zurückgeführt werden und Abfall – und damit Abfallkosten – für die Gemeinde/Stadt reduziert werden. Weiter können Neuanschaffungen von Geräten substituiert werden, wodurch auch eine finanzielle Entlastung beim Endverbraucher eintritt. Neben Ressourcenschonung und finanziellen Vorteilen für Stadt und die Einwohnerschaft, ist das Wort »Café« zentral: Menschen soll die Möglichkeit geboten werden, sich bei Kaffee und Kuchen zu begegnen, wodurch dieses quartiers- und gemeindeorientierte Konzept zu mehr Austausch und Vertrauen in einer Gemeinschaft führen kann. Diese Gründe, gepaart mit der wachsenden Nachfrage nach Repaircafés, machen dieses Konzept für die Wf4.0 besonders attraktiv.

Erfolgsquote der Reparaturen liegt bei 70 Prozent

Beide Initiativen sind ehrenamtlich und nicht-kommerziell organisiert. In Hamburg-Sasel sind zahlreiche ehrenamtliche Helfer am Erfolg der Initiative beteiligt. Bei den ersten Veranstaltungen waren bis zu 380 Besucher anwesend, mit der Gründung weiterer Repaircafés in Hamburg hat sich die Anzahl auf mittlerweile 50 bis 75 Besucher pro Veranstaltung reduziert. Seit Gründung fanden rund 40 Veranstaltungen mit über 1000 Reparaturen statt. In Gröbenzell finden pro Veranstaltung etwa 50 bis 70 Reparaturaufträge statt. Die Erfolgsquote der Reparaturen liegt durchschnittlich bei 70 Prozent. Dieser Wert kann laut einer Studie des britischen »Centre for Sustainable Design« bestätigt werden. Reparaturquoten in Repaircafés schwanken demnach zwischen 50 und 80 Prozent.[315]

Räume, die ausschließlich für Reparaturen genutzt werden, gibt es in der Regel nicht. In Sasel findet die Veranstaltung monatlich alternierend im Seniorentreff des Deutschen Roten Kreuzes und im Umweltzentrum Gut Karlshöhe statt.

Das Repaircafé in Gröbenzell kann die Räumlichkeiten im Bürgerhaus ebenfalls kostenlos anmieten. Es kann aufgrund beschränkter räumlicher Kapazitäten nur viermal im Jahr öffnen. Jedoch besteht der Wunsch, das Café öfter zu öffnen. Zudem gibt es aufgrund der wechselnden Räumlichkeiten keine Lagermöglichkeiten, was den Aufwand für die Organisatoren deutlich erhöht. Die Altersstruktur der Nutzer und Nutzerinnen ist breit gefächert, auch Ältere nutzen das Angebot für Reparaturhilfen bei Elektrogeräten, Smartphones oder Unterstützung bei Näharbeiten und suchen den sozialen Kontakt. Das Beispiel in Gröbenzell zeigt weiter, dass nicht nur finanzielle Anreize die Nutzung von Repaircafés treiben: Trotz relativ hohem Durchschnittseinkommen ist die Nachfrage nach Reparaturmöglichkeiten groß.

Repaircafés werden bisher fast ausschließlich durch Privathaushalte genutzt. In Gröbenzell wollten sich beispielsweise Händler Waren für den späteren Verkauf auf Flohmärkten reparieren lassen. Aufgrund von Kapazitätsgrenzen und dem spenden-basierten Konzept mussten Reparaturen jedoch pro Besucher auf eine Reparatur limitiert werden. Eine gewerbliche Nutzung erscheint zunächst nicht sinnvoll, einerseits aus haftungsrechtlichen Gründen und andererseits, weil im Regelfall keine Gebühren für Reparaturen verlangt werden.

Das Alter der Helfenden liegt zwischen 25 und 75 Jahren, insbesondere die Expertise der oft älteren Reparateure wird sehr geschätzt. Neben den Reparateuren, wurde weiter betont, sei eine Empfangsperson vor Ort für einen reibungslosen Ablauf bei der Veranstaltung unerlässlich.

Die Arbeiten der Repaircafés basieren, neben dem ehrenamtlichen Einsatz, auf Spenden. Eine Spendenbox steht bereit, zudem backen ehemalige Kundinnen und Kunden Kuchen. Die Repaircafés können sich auch dank der Nutzungsmöglichkeiten vorhandener Räumlichkeiten finanziell tragen.

Hervorzuheben an der Initiative in Hamburg-Sasel ist zudem der pädagogische Anspruch. Unter dem Konzept »RepairKids« machen Schulklassen einen Ausflug in das Repaircafé, den sie im Unterricht vor- und nachbereiten. Ein weitergehendes Konzept verfolgt das Unternehmensnetzwerk »Let's Mint«: Sie führen projektgefördert (unter Unternehmensbeteiligung beziehungsweise mit Drittmitteln) Reparaturwerkstätten in Schulen durch, um Hemmschwellen im Umgang mit Technik bei Kindern und Jugendlichen abzubauen und Unternehmen die Möglichkeit zu geben, zukünftige Fachkräfte frühzeitig rekrutieren zu können.[316]

Viele Kooperationen

Kooperationen bestehen insbesondere bei der Nutzung von Räumlichkeiten. Die Volkshochschule (VHS) unterstützt als Kooperationspartner das Café in Gröbenzell durch Einträge in das VHS-Semesterprogramm und stellt die Nähmaschinen. Zudem übernehmen zwei ehrenamtliche Personen der VHS den Empfang. Auch ist immer eine hauptamtliche Person während des Repaircafés anwesend. Weiter bestehen informelle Kooperationen mit beispielsweise Bibliotheken (ausgelegte Magazine). In anderen Fällen treten mittlerweile auch städtische Abfallbetriebe als Organisatoren von Repaircafés auf oder machen auf ihrer Website auf Reparaturmöglichkeiten aufmerksam (Bremen, Osterholz, München). Die Bekanntheit des Repaircafés wird weiter durch regelmäßige Pressearbeit und Auftritte auf Wochenmärkten getragen. Veranstaltungen, bei denen im Schaufenster eines Cafés in der Innenstadt repariert wurde, um die Bekanntheit des Repaircafés zu erhöhen und auch um Gäste in ein Lokal zu locken, gab es bereits ebenfalls.

Die Übernahme der Haftung, wenn ein Gerät nicht repariert werden kann, ist eine Herausforderung der Initiativen. Einige Initiativen schließen deshalb Haftpflichtversicherungen ab. Die Stiftung »Anstiftung« vergibt seit 2016 neben Praxistipps und Vorlagen ebenfalls eine kostenlose Haftpflichtversicherung für Reparaturen von privaten Kleingeräten.

Können Gegenstände nicht vor Ort repariert werden, werden Gäste auf lokale Betriebe verwiesen, teilweise auch, um dort Ersatzteile zu beschaffen. Eine Ausweitung der Kooperation mit Reparaturbetrieben wäre denkbar.

Weitere Ergebnisse

Neben Reparaturhilfe und damit Ressourcenschonung steht die Begegnung zwischen Menschen aus der Nachbarschaft beziehungsweise dem Stadtteil im Fokus. Repaircafés sprechen alle Altersgruppen an. Die Arbeit von Repaircafés lässt sich mit pädagogischen Ansprüchen und breiten nachhaltigkeitsorientierten Konzepten verbinden. Räumlichkeiten (inklusive Lagermöglichkeiten) sind zentrale Voraussetzung für ein Repaircafé. Hier könnten Städte/Gemeinden (gegebenenfalls durch Vermittlung) unterstützen. Auch die Koordination durch eine öffentliche Stelle wäre in Einzelfällen wünschenswert. Finanzielle Förderung (etwa für Werkzeuge) wäre ebenfalls zu prüfen.

Veranstaltungen können an unterschiedlichen Orten stattfinden: in Bürgerhäusern, Kirchen, Schulen, Bildungswerken, Mehrgenerationenhäusern, Schulwerkstätten, Gaststätten (beispielsweise in Schaufenstern zur Attraktion von Besuchern). Zentral gelegen, können sie zur Belebung von Innenstädten beitragen.

9.3.3 Vorzüge

Durch die Anleitung zur Selbsthilfe führen die Beteiligten Gegenstände in den Warenkreislauf zurück und reduzieren damit Abfall und somit Abfallkosten für die Kommune. Sie machen damit einen Schritt in Richtung Kreislaufwirtschaft. Wer sein Gerät repariert, spart Geld. Ziel der Wf4.0 ist es in diesem Zusammenhang, dass das eingesparte Geld möglichst in der Region verbleibt. Mehr dazu findet sich im Geschäftsfeld »Finanzwirtschaft«.

Neben Ressourcenschonung und finanziellen Vorteilen für Kommune und Bürger, ist das Wort »Café« zentral: Menschen soll die Möglichkeit geboten werden, sich bei Kaffee und Kuchen zu begegnen, wodurch dieses quartiers- und gemeindeorientierte Konzept zu mehr Austausch und Vertrauen in einer Gemeinschaft führen kann. Zudem können Repaircafés zur Belebung von Innenstädten beitragen, wenn sie etwa in Schaufenstern eines Einzelhändlers oder Gastronomiebetriebs durchgeführt werden und damit Besucher anziehen.

Reparaturbetriebe können sich ebenfalls an Reparatur-Initiativen beteiligen, um ihre Bekanntheit beispielsweise im Stadtteil zu erhöhen und damit langfristige Kundenakquise zu betreiben (Großgeräte werden zum Beispiel von Reparatur-Initiativen üblicherweise nicht angenommen). Auch verweisen bereits heute Reparatur-Initiativen für Ersatzteile auf Reparaturbetriebe oder empfehlen größere Reparaturen durch einen professionellen Betrieb. Ebenfalls können Unternehmen im weiteren Sinne profitieren: Werden Reparatur-Initiativen mit einem pädagogischen Konzept verbunden, können sie Hemmschwellen bei Kindern und Jugendlichen im Umgang mit Technik abbauen und damit Interesse für technische Ausbildungsberufe fördern. Weiter können Reparatur-Initiativen Unternehmen unter aktiver Beteiligung die Möglichkeit geben, zukünftige Fachkräfte frühzeitig zu rekrutieren. Diese Gründe, gepaart mit der wachsenden Nachfrage nach Repaircafés, machen dieses Konzept für die Wf4.0 attraktiv. Mittlerweile gibt es allein in Deutschland rund 1500 regelmäßig stattfindende Repaircafés mit wachsender Zahl.[317]

9.3.4 Hintergrundinformationen

Ausführliche Informationen und Tipps zur Neugründung eines ehrenamtlichen und nicht-kommerziellen Repaircafés werden auf der Website des Netzwerks Reparatur-Initiativen durch die Stiftung »Anstiftung« bereitgestellt. Daher wird an dieser Stelle auf eine ausführliche Darstellung verzichtet. Mit dem »Starterpaket« werden umfangreiche Empfehlungen für die Organisation, Kommunikation, Planung und Durchführung von Veranstaltungen sowie Sicherheits- und Haftungsfragen[318] angesprochen und notwendige Vorlagen und Materialen bereitgestellt. Weiter können sich Interessierte bei Workshops des Netzwerks informieren und es haben sich einzelne Veranstalter bereiterklärt, Initiativen in der Gründungsphase zu beraten.

Auch die international tätige Stiftung »Stichting Repair Café« bietet ein deutschsprachiges Repaircafé-Handbuch an, welches für 49 Euro auf der Website erworben werden kann. Die Stiftung wurde durch Martine Postma gegründet, welche 2009 das erste Repaircafé in Amsterdam durchführte und den internationalen Erfolg des Konzepts ebnete. Die Informationsmaterialien geben auch Hinweise auf mögliche Verbesserungen und Ausweitung bestehender Aktivitäten der Initiativen.

9.3.5 Wie starten?

Zunächst steht eine Recherche zu bestehenden Initiativen im Bereich des Reparierens an, um anschließend mit diesen ins Gespräch zu kommen. Es ist auch möglich, die Entstehung von Repaircafés zu initiieren. Ein erfolgreiches Beispiel dafür ist die Repaircafé-Bewegung in Oldenburg, die 2013 von Lehrenden der Universität initiiert wurde. Inzwischen gehören über 20 Initiativen zum Netzwerk »Repair Café Oldenburg«.[319] Doch insofern bislang kein Engagement erkennbar ist, erscheint es nicht naheliegend, im Rahmen der Wf4.0 ausgerechnet an dieser Stelle aktiv zu werden.

Grundsätzlich versteht sich die Wf4.0 nicht als Trägerin einer Maßnahme, sondern nur als Impulsgeber und Verstärker. Reparaturinitiativen zeichnen sich durch einen hohen Grad an Selbstbestimmung aus. Sie sind deshalb meist eher zurückhaltend bei der Zusammenarbeit mit Institutionen. Es ist deshalb wichtig, Vertrauen aufzubauen und sehr genau zuzuhören, welche Motive und welche Ziele die Aktiven haben, statt Ziele vorzugeben. Sind jedoch bereits Initiativen aktiv, bietet es sich an, hier ins Gespräch zu kommen und Einstiegsfragen zu erörtern.

Einstiegsfragen:
- Gibt es bereits eine Reparaturwerkstatt, ein Repaircafé oder Ähnliches?
- Wie bekannt ist das Angebot bei welchen Zielgruppen? Gibt es Möglichkeiten, die öffentliche Präsenz, den Bekanntheitsgrad zu verbessern? Gibt es ein Webportal, lässt es sich optimieren, verlinken mit städtischen Angeboten oder mit solchen aus dem Handwerk?
- Welche Wünsche haben die Initiativen an die Stadt? Sind Unterstützungsangebote gefragt?
- Wie sind die Öffnungszeiten, gibt es Optimierungsmöglichkeiten? Sind die Orte gut erreichbar?
- Sind bestehende Initiativen bereits untereinander vernetzt?
- Wie vernetzt sind die Reparatur-Initiativen mit anderen Unternehmen? Sind Kooperationen zum Beispiel mit Handwerk, Abfallwirtschaft und Schulen denkbar? Gibt es eine Kooperation mit der Freiwilligenagentur?

Laut einer internationalen Studie des Centre for Sustainable Design in Großbritannien[320] sind zentrale Herausforderungen ein erfolgreiches Marketing (Akquise neuer Reparateure und Besucherinnen, allgemeine Bekanntheit), die Sicherstellung der Finanzierung sowie die Kontinuität in der Durchführung von Veranstaltungen, abhängig von Helfern und Räumlichkeiten. Auf diese Faktoren kann die Kommune zumeist direkt einwirken.

Marketing: Das kommunale Marketing kann Initiativen vielfältig unterstützen, indem etwa Termine im öffentlichen Veranstaltungskalender veröffentlicht werden, Berichte über das Repaircafé verfasst und veröffentlicht werden, Kontakte zur Presse hergestellt werden oder auch auf Wochenmärkten und Veranstaltungen Informationsmaterial ausgelegt wird. Auch die Handwerkskammern und Abfallwirtschaftsbetriebe haben grundsätzlich Interesse daran, das Thema Reparatur in ihre Kommunikationsmaßnahmen einzubinden. Zudem könnte es hilfreich sein, einen gemeinsamen Webauftritt mit professionellem Design einzurichten – oder einen Bereich auf den Seiten der Stadt oder einer anderen Institution. Insgesamt könnte hier den Initiativen bei der Erstellung einer einfachen, jährlichen gemeinsamen Kommunikationsplanung geholfen werden, die mit allen Initiativen abgestimmt wird.

Finanzierung: Die Möglichkeiten der finanziellen Förderung durch die Kommune oder durch die Handwerkskammer (etwa für Werkzeuge) sind grundsätzlich zu prüfen. Weiter ist denkbar, über Förderprogramme von Stiftungen und öffentlichen Einrichtungen zu informieren. Auch In-Kind-Förderungen sind denkbar, etwa indem regelmäßig ein Stadtauto für Transporte zur Verfügung gestellt wird.

Räumlichkeiten (inklusive Lagermöglichkeiten): Veranstaltungen können an unterschiedlichen Orten stattfinden: in Kirchen, Schulen, Bildungswerken, Mehrgenerationenhäusern, Schulwerkstätten, Einzelhandels- und Gastronomiebetrieben, Bürgerhäusern et cetera. Die Kommune kann bei der Suche nach Räumlichkeiten unterstützen. Eine Herausforderung ist es, Räumlichkeiten mit Lagermöglichkeiten für Werkzeuge und Ersatzteile zu finden, damit sich der organisatorische Aufwand für Veranstalter verringert.

(Ehrenamtliche) Helfende: Kommunen können aktiv bei der Suche nach Helfern und Helferinnen unterstützen, etwa durch die kommunale Freiwilligenagentur. Es hat sich gezeigt, dass eine zentrale Herausforderung die Suche nach geeigneten Reparateuren ist. Auch könnte geprüft werden, inwiefern Menschen im Freiwilligen Sozialen Jahr (FSJ) oder der Bundesfreiwilligendienst (BFD) eingebunden werden können.

9.3.6 Kooperieren und fördern

Insgesamt wird hier lediglich eine Auswahl von Akteuren und Kooperationspartnern vorgestellt. Andere wichtige Akteurinnen sind beispielsweise Mitglieder von Naturschutzverbänden und Vereinen, die sehr engagiert Repaircafés betreiben, oder Bewohner eines Mehrgenerationenhauses, deren ältere Mitbewohner meist die Expertise für fachkundige Reparaturen mitbringen und Repaircafés zahlreich selbstständig organisieren. Auch könnten Wohnungsgenossenschaften interessante Partner für den Standort von Repaircafés sein.

Handwerksbetriebe, Unternehmen im technischen Bereich: Können Gegenstände nicht vor Ort repariert werden, lässt sich das Problem oftmals mithilfe von lokalen Betrieben lösen, teilweise auch, um dort Ersatzteile zu beschaffen. Bereits heute wird bei komplizierten Reparaturen auf einen lokalen Betrieb verwiesen oder

Besucher eines Repaircafés werden gebeten, Ersatzteile bei einem lokalen Betrieb zu beschaffen. Denkbar wäre auch, dass Betriebe direkt Ersatzteile bei einer Veranstaltung verkaufen. Auch kommt es vor, dass Beschäftigte von Handwerksbetrieben bereits heute bei Veranstaltungen eines Repaircafés als Reparateure anwesend sind. Diese Kooperationen können grundsätzlich ausgeweitet werden. Möglichkeiten sind mit Veranstaltern von Repaircafés und Betrieben zu eruieren. International gibt es Beispiele wie in den USA, wo sich aus Reparatur-Initiativen Start-up-Unternehmen gegründet haben, wie zum Beispiel »Fixup« in New York City.[321] Diese reparieren Gegenstände kommerziell gegen eine Gebühr. Eine solche Entwicklung ist jedoch immer kritisch zu hinterfragen.[322] Industrie und Gewerbe könnten im weiteren Sinne von Repaircafés profitieren, indem die zukünftige Generation über diesen Weg für technische Aufgaben sensibilisiert wird. Eine direkte Beteiligung ist in diesem Falle zu erörtern (siehe auch unten).

Einzelhandel und Gastronomiebetriebe: Bisher ist es überwiegend so, dass an bestimmten Orten eine Möglichkeit zur Reparatur angeboten wird. Dabei wird auch im Rahmen ehrenamtlichen Engagements Kaffee und Kuchen angeboten. Es könnte jedoch auch umgekehrt sein: In einem bestehenden Café oder Restaurant ließe sich an bestimmten Tagen ein Reparaturservice anbieten, insofern das die Räumlichkeiten zulassen. Auch auf andere Einzelhandelsunternehmen wäre die Idee übertragbar, um Kundschaft anzulocken und die Innenstadt ganzheitlich zu beleben.

Schulen, Volkshochschulen, Bibliotheken: In einigen Repaircafés bestehen Kooperationen mit Volkshochschulen (VHS), welche durch Termineinträge in das Semesterprogramm, das Bereitstellen von Material und Räumlichkeiten sowie personell unterstützen. Ähnliches gilt für Schulen. Zudem bestehen mit Schulen zusätzlich Kooperationen durch Klassenbesuche in Repaircafés, die im Unterricht vor- und nachbereitet werden. Ein weitergehendes Konzept verfolgt das Unternehmensnetzwerk »Let's Mint«: Sie führen projektgefördert (unter Unternehmensbeteiligung) Repaircafés in Schulen durch, um Hemmschwellen im Umgang mit Technik bei Kindern und Jugendlichen abzubauen und Unternehmen die Möglichkeit zu geben, zukünftige Fachkräfte frühzeitig rekrutieren zu können. Auch sind Repaircafés mittlerweile in städtischen Bibliotheken angesiedelt.

Abfallbetriebe, Recyclinghöfe: In einigen Kommunen treten städtische Abfallbetriebe als Organisatoren von Repaircafés auf oder machen auf ihrer Website auf Reparaturmöglichkeiten aufmerksam (Osnabrücker Land, Bremen, Osterholz, München). Darüber hinaus ist denkbar, die Kooperation mit Recyclinghöfen auszuweiten, die in einigen Städten bereits heute abgegebene Gebrauchtwaren in eigenen angeschlossenen Sozialen Kaufhäusern günstig weiterverkaufen. Es könnten gegebenenfalls zusätzliche Reparaturen von Gebrauchtwaren in Kooperation mit Repaircafés durchgeführt werden.

Handwerkskammern: Das Umweltbundesamt hat 2019 die Studie »Handwerk und Reparatur – ökonomische Bedeutung und Kooperationsmöglichkeiten mit Reparaturinitiativen veröffentlicht.[323] Dies hat der Zentralverband des Deutschen Handwerks zum Anlass genommen, die örtlichen Handwerkskammern aufzufordern, Kooperationen zwischen Handwerk und Reparaturinitiativen zu fördern, etwa mit Pilotprojekten.

Offene Werkstätten: Eine andere Kooperationsmöglichkeit besteht mit Offenen Werkstätten, die es Interessierten ermöglichen, eigene Projekte durch Bereitstellung von Anlagen, Geräten und Werkzeugen (etwa Nähmaschinen, 3D-Drucker oder CNC-Fräsen) durchzuführen. Hier steht das Selbstausprobieren im Vordergrund. Aufgrund der kapitalintensiven Ausstattung und den notwendigen festen Räumlichkeiten wird hier in der Regel eine Gebühr verlangt. Dafür sind die Räume oft mehrfach die Woche geöffnet. Das Konzept lässt sich gut mit Repaircafés und der angeleiteten Reparatur verbinden. Bei Repaircafés in Offenen Werkstätten entfällt in der Regel die Gebühr, da Repaircafés grundsätzlich ein kostenloses Angebot sein sollten. Oft veranstalten die Mitglieder der Werkstatt selbst regelmäßig Repaircafés.

9.3.7 Erfolgsindikatoren

Die qualitativen Erfolge lassen sich nur sehr bedingt empirisch beurteilen. Auch quantitativ sind Fortschritte nicht immer treffsicher zu erfassen. Mögliche Ansätze sind:

- Anzahl neu gegründeter Reparatur-Initiativen unter kommunaler Beteiligung
- Anzahl der kooperierenden Handwerksbetriebe
- Umfang der vermittelten Reparaturaufträge an das örtliche Handwerk
- Umfang der Öffnungszeiten
- Internet-Verlinkung auf die Angebote

9.3.8 Zum Beispiel: Otelos (offene Technologielabore) als Innovationshub erkannt

Die »Otelos« (offene Technologielabore) in Österreich bieten durch kostenlose Arbeitsräume ihren Nutzern und Nutzerinnen die Möglichkeit, eigene innovative Ideen und Projekte zu verfolgen, ohne von finanziellem Druck beengt zu werden. So wird die Hemmschwelle für die Entstehung neuer Initiativen und Unternehmens-ideen gesenkt. Otelos sind in der Regel mit Angeboten zur Nutzung von innovativen Technologien wie etwa 3D-Druckern verbunden und teilweise im ländlichen Raum angesiedelt.

Die Existenz von Otelos begünstigt die Innovationskultur und damit die Ent-wicklung neuer Initiativen und Unternehmensideen. Sie wirken damit indirekt auf die Stärkung der regionalen Wirtschaft. Durch die gemeinsame Nutzung der Räumlichkeiten verschiedenster Menschen mit unterschiedlichen Hintergründen und Ideen wird eine Plattform der Kommunikation und des Voneinander-Lernens geschaffen.[324]

Die Idee der offenen Technologielabore entstand 2009 durch die Unzufrieden-heit mit bestehenden Regionalentwicklungsstrategien in Österreich. Ziel war es, eine Infrastruktur zur Förderung der Innovationskultur zu implementieren. 2010 wurden in Zusammenarbeit mit den oberösterreichischen Gemeinden Vöcklabruck und Gmunden die ersten Otelos gegründet. Mittlerweile gibt es 26 Otelos an elf Standorten.[325]

Die Otelos werden primär durch die jeweiligen Gemeinden finanziert, allerdings können auch Einzelpersonen, Betriebe und Vereine als Fördermitglieder auftreten. Die Organisation übernimmt am jeweiligen Standort ein ehrenamtliches Organisa-tionsteam. Insgesamt sind die Otelos in einem dezentralen Netzwerk von Vereinen organisiert. Jedes Otelo orientiert sich an einer festgelegten Charta, welche sicher-stellen soll, dass die neuen Standorte auch der Gründungsidee entsprechen.

Die einzelnen Otelos sind räumlich in Arbeitsnischen (Nodes) und Kommuni-kationsbereiche aufgeteilt, sodass sowohl konzentriertes Arbeiten als auch der Aus-tausch von Ideen möglich ist. Die Nutzer haben allgemein kostenfreien Zugang zu den Räumlichkeiten und sind nicht an Projektergebnisse gebunden. Das Angebot gilt für Menschen jeden Alters und jeder Herkunft.[326]

Sogenannte Offene Werkstätten in Deutschland verfolgen eine ähnliche Grund-idee, sind jedoch verstärkt in Großstädten angesiedelt. Bisherige Erfahrungen haben gezeigt, dass die Schaffung einer personellen Unterstützung für Koordinationsauf-gaben durch die Stadt oder Gemeinde sich im Einzelfall negativ auf die Zusammen-arbeit in Otelos auswirken können, da insgesamt nicht alle Aufgaben durch diese Stelle abgedeckt werden können und Abgrenzungen bei Organisationsaufgaben oft schwierig sind.

9.4   Nahversorgung

Es kann ganz schön nervig sein, wenn man fünf oder gar 15 Kilometer fahren muss, um noch rasch ein paar Eier und einen Liter Milch für die spontanen Waffeln am Nachmittag zu besorgen. Und es wird besonders für ältere Menschen zu einer Belastung, wenn Ärzte oder Pflegeeinrichtungen nicht in der Nähe sind. Nicht nur im ländlichen Raum haben sich die Strukturen der Nahversorgung degeneriert. Auch in vielen Teilen der Großstädte fehlen Schlachter, Bäcker und ein kleiner Supermarkt. Aufgabe der Wf4.0 ist es, solche Strukturen aufrecht zu erhalten, beispielsweise indem ein Nachfolger für den Geschäftsführer eines Supermarktes gesucht wird. Das Bundesumweltministerium hat für Strategien zur Sicherung der Nahversorgung in ländlichen Räumen einen Ratgeber veröffentlicht.[327]

9.4.1 Zum Beispiel: DORV – Laden: Nahversorgung selbstorganisiert

»DORV« steht für Dienstleistung und ortsnahe Rundum-Versorgung – im städtischen und ländlichen Raum. Das Konzept der DORV–Läden geht über eine klassische Nahversorgung mit Nahrungsmitteln und Gegenständen des täglichen Bedarfs hinaus und setzt sich zum Ziel, weiterführende Dienstleistungen (Bank- und Postgeschäfte, Amtsgänge, Haushaltsservice) nach den Wünschen der Anwohner und Anwohnerinnen anzubieten.[328] Der DORV–Laden in Jülich-Barmen (Nordrhein-Westfalen) war der Erste seiner Art. 2006 wurde der Laden in Jülich-Barmen im Rahmen »Land der Ideen« ausgezeichnet.

DORV–Läden füllen, wie auch einige »CAP-Frischemärkte« (siehe unten), eine Nische aus, die konventionelle Supermärkte nicht schließen können. Die Läden sind ein Zentrum der Begegnung und gegenseitiger Unterstützung, gleichzeitig wurden sie bisher erfolgreich durch Anwohner und Anwohnerinnen mitgetragen.

Nachdem in Jülich-Barmen Sparkassen- und Postfiliale sowie Lebensmittelmarkt schlossen, gründeten die Bürger den Verein DORV. Diesen wandelten sie später in eine GmbH um. Hauptinitiator und heutiger Geschäftsführer des ersten DORV–Ladens war und ist Heinz Frey, der seither auch andere DORV–Läden bei der Planung und Umsetzung berät. Mit einer diffusen Liste aus »Bäcker, Metzger, Erbsen in der Dose, Sparkasse«[329] fing es Frey zufolge in Jülich-Barmen an. Ziel war es seit Beginn, neben der Lebensmittelversorgung weiterführende Dienstleistungen vor Ort zu gewährleisten. Der DORV–Laden wurde nach einer Vorbereitungszeit von drei Jahren im September 2004 zentral gelegen eröffnet. Ein Nachbarschaftshilfe- und Kommunikationszentrum komplementiert das Angebot. Seither wurden mehrere DORV-Läden in anderen ländlichen Ortschaften, aber auch Stadtteilen, eröffnet.[330]

Anfangskapital 100 000 Euro

Der DORV-Laden in Barmen erreicht 1400 Bürger und Bürgerinnen. Das Anfangs-kapital von rund 100 000 Euro wurde über Bürgerkapital, Spenden und Kredite gesammelt. Kredite konnten in der Vergangenheit über Gewinne getilgt werden. Ins-gesamt richtet sich das Angebot einzelner DORV-Läden stark an den lokalen Bedürf-nissen aus. Zu der Rundum-Versorgung können je nach Bedarf in DORV-Läden unter anderem eine medizinische Versorgung, ein Café, eine Anlaufstelle für Behör-dengänge (etwa Kfz-An- und Abmeldestelle) oder Hausarbeitsdienste zählen. Der Laden in Jülich-Barmen wird durch eine Großhändler-Gemeinschaft, die sich auf kleine Geschäfte auf dem Land spezialisiert hat und Flexibilität bei der Abnahme bietet, beliefert. Regionale Produkte werden in Barmen bevorzugt ins Sortiment auf-genommen.[331]

Gegenüber Ansätzen wie von AEON, einer Einzelhandelskette aus Japan, wird hier die Dezentralisierung und Lokalität in den Vordergrund gestellt. Einen ähn-lichen Ansatz verfolgen die CAP-Märkte. Jedoch wurde bei den DORV-Läden auf einen Großhändler wie Edeka oder Rewe verzichtet. Dem Konzept geschuldet, ist die Auswahl bei einzelnen Artikeln beschränkt. Wünsche zur Anpassung des Sorti-ments können Kunden und Kundinnen jedoch äußern.

Ergebnisse

Die Lebensqualität von insbesondere weniger mobilen Menschen, wie älteren oder behinderten Bürgern, sowie Kindern und Jugendlichen verbessert sich. Ein Erfolgs-faktor ist, dass die Bürgerinnen den Laden als Teilhaber mittragen und damit auch Kapital einbringen. Öffentliche Fördergelder waren nicht erforderlich. Das Modell ist sowohl auf den ländlichen als auch im städtischen Raum anwendbar und wird mittlerweile vielerorts eingesetzt. DORV-Läden erhalten oder schaffen Arbeits-plätze. Sie vitalisieren ländliche Strukturen und bremsen deren Absterben.

9.4.2 Zum Beispiel: CAP-Frischemarkt:
Nahversorgung mit sozialem Anspruch

Aus dem Mangel an örtlicher Nahversorgung heraus entwickelte sich die Idee der CAP-Frischemärkte. Der Claim »Der Lebensmittelpunkt« verbindet die Begriffe »Lebensmittel« und »Mittelpunkt« im Sinne eines Zentrums des Lebens und war Ausgang für die Konzeptentwicklung.

Die CAP-Frischemärkte verschmelzen mit ihrem Geschäftsmodell erfolgreich zwei Ziele. Menschen mit Handicap bekommen die Möglichkeit, einen Arbeitsplatz außerhalb der Werkstätten für behinderte Menschen zu finden. Gleichzeitig wird die Nahversorgung in unterversorgten Stadtteilen wieder ermöglicht beziehungsweise erhalten. Unter Social Franchising verbreitet sich das Modell zunehmend, heute gibt es bundesweit über 100 CAP-Märkte.

Ein Beispiel ist der 2016 eröffnete Markt in Wuppertal-Eckbusch. Betreiber ist die Werkstatt für Menschen mit Behinderung Proviel GmbH. Der ansässige Bürgerverein hatte sich zuvor lange für eine örtliche Nahversorgung eingesetzt. Neben den vier regulären Mitarbeitern sind dort 22 Menschen der Proviel beschäftigt.[332]

Es werden verschiedene Vertriebslinien zur optimalen Nahversorgung geführt: Neben dem Lebensmittelvollsortimenter in Stadt(teil)- und Ortszentren, gibt es die Vertriebslinie CAP-Kompakt, welche mit einem kleineren Angebot auf Orte mit 500 bis 1500 Einwohner abzielt. Das CAP-Mobil fährt regelmäßig entlegene Ortschaften an.

CAP-Märkte verstehen sich als Antwort auf die demografische Entwicklung. Neben der zentralen Nahversorgung wird durch Dienstleistungen wie Lieferservice, barrierefreies Einkaufen (breite Gänge, niedrige Regalhöhe) und begleitetes Einkaufen auf Bedürfnisse weniger mobiler Kundengruppen Rücksicht genommen.

Heute sind knapp 1400 Mitarbeiter und Mitarbeiterinnen in CAP-Märkten beschäftigt, davon haben über 50 Prozent der Mitarbeitenden eine körperliche oder geistige Behinderung. Die Entlohnung der Mitarbeiter mit Behinderung variiert. Werden die Märkte als Integrationsbetrieb geführt, bekommen die dort Angestellten einen Tariflohn. Zuschüsse erhalten die Märkte über die Ausgleichsabgabe. Diese müssen Unternehmen entrichten, deren Mitarbeiteranteil mit Behinderungen geringer ist als die gesetzlich geforderten fünf Prozent. In anderen Märkten wird der übliche Werkstattlohn bezahlt.[333] Der bundesweite Umsatz des Unternehmens mit Sitz in Stuttgart belief sich 2011 auf 121 Millionen Euro.[334] Seit 2005 ist Hauptlieferant der CAP-Frischemärkte Edeka, um wettbewerbsfähige Preise zu gewährleisten.[335]

Ergebnisse

Die Idee hat sich zu einem erfolgreichen Geschäftsmodell mit deutschlandweit über 100 Märkten entwickelt, weitere Erschließungen sind weiterhin möglich. Menschen mit Behinderung sollen in den ersten Arbeitsmarkt integriert werden und können Beschäftigungen außerhalb der Behindertenwerkstätten ausüben. Die Nahversorgung insbesondere für immobile Gruppen hat sich verbessert.

9.4.3 Zum Beispiel: Coworking Toddler.
Arbeiten und Kinderbetreuung an einem Ort

Deutschlandweit gibt es über 7500 Elterninitiativen mit dem Ziel, Kinderbetreuungsplätze zu schaffen.[336] Nichtsdestotrotz herrscht weiterhin in vielen Städten ein Mangel an Betreuungsplätzen. Die Coworking-Initiative Toddler in Berlin vereint als erste Initiative in Deutschland den Anspruch, die eigenen Kinder durch geschulte Erzieherinnen und Erzieher betreuen zu lassen und gleichzeitig einen Arbeitsplatz in der Nähe der Kinder zu haben. Damit ist das Konzept unter anderem für gut ausgebildete Freiberufler relevant, deren Zahl in Deutschland stark zunimmt.[337] Durch die gegebene Nähe zum Kind wird zudem die Möglichkeit geschaffen, nach der Geburt wieder früher ins Arbeitsleben zurückkehren zu können (zum Beispiel bei Stillen des Kindes).

Initiativformen dieser Art haben einen Modellcharakter für andere Stadtteile und Städte, insbesondere mit wachsendem Anteil an Freiberuflern und Mitarbeitern mit Homeoffice-Option, und sind daher insbesondere im Rahmen der Wirtschaftsförderung 4.0 förderwürdig.

Die Berliner Initiative ist auf keine bestimmte Zielgruppe beschränkt. Unter anderem können Freiberufler, Angestellte mit Homeoffice-Option und Studierende das Angebot nutzen. Die Betreuungskosten übernimmt das Land Berlin über die Kita-Gutscheine. Für einen Tisch im Büro zahlen die Eltern 350 Euro monatlich. Mittagspausen können gemeinsam mit den Kindern verbracht werden, ansonsten wird räumliche Trennung angestrebt, um gute Arbeitsbedingungen schaffen zu können. Zudem bietet die Kita Toddler flexible Öffnungszeiten, auch am Samstag ist sie vormittags geöffnet.

Eine ähnliche Initiative ist die Kinderbetreuung der »Rockzipfel«-Vereine, die sich mittlerweile in verschiedenen Städten gegründet haben. Im Gegensatz wechseln sich hier jedoch Eltern in der Betreuung der Kinder ab, was ein konzentriertes Arbeiten nicht sicherstellen kann.

Ergebnisse

Es besteht ein großes Interesse unter Eltern an dem Toddler-Konzept, denn Wartelisten sind lang. Eltern können nach Bedarf früher arbeiten gehen, haben gute Arbeitsbedingungen und können gleichzeitig in der Nähe ihrer Kinder sein. Angebote dieser Art können sich allgemein positiv auf die Arbeitsbedingungen in der Stadt auswirken, etwa für Freiberufler. Wichtig sind zentrale Räumlichkeiten, die für die Eltern gut zu erreichen sind. Hier könnte gegebenenfalls die Stadt beziehungsweise Wirtschaftsförderung unterstützend wirken.

9.4.4 Zum Beispiel: Wohnen für Hilfe.
Wohnraum verdichten und Hilfe leisten

Wohnen für Hilfe[338], international bekannt als *homeshare*, ist eine erfolgreiche kooperative Wohnform, die meist zeitlich begrenzt angelegt ist, etwa in Verbindung mit der Ausbildung oder dem Studium. Bereits heute sind die Träger teilweise öffentlich, aber auch Wohlfahrtsverbände, gemeinnützige Vereine und Stiftungen sowie Studentenwerke treten als freie Träger auf.

Das Konzept stärkt den sozialen Austausch, ermöglicht finanzielle Vorteile für beide Parteien und führt zu einer Verdichtung von Wohnraum, wodurch auch angespannte Mietmärkte profitieren können. Mittlerweile gibt es über 30 Trägerschaften in deutschen Städten. Ein weiterer Ausbau und Intensivierung wäre wünschenswert, scheitert jedoch oftmals an Betreuungskapazitäten.

Deutschlandweit entstanden seit 1992 unabhängig voneinander Wohnen für Hilfe-Initiativen. Erste Städte waren Darmstadt, München und Freiburg im Breisgau. Seit 2005 kamen zahlreiche weitere Standorte insbesondere in Nordrhein-Westfalen durch Landesfördermittel hinzu, etwa in Köln, Düsseldorf und Münster. Mit der Aussetzung der Wehrpflicht und Verkürzung des Abiturs wurde insbesondere in Universitätsstädten ab 2011 versucht, mit dem Programm auf steigende Studierendenzahlen zu reagieren.

Viele Unterstützungsformen sind möglich,
Pflegeleistungen jedoch ausgeschlossen

Jungen Menschen wird vergünstigter oder kostenloser Wohnraum für »Gegenleistungen« angeboten. Diese sind breit aufgestellt und umfassen Aufgaben wie Gartenarbeit, Einkäufe, Kinderbetreuung oder gemeinsame Unternehmungen. Pflegeleistungen sind ausgeschlossen. Mögliche Adressaten sind Familien mit Kindern,

Alleinerziehende, Senioren oder behinderte Menschen, die auf Unterstützung angewiesen sind.

Die tragende Einrichtung agiert als Vermittlungsinstanz, zusätzliche finanzielle Mittel für die Bereitstellung des Wohnraums sind nicht notwendig. Die verbrauchsabhängigen Nebenkosten sind zumeist nicht abgedeckt und vom »Mieter« zu tragen.

Die jeweiligen Träger des Angebots bestimmen die Zielgruppen und die Modalitäten. In den meisten Städten können Mieter und Mieterinnen zum Beispiel Studierende oder Auszubildende sein, in anderen Städten ist der Kreis nur auf immatrikulierte Studierende beschränkt. Das Konzept war zunächst auf Senioren als Wohnungsgeber ausgerichtet.

Einige Städte, wie Erlangen oder Köln, haben ihr Angebot mittlerweile auf Alleinerziehende, Familien mit Kindern und behinderte Menschen ausgeweitet. Träger in Erlangen sind die Stadt Erlangen und die Universität Erlangen-Nürnberg. In Köln kooperieren das Amt für Wohnungswesen und die Universität in Zusammenarbeit mit der Seniorenvertretung. Daneben treten caritative Organisationen oder Vereine als Träger in Städten auf. Teilweise erfolgt eine Vermittlung auch ehrenamtlich und basiert auf dem Engagement von Privatpersonen.

Allgemein gilt die Faustregel, dass pro Quadratmeter bezogenem Wohnraum eine Stunde Hilfe im Monat durch den Wohnraumnehmer beziehungsweise die -nehmerin zu leisten sind. Die Anzahl und die Art und Weise der Hilfeleistungen kann allerdings nach Einzelvereinbarung variieren und individuell verhandelt werden. Ein ähnliches Konzept wird in Holland praktiziert. Hier können Studierende statt in eine private Wohnung oder ein Haus in ein Pflegeheim ziehen.

Ergebnisse

Ein kooperatives Zusammenleben und gegenseitiger nicht-monetärer Austausch findet statt. Eine Entlastung (auch finanzieller Natur) findet auf beiden Seiten statt. Als Nebeneffekt ermöglicht das Konzept, Wohnraum in angespannten Mietmärkten zu schaffen. Das Konzept wird in über 30 deutschen Städten angewendet, eine weitere Intensivierung und Ausweitung ist denkbar. Die Überwindung von Vorbehalten insbesondere bei Senioren und die Akkreditierung von neuen Mitbewohnern, das heißt Finanzierung der Öffentlichkeitsarbeit, sind zentrale Herausforderungen.

10 Finanzwirtschaft

Geld ist eine tolle Erfindung, über die sich schon Aristoteles Gedanken machte. In seiner Theorie des Geldes stehen die natürlichen Bedürfnisse des Menschen im Fokus. Um den eigenen Bedarf zu decken, hält Aristoteles den Tauschhandel für angemessen, insofern er der Versorgung mit lebensnotwendigen Gütern dient. Gewinnsüchtige Erwerbskunst hält Aristoteles dagegen für unnatürlich, weil sie die Gefahr in sich birgt, Reichtum um seiner selbst willen anzuhäufen. Gelderwerb ist demnach nur ein Mittel zum Zweck. Das Ziel des Menschen soll demnach nicht Reichtum sein, sondern ein gelungenes Leben. Wer genug Geld hat, um ein solches Leben zu führen, der hat genug.[339]

Um die nützliche Eigenschaft des Geldes zu erhalten und die negativen zu begrenzen, hat der Finanztheoretiker Silvio Gesell schon vor mehr als 100 Jahren das Konzept des Freigeldes entwickelt. Dem entsprechen die heutigen Regionalwährungen, auch Komplementär- oder Parallelwährung genannt. Einfacher, aber dafür auch leichter einzuführen, sind lokale Gutscheinsysteme, wie sie in der Covid-Krise im Einzelhandel verstärkt zum Einsatz kamen.

Ortsgebundene Währungen sind Triebfeder für das Teilen, Tauschen, Kooperieren, Helfen. Sie bringen damit viele ökologische Vorzüge mit sich. Sie stärken kurze Wertschöpfungsketten und verkürzen die Wegstrecken der Versorgung mit einfachen Produkten. Die klare Zuordnung von Produkt und Hersteller befördert das Verantwortungsbewusstsein der Unternehmen und damit auch deren Anstrengungen im Nachhaltigkeitsmanagement.

Mit Regiogeld lassen sich keine Zinsen erwirtschaften. Es stärkt schon allein durch seinen Namen – Chiemgauer, Berliner, Lausitzer oder Thaler – die regionale Identität. Nach Angaben des Regiogeld-Verbandes existieren in Deutschland rund 30 aktive Regionalwährungen. Die tägliche Verwendung des Geldes weckt Heimatgefühle und Lokalpatriotismus. Dieser Effekt verstärkt sich durch die Reflektion über die Möglichkeiten, das Geld auszugeben. Zugleich lernen die Menschen, wie Geld funktioniert.

Wohin auch immer Geld fließt, hat es einen Effekt. Lokales Geld fließt nicht ab in andere Regionen oder Länder. Es wirkt in einer Region und verbindet die Kommune mit der Wirtschaft. Beispielsweise verbleibt vom Supermarktkauf beim Discounter nur ein sehr kleiner Teil des Geldes in der Stadt, rund 80 Prozent wandern ab.[340] Ähnlich verhält es sich bei den meisten Ketten für Bücher, Handys, Kleidung. Hingegen verbleiben die Umsätze größtenteils in der Region, wenn die Bürger regional hergestellte Produkte kaufen oder sich auf Inhaber-geführte Läden fokussieren.

Beim Euro muss die Wachstumsrate der Realwirtschaft mindestens so hoch sein wie der Zinszuwachs im Geldmarkt. Da beim Regiogeld kein Zins erwirtschaftet werden muss, nimmt tendenziell die Wachstumsabhängigkeit der Region ab und der damit verbundene Naturverbrauch. Zugleich lassen sich wirtschaftliche Krisenzeiten um so besser überwinden, je bedeutungsvoller das Regionalgeld ist. Der Subsidiaritätsgedanke kann sich kommunal auch ökonomisch entfalten.

All diesen Vorzügen zum Trotz ist das Regionalgeld bei den kommunalwirtschaftlichen Akteuren relativ unbekannt oder wird gar kritisch gesehen. Eine Initiative von Idealisten.[341] Die Wf4.0 müsste daher viel Überzeugungsarbeit leisten, indem sie die Potenziale einer eigenen Währung verdeutlicht. Ein guter Einstieg wäre ein Gutschein, der sich bei vielen Händlern der Region einlösen lässt.

Mehr zur Einführung in das Geschäftsfeld »Finanzwirtschaft« siehe S. 57.

10.1 Regionale Währungen und Gutscheinsysteme

Das Geschäftsfeld »Finanzwirtschaft« beinhaltet Strategien und Maßnahmen zur Stärkung der kommunalen Wirtschaft und lebensunmittelbaren Versorgung. Es geht dabei um innovative Formen der Finanzierung. Besonders relevant erscheinen zudem neue Formen des Austausches von Waren und Dienstleistungen jenseits des Euro. Verschiedene Beispiele werden dafür in diesem Bericht ausgeführt. Sie tragen dazu bei, das regionale Wirtschaftssystem aus sich heraus zu stärken.

Die Regionalwährungen ergänzen den Euro als offizielles Zahlungsmittel. Wichtig für die Etablierung und den Bestand aller Initiativen in diesem Bereich ist das Vertrauen in das neue Konzept.

Die hier vorgestellten Beispiele verstehen sich als Teil des europäischen Gedankens, möchten jedoch gleichermaßen die Region stärken. Sie beziehen sich damit auf das Konzept »Europa der Regionen«, welches die Regionen in den EU-Mitgliedsländern fördern und in ihrer regionalen Eigenständigkeit unterstützen soll.

Regionalgelder sprechen zwei Seiten an: die lokalen Unternehmen wie auch die Verbraucher und Verbraucherinnen. Sie fungieren als regionales Zahlungsmittel, das den Geld- beziehungsweise Wirtschaftskreislauf innerhalb der Region ankurbeln soll. Regiogeld soll den Euro nicht ersetzen, sondern ergänzen. Es wird oft in Gutscheinen herausgegeben, zunehmend auch auf elektronischen Konten geführt.

Es dient dazu, gemeinwohlorientiertes Wirtschaften in den Regionen zu befördern:

- indem es Kaufkraft an die Regionen bindet, die regionalen Unternehmen fördert und regionalen Wirtschaftskreisläufe stimuliert
- indem es die unternehmerischen Handlungsmöglichkeiten um einen regionalen Markt erweitert und als Werkzeug zur Regionalentwicklung einsetzbar ist
- indem es hilft, regionale Produkte abzusetzen, neue Umsätze zu ermöglichen und Arbeitsplätze zu schaffen
- indem es hilft, Transportwege zu verkürzen und dadurch eine umweltschonende Wirtschaftsweise fördert.

Unter Endnote 342 finden sich weitere Internet- und Literatur-Hinweise zum Thema Stadtgärten.[342]

10.1.1 Zum Beispiel: Regionale Einkaufsgutscheine

Einkaufsgutscheine für den lokal angesiedelten Einzelhandel und die Gastronomie unterstützen die Wertschöpfung in der Region. Somit können sie positive Effekte auf das Leben und Arbeiten vor Ort haben.

Lingen hat mithilfe solcher Einkaufsgutscheine rund 1,5 Millionen Euro Kaufkraft in der Stadt gehalten.[343] Ein Subventionierungsmodell hat die Attraktivität der Einkaufsgutscheine unterstützt. Der Nennwert des Gutscheins wurde um 16 Prozent Mehrwertsteuer durch die Stadt aufgestockt. Ein Gutschein über 100 Euro hatte dementsprechend einen Wert von 116 Euro. Die Stadt Lingen hatte ursprünglich 160 000 Euro zur Verfügung gestellt und stockte um weitere 50 000 Euro auf, nachdem sich rasch ein großer Erfolg abzeichnete. Im November 2020 haben die Verantwortlichen eine digitale Version des Gutscheins in Form eines »Lingener Stadtguthabens« eingeführt, mit dem es künftig auch möglich sein soll, Parkgebühren oder ÖPNV-Ticketkäufe zu bezahlen.[344]

Viele weitere Städte haben das Konzept bereits. Im Münsterland gibt es einen städteübergreifenden Gutschein, der die ganze Region abdeckt.[345] Initiator und Sponsor ist Münsterland e. V. Im Allgemeinen braucht es für die Entwicklung und Initiierung von lokalen Einkaufsgutscheinen eine zentrale Stelle. Für einzelne Akteure ist der

Aufwand zu groß und die eigenständige, branchenübergreifende Zusammenarbeit vieler Akteure ohne Vernetzerstelle ist kompliziert und unrealistisch. Darüber hinaus hängt der Erfolg der Einkaufsgutscheine maßgeblich von einer guten Vermarktung und breiten Beteiligung unter den lokalen Anbieterinnen ab.

Durch die Corona-Pandemie und dem daraus folgenden Stillstand für lokalen Einzelhandel und die Gastronomie wurden zahlreiche »Support Your Locals«-Initiativen ins Leben gerufen. Unter anderem versuchen sie, mit Gutscheinverkäufen Inhaberinnen in dieser schweren Zeit zu unterstützen. Man könnte die verstärkte Akzeptanz für das Konzept unter Verbrauchern und Verbraucherinnen – aber auch Anbietern und Anbieterinnen – zukünftig weiter nutzen, um die regionale Wertschöpfung und Solidarität zu stärken.

10.1.2 Zum Beispiel: Regionalwährung Chiemgauer

Deutschlands Paradebeispiel funktionierender Regionalwährungen ist der Chiemgauer. Inzwischen liegt der Umsatz bei sieben Millionen Euro. Knapp 630 Unternehmen in den Landkreisen Rosenheim und Traunstein akzeptieren die Noten.

Der Chiemgauer ist das in Deutschland prominenteste Beispiel eines Bürgergeldes. Bisher gibt es kein System mit ähnlicher Ausdehnung. Es startete 2003 als Schulprojekt. Zu Beginn brachte eine Schülergruppe und ihr Lehrer Christian Gelleri die Regiowährung in Umlauf. Zunächst nutzten ihn nur die Eltern der Schüler und Schülerinnen. Zu Beginn lag der Umsatz bei 70 000 Euro. Im Jahr 2005 löste sich das Projekt aufgrund des dynamischen Wachstums von der Schule. Zehn Jahre später waren es bereits sieben Millionen Euro.[346]

Über 500 Unternehmen machen mit

Den Chiemgauer nutzen derzeit rund 4000 Verbraucherinnen und Verbraucher sowie über 440 Unternehmen und 290 Vereine. Angenommen wird das Regionalgeld auch in den Landkreisen Rosenheim und Traunstein, insgesamt eine Region mit rund 480 000 Einwohnern. Zu bekommen ist der Chiemgauer an über 20 verschiedenen Ausgabestellen. Aus rechtlichen Gründen wird jeder Nutzer und jede Nutzerin des Regiogelds Fördermitglied beim Verein Chiemgauer e. V.[347]

Bei der Anmeldung bestimmen die Mitglieder den Förderzweck, also einen Verein, dem die Gebühren zugutekommen. Anschließend wird das Konto des Mitglieds entsprechend in Euro belastet. Der Wert des Chiemgauers entspricht eins zu eins dem Euro und ist über diesen gedeckt. Geschäftsinhaber können also jederzeit die

Chiemgauer in Euro zurücktauschen. Dafür fällt allerdings eine Gebühr von fünf Prozent an. Drei Prozent gehen als Spende an ein regionales Förderprojekt und zwei Prozent finanzieren den Verwaltungsaufwand.

Inzwischen können die Kunden bargeldlos zahlen. Auch das Sparen ist möglich, wodurch zinsfreie Kredite an Unternehmen vergeben werden können. Ebenso vergibt die »Bank« Kleinkredite von bis zu 20 000 Chiemgauern. Unterstützung erfährt dieser Aufbau vor allem durch das Bundesarbeitsministerium.[348] Mittlerweile ist der Chiemgauer durch die Aufwertmarken bis zu zwei Jahre verlängerbar. Dadurch sanken die Druckkosten und der Aufwand bei den Chiemgauer-Verteilern.[349] Die wirtschaftliche Abwicklung obliegt seit 2008 der Sozialgenossenschaft Regios eG.

Ergebnisse

Mit dem Chiemgauer haben die Mitglieder allein 2014 rund 60 000 Euro für die Vereine erwirtschaftet. Die unternehmerischen Kosten im Verhältnis zum Umsatz liegen bei gut zwei Prozent. Das Umsatzvolumen liegt bei rund sieben Millionen Euro. Weiterhin zählt zur Erfolgsbilanz, dass 30 Prozent der Unternehmen einen Mehrumsatz verzeichnen und immerhin 60 Prozent von einer Stabilisierung sprechen. Regionale Produkte wie Bier, Apfelsaft, Mineralwasser, Strom werden bevorzugt und Importe verringert. Insgesamt ist die Vermutung naheliegend, dass das Bewusstsein über die Funktion des Geldes steigt.[350]

10.1.3 Zum Beispiel: Bristol Pound

Im September 2012 startete das »Bristol Pound« (£B)[351] – die Konzeptentwicklung begann schon 2009. Das Bristol Pound sollte die Einwohner und Einwohnerinnen der südwest-englischen Stadt motivieren, einen Teil ihres Einkommens vor Ort in unabhängigen Geschäften auszugeben. Gleich mit dem Startpunkt war das Bristol Pound das größte Regionalgeld in Großbritannien. Dieses war vom Sterling gedeckt. Wer also Sterling gegen Bristol Pound tauschte, hatte die Garantie, dass ein Rücktausch im Zweifelsfall möglich ist. In der Stadt mit 430 000 Einwohnern beschlossen schon in vergleichsweise kurzer Zeit über 800 Unternehmen, das Regionalgeld als Währung zu akzeptieren.

Professionelle Einführung

Das Bristol Pound eignet sich als Fallbeispiel vorwiegend aus zwei Gründen. *Erstens* war es eine Währung, die von Beginn an einen professionellen Charakter hatte.

Damit war es besonders interessant für das Forschungsprojekt Wf4.0. Dieses basiert auf der Eingangsthese, dass die vielen Initiativen sich nur begrenzt entfalten können, wenn sie nur nebenberuflich und ehrenamtlich betrieben werden. *Zweitens* war das Bristol Pound besonders breit aufgestellt und eine wirkmächtige Währung, erkennbar daran, dass die Stadtverwaltung bereit war, Gehälter in Bristol Pound auszuzahlen und Gewerbesteuern in der Alternativwährung zu akzeptieren.

Entstehungsgeschichte

Den Anfang machten Engagierte der Transition Town-Bewegung. Die Gruppe entwickelte ein Konzept und prüfte dessen Umsetzbarkeit. Ein Freiwilliger entwickelte ein Zahlungssystem für SMS-Nachrichten. Ziel war es, die Machbarkeit zu verdeutlichen. Ein nächster wichtiger Schritt war die Entscheidung für eine Pfunddeckung und damit zugleich die Kooperation mit der Bank »Bristol Credit Union«. Diese sagte zu, die elektronischen Konten zu verwalten.

Zudem reflektierte man die Bedeutung des Projektes in der Öffentlichkeit. Es war klar, dass die Bürgerinnen und Bürger sehr schnell über das Bristol Pound ein Urteil fällen würden. Entstünde bei diesen der Eindruck, das Ganze wärenicht wirklich ernst zu nehmen, würden sich die Menschen schnell davon abwenden.

Daher wandte man sich an die Kommunalpolitik. Diese sollte ausloten, ob sie das Bristol Pound als Gewerbesteuer akzeptieren kann. Dadurch hatten die teilnehmenden Unternehmen eine Verwendungsmöglichkeit für die Regionalwährung, wenn sich gerade nicht genügend Möglichkeiten ergaben, es auszugeben.

Grafiker aus der Stadt gestalteten ehrenamtlich das Papiergeld. Es wurde eine Art Wettbewerb ausgelobt und aus den rund hundert Einsendungen wählte eine Jury mit Vertretern und Vertreterinnen aus den jeweiligen Stadtteilen den Favoriten. Der Design-Wettbewerb weckte zugleich öffentliches Interesse.

In der ganzen Stadt wurden Wechselstuben eingerichtet. Bürger und Bürgerinnen sowie Händler meldeten sich für das System an. Am 19. September 2012 um 12 Uhr mittags hielt der Oberbürgermeister ein Bristol Pound hoch und erklärte: »Was bekomme ich für meinen Bristol Pound?« Und ein örtlicher Händler trat vor, brachte einen Laib Brot und sagte: »Ich werde dir dieses Brot für deinen Bristol Pound geben.«

Es folgte eine imposante Berichterstattung in den lokalen und landesweiten Medien. Auch in vielen anderen Ländern wurde über den Start des Bürgergeldes berichtet. Der Anfang war gemacht. Um die neue Währung ins Laufen zu bringen, gaben sich die Initiatoren drei Jahre Zeit. Sehr hilfreich war die Förderung durch ein EU-Projekt.

Partnerschaft mit einer etablierten Bank schafft Vertrauen

Das Bristol Pound war durch das Pfund Sterling abgesichert. Die »harte« Währung der Bürgerinnen und Bürger, die in Bristol Pound tauschten oder diesen als Zahlungsmittel akzeptierten, hatten also die Garantie, dass sie im Zweifelsfall in Pfund Sterling zurücktauschen können. Ebenso schaffte eine Partnerschaft mit der Bristol Credit Union Vertrauen in die Währung. Diese verwaltete die elektronischen Konten. Die Bristol Credit Union wird durch die Conduct Authority[352] kontrolliert. Das Verbreitungsgebiet der Stadt Bristol umfasst um die 430 000 Einwohner.

Ebenfalls vertrauensbildend: Der Stadtrat von Bristol beschloss, das Bristol Pound als Stadtsteuer zu akzeptieren. Dies war von maßgeblicher Bedeutung. Durch diese Entscheidung garantierte die Stadt, dass jeder Besitzer von Bristol Pound immer eine Ausgabemöglichkeit haben würde, denn jeder muss Steuern zahlen.[353] Im Jahr 2014 zahlten Unternehmen 119 502 Bristol Pound an Gewerbesteuern.[354] Falls ein Unternehmen also nicht genügend Möglichkeiten fand, das Bristol Pound auszugeben, blieb immer noch die Möglichkeit, Gewerbesteuern damit zu begleichen.

Die Stadtverwaltung wiederum konnte einen Teil der Gehälter in Form von Bristol Pound auszahlen, insofern die Beschäftigten das akzeptierten. Zudem bemühte sich die Stadt, einen Teil der öffentlichen Beschaffung über die Lokalwährung abzuwickeln. Ein weiterer wichtiger Schritt: Die Bürgerinnen und Bürger konnten die Nahverkehrstickets für die Nutzung von Bussen mit Bristol Pound zahlen.

Das Konzept sah zugleich vor, dass nicht alle Unternehmen mitmachen dürfen. Zugelassen wurden nur Unternehmen aus der Region, welche mit Hilfe von Postleitzahlenkarten definiert wurden. Zweitens durfte das teilnehmende Unternehmen nicht an der Börse notiert sein. Aus diesem Grund wiesen die Betreiber beispielsweise große Supermarktketten ab.

Das elektronische Zahlsystem basierte auf Cyclos, einer Onlinesoftware für Bankgeschäfte. Das ist ein Projekt des Netzwerks »Social TRade Organisations« aus Lateinamerika und Europa.

Der Bürgermeister ließ sich sein Gehalt teilweise in Bristol Pound auszahlen

Zum Start im Jahr 2009 war die Initiative klein und über viele Jahre rein ehrenamtlich organisiert. Später wurde die Umsetzung des Konzepts für die Einführung des

Bristol Pound geradezu ein Musterfall für das zukünftige Wirken der Wf4.0. Es sind insbesondere das professionelle Vorgehen und das Engagement seitens der Politik und Verwaltung hervorzuheben.

Das sorgte dafür, dass dem Bristol Pound die notwendige Anerkennung widerfuhr. Von großer symbolischer Bedeutung war es beispielsweise, dass der Bürgermeister sich sein Gehalt (zumindest teilweise) in Bristol Pound auszahlen ließ. Dem Regionalgeld Chiemgauer würde diese Anerkennung der etablierten Akteure beträchtlich weiterhelfen.

Sogar die Bank von England zeigte sich interessiert und wollte mehr über das »ambitionierte Konzept« erfahren. Daraufhin traf sich das Team mit Angestellten von der Bank von England, dem Finanzministerium, der Financial Services Authority und dem »Financial Service Compensation Scheme«. Das Treffen war für das Team wohl recht nervenaufreibend, aber letztlich sehr konstruktiv, da viele der rechtlichen Fragen dabei geklärt wurden.

Ergebnisse

Das »Bristol Pound« war über acht Jahre lang als stadtweites elektronisches Zahlungssystem etabliert. Die Bürgerinnen und Bürger der englischen Stadt konnten sogar Gebührenbescheide in der Regionalwährung bezahlen, Unternehmen ihre Steuern. Die Stadtverwaltung bot ihren 17 000 Angestellten an, einen Teil ihres Gehalts in Bristol Pound auszuzahlen. Das Engagement der Stadt ermöglichte der jungen Lokalwährung eine erstaunliche Karriere. Zuletzt beteiligten sich mehr als 800 Unternehmen. Unter anderem die zunehmende Verbreitung elektronischer Zahlungssysteme sorgte ab dem Jahr 2017 jedoch für Umsatzrückgänge. Aufgrund finanzieller Schwierigkeiten erfolgte 2020 das Ende des Projekts und seine Umwandlung und Umbenennung in »Bristol Pay«. Das neue Projekt, das nach eigenen Angaben dieselben Ziele wie der Bristol Pound verfolgt, läuft auf Sterling-Basis und funktioniert ähnlich wie Paypal.

10.1.4 Zum Beispiel: Schweizer WIR

Die »WIR Bank« wurde als Wirtschaftsring-Genossenschaft für kleine und mittlere Unternehmen (KMU) in der Schweiz gegründet und agiert heute als vollwertige Geschäftsbank mit zwei Geschäftsbereichen: dem WIR- (CHW) und dem Schweizer Franken-Bereich (CHF). Begonnen hat die Bank mit einer Komplementärwährung, einem bargeldlosen Verrechnungssystem, mit dessen Hilfe sich die KMU gegenseitig Kredite geben und bezahlen: dem WIR-System. Der Wert des WIR ist an den Schweizer Franken gebunden (1 WIR = 1 CHF) – jedoch nicht konvertibel.

Ein wichtiges Merkmal ist die Zinsfreiheit des WIR. Der nicht vorhandene Guthaben-Zins soll für Umsatz sorgen, da sich eine Hortung des Geldes nicht lohnt.

Das Hauptanliegen der Bank ist die Förderung und Unterstützung der Interessen der KMU. Heute ist der WIR das einzige Komplementärwährungssystem weltweit, welches sich auf nationaler Ebene etabliert hat.[355] Vor allem seit der Schuldenkrise in der Eurozone interessieren sich immer mehr Länder und auch namhafte Ökonomen für das WIR-System. Es diente als Vorbild für viele Komplementärwährungen in Europa und darüber hinaus.[356]

Das Erfolgsmodell wurde kaum kopiert. Das ändert sich gerade

Die WIR Bank ist eine der wenigen europäischen, wenn nicht die einzige Bank, die während der Weltwirtschaftskrise in den 1930er-Jahren als Komplementärwährungsbank gegründet wurde und heute noch existiert. Dieses »Erfolgsmodell« verspricht einiges an Erkenntnissen für die Einführung ähnlicher Ansätze außerhalb der Schweiz. Viele Komplementärwährungen haben beim Aufbau ihres eigenen Systems bereits auf die Erfahrung der WIR Bank zurückgegriffen (zum Beispiel SoNantes und Sardex).[357] Interessant ist auch die Entwicklung von einem Komplementärwährungssystem zu einem Modell, welches zusätzlich einen Geschäftsbereich in der Landeswährung etabliert und sich somit auf zwei Geschäftsbereiche stützt, die sich gegenseitig befruchten.

Schließlich ist die Erlangung einer Banklizenz für einen Anbieter einer Komplementärwährung etwas Besonderes.

Weltwirtschaftskrise als Auslöser

Wie beim Österreichischen Freigeld Wörgl[358] war die Weltwirtschaftskrise in den 1930er-Jahren der Auslöser für die Gründung der (heutigen) WIR Bank, inzwischen umbenannt in »Bank WIR«. Die Betriebe horteten ihr Geld, statt es zu investieren. Dies führte zu einer Verknappung der Geldmenge. Um an Kredite zu kommen, gründeten 1934 sieben KMU des Handels-, Gewerbe- und Dienstleistungssektors, denen Betriebskredite verwehrt wurden, in Zürich die Wirtschaftsringgenossenschaft WIR.[359] Der damalige Grundgedanke hat seine Gültigkeit bis heute behalten: »Selbsthilfe durch systembedingte Solidarität«.[360] Unter den Gründern waren Werner Zimmermann, Paul Enz und 14 weitere Genossenschafter.[361]

1936 erhielt die Genossenschaft die eidgenössische Bankenlizenz. Zu dieser Zeit – während der Krisenjahre – wurde die WIR Bank von vielen Seiten kritisiert und angefeindet. Dies führte sogar zu parlamentarischen Untersuchungen, die jedoch ergaben, dass die WIR Bank nicht gegen die demokratische Rechtsordnung verstößt. Im Jahr 1939 wurde die Genossenschaft für weitere Mitglieder geöffnet, was auch zu einer Verbreiterung der Kapitalbasis führte.[362]

Später organisierte der Wirtschaftsring WIR-Messen und es wurden Bürgschafts-genossenschaften eingeführt – Genossenschaften, die durch ihre Bürgschaft anderen Genossenschaften helfen, Bankkredite zu erhalten.[363] So musste jeder Kreditnehmer Anteile in Höhe des WIR-Kredits bei der Bürgschaftsgenossenschaft erwerben.[364]

Die Bank hat sich seit damals mehrfach reformiert

Im Jahr 2000 fanden weitere Umorganisationen statt. Seitdem agiert die Bank als normale Bank nicht nur für Geschäfts-, sondern nun auch für Privatkunden.[365] Vor allem die überdurchschnittlich guten Zinssätze bei den Krediten machten die Bank für ihre Kunden attraktiv.

Im seit 2016 angebotenen KMU-Paket ist der Sofortkredit von 10 000 CHW kosten-los inbegriffen. Dafür wurden keine Zinsen oder Kommissionen verlangt. Für den Kontokorrentkredit des WIR wurden verschiedene Kreditkonditionen zwischen 0,5 und 2,5 Prozent angeboten.[366] So lag der Liborkredit beispielsweise bei 0,0 Prozent und wurde bei Neufinanzierungen von einer zusätzlichen Bonusaktion (Negativzinsen auf Kredit) begleitet.[367] Eine Übersicht zur Zinsentwicklung gibt es leider nicht. Die WIR-Zinsen waren jedoch immer günstiger als CHF-Finanzierungen. Das ist in Normal-zinsphasen auch der große Wettbewerbsvorteil, der aktuell kaum noch greift.[368]

Außerdem wählen viele Kunden die WIR Bank aus, da sie – vor allem nach der Finanzkrise – dieser mehr als anderen Banken vertrauen. Die Teilnehmerzahl blieb über die letzten Jahrzehnte stabil. Im Jahre 2014 zählte die WIR Bank 60 000 WIR-Teilnehmer und 40 000 Privatkunden ohne Verbindung zur WIR-Verrechnung. Diese nutzten lediglich CHF-Produkte. Trotzdem soll das WIR-Geschäft das Kern-geschäft bleiben.[369]

Die Niedrigzinspolitik hatte auf das WIR-Geschäft negative Einflüsse. Der WIR-Umsatz ging um zwei bis vier Prozent zurück, vor allem nahm die Umlaufgeschwin-digkeit ab. Um darauf zu reagieren, wurde die Bank im Jahre 2016 stark modernisiert und verfügt nun über ein breiteres (vor allem auch digitales) Produktportfolio. Die Geschäfte in CHF sind hilfreich, um die Einbrüche im CHW-Bereich auszugleichen.[370]

WIR-Geldschöpfung (Kreditvergabe)

Die WIR-Kredite gelten als das Herzstück der WIR Bank. Das WIR-Geld wird durch die WIR Bank selbst geschöpft (Kreditgeldschöpfung). Da der Bank hierdurch keine (oder kaum) Kosten entstehen, muss sie auch keine Zinsen nehmen – was einen ihrer Grundsätze stärkt. Dabei hat die WIR Bank eine ähnliche Geldschöpfungs-funktion wie die Schweizer Nationalbank (als Zentralbank des Schweizer Franken). Eine Absicherung der Kredite findet über Grundpfandrechte, Bankgarantien, Lebensversicherungen et cetera statt. Die Bank bietet Bau-, Hypothek-, Kontokorrent- und Investitionskredite an.

WIR-Guthaben verfügen über keine Deckung durch Schweizer Franken. Über die WIR-Kreditvergabe steuert die WIR Bank die WIR-Geldmenge (Giralgeld). Da es für die WIR-Guthaben keine Zinsen gibt[371], sollen die WIR-Teilnehmer zur möglichst schnellen Ausgabe ihres WIR-Guthabens angeregt werden. So soll der Umlauf beschleunigt werden.[372] Ein Handel von WIR gegen CHF ist strikt verboten und führt zum Ausschluss der Teilnahme am WIR-System.

Für Kredite fielen zunächst keine und heute nur sehr geringe Zinsen an. Kredite in WIR und CHF sind bei der WIR-Bank kombinierbar.[373] Von den rund 500 000 KMU in der Schweiz[374] nahmen im Jahr 2016 rund 45 000 Unternehmen am WIR-System Teil.[375]

WIR-Verrechnungssystem

Die WIR-Verrechnung – die gegenseitige Verrechnung von Leistungen innerhalb der teilnehmenden Schweizer KMU – kann ausschließlich von diesen getätigt werden.[376] Wer WIR-Mitglied werden will, muss sich verpflichten, mindestens drei Prozent WIR auf 5000 Franken anzunehmen. In der Regel werden 5 bis 30 Prozent angeboten.[377] Die Annahmesätze werden von den Teilnehmern (jährlich) festgelegt.

Auf regionaler Ebene haben sich 13 WIR-Gruppen als unabhängige regionale Zusammenschlüsse gebildet.

Bilanz

Der Gesamtumsatz der WIR Bank lag 2019 bei 5,5 Milliarden Schweizer Franken; 2016 waren es 5,3 Milliarden.[378] Der Anteil des WIR-Bereichs lag dabei bei 1,28 Milliarden CHW[379] – allerdings mit fallender Tendenz. Anfang der 1990er-Jahre wurden pro Jahr noch 2,5 Milliarden WIR-Franken umgesetzt.[380] Durch die Nullzins-Ära ist der WIR weniger attraktiv geworden.

Als ein Anreiz, das Geld schnell wieder auszugeben und unter den Teilnehmern – kleine und mittlere Unternehmen (KMU) in der Schweiz – für Umsatz zu sorgen, werden die Guthaben auf den Konten nicht verzinst. Jeder WIR-Teilnehmer legt fest, zu welchem Prozentsatz er Zahlungen in WIR entgegennehmen will, es müssen mindestens 30 Prozent auf die ersten 3000 Franken eines Geschäfts sein. Dabei wird ein WIR-Franken einem Schweizer Franken gleichgesetzt. Der Straßenkurs lag 2018 indes nur bei 60 bis 65 Franken pro 100 WIR-Franken.[381]

Die WIR Bank sorgt dafür, dass Firmen und Arbeitsplätze in der Region bleiben. Mit ihren besonders günstigen Darlehen sind sie nicht zuletzt für Existenzgründer und für Unternehmen mit Absatzproblemen hilfreich. In beiden Fällen sehen Privatbanker meist ein erhöhtes Ausfallrisiko. Es werden vergleichsweise hohe Zinsen festgelegt. Ein Unternehmen in der Krise erhält womöglich gar kein Geld mehr, wenn beispielsweise ein bestehender Kredit ausläuft. Zwar mag es sein, dass die Zinsen immer bedient wurden und dass die Bank insgesamt schon einen guten Gewinn erwirtschaftet hat. Doch in der konventionellen Geldwirtschaft bekommen eher große Unternehmen und Konzerne die günstigsten Zinsen, weil das Ausfallrisiko besonders gering erscheint.

Die WIR-Bank gibt auch kleinen Unternehmen einen günstigen Kredit. Der fällige Zins deckt lediglich die Verwaltungskosten. Wenn ein Unternehmen weniger Zinsen zahlen muss, verringert das im gleichen Maß den Wachstumszwang. Zugleich bleiben Firmen und Arbeitsplätze in der Region.

Die Erfahrungen der Eidgenossen machen sehr deutlich: Komplementärwährungen können mehr als eine Spielwiese von altruistischen Bürgerinnen und Bürgern sein. Sie taugen womöglich sogar für einen ganzen Staat, so er in Bedrängnis geraten ist, wie etwa Griechenland. Verschiedene Experten, darunter der Chefvolkswirt der Deutschen Bank, haben für das Land eine Parallelwährung vorgeschlagen.[382] Das WIR-Geld hätte Griechenland gerettet, meinte der damalige Bankchef Germann Wiggli.[383]

10.1.5 Vorzüge

Eine Reihe möglicher positiver Effekte lassen Regionale Währungen und Gutscheinsysteme zu einem interessanten Ansatzpunkt der aktiven Stadtgestaltung und der Wirtschaftsförderung 4.0 werden.

Ortsgebundene Währungen sind Triebfeder für das Teilen, Tauschen, Kooperieren, Helfen. Sie bringen damit viele ökologische Vorzüge mit sich. Sie stärken kurze

Wertschöpfungsketten und verkürzen die Wegstrecken der Versorgung mit einfachen Produkten. Die klare Zuordnung von Produkt und Hersteller befördert das Verantwortungsbewusstsein der Unternehmen und damit auch deren Anstrengungen im Nachhaltigkeitsmanagement.

Wohin auch immer Geld fließt, hat es einen Effekt. Lokales Geld fließt nicht ab in andere Regionen oder Länder. Es wirkt in einer Region und verbindet die Kommune mit der Wirtschaft. Beispielsweise verbleibt vom Supermarktkauf beim Discounter nur ein sehr kleiner Teil des Geldes in der Stadt, rund 80 Prozent wandern ab.[384] Ähnlich verhält es sich bei den meisten Ketten für Bücher, Handys, Kleidung. Hingegen verbleiben die Umsätze größtenteils in der Region, wenn die Bürger und Bürgerinnen regional hergestellte Produkte kaufen oder sich auf Inhaber-geführte Läden fokussieren.

Beim Euro muss die Wachstumsrate der Realwirtschaft mindestens so hoch sein wie der Zinszuwachs im Geldmarkt. Da beim Regiogeld kein Zins erwirtschaftet werden muss, nimmt tendenziell die Wachstumsabhängigkeit der Region ab und der damit verbundene Naturverbrauch. Zugleich lassen sich wirtschaftliche Krisenzeiten um so besser überwinden, je bedeutungsvoller das Regionalgeld ist. Erkennbar wird die Krisenbewältigungsfunktion von lokalen oder Sektor-gebundenen Währungen an der entsprechenden Nachfrage.

10.1.6 Wie starten?

Wichtig beim Aufbau einer Regionalwährung ist die Zuverlässigkeit der Akteure. Außerdem haben die Erfahrungen gezeigt, dass ein solches Projekt nicht allein mit ehrenamtlichen Kräften zu stemmen ist. Es ist wichtig, möglichst große regionale Unternehmen als Unterstützer zu gewinnen. Hier können Multiplikatoren eine wichtige Rolle spielen. Multiplikatoren, etwa regionale Unternehmensverbände, sollten angesprochen werden, welche dann ihre Mitglieder von dem Konzept überzeugen können.

Ideal wäre es, Arbeitgeber zu finden, die bereit sind, beispielsweise Teile von Bonuszahlungen oder andere Extras als Regionalwährung auszuzahlen. Die Kommune kann hier als gutes Beispiel vorangehen, wie das Beispiel aus Bristol zeigt. Nicht zuletzt ist es wichtig, direkt zu Beginn die Vorteile für die regionale Wirtschaft klar herauszuarbeiten und zu kommunizieren. Eher ernüchternde Entwicklungen in Anbetracht der Niedrigzinsphase sollten indes nicht verschwiegen werden.

10.1.7 Kooperieren und fördern

Beim Aufbau einer Regionalwährung ist der Austausch mit anderen Initiativen in anderen Regionen sinnvoll. Das Wf4.0-Management kann versuchen, diesen zu organisieren. Falls von der Initiative nachgefragt, kann diese von der Wf4.0 beispielsweise in den Bereichen Suche nach neuen Räumen, Marketing und Öffentlichkeitsarbeit und Einwerbung von Fördermitteln beziehungsweise Zuschüssen unterstützt werden. Folgende Maßnahmen sind im Anschluss an die identifizierten Probleme oder Ziele der Initiative möglich:

Bei der Öffentlichkeitsarbeit können unterschiedliche Maßnahmen sinnvoll sein. Das Übliche sind die Erstellung und zielgerichtete Verteilung von Flyern, die Erstellung und aktive Pflege einer Internetpräsenz und die Forcierung von Medienberichten der Lokalpresse über das Projekt durch eine aktive Pressearbeit (Pressemitteilung bei Events oder Ähnliches).

Die Wf4.0 kann hier beratend unterstützen beziehungsweise Kontakte zu einer Expertise herstellen, bei der eine Vermittlung grundlegender Kenntnisse in diesem Bereich stattfindet. Zur Integration in das räumliche und soziale Umfeld wie zur allgemeinen Öffentlichkeitsarbeit bieten sich Feste oder diverse Veranstaltungen an.

Es wird sinnvoll sein, den Nachbarn und Nachbarinnen die Möglichkeit zu geben, sich das Projekt anzuschauen und ins Gespräch zu kommen. Falls eine Vernetzung noch nicht geschehen ist, kann die Wf4.0 auf die entsprechenden Akteure und Akteurinnen vor Ort verweisen und einen Kontakt herstellen, etwa Stadtteilvereine oder Quartiersmanagement.

Bei der Beantragung von Fördermitteln kann die Wf4.0 einen Überblick geben und bei der Antragstellung helfen. Auch kann die Vorstellung der Initiative bei anderen Akteuren und Akteurinnen in der Stadt dazu führen, dass Unterstützer gefunden werden.

10.1.8 Erfolgsindikatoren

Eine erfolgreiche Arbeit der Wf4.0 im Bereich Regionalwährungen kann an der Anzahl der teilnehmenden Personen gemessen werden sowie an dem durch die Einführung einer Regionalwährung entstandenem Netzwerk von Produzenten, Lieferanten und Konsumierenden.

Wenn sich die kommunalen Angestellten beziehungsweise der Oberbürgermeister (einen Teil seines) Gehalts in der Regionalwährung ausgeben lässt, kann dies zum Erfolg der Währung beitragen. Dies zeigen Beispiele wie in Bristol.

10.2 Regionalwert AG

Ein zentraler Gegenstand der Wirtschaftsförderung 4.0 ist die Frage, wie Ansätze, Produktionsweisen und Serviceangebote finanziert werden können, die regionale Wertschöpfungsketten stärken, sozialen und ökologischen Belangen vor Ort gerecht werden und dazu beitragen, dass Erwirtschaftungen nicht abwandern, sondern zu großen Teilen kommunal verbleiben.

Tatsächlich haben sich in einigen Regionen inzwischen verschiedene Finanzierungskonzepte und -methoden entwickelt. Mit ihnen lassen sich Initiativen und Maßnahmen der Wf4.0 gezielt unterstützen.

Die Idee der »Regionalwert AG« (RWAG) entspricht einem Ansatz, bei dem ein gewohntes Konzept auf ein bis dahin von diesem Instrument gedanklich nicht erfasstes Anwendungsfeld übertragen wird.

Idee und Entwicklung der ersten Regionalwert AG in Freiburg gehen auf Christian Hiß zurück, der diese 2006 über seinen eigenen landwirtschaftlich-gärtnerischen Hof als sogenannte »Bürgeraktiengesellschaft« gründete.[385]

Kurzgefasst erwirbt die »Regionalwert AG« als Aktiengesellschaft ökologisch zu bewirtschaftende Landwirtschaftsbetriebe oder zumindest Anteile an diesen. Die Anteilseigner sichern den finanziellen Bestand der Betriebe und leisten einen Beitrag zur regional-ökologischen Landwirtschaft vor Ort. Bei der Erwirtschaftung einer monetären Rendite steht die Unterstützung eines sozial-ökologischen Mehrwerts im Vordergrund.[386]

Das Konzept wurde nach der Gründung in Freiburg auch auf andere Regionen übertragen, sodass sich inzwischen auch in den Regionen Isar/Inn, Hamburg und im Rheinland eigene »Regionalwert AGen«, die sich unter einem Dach vernetzen, gegründet haben und die Etablierung dieser Bürgeraktiengesellschaften auch in anderen Regionen darüber hinaus in Planung ist.[387]

Die zu einem Preis von jeweils 500 Euro angebotenen Aktien der »Regionalwert AG« können von Bürgerinnen und Bürgern wie von institutionellen Anlegern erworben werden[388] und werden nicht an der Börse gehandelt. Der Verkauf einmal erstandener Aktien vom ursprünglichen Aktionär zu einem neuen Besitzer oder einer neuen Besitzerin bedarf der Zustimmung der Bürger-AG.[389] Diese besteht aus den Organen Vorstand, Aufsichtsrat und der Jahreshauptversammlung, auf der die Aktionäre und Aktionärinnen Einfluss auf die weitere Entwicklung der »Regionalwert AG« nehmen.[390]

Ziel der »Regionalwert AG« ist es, Landwirtschaftsbetriebe anteilig oder vollständig zu erwerben und zu verpachten. Der Betrieb auf den der RWAG zugehörigen Höfen erfolgt dabei nach ökologischen Vorgaben und weiteren sozial-ökologischen Maßgaben. Hier spielen unter anderem Aspekte wie die regionale Wertschöpfungssteigerung, die Schaffung von Arbeitsplätzen in der Region, die Qualität der erzeugten Nahrungsmittel und der Umweltschutz als selbst aufgestellte Bewertungsmaßstäbe eine Rolle.

Wesentlich für das Konzept der »Regionalwert AG« ist, dass die regionalen, sozial-ökologisch erreichten nicht-monetären Gewinne in die Gesamtrechnung einfließen und dem Aktionär als Rendite ausgewiesen werden. Sozial-ökologische Erfolge sind hier also kein Nebenprodukt der Aktionärstätigkeit, sondern ein zentrales Ziel.

Ziel dieser Form der Wirtschaft ist auch die Bindung der ländlichen Regionen an die urbanen Städte.[391] Ausgangs- und Ansatzpunkt der Regionalwert-AG-Idee sind Missstände in der etablierten Wirtschaftsstruktur, vor allem in der landwirtschaftlichen Produktion, denen mit neuen Finanzierungs- und Kooperationsstrukturen begegnet werden soll. Hierzu gehören insbesondere die für Einzelakteure nur schwer aufzubringenden erheblichen Investitionskosten bei der außerfamiliären Übernahme von landwirtschaftlichen Betrieben, die in Verbindung mit erheblichen Problemen in der Hofnachfolge stehen.[392]

10.2.1 Zum Beispiel: Regionalwert AG Freiburg

Die »Regionalwert AG Freiburg« beteiligt sich an landwirtschaftlichen Betrieben und ihnen nachgelagerten Unternehmen in der regionalen Wertschöpfungskette wie in Verarbeitung und Handel, denen so finanzielle Mittel zur Verfügung stehen. Bürgerinnen und Bürger können bei der Regionalwert AG Aktien erwerben und sich damit aktiv an der Finanzierung der landwirtschaftlichen Produktion in der Region Freiburg beteiligen. Partnerbetriebe, die Teil der Regionalwert AG sind, werden miteinander vernetzt. Bei ihrer Bilanzierung werden mit dazu eigens entwickelten Indikatoren auch sozial-ökologische Gewinne betrachtet. Anliegen der Aktiengesellschaft ist es »[…] ein regionalökonomisches Unternehmenscluster aufzubauen, bei dem ‚etwas dabei herauskommt'«.[393]

Vernetzung lokaler Wirtschaftspartner

Die Initiative ist exemplarisch für einen möglichen Finanzierungsweg in der regional-ökologischen Nahrungsmittelproduktion und der Stärkung regionaler Wertschöpfungsketten. Im Ansatz der Regionalwert AG gehen die ökologischen Vorteile regionaler Produktion und kurzer Wege einher mit der Vernetzung lokaler Wirtschaftspartner durch die Etablierung längerfristiger Beziehungsstrukturen und der Einbindung der Bürgerinnen und Bürger über ihre aktive wirtschaftliche Rolle als Aktionärinnen und Aktionäre. Die Berücksichtigung sozialer und ökologischer Leistungen der Unternehmen kann einen Beitrag zur nachhaltigen wirtschaftlichen Entwicklung darstellen, da über die erbrachten sozialen und ökologischen Vorteile die Attraktivität der Region langfristig gesichert oder womöglich gesteigert wird.

Christian Hiß als Akteur der Initiative war unter anderem geprägt von der Erfahrung, wie schwer es ist, ein Bankdarlehen – in seinem Fall für die eigene Bio-Gärtnerei – zu erhalten. Auch wusste er um die generellen Probleme der landwirtschaftlichen Entwicklung.[394] Nach einer Anlaufphase gelang es, bei der ersten offiziellen Ausgabe eine zweistellige Zahl von Aktionären für die Regionalwert AG zu gewinnen, darunter auch zwei größere Investoren.[395] Neben den zu leistenden Formalien im Rahmen des Aktienrechts sieht die Regionalwert AG selbst keine größeren Hürden bei ihrer Arbeit.

Die Regionalwert AG Freiburg setzt sich aus der Aktionärshauptversammlung, dem Aufsichtsrat als Kontrollorgan sowie dem Vorstand als Leitungsorgan zusammen.[396] Der Nennwert einer Aktie, mit der sich die Bürgerinnen und Bürger an den regionalen Betrieben beteiligen können, beträgt bei der RWAG Freiburg 500 Euro.[397] Zu den Partnerbetrieben gehören derzeit 24 Unternehmen, die zu den Bereichen Landwirtschaft, Verarbeitung, Handel, Gastronomie sowie Dienstleistung gehören.[398]

Für die Unternehmen, die alle unter einem gemeinsamen Logo auftreten, fungiert die Regionalwert AG auch als beratender Partner. Die Höfe müssen nach EU-Öko-Vorgaben bewirtschaftet werden oder nach spätestens vier Jahren die Umstellung abgeschlossen haben. Die Mitgliedschaft in einem Bioverband ist erwünscht.[399] Die Regionalwert AG kümmert sich um den Kauf eines Betriebes und verfolgt die Gründung neuer Unternehmen; sie nutzt dabei unterschiedliche Finanzierungstypen.[400]

Wesentlich ist dabei das Prinzip der unternehmerischen Selbstbeteiligung, also der Beteiligung der Regionalwert AG in Verbindung mit der Selbstbeteiligung des Unternehmers. Zur Existenzgründung in der außerfamiliären Hofnachfolge wird in der Regel die Form der Kommanditgesellschaft angestrebt.[401] Mit den Höfen übernimmt die AG etablierte Betriebe; am anderen Ende der Wertschöpfungskette, dem Handel und der Gastronomie, kommt es zu Neugründungen.

Die von der Regionalwert AG genutzten Nachhaltigkeitsindikatoren beziehen sich auf die Bereiche Soziales, Ökologie und Regionalökonomie, wobei etwa im Bereich Ökologie Indikatoren wie Biodiversität und im Bereich Regionalwirtschaft Indikatoren wie die Wertschöpfung in der Region und der Dialog in der Wertschöpfungskette herangezogen werden. Diese sind von den Betrieben im Geschäftsbericht zu beachten und in einer zusammenfassenden Bilanz jährlich den Aktionären vorzulegen. Das sind zum Beispiel Bürgerinnen und Bürger von Eichstetten, dem Sitz der RWAG.

Weitere Kapitalbegriffe sollen die Fruchtbarkeit des Bodens erfassen und die Leistung eines Unternehmens innerhalb der Wertschöpfungskette berücksichtigen.[402] Zu den Hauptzielen der Regionalwert AG zählt, einen Lösungsweg für Probleme der Kapitalbeschaffung und der Hofnachfolge in der Landwirtschaft zu finden sowie einen Ausgleich entlang der Wertschöpfungskette für die Produzierenden zu ermöglichen.

Hilfreiche Synergieeffekte

Zwischen den einzelnen Partnerbetrieben der Regionalwert AG Freiburg bestehen Austauschbeziehungen, die es ermöglichen, hilfreiche Synergieeffekte zu erzielen. So pflanzt die Demetergärtnerei Querbeet beispielsweise Kleegras zum Schutz der Bodenfruchtbarkeit an, das dem Breitenweger Hof als Futtermittel zugeführt wird, der Querbeet wiederum Kompost bereitstellt. Die Zusammenarbeit der Betriebe erfordert von den Beteiligten eine Bereitschaft zur Offenheit und zur gegenseitigen Information. Die Regionalwert AG ist das organisatorische Bindeglied. In der Praxis besteht die Herausforderung darin, die Beteiligten auch in wirtschaftlich guten Zeiten in der Regionalwert AG zu halten. Wenn es nämlich gut läuft, sind die Betriebsleitungen gegebenenfalls nicht mehr auf die AG angewiesen.[403]

Ergebnisse

Die Regionalwert AG in Freiburg verfügt inzwischen über ein Eigenkapital von drei Millionen Euro. Die Indikatoren zur Erfolgsmessung der Leistungen haben sich inzwischen nach eigenen Angaben der Initiative etabliert, und entsprechende Auswertungen werden der Hauptversammlung regelmäßig vorgelegt. Unter der gleichen Dachmarke, verwaltet von der Regionalwert Treuhand, entstanden bis heute Regionalwert AGen in den Regionen Isar/Inn, Hamburg, dem Rheinland sowie Berlin/Brandenburg. Christian Hiß hat zur Verbreitung des RWAG-Konzepts ein Buch herausgebracht, in dem die Entstehungsgeschichte der ersten Regionalwert AG erzählt, das Konzept erläutert und grundsätzliche Hinweise zur Etablierung neuer Regionalwert AGen gegeben werden.[404]

Insgesamt kann die Initiative der Regionalwert AG Freiburg als bisher erfolgreiches Modell für die Erprobung neuer Finanzierungswege in der regionalen Landwirtschaft gelten, bei dem sich die Stärkung der Regionalwirtschaft auch unter sozialen und ökologischen Maßstäben vollziehen soll. Kern der Initiative ist die Etablierung regionaler und damit kurzer Wertschöpfungsketten durch die Partnerbetriebe, womit auch die Krisenfestigkeit der Region gestärkt wird. Die Eigenschaften der durch die Regionalwert AG Freiburg zu erzielenden Rendite erfüllen die Maßstäbe für die Wirtschaftsförderung 4.0 in zweifacher Hinsicht.

Zum einen werden soziale und ökologische Gewinne der Partnerbetriebe in die Gesamtbilanz und damit als gleichwertiger und wichtiger Bestandteil der Wirtschaftsaktivität aufgenommen. Zum anderen verbleiben die potenziellen Dividendenausschüttungen über die zumeist lokalen Aktionäre in der Region, sodass Gewinne nicht weit abwandern. Die Förderung des Gemeinwohls und von positiven ökologischen Wirkungen werden über die ökologisch-sozialen Bewirtschaftungskriterien der Regionalwert AG gesichert. Mit der Möglichkeit für die Bürgerinnen und Bürger der Region, durch eine Aktionärstätigkeit aktiv ein Teil der Finanzierung der regionalen landwirtschaftlichen Produktion zu werden, werden verschiedene Menschen in den regionalwirtschaftlichen Prozess eingebunden. Die Aufnahme des Konzepts in mehreren anderen Regionen zeigt darüber hinaus die Strahlkraft der Initiative.

10.2.2 Wie starten?

Über die Website der Regionalwert AG kann ein Kontakt zu dieser hergestellt werden. Das Wf4.0-Management kann helfen, potenzielle Interessenten auf die Regionalwert AG hinzuweisen und das Konzept damit bekannter machen.

Zudem können Informationsveranstaltungen mit Vertretung einer Regionalwert AG organisiert und nach Fördermitteln für den Aufbau einer Regionalwert AG gesucht werden.

Hilfreich wäre auch der Aufbau eines offiziellen Unterstützerkreises aus der Zivilgesellschaft, am besten unter dem Dach oder in Kooperation mit vorhandenen Vereinsstrukturen, um in der Lage zu sein, Fördermittel für den Aufbau zu beantragen.

10.3 Bürgeranleihen

Üblicherweise leihen sich die Städte und Unternehmen das fehlende Geld bei einer Bank. Doch es geht auch anders, mit sogenannten Bürgerdarlehen oder Bürgerkrediten. Damit leiht sich die Gemeinde oder ein kommunales Unternehmen Geld unmittelbar oder mittelbar von Bürgern und Bürgerinnen, welche vorzugsweise im selben Gemeindegebiet leben. Mit dieser fiskalpolitischen Innovation reagieren manche Gemeinden auf die tendenziell zunehmenden Schwierigkeiten, auf dem Kreditmarkt Finanzierungsmittel zu bekommen. Zugleich stärken sie damit die Verbindung zu ihren Bürgern.

10.3.1 Zum Beispiel: Waldviertler

Das im niederösterreichischen Waldviertel angesiedelte Unternehmen »Waldviertler« von Heinrich Staudinger ist unter anderem in der Schuhproduktion tätig und vertreibt Produkte über eigene Läden in Österreich sowie auch in Deutschland. Der Unternehmer setzt dabei nicht auf die Finanzierung über Banken, sondern sammelt Geld bei privaten Investoren ein. Sein ursprüngliches Finanzierungskonzept geriet in den Fokus der österreichischen Finanzmarktaufsicht, die darin eine unerlaubte Bankentätigkeit des Unternehmens sah. Nach einem längeren und mit starker Öffentlichkeitswirksamkeit ausgetragenem Konflikt, bei dem Staudinger rechtlich unterlag, führt der Schuhproduzent sein Finanzierungskonzept in abgewandelter Form weiter.[405]

Die Wf4.0 möchte die regional stattfindende Produktion stärken und so einen Beitrag zur wirtschaftlich und ökologisch nachhaltigen Entwicklung der Kommunen leisten. Zu den entscheidenden Herausforderungen zählt dabei die Frage, wie geeignete Finanzierungsinstrumente für entsprechende Initiativen und Unternehmen gefunden werden können. Im Rahmen der Wf4.0 sind dabei vor allem auch solche Instrumente zu fokussieren, die den Akteuren eine hohe Sicherheit und Verlässlichkeit bieten und ihrerseits selbst auf regionaler Ebene angesiedelt sind.

Der Fall des regional im niederösterreichischen Waldviertel produzierenden Schuhherstellers Staudinger zeigt, wie alternative Finanzierungskonzepte aussehen können, und hält damit Anregungs- und Innovationspotenziale bei der Suche nach Finanzierungswegen für Akteure der Wf4.0 bereit.

Entstehungsgeschichte

Seit dem Bestehen der Waldviertler Schuhwerkstatt 1984 hat sich das Unternehmen in der wirtschaftlich schwachen Region Waldviertel zu einem Arbeitgeber mit derzeit 170 Arbeitsplätzen entwickelt und hat dabei nach eigenen Angaben auch eine »Energiewende« vollzogen.[406]

Als die Hausbank im Jahr 1999 einen Kredit verweigerte, dem Vernehmen nach ohne klar benannte Sachgründe, stand das Unternehmen vor einem grundsätzlichen Problem. Daraufhin suchte man nach einem von Banken unabhängigen, alternativen Finanzierungsweg. Schließlich etablierte das Unternehmen ein System der Finanzbeschaffung von einer Vielzahl privater Investoren und Investorinnen, bei dem Geld bei Verwandten, Freunden, Kundinnen und Kollegen eingeworben wurde, der sogenannte »GEA-Sparverein« entstand.[407]

Nach mehreren Jahren des Bestehens des Finanzierungskonzepts wurde 2012 die österreichische Finanzmarktaufsicht (FMA) darauf aufmerksam und sah in dem System ein unerlaubtes Tätigwerden des Unternehmens im Bankenbereich. Schließlich verfüge die Firma GEA, die unter anderem Geld für eine Photovoltaikanlage bei privaten Investoren eingeworben hatte, nicht über eine Bankkonzession.[408]

In der Folge entwickelte sich ein langer Rechtsstreit zwischen Heinrich Staudinger beziehungsweise der GEA und der Finanzmarktaufsicht, der große Aufmerksamkeit auf sich zog. Staudinger weigerte sich öffentlichkeitswirksam, Strafen zu bezahlen. Der Unternehmer entschied sich für den Alternativweg von Nachrangigkeitsdarlehen, bei dem der Geldgeber unterschreibt, dass die Forderungen privater Investoren bei Zahlungsunfähigkeit nur nachrangig behandelt werden. Zwar gingen die Geldgeber den neuen Weg mit, da eine Frist jedoch nicht eingehalten wurde, wurde eine Geldstrafe fällig. Bei der obersten richterlichen Instanz, dem Unabhängigen Verwaltungssenat, scheiterte der Unternehmer mit seiner Rechtauffassung endgültig.[409]

Im Jahr 2015 wurde in Österreich das Alternativfinanzierungsgesetz (AltFG) erlassen, der Gesetzgebungsprozess hierzu war maßgeblich von dem Staudinger-Fall beeinflusst.[410]

Investieren mit »Apfelbäumchen-Darlehen«

Das Unternehmen von Heinrich Staudinger ist neben der Schuhherstellung unter anderem tätig in der Produktion von Möbeln und Matratzen.[411] 2016 erreichte das Unternehmen ein im Vergleich zu den Vorjahren geringes Wachstum, jedoch den höchsten Umsatz der Firmengeschichte von 32 Millionen Euro, wobei sich diese

Summe zusammensetzt aus den Umsätzen der Waldviertler Werkstätten sowie den eigenen GEA-Läden in Österreich und Deutschland.[412] Mit den sogenannten »Apfel-bäumchen-Darlehen« kann in das Unternehmen investiert werden, mindestens müssen 5000 Euro und maximal können 50 000 Euro eingebracht werden, bei einer Bindungsdauer von einem Jahr zu einem Prozent Zinsen, 1,5 Prozent Zinsen bei zwei Jahren und zwei Prozent Zinsen bei drei Jahren.[413]

Inzwischen gibt es von Seiten des Unternehmers Anstrengungen für eine genos-senschaftliche Organisation. So hat er den Revisionsverband »Rückenwind« gegrün-det, in dem Genossenschaften Mitglied werden können. Gemeinwohl, Solidarität und ökologische Nachhaltigkeit sollen hier verbindende Werte werden.[414]

Ergebnisse

Die Darlehen für den österreichischen Schuhhersteller sind offenbar sehr gefragt, sodass Interessenten sogar auf eine Warteliste genommen werden.[415] Auch unabhän-gig vom Finanzierungsmodell ist der in Österreich regional produzierende Schuh-hersteller aus Sicht der Wf4.0 besonders interessant.

Über die Schaffung von Arbeitsplätzen durch die Produktion vor Ort lässt sich die regionale Wirtschaft stärken, gleichzeitig erhalten Konsumentinnen und Kon-sumenten die Möglichkeit, ein Alltagsprodukt wie Schuhe von einem regionalen Anbieter und nicht aus der Produktion in Übersee zu beziehen. Hiervon sind auch positive ökologische Wirkungen zu erwarten.

Über die Möglichkeit, sich als Privatperson finanziell in das Unternehmen ein-zubringen, wie etwa im Waldviertel, kommt es zu einer engeren Vernetzung von Produzenten und Verbraucherinnen. So wächst in der Bevölkerung potenziell auch das Bewusstsein für die Notwendigkeit einer funktionierenden Regionalwirtschaft. Schafft es ein Unternehmen, sich so einen alternativen Finanzierungsweg aufzu-bauen, sinkt die Abhängigkeit von überregionalen Akteuren.

10.3.2 Zum Beispiel: Heimatinvest Quickborn

Als Reaktion auf die sich zunehmend verschlechternde Finanzlage der Stadt Quick-born nahe Hamburg ergriffen im Jahr 2010 zahlungsbereite Bürgerinnen und Bürger die Initiative und gaben ihrer Stadt mithilfe des »Heimatinvest Quickborn«-Darle-hens dringend benötigte Finanzmittel an die Hand. Um die Leihgabe im Gegenzug auch für die Bürgerinnen und Bürger finanziell rentabel zu machen, verzinste die Stadt das Darlehen – im Verhältnis zum aktuellen Zinsniveau am Finanzmarkt –

relativ attraktiv mit 1,5 Prozent. Die insgesamt bereitgestellte eine Millionen Euro der Bürgerschaft konnte Quickborn dann in notwendige Sanierungen der ansässigen Schulen investieren. Das Quickborner Finanzierungsmodell gilt seitdem als einer der ersten erfolgreichen Versuche in Deutschland, die finanziellen Verpflichtungen einer Kommune mit Hilfe von Bürgerdarlehen zu finanzieren.

Bürgerdarlehen bieten viele Vorzüge

Das vorgestellte Konzept der Bürgerdarlehen in Quickborn bietet sowohl für Kommunen als auch für die Bürgerinnen und Bürger selbst eine Vielzahl von positiven Effekten und ist somit für eine Förderung im Zuge der Wirtschaftsförderung 4.0 prädestiniert. Auf der einen Seite umgehen Gemeinden und Städte wie Quickborn mithilfe von Bürgerdarlehen die Unsicherheit, die mit dem sogenannten »Basel III«-Reformpaket der EU verbunden ist. Die Reform könnte zukünftig auch kleinere und regionale Banken dazu verpflichten, unter anderem ihr Eigenkapital zu erhöhen – somit würden renditearme Kommunalkredite im Gegensatz zu risikoreichen, aber deutlich rentableren Investments an Attraktivität für die Banken verlieren und gegebenenfalls nur in geringerem Maße gewährt werden.[416]

Geringe Bankgebühren

Vor dem Hintergrund der steigenden Aufgabenzuteilung seitens des Landes und den daraus folgenden knappen Haushaltskassen könnte diese Entwicklung daher besonders ernsthafte Auswirkungen auf die Investitionsmöglichkeiten der Kommunen besitzen. Außerdem machen die bürgerschaftlichen Darlehen die Kommune unabhängiger gegenüber dem globalen Finanzmarkt.[417]

Innerhalb des Quickborner Modells besteht für die Stadt zudem der Vorteil, dass die Bankgebühren im Gegensatz zu konventionellen Darlehen deutlich geringer ausfallen und so relativ günstig Investitionsmittel erschlossen werden können. Zwar zahlt die Stadt Quickborn der kooperierenden Bank eine Gebühr für die Verwaltung der Anlegerkonten, die Vermarktung der Darlehen übernimmt die Kommune aber selbst und umgeht auf diese Weise die normalerweise anfallenden Vermarktungsgebühren.[418]

Auf der anderen Seite profitieren auch die Bürgerinnen und Bürger selbst von den Darlehen. Anstatt in anonyme oder risikoreiche Projekte zu investieren, konnten die Quickborner ihr Geld in besonders sichere Investments der eigenen Kommune anlegen. Die Nähe zwischen den Investoren und den Objekten, in welche investiert wird, entspricht dem Gedanken der Wirtschaftsförderung 4.0, in der es auch darum geht, regionale Wertschöpfungskreisläufe aufzubauen.

Neben der relativ lohnenswerten Rendite profitiert die Bürgerschaft zudem von dem materiellen Nutzen ihrer Investition. Zum einen können die Bürgerinnen und Bürger aktiv an Entscheidungen der Kommune teilhaben und diese unterstützen, zum anderen profitieren sie aber auch direkt von den verbesserten Lernbedingungen im Zuge der finanzierten Schulsanierungen. Zusätzlich werden die Geldgeber im Hinblick auf kommunale Aufgaben und deren Kosten sensibilisiert und stärken gegebenenfalls die Identifikation mit der Kommune und den finanzierten Projekten, indem die Teilnehmenden konkret Stellung zu den Sanierungen beziehen können.

Entstehungsgeschichte

Quickborn litt im Zuge der Weltwirtschaftskrise 2009 stark an sinkenden Gewerbesteuereinnahmen. Ganze sieben Millionen Euro weniger konnte die Kommune hier in diesem Jahr einnehmen – und das gerade zu der Zeit, in der immense Investitionen in die dringende Sanierung der Schulbauten getätigt werden sollten. Der Bürgermeister rief deshalb eine Bürgerversammlung ins Leben, um die Problematik zu erläutern und über Lösungsmöglichkeiten zu diskutieren. Auf der Versammlung machte eine Teilnehmerin den Vorschlag, dass die Bürger und Bürgerinnen der Stadt das benötigte Geld für die Sanierungsmaßnahmen leihen könnten.

Was erst scherzhaft dahergesagt wirkte, wurde wenige Tage später Realität. Alles in allem 80 Geldgeber aus der Region schlossen mit der Stadt einen Darlehensvertrag ab, über welchen der Kommune insgesamt vier Millionen Euro zur Verfügung gestellt wurden. Die bürgerschaftlichen Investorinnen erhielten hierfür von der Stadt im Gegenzug eine Verzinsung ihrer Einlagen von drei Prozent bei einer Darlehenslaufzeit von nur einem Jahr. [419]

Doch nur wenig später schaltete sich die Bundesanstalt für Finanzdienstleistungsaufsicht (BaFin) ein. Da es in Deutschland nur Banken gesetzlich erlaubt ist, Geschäfte wie die eines Darlehens durchzuführen, untersagte die BaFin der Stadt eine erneute Vergabe von Bürgerdarlehen dieser Form. Das bereits eingenommene Geld durfte die Kommune aber behalten.

Um weiterhin die Schulsanierung mithilfe von Leihgaben der Bürger und Bürgerinnen finanzieren zu können, kooperierte die Stadt Quickborn mit der FinTech-Group Bank AG und entwickelte das »Heimatinvest Quickborn«-Darlehen. Mithilfe der Zwischenschaltung einer rechtlich anerkannten Bank konnte die Kommune so eine erneute Konfrontation mit der BaFin umgehen. Von Anfang bis Ende März des Jahres 2010 hatten die Bürgerinnen und Bürger die Möglichkeit, über die Bank Gebote für die angebotenen zwei Darlehen im Umfang von je einer Millionen Euro abzugeben.[420]

Nachdem die Bürgerdarlehen erfolgreich zur Finanzierung der Schulsanierung eingesetzt werden konnten, überlegte die Kommune, zukünftig auch andere Projekte über ein solches Modell zu finanzieren.[421]

Darlehen in zwei Varianten

Das bankengestützte Finanzierungsmodell Heimatinvest in Quickborn sah zu Beginn zwei Variationen von Darlehen vor: Das »Darlehen A« mit einer Laufzeit von zwei Jahren und einer Verzinsung von 1,5 Prozent und das »Darlehen B« mit einer Laufzeit von fünf Jahren und einer Verzinsung von 2,6 Prozent. Beide Variationen sahen ein maximales Gesamtvolumen von je einer Million Euro vor. Die Quickborner Bürger und Bürgerinnen konnten ein »Gebot« von mindestens 5000 Euro für eines der beiden angebotenen Darlehen abgeben, indem sie ihr Geld zweckgerichtet auf einem Konto der kooperierenden Bank anlegen. Innerhalb des festgesteckten Gebotszeitraums von circa einem halben Monat konnte die Maximalsumme des ersten Darlehens erreicht werden. Die Bank schüttete somit den vollen Betrag an die Kommune aus, buchte jeweils zum Fälligkeitstermin den Zinsbetrag bei der Stadt ab und überwies diesen auf die Konten der Bürgerinnen und Bürger.[422]

Ergebnisse

Im Vergleich zum ersten Bürgerdarlehen wurde das Heimatinvest-Projekt in Quickborn mit rund 30 Geldgebern von den Bürgern deutlich geringer nachgefragt. Dementsprechend konnte nur das kürzere Darlehen mit einer Laufzeit von einem Jahr an die Kommune ausgeschüttet werden.[423] Die Gründe, warum die Bürgerschaft dieses Darlehen weniger gut angenommen hat – zum Beispiel wegen der Zwischenschaltung einer Bank oder der Rüge durch die BaFin –, konnten nicht in Erfahrung gebracht werden. Dennoch war es der Stadt mithilfe der Bürgerinnen und Bürger möglich, sowohl den Erweiterungsneubau eines Gymnasiums als auch den Bau neuer Klassenräume und einer Mensa für die ansässige Regionalschule zu finanzieren. Das Quickborner Modell kann somit als erfolgreiche Alternative zur konventionellen Kreditbeschaffung von Kommunen angesehen werden und neue Wege der Partizipation von Bürgern an kommunalen Angelegenheiten eröffnen.[424]

10.4 Zeitbanken

Das Konzept der Zeitbanken steht sowohl von seinen Grundideen als auch von vorzufindenden organisatorischen Verknüpfungen im engen Zusammenhang mit denen für die Wirtschaftsförderung 4.0 ebenfalls zentralen Tauschring- und Regionalgeldansätzen sowie dem Geschäftsfeld »Social Business«. Es ist aber weit weniger bekannt als die ihm verwandten Ansätze und in Deutschland kaum verbreitet.

Der Grundansatz von Zeitbanken lässt sich besonders in Abgrenzung zu etablierten Hilfeformen des Ehrenamts beziehungsweise der Freiwilligenarbeit skizzieren, bei denen sich Menschen ohne Gegenleistung engagieren. Zeitbank-Konzeptionen basieren auf der Idee einer Kooperation und des gegenseitigen Tauschs von Unterstützungsleistungen. Arbeitszeit ist sozusagen die »Währung« zur Verrechnung der erbrachten und entgegengenommenen Leistungen.

Im Rahmen einer durch die jeweilige Zeitbank gewährleisteten organisatorischen Struktur können teilnehmende Menschen Hilfen in vielfältigen Lebensbereichen suchen und anbieten, etwa indem die beispielsweise als Verein organisierte Zeitbank eine Mitgliederliste führt, in die der Einzelne nach Talent und Können vermerkt, in welchen Bereichen er anderen helfen möchte und gleichzeitig seine Hilfsbedarfe auflisten kann. So kann etwa Hilfe im Garten oder bei der Erledigung von Behördengängen angeboten werden. Die aufgewendete Arbeitszeit in Stunden bekommt der Erbringer auf sein Zeitkonto gutgeschrieben und kann damit wiederum selbst benötigte Hilfe finden.

Der Empfänger kann im Gegenzug einer anderen Person etwa durch Kinderbetreuung aushelfen. Alle Arbeiten werden über den Faktor Zeit gleich gewertet. Gutschriften auf dem Konto der Zeitbank können, je nach Ausgestaltung des Modells, auch zu späteren Zeitpunkten in Leistungen eingetauscht werden, gegebenenfalls in Lebensphasen, in denen man in der Regel verstärkt auf Unterstützungsleistungen angewiesen ist, wie etwa im Alter. So kann im Idealfall eine Vorsorge gelingen, die herkömmliche Altersvorsorgemodelle finanzunabhängig ergänzen kann. Das Zeittauschsystem hat damit teils eine Aufbewahrungsfunktion wie Geld inne. Der potenziell lange zeitliche Rahmen ist auch ein Abgrenzungspunkt etwa zu Regionalgeld, welches explizit gegen das Sparen und für eine sofortige Rückführung in den regionalen Wertschöpfungskreislauf gedacht ist, etwa durch die Verankerung von Negativzinsen.

Die wohl meiste Beachtung im Bereich der Zeitbankansätze findet das japanische System »Fureai Kippu« (übersetzt »Gegenseitiger-Kontakt-Ticket«). Es ist gleichzeitig das älteste Konzept und bezieht sich in der Gesundheits- und Altersvorsorge speziell auf Leistungen zur Sicherung der Lebensverhältnisse älterer Menschen. Die für die Leistungserbringer gutgeschriebenen Stunden, die von einer Dachorganisation verwaltet werden, können dann im eigenen Pflegefall beziehungsweise bei Hilfsbedürftigkeit in Anspruch genommen werden.

Dieses in Japan weit verbreitete Vorsorgesystem geht einerseits auf eine bereits 1973 in Osaka gegründete Zeitbank zurück, andererseits wurden in den 1980er-Jahren viele Selbsthilfeeinrichtungen gegründet, die der japanischen Kultur des nicht einseitigen, sondern möglichst gegenseitigen Helfens gerecht werden mussten. Mittlerweile wird zumeist ein Ansatz gewählt, der Geldzahlungen und Zeitwährung miteinander kombiniert.[425]

Auch in den USA sind Zeitbanken vergleichsweise weit verbreitet und weisen gleichzeitig eine hohe Heterogenität bezüglich Teilnehmerzahl, Aktivierungsgrad, Organisations- und Engagementstrukturen sowie ihrer Spezialisierung auf. Zentrale Figur bei der Etablierung US-amerikanischer Zeitbank-Konzeptionen war der Rechtsprofessor Edgar S. Cahn, der unter anderem den »Time Dollars«-Ansatz entwickelt und zahlreiche Publikationen zu diesem Thema veröffentlicht hat. Die durch Cahn gegründete Organisation »TimeBanks USA« nimmt die Position einer Dachorganisation ein und beschäftigt sich unter anderem damit, die einzelnen Zeitbanken zu unterstützen, Fortbildungsprogramme anzubieten, technische Hilfe zu leisten und das Wissen über die Idee der Zeitbanken zu vergrößern. Auf der Karte der Organisation sind derzeit rund 100 Zeitbanken in den Vereinigten Staaten verzeichnet, wobei eine Häufung in Nordosten und den Regionen um Los Angeles und San Francisco festzustellen ist. Die Mitgliederzahl variiert zwischen einstelligen Zahlen bis zu einer Mitgliedschaft von knapp 500 Personen.[426]

Auch in anderen Ländern gibt es entsprechende Projekte zur Entwicklung zeitbasierter Leistungstauschsysteme. So kam es in Südeuropa wie etwa in Griechenland im Verlauf der Krise zu einer Ausbreitung von Initiativen, die die Zeitbank-Idee teilweise integrierten.[427]

In Deutschland ist das Zeitbank-Konzept wenig verbreitet und weitgehend unbekannt. Entsprechende Initiativen, die zumeist im Umfeld von Tauschringen entstanden, wurden oft wieder beendet beziehungsweise verharren in Planungs- und Aufbauphasen. Als mögliches Hemmnis wird von entsprechend engagierten Organisationen in diesem Zusammenhang auch die rechtliche Situation in Deutschland genannt, die diesen Alternativmodellen keine erleichterte Position zubilligt, sondern ihnen die Absicht der Gewinnerzielung zuschreibt. Eine vergleichsweise größere Rolle in Deutschland spielen Senioren- oder Bürgergenossenschaften, bei denen die Altersvorsorge im Vordergrund steht und die teils als verwandte Institutionen respektive Unterkategorie der Zeitbanken definiert werden können. Solche Initiativen sind vor allem in Süddeutschland zu finden und werden etwa vom bayerischen Staat aktiv gefördert.[428]

Im Gesamtkonzept der Wirtschaftsförderung 4.0 sind Zeitbank-Ansätze neben ihrem unmittelbaren Nutzen – dem gleichwertigen Tausch von Leistungen vor Ort und dem gegebenenfalls vorhandenen Vorsorgecharakter – besonders relevant. Sie können das soziale Fundament für eine gelingende Wirtschaftsförderung 4.0 bereitstellen. Durch die Unterstützungsleistungen als Tauschgeschäfte in der kommunalen Nachbarschaft können sich die Menschen kennenlernen. Auf dieser Basis kann potenziell die Entwicklung eines Gemeinschaftsgefühls gelingen.

Es ist allerdings zu beachten, dass es in Deutschland bisher kaum nachhaltig erfolgreiche Ansätze von Zeitbanken gibt. Grund hierfür könnte auch eine nicht erfolgte organisatorische Verankerung in öffentlichen Strukturen sein, die die für das notwendige Vertrauen erforderliche Sicherheit des Systems garantieren könnten.

Der Blick auf die Zeitbanken im deutschsprachigen Raum zeigt, dass die Vereine beziehungsweise Genossenschaften[429] in ihrer Tätigkeit häufig über das bloße Zeitbank-System hinausgehen. Die Organisation von Treffen und Festen zur Gemeinschaftsbildung scheint ebenso eine wichtige Komponente des Vereinslebens zu sein oder das Zeitbanksystem ist etwa zusätzlich in die sonstige Arbeit des Vereins integriert. Eine klare Abgrenzung von Konzepten des direkteren Zeittauschs von solchen des längerfristigen Vorsorge-Zeitsparens ist nicht möglich. Eine mögliche Erklärung hierfür könnte auch sein, dass einige Initiatoren zwar ein Vorsorgemodell fokussieren, ein solch anspruchsvolles Modell jedoch aufgrund der Rahmenbedingungen oder der geringen Mitgliederzahl (noch) nicht umsetzbar ist.

Eine zu nennende größere Dachinitiative stellt das Projekt »ZEITBANKplus« des Vereins SPES Zukunftsmodelle dar, bei dem ein österreichisches Konzept seit 2009 nach Baden-Württemberg übertragen wird. Hier gründeten sich in der Folge mehrere Zeitbanken, die auf Konzept, Unterstützung und EDV-Programm der Dachorganisation zurückgreifen. Die Zeitbanken haben hier eine Größe von etwa 20 bis 70 Personen, wobei eine Zahl über 100 Personen nicht angestrebt und der persönliche Beziehungsaspekt betont wird. Laut Erfahrung der Dachorganisation ist die Herausforderung in der Praxis der Vereine, dass zunächst alle Mitglieder ausschließlich helfen und keine Hilfe in Anspruch nehmen möchten.[430]

Pflegezeitbanken

Der Vorteil von Pflegezeitbanken besteht insbesondere darin, dass das bestehende Sozialsystem durch die gebotene Alternative entlastet wird. Ältere, pflegebedürftige Menschen, die zum Beispiel nicht durch die eigenen direkten Angehörigen versorgt werden können, müssen nicht zwangsweise in ein Seniorenheim, sondern können weiter von Zuhause aus gepflegt werden. Die kosteneffiziente Alternative der ambulanten Pflege durch Zeitbankmitglieder kann dementsprechend zu großen Einsparungen im Gesundheitswesen führen und die regionale Sozialinfrastruktur entlasten.

Darüber hinaus sind die geleisteten Pflegestunden tendenziell inflationssicher – eine Stunde Pflege gilt auch in Zukunft immer als eine Stunde Pflege, sodass alle Mitglieder der Zeitbank von den gleichen Konditionen profitieren. Das System ist somit in hohem Maße gegenüber wirtschaftlichen Krisen resistent und weitestgehend unabhängig von Wachstums- und Preisdruck.[431]

Zudem erhöht die Einführung einer Pflegewährung das Verantwortlichkeitsgefühl für Senioren und Seniorinnen innerhalb der Gesellschaft. Studien in Japan haben gezeigt, dass die Motivation der Zeitbankenmitarbeiter innerhalb der Pflege hilfsbedürftiger Personen höher ist als bei hauptberuflichem Pflegepersonal. Mitunter entstehen durch den persönlichen Kontakt gegebenenfalls auch neue Bekanntschaften und soziale Beziehungen zwischen den Beteiligten. Die japanischen Senioren entscheiden sich daher lieber für »Ehrenamtler« als für professionelle Dienstleister.[432]

Letzter Punkt – der durchaus diskutiert werden kann – ist die Vorteilhaftigkeit einer Verknüpfung der Pflegewährungen mit der Geldwirtschaft, also die Möglichkeit, Pflegetickets entgeltlich zu erwerben. Stark erkrankte Personen, welche ihr Pflegeguthaben bereits aufgebraucht haben und keine Angehörigen besitzen, die ihnen Pflegetickets übertragen könnten, erhalten so trotzdem die Möglichkeit, durch Mitglieder der Zeitbank versorgt zu werden. In der Vergangenheit hatte sich insbesondere dieser Punkt als großes Problem innerhalb von Zeitbanken ergeben, in denen kein geldlicher Erwerb von Pflegetickets möglich ist.[433]

10.4.1 Zum Beispiel: Bocholter Bürgergenossenschaft eG

Die »Bocholter Bürgergenossenschaft« macht sich zur Aufgabe, ältere Menschen sowie Familien über Hilfsangebote zu unterstützen, um so beispielsweise die Vereinbarkeit von Familie und Beruf zu erhöhen oder Senioren ein längeres Leben in den eigenen vier Wänden zu ermöglichen. Im genossenschaftlich verfassten Rahmen setzt die Initiative dabei auf ein geldhinterlegtes Zeittauschsystem. Die aktiven Leistungserbringer können ihre Stunden auf einem Zeitkonto hinterlegen lassen und bei einem späteren eigenen Bedarf abrufen. Die Bürgergenossenschaft setzt in ihrer Arbeit auf die Kooperation mit weiteren lokalen Akteuren und Akteurinnen.

Mit Hilfe ihres Zeittauschsystems etabliert die Bürgergenossenschaft wechselseitige Kooperations- und Hilfsbeziehungen, durch die Bürgerinnen und Bürger vor Ort in ihrer Lebensführung unterstützt werden und setzt damit wichtige Potenziale für das Gelingen eines kommunalen Wir-Verständnisses frei. Das genossenschaftliche Prinzip selbstorganisierter gegenseitiger Unterstützung wird umgesetzt in einem zeitbasierten Tauschsystem, das die Möglichkeit bietet, die selbst eingebrachte Arbeit vorsorgend anzulegen und zu einem späteren Zeitpunkt in Form eigener Leistungsbeziehung abzurufen.

So wird es für die Teilnehmerinnen und Teilnehmer möglich, sich ein weiteres, ergänzendes Sicherheitsnetz zur Abfederung möglicher schwieriger Lebenslagen aufzubauen. Im Rahmen der Wf4.0 kann eine solche Initiative einen Beitrag zur Bewältigung gesellschaftlicher Herausforderungen leisten, etwa der sich ändernden Altersstruktur. Auch trägt sie zu einer in die Zukunft gerichteten Stabilität der jeweiligen Kommune bei. Die Einbindung einer solchen Initiative in bestehende städtische Netzwerke im sozialen Sektor sichert die Effektivität und Ergänzungskraft angebotener Leistungen.

Entstehungsgeschichte

Die Gründung der Bocholter Bürgergenossenschaft geht zurück auf die Initiative von engagierten Einzelpersonen innerhalb des Vereins »Leben im Alter« und fand ihren Ausgangspunkt in der Auseinandersetzung mit den Herausforderungen des demographischen Wandels in der Stadt.[434] Der anfängliche Entwicklungsprozess der Initiative wurde als Modellprojekt wissenschaftlich erforscht und unter anderem von der Europäischen Union gefördert.[435] Zentraler Initiator des 2012 gestarteten und seit Sommer 2015 mit der Entlassung der Genossenschaft in die Eigenständigkeit beendeten Projekts war der heutige Vorstand und Sprecher der Bürgergenossenschaft Adi Lang.[436]

Eine entscheidende Weichenstellung war die Wahl der Rechtsform: Die gemeinnützige Genossenschaft schafft günstige steuerrechtliche Rahmenbedingungen.[437] Der Forschungsbericht der Forschungsgesellschaft für Gerontologie und des Vereins »Leben im Alter« beschreibt den umfassenden und teils schwierigen und langwierigen Entwicklungsprozess des Projekts und stellt die Bedeutung von verschiedensten Konsultationen, Kontakten und Analysen heraus.

Unter anderem wurden verschiedene Organisationen wie etwa das Finanzamt Borken und der Rheinisch-Westfälische Genossenschaftsverband aufgesucht und bestehende Zeitbanksysteme beziehungsweise Genossenschaften kontaktiert sowie über Erhebungen Bedarfe für potenzielle Leistungsangebote erfragt.[438] Die Erarbeitung der Satzung geschah mit einem eineinhalbjährigen vorbereitenden Prozess, das Verfahren zur Prüfung auf Gemeinnützigkeit nahm ebenfalls einen langen Zeitraum in Anspruch. Insbesondere Fragen des Steuerrechts waren schwierig zu klären, da auch die entsprechenden Akteure wenig Erfahrung in dem Bereich vorwiesen. Eine intensive Medien- und Öffentlichkeitsarbeit, unter anderem auch mit Infoständen, sorgten dafür, dass das Projekt bereits kurze Zeit nach dem Start eine hohe Bekanntheit erreichte.[439]

Acht Euro pro Stunde für erbrachte Arbeit

Die Bocholter Bürgergenossenschaft setzt sich – den Anforderungen des demographischen Wandels entsprechend – zum Ziel, ältere Menschen in ihrer Selbstständigkeit zu unterstützen und so ein längeres Leben im gewohnten Umfeld zu ermöglichen und andererseits Familien bei der Verbindung von Beruf und Familie beziehungsweise Pflege zu helfen. Die Initiative arbeitet als gemeinnützige Genossenschaft und verfügt neben der Mitgliederversammlung über den ehrenamtlich arbeitenden Vorstand und Aufsichtsrat, eine Geschäftsstelle ist darüber hinaus für Organisation, Mitgliederbetreuung und Führung der Zeitkonten zuständig.[440]

Leistungsbezieher zahlen acht Euro pro Stunde für die erbrachte Arbeit, wovon drei Euro auf Verwaltungskosten entfallen und fünf Euro als geldhinterlegte Zeitgutschrift auf das Konto des Leistungserbringers verbucht werden. Dies eröffnet die Möglichkeit der Nutzung des Systems als Altersvorsorge, wobei gleichzeitig alternativ auch die Möglichkeit der monatlichen Direktauszahlung im Rahmen einer Ehrenamts- beziehungsweise Übungsleiterpauschale besteht.[441]

Bei nicht zur Verfügung stehenden Leistungen muss die Initiative an professionelle Kooperationspartner vermitteln und gegebenenfalls dafür bezahlen. Die Mittel kommen aus dem hinterlegten Konto.[442] Ein Genossenschaftsanteil kostet 50 Euro, der Jahresmitgliedsbeitrag zwölf Euro.[443] Insgesamt finanziert sich die Genossenschaft über die Anteile, Mitgliedsbeiträge von Personen und – als Einnahmequelle besonders entscheidend – von Unternehmen, Spenden und den Verwaltungsgebühren.[444]

Die Kommunalpolitik hat das Projekt mit 15 000 Euro anschubfinanziert, heute hat die Genossenschaft die Ambition, sich vollständig ohne staatliche Hilfe selbst zu finanzieren. Eine Förderung durch zwei große Banken in Bocholt läuft aus.[445]

Zu den angebotenen Leistungen für Senioren und Seniorinnen zählen unter anderem Einkaufsdienste, Begleitungen und Haushaltshilfe. Für Familien wird unter anderem Babysitting und Hausaufgabenhilfe sowie Kinderbetreuung in den Ferien angeboten.[446]

Der Kreis der möglichen Hilfeempfänger ist aus rechtlichen Gründen beschränkt, da zur Anerkennung der Gemeinnützigkeit mildtätige Zwecke zu erfüllen sind, sodass beispielsweise Menschen über 75 Jahren und schwache Personen die Hilfe in Anspruch nehmen dürfen. Bei der Begleitung der Leistungserbringer wird auf eine intensive Einführung und das Einholen von Feedback zur erbrachten Arbeit geachtet. Für die Arbeitnehmerinnen und Arbeitnehmer, deren Unternehmen Mitglied sind, sind Beratungsangebote kostenfrei. Hier soll die Vereinbarkeit von Familie und Beruf verbessert werden.[447] Für Menschen, die sich die Hilfe nicht leisten können, hat die Bürgergenossenschaft einen Fonds eingerichtet, durch den die entsprechenden Hilfen finanziert werden können.[448]

Ergebnisse

Die Initiative verfügte 2017 über 198 Mitglieder, bei 60 Leistungsempfängern arbeiteten durchschnittlich 40 Helfer 115 Stunden im Monat. Besonders die Angebote im Bereich der Seniorenunterstützung werden rege nachgefragt, wohingegen Angebote zur Vereinbarkeit von Familie und Beruf weniger abgerufen werden als ursprünglich gedacht. In der Leistungspraxis zeigt sich, dass die meisten Personen eher flexibel sind und nicht regelmäßig helfen möchten. Die Nachfrage des Systems ist von Menschen, die Hilfe in Anspruch nehmen möchten, größer als von Personen, die sich helfend engagieren möchten.[449]

Die Bocholter Bürgergenossenschaft etabliert ein System lokaler Hilfe- und Kooperationsbeziehungen, die auch die Krisenfestigkeit und Selbstversorgungsmöglichkeit der Region stärken. Die solidarischen Genossenschaftsbeziehungen auf Zeitbasis ergänzen die vorhandenen Dienstleistungsstrukturen um solche Hilfstätigkeiten, die zwar essenziell, aber bisher nicht verfügbar sind.

Die erwirtschaftete Rendite verbleibt – wählt das Mitglied das Zeitstundenkonto – unmittelbar bei Bürgern und Bürgerinnen in der Region und entfaltet eine Vorsorgeleistung. Mit dem Ziel, Familien und ältere Menschen bei der Alltagsbewältigung zu unterstützen, setzt sich die Initiative unmittelbar gemeinwohlorientierte Zwecke zum Ziel. Dabei ist der Kreis der Leistungsempfänger nicht auf die Mitglieder der Genossenschaft begrenzt.[450] Die genossenschaftlich organisierte Initiative steht prinzipiell allen Bürgerinnen und Bürgern zur Mitwirkung offen und zeigt im Rahmen der Wf4.0 Möglichkeiten solidarischer Interaktionsnetzwerke auf, die über die Rechtsform der Genossenschaft eine hohe Stabilität und Sicherheit aufweisen.

Teil C: Wirtschaft neu fördern

11 Vorzüge einer innovativen Wirtschaftsförderung

Viele Argumente sprechen für das Konzept der Wirtschaftsförderung 4.0. Dabei geht es um Arbeitsplätze, soziale Sicherheit, Rekrutierung von Mitarbeitern und Mitarbeiterinnen, Heimatverbundenheit und – das könnte zunächst irritieren – auch um Strategien gegen Nationalismus und Rechtspopulismus.

11.1 Arbeitsplätze und Nahversorgung sichern

Die Wf4.0 stärkt systematisch die Regionalwirtschaft. Ein ganz banales Bespiel sind BuyLocal-Initiativen. Solche Kampagnen sichern Arbeitsplätze im Einzelhandel und stärkt diesen gegenüber dem Onlinehandel. In Osnabrück steht für diese Strategie beispielsweise die Initiative »Heimatshoppen«. Bisher läuft diese Kampagne nur über wenige Tage im Jahr. Wf4.0 sorgt dafür, dass die relevanten Akteure kontinuierlich für das Heimatshoppen werben – an jedem Tag und in jedem Geschäft. Ziel ist, dass den Menschen bewusst wird: Mein Einkauf sichert Arbeitsplätze, Vielfalt und persönliche Beratung.

Kommunale Gutscheinsysteme, um zum lokalen Einkauf zu ermuntern sind erst selten anzutreffen. Lieferdienste und Plattformen für regionale Produkte sind ebenfalls nur in einigen Kommunen gut entwickelt. Besonders effektiv ist es, die Produkte einer Region bekannt zu machen und deren Produzenten zu vernetzen. Es gilt mithin, das Besondere der »Heimat« sichtbar zu machen.

Kostbare Gewerbeflächen werden nur noch mit Bedacht an ausgewählte Investoren vergeben. Maßgabe für die Wf4.0 ist die Quantität und Qualität der Arbeitsplätze im Verhältnis zum Flächenverbrauch. Ein Logistikzentrum an der Stadtkante etwa hat zumeist einen enormen Flächendarf und lässt vergleichsweise wenige und zudem eher schlecht bezahlte Jobs entstehen. Zudem steht es in Konkurrenz zum Einzelhandel und lässt Innenstädte veröden.

Nicht nur für die Bauweise, auch in Hinblick auf die Geschäftsmodelle, sind Kriterien der Nachhaltigkeit zu beachten. Leerstände und Fehlnutzungen werden systematisch erhoben, um mit den Eigentümern erweitere Nutzungsformen zu prüfen.

Für sehr viele Maßnahmen der Wf4.0 gibt es populäre Beispiele mit Relevanz für den unmittelbaren Arbeitsmarkt. Beispielsweise können sich RepairCafés zu einem Reparaturnetzwerk wie in Wien entwickeln. Dort haben gewerbliche Reparaturbetriebe allein im Jahr 2017 45 000 Reparaturen durchgeführt. Das hat arbeitsmarktpolitische Effekte für das Handwerk und beförderte den achtsamen Umgang mit Ressourcen. Reparaturwerkstätten und MakerSpaces sind höchst relevant für Kooperationen mit dem Handwerk. Wf4.0 erörtert zusammen mit den relevanten Akteuren bzw. »StartUps« die relevanten Unterstützungsmöglichkeiten und befördert die Umsetzung.

Ein Vorbild für viel Kommunen ist die RecyclingBörse in Herford. Rund 20 000 Menschen suchen sie monatlich auf, knapp 150 Mitarbeiter werden dort qualifiziert und beschäftigt. Möglich wäre das in viele Regionen Deutschlands, wenn sich beispielsweise der Abfallwirtschaftsbetrieb dafür engagierte. Einen solchen Prozess kann die Wf4.0 anstoßen.

Anderes Beispiel: Das Konzept der Solidarischen Landwirtschaft hat gegenwärtig den Ruf, ein Nischenthema zu sein. Faktisch sichert und schafft es Arbeitsplätze und ermöglicht Vielfalt in der Nahversorgung. Die umliegenden Landwirte sind nicht zu Monokultur und Preisdumping gezwungen, sondern profitieren von fairen Preisen, Kundenbindung und Wertschätzung. Zudem bindet die Direktvermarktung Rendite an die Region, verkürzt Wertschöpfungsketten und leistet einen Beitrag zum Klimaschutz. Woran es hakt, sind aktive Förderimpulse aus den Städten und Regionen.

11.2 Regionales Bündnis für Heimatbeschaffung

Das geltende Vergaberecht bietet öffentlichen Auftraggebern viele Möglichkeiten, nachhaltige Aspekte im Vergabeverfahren zu berücksichtigen. Wf4.0 identifiziert darüber hinaus sogenannte Ankerinstitutionen und initiiert mit Ihnen ein Bündnis für regionale Beschaffung. Es geht um Organisationen, die in einer Region eine große Anzahl an Arbeitsplätzen schaffen, oftmals einen hohen Beschaffungsetat haben und lokal verwurzelt sind. Also neben der Kommunalverwaltung beispielsweise Krankenhäuser, Stadtwerke, Diakonisches Werk oder Universitäten. Auch größere Unternehmen, welche sich tendenziell dem Gemeinwohl oder der Region verpflichtet fühlen, können Teil eines solchen Bündnisses werden. Da Ankerinstitutionen oftmals große Arbeitgeber in einer Region sind, sind die strategischen Entscheidungen dieser Institutionen von großer Relevanz für die Region. Ein »Bündnis für regionale Beschaffung« entsteht freilich nicht von allein. Die Wf4.0 könnte es initiieren.

11.3 Potenziale von Gemeinschaftsnutzungen und Initiativen für den regionalen Arbeitsmarkt

Dass die Wf4.0-Initiativen nennenswerte Beschäftigungspotenziale in sich tragen, bestätigt Marion Piek.[451] Sie hat diese Fragestellung im Rahmen des vom Bundesforschungsministerium geförderten Projekts »Möglichkeiten und Grenzen neuer Nutzungsstrategien – Regionale Ansätze« untersucht. Piek beruft sich auf eine Studie der Europäischen Kommission, wonach lokale Initiativen positive Beschäftigungseffekte haben.[452] In den Jahren 2001 bis 2004 folgten weitere Studien. Diese belegen die hohe arbeitsmarktpolitische Bedeutung von Initiativen respektive von Organisationen im sogenannten Dritten Sektor – in etwa gleichzusetzen mit den hier in Rede stehenden Initiativen, sowohl für Deutschland[453] als auch international vergleichend.[454] Die von Dathe und Kistler erhobenen Stichproben und daraus resultierenden Hochrechnungen ergaben für den Zeit von 1999 bis 2000, dass in Deutschland sechs Prozent aller Beschäftigten in Organisationen des Dritten Sektors – neben jenen des privaten und des öffentlichen Sektors – anzutreffen sind. Das waren zu der Zeit rund 1,9 Millionen Stellen. Zugleich haben die Arbeitsmarktforscher hier einen Beschäftigungszuwachs von vier Prozent ermittelt, deutlich mehr als in den anderen Branchen mit einem Prozent. Im Jahr 2016 lag die Zahl der Beschäftigten im Dritten Sektor bereits bei 3,7 Millionen.[455]

Bei der Ermittlung des Beschäftigungspotenzials des eigenen Projektes »Möglichkeiten und Grenzen neuer Nutzungsstrategien – Regionale Ansätze« sieht sich Piek im Dilemma, zwischen Erwerbs- und Nichterwerbsarbeit unterscheiden zu müssen. Im Projektteam sei es umstritten gewesen, ob Angebote zur gemeinschaftlichen Nutzung von Produkten und Dienstleistungen beschäftigungsrelevant sind. Dieser Aspekt wurde auch im Projekt Wf4.0 diskutiert, insbesondere mit vielen Mitarbeitern und Mitarbeiterinnen aus der Kommunalen Wirtschaftsförderung. Ihre Tätigkeit wird im Regelfall an den Quoten für Erwerbsarbeit gemessen.

Insofern ist es gleichermaßen wichtig, auf die Potenziale der Wf4.0 für den klassischen Arbeitsmarkt hinzuweisen als auch auf die Bedeutung ehrenamtlichen Engagements und dessen Effekte für das Gemeinwesen. In den Initiativen betätigen sich viele Menschen ohne Erwerbsarbeit, so Piek. Diese seien demzufolge nicht arbeitslos, sondern erwerbslos, denn sie arbeiteten ja in den Initiativen.[456]

Die Studie zur gemeinschaftlichen Nutzung kommt außerdem zu dem Ergebnis, dass in allen betrachteten Einrichtungen eine Mischung aus verschiedenen Arbeitsverhältnissen anzutreffen ist: befristet und unbefristet, Voll- und Teilzeit, in Existenzgründung befindlich, freiberuflich, selbstständig mit eigenem Unternehmen. Die zweitwichtigste Arbeitsform sind geförderte Beschäftigungsverhältnisse. Von enormer Bedeutung ist die Mitwirkung von Freiwilligen und Ehrenamtlichen.

Die zunehmende wirtschaftliche Orientierung bewirkt bei manchen Initiativen eher einen Rückgang bei der Zahl der Freiwilligen, stellt Piek fest. Beispielsweise arbeiteten die beiden Initiativen »All for one« und »Alte Schule Steglitz« 2002 ausschließlich auf der Basis von Freiwilligenarbeit, inzwischen sind bei ihnen mehr angestellte Mitarbeiterinnen beziehungsweise Existenzgründerinnen als Freiwillige tätig.

Grundsätzlich verfolgen die im Land Brandenburg von Piek untersuchten Initiativen vor allem arbeitsmarktpolitische Ziele: »Sie wollen mit ihren Aktivitäten und Angeboten den negativen Auswirkungen der wirtschaftlichen Lage des peripheren ländlichen Raums in Brandenburg, der Abwanderung und der sich ausbreitenden Lethargie entgegenwirken – sie wollen eine Perspektive für ihre Region schaffen«.[457]

11.4 Wirtschaftliche und soziale Sicherheit stärken

Nach der Covid-Krise kann man in der Wirtschaftsförderung nicht einfach weitermachen wie gehabt. Notwendig sind neue, integrierte Strategien. Zudem stehen die Städte und Regionen vor vielen weiteren neuen ökonomischen und sozialen Herausforderungen: Onlinehandel, Marktsättigung, elektrische und autonome Mobilität, demographischer Wandel, Mangel an bezahlbaren Wohnungen.

Von der Digitalisierung erwarten viele Experten, dass etwa künstliche Intelligenz und das Internet der Dinge enorme Jobverluste mit sich bringen werden. Die CEOs von großen Konzernen – und auch viele konservative Ökonomen – denken laut über ein Grundeinkommen nach, um dieses Problem abzufedern. Schließlich müssen die Menschen irgendwie abgesichert werden. Sie sollen auch konsumieren können, andernfalls geht die Nachfrage zurück. Möglich wäre die Einführung eines Grundeinkommens durchaus, schließlich würde der Wohlstand weiter zunehmen.

Es ist jedoch ungewiss, ob eine solche Strategie aufgehen kann. Sicher ist aber, dass die Maßnahmen der Wf4.0 auch dann tragfähig sind, wenn es zu drastischen Einbrüchen auf dem Arbeitsmarkt kommt. Es ergeben sich Möglichkeiten für den direkten Austausch von Leistungen und Produkten, die besonders für Menschen mit Teilzeitbeschäftigung oder geringem Einkommen von Interesse sind. Denn weniger Zeit für Erwerbsarbeit bringt mehr Zeit für kooperative Arbeitsformen mit sich.

Die Wf4.0 bietet auch eine Antwort für die Trends Altersarmut und Pflegenotstand. Wie darauf reagiert werden kann, basierend auf gesellschaftlichem Engagement, das zeigt exemplarisch die Wüsteninitiative e. V. in Osnabrück (siehe oben). Die Wf4.0 leistet einen Beitrag dazu, dass auch Menschen mit wenig Geld zurechtkommen.

Der britische Ökonom und Wachstumsforscher Tim Jackson bestätigt diese konzeptionellen Grundannahmen. Die Konzentration auf Dienstleistungen anstatt auf Materialdurchlauf liefert laut Jackson das Potenzial für eine grundlegende Transformation der Unternehmen. Fast alles, was sich verbrauchen lässt, lässt sich demnach in Form von Dienstleistungen ausdrücken.[458] Der Samen für eine solche Transformation ist aus Sicht des Wirtschaftswissenschaftlers bereits gesät, oft in lokalen Gemeinschaftsinitiativen oder Sozialunternehmen. Jackson nennt hier einige Beispiele, wie etwa regionale Bauernmärkte oder Reparaturdienste, die sich allesamt im Konzept der Wf4.0 wiederfinden.

11.5   Rekrutierungspotenziale ausbauen

Mit »harten« Standortfaktoren können sich die Kommunen kaum noch gegenseitig ausstechen. Zugleich wird es gegenwärtig immer schwieriger, qualifiziertes Personal zu rekrutieren. Das bremst die lokale Wirtschaft. Die sogenannten »weichen« Standortfaktoren wurden oft belächelt. Heute können sie entscheidend sein.

Für hoch qualifizierte Menschen, die sich ihren Arbeitsort aussuchen können, sind nicht nur Kindergärten und Kultur von Interesse. Relevant ist auch, was sich in einer Stadt tut. Wie engagiert und vernetzt sind die Menschen? Wichtig sind auch die Stimmung und der soziale Zusammenhalt. Die Initiativen der Wf4.0 zeigen: Hier passiert was! Hier sind Menschen, die sich mit ihrer Stadt identifizieren. Kooperative Wirtschaftsformen praktizieren im Moment vor allem die besonders gut qualifizierten Bürgerinnen und Bürger. Hier werden Unternehmen mit ihren Rekrutierungsstrategien eher Erfolg haben.

Manche Zusammenhänge werden erst bei näherer Betrachtung deutlich. Beispielsweise kann das Handwerk Repaircafés als Teil seiner Rekrutierungsstrategie nutzen. Inzwischen haben einige Handwerkskammern das erkannt. Unter anderem versuchen Elektrobetriebe, auf diesem Weg Nachwuchs zu finden und anzuheuern, etwa in schulischen Repaircafés.

11.6   Kollaborative Subsidiarität

Es mag wohl sein, dass sich der Mensch als Individuum in der Masse tendenziell egoistisch verhält. Wie uns die Ökonomen Smith und Hayek gelehrt haben, ist das auch gar nicht schlimm, denn vom selbstbezogenen Streben des Einzelnen profitiert die ganze Gesellschaft. Inwiefern das wirtschaftliche Engagement staatlich reglementiert und gelenkt werden sollte, diese Frage ist politisch umstritten und wird es immer bleiben. Eine unbestrittene Tatsache ist hingegen, dass die Menschen in überschaubaren Gruppen gegenüber Nachbarinnen und Bekannten mitfühlend und hilfsbereit sein können. Hilfsbereit sind sie sogar gegenüber fremden Personen, mitunter riskieren Menschen ihr Leben, um einem Unbekannten zu helfen.

Eben weil Menschen bereit sind, einander zu vertrauen und auf das Gemeinwohl achten, wenn auch in einem abgesteckten Rahmen, funktionieren die verschiedenen Geschäftsfelder der Wf4.0 schon heute. Bei der kooperativen Landwirtschaft akzeptieren die Mitglieder Missernten und tragen gemeinsam die Verluste. Menschen investieren in genossenschaftliche Unternehmungen, selbst wenn die Rendite marginal ist. Auch das Regionalgeld funktioniert nur, weil die Beteiligten den wirtschaftlichen Nutzen für die Region erkennen und nicht allein auf den persönlichen Vorteil bedacht sind. Manches würde ohne diese Motivation unerschwinglich, beispielsweise Wikipedia. Bekämen die Jugendtrainer von Fußballmannschaften einen angemessenen Stundensatz, könnten sich vermutlich nur noch wohlhabende Menschen eine Mitgliedschaft leisten. Doch die Wf4.0 basiert gleichwohl nicht allein auf Selbstlosigkeit. Ebenso ist der Nutzenmaximierer Träger der regionalen Renaissance. Das offenbart sich nicht zuletzt beim Carsharing. Leitmotiv der Mitglieder ist meist die Kostenersparnis.

11.7   Emanzipation der ökonomischen Subsidiarität

Letztlich wirkt die Wf4.0 auf eine Re-Regionalisierung der Produktions- und Konsumtionsstrukturen hin. Ziel ist jedoch nicht die möglichst vollständige Selbstversorgung, auch »Subsistenz« genannt. Als Leitbild taugt eher die »Subsidiarität«. Sie zielt auf Selbstbestimmung, Eigenverantwortung und Hilfe zur Selbsthilfe. Ihr Grundsatz lautet: Eine Regelung auf höherer Ebene ist nicht erforderlich, wann immer etwas auf unterer Ebene besser oder gleich gut geregelt werden kann. Im Ökonomischen gilt entsprechend, dass Güter im Nah-Raum hergestellt werden, wann immer dies praktisch möglich und ökonomisch sinnvoll ist.[459]

Schon Keynes vertrat diese Einsicht. Der freie Waren- und Kapitalverkehr ist demnach nicht automatisch zum Wohle aller. Besser sollten Produzenten und Endverbraucherinnen, wann immer dies sinnvoll und möglich ist, ein und demselben Wirtschaftsraum angehören. Keynes bezweifelte nicht, dass der Handel mit Gewürzen, Bananen, Öl, Zink und dergleichen sinnvoll ist. Die überwiegende Zahl der Produkte können die Länder allerdings selbst herstellen. Beeindruckend ist, dass Keynes bereits 1933 von Suffizienz sprach. Nationale Suffizienz hat aus seiner Sicht gegenüber der Arbeitsteilung den Vorteil, dass sie größere gesellschaftspolitische Handlungsspielräume ermöglicht. Länder und letztlich auch Kommunen und Regionen sind politisch selbstständiger, wenn sie nicht ständig die Abwanderung von Kapital und Arbeitsplätzen ins Ausland befürchtet müssen.[460]

Seit Jahrzehnten ist es selbstverständlich, dass die Produktion selbst einfachster Lebensmittel über viele Nationen verteilt ist. Dieser Prozess hat sich kontinuierlich verschärft. Niemanden verwundert es noch, dass die Herstellung einer Lasagne über zahlreiche Nationen verteilt ist. Problematisch daran ist, dass Arbeitsplätze vor Ort verloren gehen, während gleichzeitig der Ressourcenverbrauch steigt und die Umwelt belastet wird.

Und die Städte sind abhängig geworden. Viele Produkte können sie nicht mehr ausreichend selbst herstellen. Oftmals besteht eine Abhängigkeit von den Gewerbesteuern einiger weniger großer Unternehmen. Die Entwicklung der Unternehmen wiederum steht und fällt nicht selten mit dem Export und der weltweiten Konjunktur. Die strategische Ausrichtung der Wf4.0 wirkt der Abhängigkeit der Regionen sowie dem Wachstumsdrang der Unternehmen durch die Förderung von Regionalvermarktung und kurzen Wertschöpfungsketten entgegen.

Ein wichtiger Treiber für kooperative Wirtschaftsformen ist das unbezahlte Engagement, das auch als Freiwilligenarbeit bezeichnet wird. Verschiedene Umfragen lassen den Schluss zu, dass Menschen, die sich unbezahlt ehrenamtlich engagieren, glücklicher sind als ihre Mitmenschen, die ausschließlich bezahlten Tätigkeiten nachgehen. Die Lebenszufriedenheit nimmt sogar zu, je größer das Engagement ausfällt. Die Förderung der Freiwilligenarbeit im Rahmen der WF4.0 ist ein Beitrag zum »guten Leben« in einer Kommune. Förderliche Rahmenbedingungen sind soziale Netzwerke, Freunde und Freundinnen, Kultur, Sport, Nachbarschaft, Wohngemeinschaft, ehrenamtliches Engagement, Politik – überall finden sich Faktoren, die Treiber sind für Zusammenhalt und gemeinsame Werte.

Die strukturelle und finanzielle Förderung von Engagement etwa durch eine »Zeitbank« oder Tauschringe wirkt zugleich als Wohlfahrtsmultiplikator. Eine hauptamtlich finanzierte Arbeitsstunde löst ein Vielfaches an freiwilligen Arbeitsstunden aus.[461] Im Interesse der Wf4.0 sind daher auch kürzere Arbeitszeiten, sie schaffen Raum für Gemeinwohlarbeit.

11.8 Vom Ich zum Wir

Mit wachsendem Wohlstand sind die Gesellschaften der Industrienationen nicht nur reicher geworden. Auch die Einsamkeit nahm zu. Die Zahl derjenigen, die sich in schwierigen Zeiten auf nahestehende Personen verlassen können, geht zurück. Robert Putnam, Politikwissenschaftler in Harvard, hat das Phänomen in zahlreichen Studien untersucht. In seinem viel beachteten Buch »Bowling Alone« beschreibt er am Beispiel von Freizeitbeschäftigungen, wie Gemeinsinn und Engagement erodieren. Zwar wurde Bowling in den USA zunehmend beliebter, aber die Menschen spielten immer weniger in Teams – der Rückgang lag bei 40 Prozent.

Auch in Deutschland sind die Menschen mit wachsendem Wohlstand immer einsamer geworden. Die sogenannte Einsamkeitsquote der 45- bis 84-jährigen Deutschen stieg laut Bundesregierung in sechs Jahren um 15 Prozent.[462] Das heißt, dass die Zahl derjenigen, die sich in schwierigen Zeiten auf nahestehe Personen verlassen können, stark zurückging. Wenn in einer Gesellschaft gegenseitiges Helfen und Kooperieren nach und nach an Bedeutung verlieren, macht sich das in Krisensituationen dramatisch bemerkbar. Viele Menschen haben in Notlagen nur noch die Behörden als Ansprechpartner.[463]

Die Ökonomin Noreena Hertz sagt: »Wir sehen uns mittlerweile eher als Konsumenten statt als Bürger. Als Geschäftemacher statt Helfer. Als Konkurrenten, statt Verbündete.« So ein Denken mache zwangsläufig, dass sich die Menschen isolierter fühlten, unverbundener und einsamer.[464]

Dieser Trend lässt sich mit neuen Formen der Wirtschaftsförderung aufhalten, ja, sogar umkehren. Die Wf4.0 legt besonderen Wert darauf, Menschen aus verschiedenen Bereichen wie Verwaltung, kommunalen Unternehmen, Einzelhandel und Sozialunternehmen ins Gespräch zu bringen und zu gemeinsamer Aktivität zu veranlassen. Das hat wichtige positive Rückwirkungen auf eine vertrauensbildende und kooperationsfördernde Kultur in der Region und leistet dabei einen wichtigen gewinnbringenden Beitrag für die urbane Vitalität.

Der Trend zum Teilen, Tauschen und Kooperieren könnte einen gesellschaftlichen Wandel zu mehr Gemeinsinn in Bewegung setzen, eine Transformation vom »Ich« zum »Wir«.[465] Ob es sich nun um Ressourcen, Produkte oder Räume handelt – wenn wir diese Dinge teilen, können wir eine nachhaltige Wirtschaftsform aufbauen und das Teilen zu einer neuen Lebensform machen. Dabei kommen die Menschen miteinander in Kontakt – näher und anders als gewöhnlich, denn es ergeben sich neue Schnittstellen. Sie locken den Einzelnen aus seiner Kapsel. So wächst zugleich das Zugehörigkeitsgefühl, man fühlt sich als Mitglied einer Gemeinschaft. Das schafft Hilfsbereitschaft, Fürsorge, Rücksichtnahme.

Die Wf4.0 erkennt, dass Kooperationsprobleme nicht zuletzt Kommunikationsprobleme sind. Sie fördert soziale Netzwerke und Informationsaustausch. Sie stärkt damit die Vertrauenswürdigkeit und Berechenbarkeit möglicher Partner und Partnerinnen. Die Menschen wollen das Gefühl haben, dass ihr guter Wille nicht ausgenutzt wird. Hierfür bieten Vereine, Verbände, Bürgerinitiativen und Kirchengemeinden schon heute die Voraussetzungen. Je besser es der Wf4.0 gelingt, das Gemeinschaftsgefühl – das »Wir« – zu stärken, desto erfolgreicher vermag eine Region auf neue wirtschaftliche Chancen und Risiken zu reagieren. Die Bürgerinnen und Bürger sind zudem zufriedener mit den lokalen Behörden, wenn diese sich objektiv stärker an ihren Wünschen orientieren.

Abbildung 13: Die Wirtschaftsförderung 4.0 stärkt den sozialen Zusammenhalt. Beim Teilen und Kooperieren kommen sich die Menschen näher als gewöhnlich, es entstehen neue Kontakte und Netzwerke. Fast schon legendär geschieht das im Waschsalon-Café »Brainwash« (Pixelio: cleanicum).

11.9   Wf4.0 versus Rechtspopulismus

Nach der Finanz- und Wirtschaftskrise nahm der Stimmanteil rechtspopulistischer Parteien dramatisch zu. AfD und Rechtspopulisten predigen Abschottung und das Gegeneinander unterschiedlicher Ethnien. Treiber für den Nationalismus in der Europäischen Union sind nicht zuletzt Arbeitslosigkeit, schlechte Bezahlung, prekäre Beschäftigung, befristete Arbeitsverhältnisse sowie ungleiche Bildungschancen. Maßgeblich ist sowohl die tatsächliche wie die empfundene Zunahme der Ungleichheit.

Verunsicherung oder Enttäuschung

Mehr als die Hälfte der wahlberechtigten Bevölkerung hat ein Bild von Gesellschaft und Politik, das von Verunsicherung oder Enttäuschung geprägt ist. In diesen Gruppen haben die Volksparteien stark an Zuspruch verloren.[466]

Die Mehrheit ist unzufrieden

Von den Wahlberechtigten gehören zu den ...

43% 👍 Zufriedenen

32% ✊ Verunsicherten

25% 👎 Enttäuschten

Quelle: Müller-Hilmer, Gagné 2018   **Grafik zum Download: bit.do/impuls1061**   Hans **Böckler** **Stiftung**

Abbildung 14: Die meisten Bundesbürger fühlen sich durch Globalisierung und Digitalisierung eher verunsichert. Ein Viertel ist enttäuscht von der Politik. Gefühle von Ohnmacht, Frustration und Enttäuschung haben insgesamt zugenommen, trotz Wirtschaftswachstum. Die Strategien der Wf4.0 können dem entgegenwirken.

Wirtschaftliche Krisen wirken als Stressfaktor, Migranten werden als Konkurrenten um Jobs und Wohnungen wahrgenommen – zu den Konkurrenten zählen auch die Zugewanderten aus EU-Ländern.

Flankiert werden diese Empfindungen und Einschätzungen durch den fortdauernden Trend der Individualisierung. Der Wettbewerbsdruck zwischen Individuen befördert Egoismus und wirkt sich negativ auf Zusammengehörigkeitsgefühl und sozialen Zusammenhalt aus.

Wird die persönliche Situation als unsicher empfunden und herrscht der Eindruck vor, von der Gesellschaft nicht gut behandelt zu werden, ist die Empfänglichkeit für Aus- und Abgrenzung besonders hoch. Man sucht nach Gründen und Schuldfaktoren für die persönliche Situation.

Viele Anhänger von nationalistischen Bewegungen fühlen sich von der Gesellschaft schlecht behandelt, fürchten Globalisierung, Fremdbestimmung und Migration. Von den großen Parteien sind sie enttäuscht. Mächtige Konzerne und Lobbyisten scheinen mehr Einfluss zu haben als die Wählerinnen und Wähler.

Es dominiert ein Gefühl der Ohnmacht gegen »die da oben«. Die politischen Antworten, etwa der Mindestlohn, um die als misslich empfundene soziale Lage zu verbessern, haben die Stimmung offenbar nicht verbessert. Womöglich sind die politischen Antworten nicht weitreichend und kohärent genug, um der schlichten Botschaft, die Migranten und »Bürokraten in Brüssel« seien schuld, zu begegnen.

Selbstwirksamkeit

Der Bürgermeister von Südkoreas Hauptstadt Seoul hat das Teilen und Tauschen zur stadtpolitischen Leitstrategie erhoben, nicht nur um die nachhaltige Entwicklung der Stadt zu fördern, sondern auch um etwas gegen die extrem hohe Selbstmordrate zu unternehmen.[467]

Menschen erfahren durch ihre Mitwirkung an Projekten der Wf4.0 Selbstwirksamkeit. Das heißt, sie stärken die Überzeugung, auch in schwierigen Situationen Herausforderungen aus eigener Kraft erfolgreich bewältigen zu können. Konkrete Projekte und überschaubare Aktivitäten bringen den Eindruck mit sich, etwas mit Erfolg abschließen zu können. Sie vermitteln das Gefühl, etwas geschafft zu haben.

Geprägt wurde der Begriff »Selbstwirksamkeit« von dem kanadischen Psychologen Albert Bandura. Seine wesentliche Erkenntnis: Menschen beginnen meistens nur dann eine Handlung, wenn sie davon überzeugt sind, dass sie diese Handlung auch tatsächlich erfolgreich ausführen können. Mangelt es an dieser, wird die Herausforderung meist nicht angenommen. Das hängt nicht davon ab, ob die Person tatsächlich zur Ausführung in der Lage ist.[468]

Je unübersichtlicher die Welt wird, desto mehr suchen Menschen das Vertraute. Es überrascht daher nicht, dass der Begriff »Heimat« (siehe unten) wieder populär ist. Das Konzept der Wf4.0 kann das Gefühl von Vertrautheit stärken, wirken dessen Maßnahmen doch eben ganz konkret vor Ort.

Teilen, Tauschen, Schenken, Kooperieren, Selbsthilfe – all dies stärkt das Gemeinschaftsgefühl, den sozialen Zusammenhalt. Die Menschen kommen sich viel näher als gewöhnlich. Egal, was man teilt, ob Ressourcen, Produkte oder Räume, die Menschen kommen miteinander in Kontakt, das Zugehörigkeitsgefühl wird gestärkt, man ist Mitglied einer Gemeinschaft.

Lokalpatriotismus statt Rechtspopulismus

Und so ist der Kampf gegen nationalistische Bewegungen neben vielen anderen ein weiteres Argument für die Umsetzung der Wf4.0-Konzeption. Gegenseitige Hilfe, sozialer Zusammenhalt und Kooperation, das mögen für kühle Ökonomen irrelevante Begriffe sein. Doch wenn Nationalismus die freiheitliche Wirtschaftsordnung zu unterwandern droht, dann sind all diejenigen Strategien wirtschaftsrelevant, die den Rechtspopulisten die Argumente nehmen.

Zudem fördert es das Wohlbefinden der Bürgerinnen und Bürger, wenn sie sich ihrer Heimat verbunden fühlen und besonders, wenn sie stolz auf etwas Bestimmtes in ihrem Dorf oder ihrer Stadt sind. Häufig übernehmen diese Funktion Baudenkmäler oder kulturelle Institutionen. Aber auch bestimmte Wirtschaftszweige oder Unternehmen können die Menschen so etwas wie Lokalpatriotismus empfinden lassen. Mithin lassen sich Dinge kreieren, auf die Menschen stolz sind. Das können Lebkuchen, Würstchen oder Vogeluhren sein, kann aber auch viel weiter gehen. Im Modellstandort Osnabrück hat sich gezeigt, dass es Dutzende Produkte gibt, die nur einem Bruchteil der Bevölkerung bekannt sind. Sie bekannt zu machen, so weit hergeholt es zunächst klingt, ist nicht nur für die betroffenen Unternehmen dienlich, sondern dient auch der Linderung rechtspopulistischer Tendenzen.

Heimat

Interessant im Kontext der Wf4.0 ist der Gesellschaftsdiskurs über »Heimat«. Es ist kaum zu übersehen, dass dem bis vor Kurzem eher verstaubt wirkenden Begriff eine beachtliche Popularität widerfährt. So populär, dass Horst Seehofer (CSU) sich auch als Minister für Heimat versteht. Im »Bundesministerium des Innern, für Bau und Heimat« hat er 2018 dafür eine Abteilung mit rund 150 Mitarbeitern eingerichtet, ein gutes Drittel der Stellen hat man zusätzlich geschaffen, die restlichen aus anderen Ministerien zusammengezogen.[469] Diese sollen für gleichwertige Lebensverhältnisse in Deutschland sorgen und benachteiligte Regionen stärker fördern, ob bei der wirtschaftlichen Leistungsfähigkeit, der Verkehrsanbindung oder der Bezahlbarkeit von Wohnraum. In NRW und Bayern gibt es ebenfalls Heimatministerien. Heimat heiße, dort bleiben zu können, wo man sich zu Hause fühle, gab Seehofer bei der Gründung zu verstehen. Wo dieses Gefühl Schaden nehme, drohe Abwendung vom Staat.[470]

Das Magazin »Spiegel Wissen« hat eine Themenausgabe herausgegeben – Titel »Heimat: Annäherung an ein schwieriges Gefühl«.[471] Demnach gibt es ein neues Heimatbewusstsein. Doch was ist Heimat? Manche denken dabei an wunderschöne Natur und hübsche Fachwerkhäuser, Trachten und Folklore oder auch kulinarische Traditionen. Ebenso können familiäre Verbundenheit, sozialer Zusammenhalt und regionale Zugehörigkeit eine Rolle spielen. Heimat lässt sich nicht klar definieren, wird aber wohl alle genannten Aspekte in unterschiedlicher Ausprägung beinhalten.

Heimatgefühle sind gewissermaßen Nährboden der Wirtschaftsförderung 4.0. Die Wf4.0 befördert aber auch umgekehrt das Gefühl heimatlicher Verbundenheit. Ob lokales Produkt, nachbarschaftliche Dienstleistung oder Tauschgeschäft, in jedem Fall treten Menschen miteinander in Kontakt. Sie fühlen sich dann eher zu Hause und identifizieren sich mit ihrer Stadt oder Region. Und dort, wo sich Menschen zu Hause fühlen, möchten sie gerne arbeiten, dort möchten sie gerne leben, dort findet sich qualifiziertes Personal.

Wenn sich Menschen gut aufgehoben fühlen in ihrer Stadt, dann sind sie an sozialem Zusammenhalt interessiert, an Austausch und Kooperation. Sie haben ein »Wir-Gefühl«. Glück hat eine Stadt, wenn Menschen dorthin ziehen und sagen: »Das ist meine Wahlheimat.«

Betrachtet man die verschiedenen Assoziationen von Heimat, ergeben sich viele Überschneidungen zu den Geschäftsfeldern der Wf4.0. Das gilt beispielsweise für den Wochenmarkt mit seinen regionalen Produkten. Dort gehen Menschen gerne einkaufen und können sich mit den Landwirtinnen, Metzgern und Bäckern direkt austauschen. So etwas war einmal eine Selbstverständlichkeit und hat heute den Charakter heimatlicher Exotik.

Eltern fahren gerne mit ihren Kindern zum nächstgelegenen Bauernhof, einen, den man seinen Kindern noch vorzeigen kann, der verschiedene Gemüsesorten anbaut und Tiere hält. Das gibt es noch. CSA-Höfe[472] zum Beispiel bieten gleichermaßen Vielfalt, Zugehörigkeit (»das gehört auch uns«) und lokalen Bezug.

Die Wf4.0 setzt sich für eine Renaissance des Handwerks ein. Sie möchte die Menschen dazu animieren, statt bei der seelenlosen Back-Factory das etwas teurere Knusperbrot vom lokalen Produzenten zu wählen, mehr auf Qualität statt auf Quantität zu setzen. Die Wf4.0 möchte Milchbäuerinnen dazu ermuntern, eine Genossenschaft aufzubauen und selbst Käse und Joghurt zu produzieren. Und warum sollte innovative Wirtschaftsförderung nicht auch für zottelige Galloway-Rinder auf saftigen Wiesen werben?

Die Wf4.0 setzt sich dafür ein, dass der Begriff Heimat nicht von Nationalisten okkupiert wird. Diese verwenden Heimat als Kampfbegriff gegen alles Fremde, Andersartige. Die Wf4.0 wendet sich gegen die unselige Verklärung von Natur und Gemeinschaft.

Abbildung 15: Titel der Ausgabe 6/2016 von Der Spiegel Wissen zum Thema Heimat

12 Fazit und Reflexionen

Das Konzept der Wirtschaftsförderung 4.0 stärkt und erweitert die regionalen Wirtschaftsstrukturen. Ziele sind Klimaschutz, ein sparsamer Umgang mit Ressourcen und die Steigerung des regionalen Gemeinwohls sowie die Stärkung der Region. Konkret fördert die Wf 4.0:

- die urbane und regionale Produktion
- die Bindung von Warenverkehr und Dienstleistungen an die Region
- das Teilen von Ressourcen, Produkten oder Räumen
- sowie Kooperationen, Eigeninitiative und Selbsthilfe.

Dabei betrachtet die Wf4.0 die gesamte Wirtschaft und geht damit über die reine Unternehmensförderung hinaus. Sie fördert eine Vielzahl lokaler Initiativen mit ihren innovativen Geschäftsmodellen, die zur wirtschaftlichen und sozialen Stabilität einer Region beitragen. Wie solche Geschäftsmodelle gestärkt werden können, damit sie wachsen und bekannter werden, sich vernetzen und einen positiven ökologischen, ökonomischen und sozialen Impact erzeugen, wurde im Laufe des Projektes Wf4.0 (in den Jahren 2016 bis 2019) analysiert und modellhaft in Osnabrück erprobt.

12.1 Handlungsperspektiven für Wirtschaftsförderung 4.0

Wirtschaftsförderung und Regionalentwicklung gewinnen mit der Blickweitung auf gemeinwohlwirtschaftliche Initiativen eine Erweiterung ihrer Handlungsfelder hinzu. Sie stellen sich der Aufgabe, die Produktions- und Konsumkreisläufe im räumlichen Bezug zu verändern und den bestehenden urbanen Wirtschaftsmix zu diversifizieren.

Diese Vielfalt von neuen Aufgaben ergänzt die schon bisher bestehende Vielfalt an Tätigkeiten der urbanen und ländlichen Wirtschaftsförderung. Wirtschaftsförderung 4.0 schafft hier neue Blickwinkel und Ansatzpunkte. Möglicherweise eignen sich einige der Ansätze dafür, besonders in ländlichen Regionen neue wirtschaftliche Aktivitäten und Gründungen anzuregen oder auch neue Gemeinwohlleistungen zu entfachen. Hier einige Strategien und Maßnahmen im Überblick:[473]

Neue Wirtschaftsverflechtungen in der Region knüpfen

Gemeinschaftsräume für Geräte und Werkstätten anregen

Gezielt Lücken in den Wertschöpfungsketten schließen

Belebung leerstehender Räume: Mischnutzungen und Zwischennutzungen als Wege der Gewerbeentwicklung und Kulturförderung etablieren

Kollektive Formen der Produktion anregen

Neue Finanzierungsformen (Regionale Kapitalgesellschaften, Bürgergenossenschaften) und Einbeziehung regionalen Kapitals (Crowdfunding) entfalten

Tauschplattformen unterstützen

Regionale Verrechnungssysteme zur Stärkung regionaler Wertschöpfungskreisläufe und zur Entfaltung von Tauschleistungen anbieten (vom Regiogeld bis zu Zeitwährungen)

Unternehmensgründungen auch im Bereich des kollaborativen Wirtschaftens anregen und durch Beratungs-, Vernetzungs- und Raumangebote unterstützen

Neue Wege des Regionalmarketings aktivieren (von regionalen Tauschplattformen über regionale Labels bis hin zu regionalen Verrechnungssystemen)

Offene Werkstätten anbieten, Co-Working-Räume anbieten und mit Workshops und Events bespielen

Räumliche Konsequenzen mitdenken (Flächennachfrage, Möglichkeiten der Zwischennutzung, veränderte Logistik und Mobilität et cetera)

12.2 Folgerungen und Forderungen

Lokal eingebettete Ökonomien gelten als Hoffnungsträger des sozialökonomischen Wandels, weil sie kleinräumig agieren, lokale und regionale Wirtschaftskreisläufe bevorzugen, Ressourcen sparen und zur Lebensdauerverlängerung von Produkten beitragen.

Insofern beinhaltet die Wf4.0 die Öffnung der Wirtschaftsförderung für neue Wirtschafts- und Arbeitsformen, wie offene Werkstätten (»Fab-Labs«), Co-Working-Räume, Tauschplattformen, Manufakturen und kollaborative Initiativen – von Sharing über Repair bis zu neuen Gemeinwohlaktivitäten.

Die Wf4.0 ist auch ein Thema für ländliche Regionen, denn sie schafft Vorteile der Verbund- und Gemeinwirtschaft, in der die Grenzkosten gering sind und kollaboratives Wirtschaften lohnt. In ländlichen Räumen können Wf4.0-Strategien zur Verringerung der Leerstandsproblematik durch Vermittlung von Zwischen- und Kleinnutzungen beitragen. Zudem lassen sich neue Wirtschaftsaktivitäten und neue Gemeinwohlleistungen initiieren.

Die bestehenden Institutionen der Wirtschaftsförderung in ländlichen Räumen können durch eine Öffnung für die Ideen der Wirtschaftsförderung 4.0 neue Funktionen in der Stabilisierung ländlicher Regionen gewinnen.[474]

12.3 Wirkungsbilanz und -perspektive

Das Wf4.0-Projekt möchte zur Reform der kommunalen Wirtschaftsförderung anregen. Eingestiegen sind bisher Wuppertal, Witten und Witzenhausen. Weitere Kommunen sind interessiert. Wie erhofft, hat in Osnabrück der Stadtrat beschlossen, die Wf4.0 dauerhaft fortzusetzen.

Insofern hat die Umsetzung der Ergebnisse bereits stattgefunden und steht weiterhin in der Zukunft an. Die Betriebe aus dem Geschäftsfeld »Produktion« haben einen nachhaltigen Impuls durch das Projekt erhalten. Sie vernetzen sich weiterhin und die Nachfrage nach den regionalen Produkten hat sich erhöht. In den nächsten Jahren sind hier weitere Fortschritte zu erwarten. Dies gilt nicht zuletzt auch für den Einzelhandel, der zum einen stärker als bisher mit den lokalen Herstellern zusammenarbeiten könnte und sich zum anderen gegenüber den Onlinehändlern behaupten muss. Der Einzelhandel würde enorm profitieren, wenn es gelänge, dass die Bürgerinnen und Bürger wieder stärker in ihrer Stadt oder Region einkaufen.

Das Handlungskonzept »Wirtschaftsförderung 4.0« sollte vom Ansatz vergleichbar sein mit den Standardrepertoires der regionalen Wirtschaftspolitik oder mit den kommunalen Klimaschutzkonzepten, die seit einigen Jahren entwickelt und umgesetzt werden. Hier gab es zu Beginn eine Anschubfinanzierung für die Erarbeitung des Klimaschutzkonzeptes und für die Einrichtung einer Stelle für Klimaschutzmanagement. Ein analoges Vorgehen wäre bei der Wirtschaftsförderung 4.0 vorstellbar, zumal es nach der Corona-Krise ein stärkeres Interesse an Konzepten zur Resilienzökonomie geben wird.

In der Wirtschaftsförderung Osnabrück ist jetzt eine neues Handlungskonzept entstanden. Neben den etablierten bestehenden Tätigkeitsfeldern gibt es nun den Bereich »Nachhaltiges regionales Wirtschaften«. Gemeint ist damit die Wf4.0. Der neue Titel soll deutlicher machen, worum es geht. Die Bezeichnung Wf4.0 ist für Außenstehende sehr abstrakt und hat anfangs recht viel Verwirrung ausgelöst. Der Aufgabenbereich »Nachhaltiges regionales Wirtschaften« gliedert sich in drei Bereiche: »Nachhaltigkeit und Corporate Social Responsibility (CRS) im Unternehmen«, »kooperative und gemeinwohlorientierte Wirtschaftsformen« sowie »Netzwerk für regionale Produkte«.[475]

Im Herbst 2019 hat die Stadt Osnabrück den Deutschen Nachhaltigkeitspreis erhalten und das, so hat die Jury betont, nicht zuletzt aufgrund der Wirtschaftsförderung 4.0. Dem Projekt, welches sich mit regionalen Wertschöpfungsketten und Themen wie Teilen, Tauschen und Reparieren beschäftigt, gelänge eindrucksvoll der Nachweis, dass hinter Nachhaltigkeit auch Geschäftsmodelle stecken können.

Angestrebt war und tatsächlich entstanden sind neue Kooperationsstrukturen zwischen Stadtmarketing, Wirtschaftsförderung und Freiwilligenarbeit (Ehrenamt). Darüber hinaus sind zahlreiche weitere Kooperationsstrukturen entstanden, etwa bei den lokalen Produzenten oder in der »Repairszene«.

Ob und wie viele Arbeitsplätze im Laufe des Projektes entstanden sind beziehungsweise entstehen werden, lässt sich noch nicht fundiert darlegen. Die zurückliegenden Erfahrungen geben zumindest Anlass für die Einschätzung, dass sich solche Effekte am Arbeitsmarkt positiv darstellen werden.

12.4 Die Wf4.0 als Change Agent

Die anfängliche Skepsis der Wirtschaftsförderer gegenüber dem Konzept scheint inzwischen überwunden. Das Interesse der Modellstädte war sehr hoch und es war nicht schwer, entsprechende Beschlüsse auf den Weg zu bringen. Dass es so kam, lag nicht zuletzt an den in Aussicht stehenden Fördergeldern. Nichtsdestotrotz überlegen inzwischen auch andere Kommunen beziehungsweise Wirtschaftsförderer, das Konzept aufzugreifen. Die bisherigen Reaktionen haben gezeigt, dass besonders Regionen in wirtschaftlich schwierigen Situationen daran interessiert sind.

Hilfreich wäre eine Agentur für die Verbreitung der Idee der Wf4.0. Denn Reformen brauchen Zeit. Ein Modellprojekt und einige Publikationen zur Wf4.0 werden die Wirtschaftsförderer noch nicht in der Breite dazu bewegen, ihre gewohnten Förderstrategien zu überarbeiten respektive zu ergänzen. Dafür sind in den kommenden Jahren insbesondere persönliche Gespräche und viel Überzeugungsarbeit notwendig sowie der Dialog mit potenziellen Förderern wie etwa Stiftungen, öffentlichen Geldgebern oder politischen Institutionen. Eine Wf4.0-Agentur könnte diese Arbeit leisten.

In Anbetracht der Coronakrise ist es gut vorstellbar, dass die Sensibilität für das Thema Resilienzökonomie und Regionalwirtschaft bereits zugenommen hat. Die Arbeit einer Wf4.0-Agentur fiele aus dieser Perspektive auf fruchtbaren Boden.

Was in systematischer Hinsicht geschehen müsste, damit das Konzept der Wf4.0 in der Breite Anwendung findet, wurde im Kapitel »Überregionale Treiber« (S. 66) diskutiert. Es geht dabei darum, welche Schritte hilfreich sein können, damit sich unsere Kommunen für krisenfestere Wirtschaftsstrukturen einsetzen. Besonders zur Stärkung der Regionalwirtschaft gibt es viele Ansätze, die bis zur Ausgestaltung von Freihandelsabkommen oder Zöllen reichen. Das sind freilich keine leicht umzusetzenden Strategien.

12.5 Ausblick in Anbetracht der Coronakrise

In der Nachhaltigkeitsszene ist die Formel »Lokal handeln, global denken« so etwas wie ein zivilisatorisches Mantra. Doch ähnlich wie bei der globalen Erwärmung fühlen sich die Einzelnen auch den komplexen Herausforderungen »Wachstumszwang« und »Exportabhängigkeit« nicht gewachsen. Die Auswirkungen des persönlichen Entscheidungsalltags erscheinen allzu gering. Regional einkaufen, Kleider tauschen, Dinge reparieren und selbst herstellen, was soll das schon bewirken? Doch die Erfahrungen zeigen, dass aus diesen kleinen Initiativen etwas Großes und Bedeutsames werden kann.

Die Wf4.0 ist letztlich eine Anleitung zur sozial-kulturellen und ökonomischen Transformation mit ökologischem Impact. Diesen Prozess zu stärken und zu steuern, darin liegt die Motivation der Wf4.0. Sie verknüpft ein solides Business Modell mit sozialen Innovationen. Sie stärkt die lokale Wertschöpfung in der Region Schritt für Schritt und verkürzt damit die Transportwege. Lokal orientierte Firmen und deren Arbeitsplätze bleiben erhalten oder werden gar geschaffen. Die Wf4.0 richtet sich gegen kapitalistisch geprägten globalen Wettbewerbsdruck, ein auf Ausbeutung der Menschen und Regionen basierendes Wirtschaften, niedrige Löhne, Stress am Arbeitsplatz und verschwenderischen Umgang mit Ressourcen. Sie stärkt die Möglichkeiten der Nahversorgung, nachgelagert dem Export.

Die Wirtschaftsförderung 4.0 ist Treiber für soziale Innovationen, zivilgesellschaftliche Eigeninitiative und partizipative Kooperation. Sie stärkt die soziale Stabilität, gemeinsame Werte und den sozialen Zusammenhalt. Das ist nicht nur gut für die Widerstands- und Anpassungsfähigkeit von Individuen und Gruppen, sondern ebenfalls für ganze Regionen.[476] Es gibt nichts zu verlieren und viel zu gewinnen.

In ihrer Dissertation über das Thema »Economics and Uncertainty« befasst sich die Ökonomin Julia Köhn mit der Stabilität von ökonomischen Systemen. Wer mit Unsicherheit umgehen will, muss in sicheren Zeiten demnach stabile Systeme vorbauen.[477] Das heißt mit anderen Worten: Auch wenn in China die Wirtschaft einmal einbricht, gibt es ausreichend Möglichkeiten, um zu vermeiden, dass die hiesige Wirtschaft mit in den Abgrund gerissen wird.

Die Coronakrise hat eine neue Sensibilität für die Abhängigkeit von globalisierten Märkten und Wertschöpfungsketten mit sich gebracht. Viele Medikamente und ein Großteil der Schutzmasken wurden ausschließlich in China hergestellt. Betriebe mussten ihre Produktion einstellen, weil bestimmte Teile, etwa aus Italien oder China, nicht mehr verfügbar waren. Damit zeigt die Globalisierung das erste Mal in einem wirtschaftlich starken Land wie unserem, was ökonomische Abhängigkeiten für gesamt-zivilisatorische Strukturen bedeuten: Es fehlen essenzielle Güter.

Und so diskutieren viele Politiker über die Folgen der Globalisierung. Frankreichs Präsident Emmanuel Macron beklagt, das Ausmaß der Fabrikverlagerungen und der Spezialisierung sei »untragbar« geworden. Dem Vernehmen nach verlangt EU-Kommissionspräsidentin Ursula von der Leyen, Europa müsse mehr wichtige Produkte wieder selbst fertigen, anstatt sie zu importieren.[478]

Zumindest in diesen sogenannten systemrelevanten Bereichen ist es daher gut vorstellbar, dass ein Teil der Produktion zurück in die EU geholt wird. Wie das initiiert werden soll, etwa durch Subvention, Zölle oder Ähnliches, bleibt abzuwarten. Schließlich können die Unternehmen dazu nicht gezwungen werden.

Doch auch in anderen Bereichen sehen diverse Kommentatoren eine Renaissance der Regionalwirtschaft infolge der Coronakrise aufziehen. In seiner »Corona-Rückwärts-Regnose« prognostiziert der Zukunftsforscher Matthias Horx für die Zeit nach Corona weitreichende mögliche Veränderungen:

»Heute … gibt es wieder eine Weltwirtschaft. Aber die Globale Just-in-Time-Produktion, mit riesigen verzweigten Wertschöpfungsketten, bei denen Millionen Einzelteile über den Planeten gekarrt werden, hat sich überlebt. Sie wird gerade demontiert und neu konfiguriert. Überall in den Produktionen und Service-Einrichtungen wachsen wieder Zwischenlager, Depots, Reserven. Ortsnahe Produktionen boomen, Netzwerke werden lokalisiert, das Handwerk erlebt eine Renaissance. Das Global-System driftet in Richtung GloKALisierung: Lokalisierung des Globalen.«[479]

Ob es zu einem so gravierenden (Sinnes-)Wandel kommen wird, bleibt abzuwarten. Besonders wahrscheinlich erscheint es nicht, wenn man bedenkt, mit welcher Beharrlichkeit und Geschwindigkeit die zurückliegenden Freihandelsabkommen geschlossen wurden. Diese bewirken letztlich eine weiter zunehmende Vernetzung von Produktion und verlängerten Wertschöpfungsstufen. Vorstellbar ist gleichwohl, dass ein vitales Interesse an kommunalen Strategien zurückbleibt, mit denen sich Risiken der Globalisierung absichern lassen – mit dem Ziel einer regionalen, nachhaltigen und stabilen Basis einer globalen Weltwirtschaft.

Es ist schon richtig, dass man sich auf die Coronakrise nicht voll umfänglich vorbereiten konnte. Doch völlig überraschend kam sie nicht. Nach SARS, Ebola und MERS folgt nun Covid-19. Diesmal mit wirtschaftlich katastrophalen Folgen. Nicht in fernen Ländern, sondern sozusagen vor der Haustür lauern Schweinepest und Vogelgrippe. Aber es braucht auch keine Seuche, denken wir nur an Dotcom-Blase oder Lehmann-Pleite – eines war doch immer schon gewiss: Nach einem wirtschaftlichen Hoch kommt die Krise, aus welchem Grund auch immer.

Wir können nicht auf alle Krisen vorbereitet sein. Aber dass sich Wirtschaft und Gesellschaft krisenfester entwickeln als bisher, das ist durchaus möglich. Neben Qualität und Preis sollte in Zukunft auch die Resilienz eines Produktes oder einer Dienstleistung – einer Unternehmung – betrachtet werden. Die Europäische Union und die Bundesregierung haben einen großen Einfluss auf die Resilienz ihrer Ökonomie. Er reicht bis hin zur kommunalen Wirtschaftspolitik, etwa durch Förderprogramme für Konzepte wie die Wirtschaftsförderung 4.0.

13 Anhang

Hier sind einige Beispieldokumente aus der Arbeit in Osnabrück zu finden.

13.1 Pop-up-Regionalläden als Leerstandzwischennutzung

Mit dem Dokument »Pop-up-Regionalläden als Leerstandzwischennutzung werden zahlreiche Vorteile für Vermieter*innen, für den Standort sowie für die Nutzer*innen aufgeführt, die zur Überzeugung der nötigen Akteure und Akteurinnen kommuniziert werden können (vgl. Kapitel 6.3 »Leerstandsmanagement«).

Begriffsdefinition:

Ein **Pop-up**-Laden ist ein kurzfristiges, provisorisches Einzelhandelsgeschäft, das vorübergehend in leerstehenden Geschäftsräumen betrieben wird.[480] Da es für den Begriff »**regional**« keine rechtliche Definition gibt, wird hier zunächst ein Umkreis von circa 60 Kilometer um Osnabrück als regional definiert. Unter **Zwischennutzung** versteht man die befristete Nutzung eines Gebäudes zwischen der ursprünglichen Nutzung, die aufgegeben wurde, und einer konkreten Nachnutzung, die gewünscht oder geplant ist. Sie dauert maximal so lange, bis die Nachnutzung realisierbar ist.[481]

Hintergrund/Idee:

Die Idee zur Durchführung von Pop-up-Regionalläden entstand im Rahmen des Projektes »Wirtschaftsförderung 4.0« (Wf4.0). Hier werden Maßnahmen erprobt, die zur Stärkung der Regionalwirtschaft, der regionalen Wertschöpfung sowie des lokalen Einzelhandels beitragen.

Ein erster Pop-up-Regionalladen wurde vom Projektbüro Wf4.0 in Zusammenarbeit mit Industrie- und Handelskammer und Stadtmarketing anlässlich der Aktionstage »Heimatshoppen« im Herbst 2018 als Zwischennutzung von vier Geschäften in der leerstehenden Theaterpassage gemeinsam mit 22 Produzierenden organisiert. Daraus hervorgegangen ist ein Zusammenschluss von zwölf Anbieterinnen und Anbietern, die von September 2019 bis Januar 2020 den Pop-up-Store »Zwischenzeit«, ebenfalls in der Theaterpassage, als Zwischennutzung umsetzten.

Diese und weitere Anbieter aus Osnabrück und der Region gründeten 2018 ein Produzierenden-Netzwerk. Zu den Produkten gehören Feinkost, Getränke, Naturkosmetik, handwerkliche Erzeugnisse sowie frische landwirtschaftliche Produkte (für Pop-ups vorerst nicht relevant). Im Netzwerk werden gemeinsame Marketing- und Vertriebsmaßnahmen geplant, zu denen auch die Organisation von Pop-up-Stores gehört.

In der vorliegenden Übersicht werden Beispiele, Umsetzungsvorschläge und Rahmenbedingungen sowie die Vorteile für die beteiligten Akteurinnen und Akteure beschrieben. Sie dient der ersten Information für Vermieter, Eigentümerinnen oder Makler und als Grundlage für die konkrete Planung und Umsetzung eines Pop-up-Regionalladens.

Beispiele:

- **Pop-up Altena**: parallele Durchführung von fünf Pop-up-Stores über einen Zeitraum von sechs Wochen, für den die Eigentümer eine Warmmiete von vier Euro pro Quadratmeter erhielten; ein Event zur Eröffnung der Läden wurde von der Stadt organisiert (www.wegweiser-kommune.de/projekte/kommunal/pop-up-stores-in-altena)
- **Schauzeit in Rheydt**: jeweils vier- bis sechswöchiges Event in Mönchengladbach-Rheydt, bislang in 2015, 2017 und 2019, zu dem in 15 Leerständen Pop-up-Stores eröffnet wurden, Eigentümerinnen verzichteten auf Miete, Stromkosten wurden vom Stromanbieter gesponsert (www.schauzeit-rheydt.de)
- **Die kleine Wechselstube**: Pop-up-Laden in der Sparkassenpassage in Kaufbeuren mit wechselnden Anbietern: www.sparkasse-kaufbeuren.de/sparkassen-passage#wechselstube
- Städtischer Pop-up-Store »**Räumchen wechsel Dich**« in Augsburg: www.augsburg.de/aktuelles-aus-der-stadt/detail/raeumchen-wechsel-dich-geht-in-die-verlaengerung/**Pop-up-Zentrale Wien**: ehemaliges Lederwarengeschäft »Kofferzentrale« in der Wiener Innenstadt, bei dem 450 Quadratmeter ganz oder teilweise tage-, wochen- oder monatsweise als Pop-up-Store, Filmlocation oder für Präsentationen vermietet werden. Privatwirtschaftlich organisiert (www.popupzentrale.com).

Varianten:

Zusätzlich zur Einrichtung von Pop-up-Läden in leerstehenden Geschäften sind weitere Varianten zur temporären Präsentation und/oder zum Verkauf von regionalen Produkten denkbar:

- »Fester« Pop-up-Laden, der für begrenzte Zeiträume an wechselnde Anbieter vermietet wird, zum Beispiel koordiniert und gegebenenfalls finanziert von einem Verband, einer Interessengemeinschaft oder vom Stadtmarketing
- »Hausmesse«: Präsentation/Verkauf auf Flächen in einem Einzelhandelsgeschäft oder in anderen Geschäftsräumlichkeiten, die temporär vom Inhaber für diesen Zweck zur Verfügung gestellt werden
- Dekoration eines regionalen Schaufensters eines leerstehenden Ladenlokals
- Einbindung von regionalen Produkten in die Schaufenster-Dekoration eines Geschäftes (zum Beispiel Optiker)
- Einbindung in Veranstaltungen wie etwa Heimatshoppen, Moonlight-Shopping, Kulturnacht, Lichter in den Höfen
- Organisation spezieller Events wie einer »Night of Pop-ups« oder eines Regionalmarktes, in Kooperation mit geeigneten Partnern wie etwa dem Stadtmarketing

Vorteile für den Vermieter

- Deckung der Betriebskosten und gegebenenfalls Erwirtschaftung (geringer) Gewinne
- Jederzeit kündbar, wenn Dauervermietung ansteht
- Geschäft wird genutzt, geheizt, frequentiert
- Öffentliche Aufmerksamkeit für die Immobilie, eventuell auch von potenziellen Dauermietern
- Aufwertung respektive Abwendung einer Wertminderung der Immobilie durch längeren Leerstand
- Verhinderung von Schäden durch Vandalismus

Vorteile für den Standort

- Aufwertung des Viertels/der Umgebung beziehungsweise Abwendung der negativen Effekte von Leerstand
- Aufmerksamkeit der Zielgruppen und Medieninteresse
- Erhöhung von Bekanntheit und Imageförderung des Viertels und seiner Geschäfte
- Erschließung neuer Zielgruppen für das jeweilige Viertel

- Kundenakquise und -bindung für die umliegenden Geschäfte (beziehungsweise für das Geschäft, in dem Fläche genutzt wird)
- Erhöhung der Frequenz
- Alleinstellungsmerkmal durch wiederkehrende Präsenz von regionalen Produkten im Handel
- Anreiz des Besuchs der Innenstadt durch Schaffung eines zeitlich begrenzten stationären Angebotes für Kunden

Vorteiler für den Anbieter
- Erhöhung von Bekanntheit und Imageförderung
- Aufmerksamkeit, Medieninteresse, Sichtbarkeit der Produkte
- Umsatz
- Erschließung neuer Zielgruppen
- Möglichkeit des persönlichen Kontakts zum Endkunden (zum Beispiel für reine Onlinehändler)
- Testen des eigenen Geschäftsmodells unter realen Bedingungen ohne großes finanzielles Risiko
- Testen von neuen Produkten mit direktem Feedback der Kundschaft

Rechtliche Grundlagen[482]
Rechtlich gesehen ist die Zwischennutzung die Überlassung einer Immobilie auf Zeit und unterscheidet sich daher auf den ersten Blick kaum von den üblichen Miet- und Pachtvertragssituationen. Dennoch gilt es, einige Besonderheiten zu beachten. Da die Zwischennutzung befristet ist bis maximal zur Realisierung der Nachnutzung, ist die Flexibilität von Nutzer und Nutzung ein wesentliches Kriterium. In der Regel findet kein Eigentümerwechsel statt und das bestehende Planungsrecht bleibt erhalten. Aufgrund der Befristung bedürfen Zwischennutzungen üblicherweise nur geringer Investitionen.

Bei der Erfassung der rechtlichen Rahmenbedingungen für die Zwischennutzung sind die Bedürfnisse der jeweiligen Vertragsparteien zu berücksichtigen. So liegt das Interesse des Eigentümers im Erhalt der Immobilie, in der Verbesserung der Vermietungs- oder Nutzungssituation sowie in der Steigerung der Attraktivität der Immobilie. Für ihn ist außerdem die Möglichkeit, die Zwischennutzung kurzfristig zu beenden, wichtig. Die Nutzer und Nutzerinnen hingegen möchten die Zwischennutzung ohne hohe Kosten und ohne hohen Aufwand realisieren, sie wünschen sich

Entbürokratisierung und Unterstützung bei sowie Absicherung von gegebenenfalls nötigen Investitionen.

Folgende Vertragswerke kommen bei Zwischennutzungen von Gebäuden häufig zum Tragen:

- Nutzungsverträge (Miet-, Leih-, Pachtvertrag): in der Regel standardisierte Verträge, die in den relevanten Punkten angepasst werden
- Bürgschaften: werden häufig von Kommunen zur Sicherung etwaiger Mietausfälle übernommen, sollen Anreize für private Eigentümer zur Zulassung von Zwischennutzung schaffen
- Untermietverträge: ein Generalmieter untervermietet ein Objekt zeitweise in Abstimmung mit der Eigentümerin
- Gestattungsvereinbarung: öffentlich-rechtlicher Vertrag für die befristete Nutzung einer privaten Immobilie durch die Kommune

Typische Regelungen für diese Vertragswerke:

- Nutzungsdauer: befristet oder unbefristet
- Kündigungsregelungen: bei gewerblichen Mietverhältnissen kann eine verkürzte Kündigungsfrist vereinbart werden
- Nutzungsentgelte: können variieren zwischen den Kosten für die laufenden Betriebskosten, einem »symbolischen« Mietzins und den normalen Mietgebühren, die sich aus dem wettbewerblichen Vergleich ergeben
- Art der Nutzung
- Versicherungs- und Haftungsfragen
- Übertragung von Verkehrssicherungspflichten
- Besondere Regelungen, wie zum Beispiel Nutzungsänderung, Regelungen für den Fall einer gewünschten Verstetigung, Mitteilungspflichten

13.2 Maßnahmensteckbriefe

13.2.1 Netzwerk Regionale Produkte Osnabrück

Erstkontakt:	31.07.2018
Geschäftsfeld:	Produktion
Internetauftritt:	nicht vorhanden

Name und Kurzbeschreibung der Initiative/Organisation:

Netzwerk Regionale Produkte Osnabrück
Netzwerk von Produzierenden und weiteren interessierten Akteuren und Akteurinnen aus Osnabrück und der Region

Ausführliche Beschreibung der Initiative/Organisation:

Das Netzwerk Regionale Produkte Osnabrück entstand im Rahmen des Projektes »Wirtschaftsförderung 4.0« in Osnabrück. Unterschiedliche am Thema interessierte Akteure und Akteurinnen wie Produzierende aus der Region, Vertreterinnen und Vertreter der Hochschule, des lokalen Handels sowie der lokalen Gastronomie sind Mitglied im Netzwerk. Zu Abschluss des Projektzeitraumes hat das Netzwerk circa 50 Mitglieder, es wird in der Verstetigung weitergeführt. In regelmäßigen Workshops werden gemeinsam Ideen und Maßnahmen entwickelt und umgesetzt. In drei verschiedenen Arbeitsgruppen wurden Schwerpunkte gesetzt und bearbeitet.

Entstehungsgeschichte der Initiative/Organisation:

Ab März 2018 wurde vom Projektbüro Wf4.0 eine Datenbank mit regionalen Produzierenden aufgebaut. Im Juli 2018 wurden circa 70 Produzierende erstmalig angeschrieben, um die Bereitschaft zur Kooperation abzufragen. Circa 40 Betriebe/Anbieterinnen signalisierten Interesse. Mitte August wurde diesen Personen die kostenfreie Beteiligungsmöglichkeit am Pop-up-Regionalladen angeboten, der anlässlich der Heimatshoppen-Aktionstage im September sowie zum verkaufsoffenen Sonntag im Oktober 2018 in der damals überwiegend leerstehenden Theaterpassage geöffnet wurde. Insgesamt 25 Produzierende beteiligten sich an der Aktion. In der Folge wurden vom Projektbüro drei Workshops organisiert. Eine Arbeitsgruppe »Kommunikation« und eine Arbeitsgruppe »Pop-up-Läden« wurden im November gegründet, eine weitere Arbeitsgruppe »Frische Produkte« im Juni. Seit der Zusammenarbeit anlässlich Heimatshoppen engagieren sich lokale Händler und Händlerinnen im Netzwerk, seit März 2019 die Hochschule mit der Fakultät Agrarwissenschaft im Netzwerk, seit Sommer 2019 einige lokale Gastronomen.

Pläne/Ziele und Förderbedarfe der Initiative/Organisation für zukünftige Entwicklung:

→ Aufbau einer Regionalmarke
→ Umsetzung von gemeinsamen Vertriebsmaßnahmen, wie Regionalboxen, Regionalregalen, Regionalladen
→ Gemeinsame Kommunikationsmaßnahmen
→ Erfahrungsaustausch, Ressourcenbündelung, Cross-Marketing, Kooperationen im Netzwerk
→ Sichtbarkeit und Verfügbarkeit regionaler Produkte im lokalen Einzelhandel und in der lokalen Gastronomie

Ziele aus Sicht der Wf4.0:

→ Stärkung der Regionalwirtschaft und der regionalen Wertschöpfung
→ Förderung der ökonomischen Subsidiarität und Resilienz der Region
→ Stärkung des lokalen Einzelhandels sowie der Individualgastronomie

(Potenzielle) Regionale Kooperationspartner:

→ Handel, Hotellerie, Gastronomie	→ Straßenwerbegemeinschaften
→ Verbände/Vereine	→ Universität, Hochschule
→ IHK/LWK	→ Banken, Sparkassen
→ Stadt- und Tourismusmarketing	→ UNESCO Naturpark TERRA.vita

Maßnahmenumsetzung/-planung im Projektzeitraum	**Zeitraum:**
→ Recherche und Aufbau Datenbank	Juli
→ Erste Kontaktaufnahme an großen Verteiler	Juli
→ Konkretes Angebot »Pop-up-Regionalladen« an interessierte Produzierende	August
→ Öffnung Pop-up-Regionalladen zu zwei Terminen mit insgesamt 25 Produzierenden, dazwischen Schaufensterdekoration über vier Wochen	September und Oktober
→ Workshop regionale Produkte I	November
→ Pressetermin zum Thema regionale Produkte	Januar
→ Eröffnung erstes Osnabrücker Regionalregal im StadtgalerieCafé	März
→ Workshop regionale Produkte II	März
→ Vorstellung möglicher Kooperationen mit dem Handel beim Jour fixe der Vorsitzenden der Straßenwerbegemeinschaften und der großen Kaufhäuser	April
→ Start der Planung für den 1. Osnabrücker Regionalmarkt	April
→ Start der Planungen für 4 Heimat-Pop-ups anlässlich Heimatshoppen	Juni
→ Workshop Regionale Produkte III	Juni
→ Heimat shoppen mit 3 Heimat-Pop-ups in verschiedenen Geschäften	September
→ »Zwischenzeit« Pop-up-Store in der Theaterpassage	September bis Januar

13.2.2 Heimatshoppen

Erstkontakt:	04.04.2018
Geschäftsfeld:	Local Business
Internetauftritt:	www.heimat-shoppen.de

Name und Kurzbeschreibung der Initiative/Organisation:

Heimatshoppen
Aktionswochenende von IHK und Händlerinnen zur Sensibilisierung für den Einkauf bei lokalen Einzelhändlern und die Nutzung lokaler Gastronomie und Dienstleistungen

Ausführliche Beschreibung der Initiative/Organisation:

Ziel der Heimatshoppen-Aktionstage ist es, die Bedeutung des lokalen Einzelhandels, der Dienstleistungen und Gastronomieangebote vor Ort für die Lebensqualität in Städten, Gemeinden und Regionen ins Bewusstsein zu rücken. Jeweils am zweiten Septemberwochenende treten der Handel und weitere Dienstleister und Gastronominnen in einer Region gemeinsam unter der Dachmarke »Heimatshoppen« auf. Um auf die Bedeutung der Branchen aufmerksam zu machen, werden Werbematerialien wie Flyer und Einkaufstaschen an die Kundschaft herausgegeben. Einige Werbegemeinschaften und Unternehmer lassen sich eigene kleine Aktionen einfallen, um mit den Kund*innen ins Gespräch zu kommen sowie um die eigene wichtige Rolle für eine lebendige und attraktive Stadt darzustellen.

Entstehungsgeschichte der Initiative/Organisation:

Ihren Ursprung hat die Aktion in einer Initiative der IHK Mittlerer Niederrhein, die diese 2014 gemeinsam mit örtlichen Werbegemeinschaften ins Leben gerufen hat. Seither beteiligen sich jedes Jahr weitere IHK-Bezirke bundesweit an den Aktionstagen. Die IHK Osnabrück – Emsland – Grafschaft Bentheim ist seit 2017 dabei. In Osnabrück verantwortet die Stadtmarketinggesellschaft die organisatorische Umsetzung der Aktionstage. 2018 gab es ein erstes Gespräch mit den Verantwortlichen der IHK und des Stadtmarketings zur gemeinsamen Weiterentwicklung des Themas mit dem Projektbüro Wf4.0, bei dem die Idee entwickelt wurde, regionale Produkte in den Fokus zu rücken und mit Heimatshoppen sowohl das Einkaufen »in der Heimat« als auch »aus der Heimat« zu fördern. Daraus ist der erste Pop-up-Regionalladen entstanden, der zu Heimatshoppen 2018 umgesetzt wurde. Für 2019 wurden regionale Produkte noch weiter in den Fokus gerückt, es gab vier Aktionen über einen Zeitraum von neun Tagen rund um das offizielle Heimatshoppen-Aktionswochenende.

Pläne/Ziele und Förderbedarfe der Initiative/Organisation für zukünftige Entwicklung:

→ Bedeutung des lokalen Einzelhandels, der Gastronomiebetriebe und Dienstleistungen vor Ort herausstellen
→ Förderung eines Bewusstseins beim Kunden, dass er durch den Einkauf vor Ort und den Besuch in der Stadt sein eigenes Lebensumfeld selbst mitgestaltet
→ Handel wünscht sich Markenaufbau für den Handelsstandort Osnabrück
→ Stadtmarketing soll Attraktivität der Stadt als Einkaufsort steigern

Ziele aus Sicht der Wf4.0:

→ Steigerung der regionalen Wertschöpfung durch Stärkung von lokalen Unternehmen

→ Förderung regionaler Produkte – Verfügbarkeit und Sichtbarkeit im Einzelhandel

→ Verknüpfung der Themen Heimatshoppen und Regionale Produkte – auch in den Köpfen der Kundschaft

→ Ausbau der Kampagne Heimatshoppen mit ganzjähriger Kommunikation und Aktionen übers Jahr verteilt

(Potenzielle) Regionale Kooperationspartner:

→ IHK

→ Handels- und Dienstleistungsverband Osnabrück-Emsland e. V.

→ WIRTuOS e. V. Osnabrücker Individualgastronomen

→ Stadtmarketing/Citymanagement

→ Straßenwerbegemeinschaften

Maßnahmenplanung/umsetzung	Datum:
→ Pop-up-Regionalladen als Leerstandzwischennutzung zum Aktionswochenende 2018	07.–08.09.2018
→ Erweiterung der Aktionen zum Thema »Regionale Produkte« unter dem Label Heimatshoppen 2019 auf neun Tage mit vier verschiedenen Aktionen	06.–14.09.2019

13.2.3 Reparatur-Netzwerk Region Osnabrück

Name und Kurzbeschreibung der Initiative/Organisation:

Reparatur-Netzwerk Region Osnabrück
Netzwerk der Reparatur-Initiativen in Stadt und Landkreis Osnabrück zum Austausch und für gegenseitige Unterstützung

Ausführliche Beschreibung der Initiative/Organisation:

Bei den Veranstaltungen der 16 Reparatur-Initiativen in Osnabrück und im Osnabrücker Land, die zu unterschiedlichen regelmäßigen und unregelmäßigen Terminen stattfinden, werden von Ehrenamtlichen gemeinsam mit den Besuchern und Besucherinnen defekte Alltagsgegenstände repariert. Dazu gehören elektrische und mechanische Haushaltsgeräte, Unterhaltungselektronik, aber auch Textilien, Fahrräder, Spielzeuge und andere Dinge. Es handelt sich um nicht kommerzielle Angebote, deren Ziel es ist, die Nutzungsdauer von Gebrauchsgütern zu verlängern und dadurch Müll zu vermeiden. Weitere Ziele sind der soziale Zusammenhalt unter den Ehrenamtlichen, die durch die Initiativen oft eine neue Aufgabe im Ruhestand erhalten, und die Unterstützung der »Kunden«, die aus unterschiedlichen Gründen, wie zum Beispiel Umweltschutz, Kostenersparnis, soziale Kontakte und Austausch, die Veranstaltungen besuchen.

Entstehungsgeschichte der Initiative/Organisation:

Das erste Repaircafé in Osnabrück wurde 2013 von der Diakonie zusammen mit Ehrenamtlichen, von denen die Initiative ausging, im Café OASE organisiert, seitdem findet es dort einmal monatlich statt. Inzwischen gibt es weitere fünf Initiativen in Osnabrück sowie zehn im Landkreis. Vier der zehn Initiativen im Landkreis wurden seit 2018 neu gegründet. Zur Gründung ist es bei allen Initiativen durch das Engagement Ehrenamtlicher gekommen, die die Termine jeweils überwiegend eigenständig organisieren. Neben diesen Initiativen, die Veranstaltungen im Stil eines Repaircafés durchführen (teilweise mit alternativen Bezeichnungen wie Reparatur-Cafe, Reparaturtreff, Kleine Helferstunde), gibt es weitere Initiativen zum Thema Reparatur. Die Unternehmerinitiative »Lets Mint« hat im Rahmen eines DBU-Förderprojektes von 2015 bis 2018 Reparaturwerkstätten an drei verschiedenen Schulen im Landkreis eingerichtet, von denen eine Werkstatt noch aktiv ist. Der Kulturverein Petersburg hat am Osnabrücker Hafen eine offene Holzwerkstatt sowie eine Fahrradwerkstatt eingerichtet und veranstaltet regelmäßig die »Flickbar« für gemeinsame Textilarbeiten. Zudem gibt es diverse Fahrrad-Selbsthilfewerkstätten, etwa von der Flüchtlingshilfe, vom ASTA sowie in Schulen.

Pläne/Ziele und Förderbedarfe der Initiative/Organisation für zukünftige Entwicklung:

→ Sehr unterschiedlich, ein Teil der Organisationen möchte keine Weiterentwicklung/Vergrößerung, viele sehen die Tätigkeit als Hobby und Beschäftigung für sich selbst (viele Rentner), Einflussnahme von außen ist bei diesem Teil eher nicht gewünscht

→ Ein kleinerer Teil hat eher politische Motive und wünscht Weiterentwicklung/Unterstützung zum Beispiel durch Wf4.0

→ Raumbedarf ist bei fast allen Initiativen ein Thema

→ Finanzielle Unterstützung/Sachmittel eher sekundär und wenn, im niedrigen 3-stelligen Bereich

→ Vereinzelt Wünsche zur Zusammenarbeit mit Abfallwirtschaft, im Landkreis Osnabrück gibt es bereits solch eine Kooperation mit drei Initiativen

→ Die Akteure, die umweltpolitisch motiviert sind, wünschen sich bessere Vernetzung mit anderen Nachhaltigkeitsinitiativen und gemeinsame Aktionen, z. B. eine Art Nachhaltigkeitsmesse

Ziele aus Sicht der Wf4.0:

→ Ausweitung und bessere Abstimmung der Öffnungszeiten

→ Bekanntheit, Ansprache neuer Zielgruppen, Erhöhung der Nachfrage

→ Etablierung von Reparaturwerkstätten in Schulen

→ Kooperation mit Abfallwirtschaftsbetrieben zur Reduktion des (Elektro-)Abfalls

→ Schnittstellen/Kooperation mit Handwerksbetrieben/Wirtschaft

(Potenzielle) Regionale Kooperationspartner:

→ Handwerkskammer Osnabrück

→ Abfallwirtschaftsbetrieb Stadt Osnabrück

→ KlimaLab Osnabrück – Energiesparen an Schulen

→ Schulen

→ Diakonie Osnabrück Stadt und Land

→ Caritasverband/SKM e. V./MÖWE gGmbH

Maßnahmenumsetzung/-planung im Projektzeitraum	Zeitraum:
→ Kommunikation der Repaircafé-Termine in Osnabrück über Veranstaltungskalender, Webseite der Stadt, Terminplanung der »Anstiftung« et cetera	laufend
→ Teilnahme an zwei Austauschtreffen des Netzwerkes der Reparaturinitiativen	Juni/Juli
→ Vorstellung des Themas und der Ziele bei der Handwerkskammer	August
→ Vorstellung des Themas und der Ziele beim Abfallwirtschaftsbetrieb der Stadt	Oktober
→ Durchführung des Fachtages »Wegwerfen?Denkste!-Tag« mit 60 Teilnehmenden als Kooperation von Landkreis, Diakonie und Wf4.0	März
→ Unterstützung bei der Einführung eines neuen Wahlpflichkurses »Reparieren« in einer Osnabrücker Schule	Mai
→ Erstes Treffen zur Gründung einer Arbeitsgruppe »Kommunikation und Vernetzung« mit Teilnehmer/-innen aus 6 verschiedenen Initiativen	Juli
→ Anfrage zum Start einer Kooperation mit dem Abfallwirtschaftsbetrieb an einem Recyclinghof in der Innenstadt	Oktober

13.3 Endnoten

WIRTSCHAFT IST MEHR

1 Sommer, Sarah (2020): Sollbruchstellen, in: brandeins 06/20, S. 54–56

VORÜBERLEGUNGEN UND GRUNDLAGEN

2 Raphael, David D. (2007): The Impartial Spectator. Adam Smith's Moral Philosophy. Oxford

3 www.henry-ford.net: Vom Underdog zum Selfmademan (10.04.2021)

4 Kopatz, Michael (2016): Ökoroutine. München, S. 38 f.

5 Böhm, Stephan (1992): Die Verfassung der Freiheit, in: Die Zeit 14/1992

6 Statistisches Bundesamt (2020)

7 Heuser, Uwe Jean (1992): Geld, Freiheit, Ideologie, in: Die Zeit 47/1992

8 Ronald Reagan war von 1981 bis 1989 Präsident der Vereinigten Staaten, Margaret Thatcher war von 1979 bis 1990 Premierministerin des Vereinigten Königreichs

9 Bei dem reinen Goldstandard entspricht die Geldmenge eines Landes dem Wert des monetär genutzten Goldbestandes eines Landes, www.wikipedia: Goldstandard (10.04.2021)

10 ICLEI (International Council for Local Environmental Initiatives) ist ein 1990 gegründeter weltweiter Verband von Städten, Gemeinden und Landkreisen für Umweltschutz und nachhaltige Entwicklung

11 Kiese, Matthias/Christian Hundt (2014): Cluster Policies, Organising Capacity and Regional Resilience: Evidence from German Case Studies, in: Raumforschung und Raumordnung (2014) 72, S. 117

12 Teigo dos Santos, F./Partidário Rosário, M. (2011): SPARK: Strategic Planning Approach for Resilience Keeping, in: European Planning Studies 19, S. 1522

13 Goldstein, Bruce Evan/Taufen Wessells, Anne Taufen/Lejano, R./Butler, William (2013): Narrating Resilience: Transforming Urban Systems through Collaborative Storytelling, in: Urban Studies. (DOI: 10.1177/004209801350565350) nach Bristow, Gillian/Healy, Adrian (2014): Building Resilient Regions: Complex Adaptive Systems and the Role of Policy Intervention, in: Raumforschung und Raumordnung (2014) 72, S. 97

14 Bristow, Gillian/Healy, Adrian (2014): siehe oben, S. 93–102

15 Hahne, Ulf (2014): Exkurs Lern- und Experimentalorte: Stadt-Land-Räume und ihre neuen ökonomischen Verflechtungen, in: Harald Kegler (Hrsg.): Resilienz Strategien & Perspektiven für die widerstandsfähige und lernende Stadt. Gütersloh, S. 108–116

16 Sagan, Iwona/Mazik, Grzegorz (2014): Economic Resilience. The Case Study of Pomorskie Region, in: Raumforschung und Raumordnung (2014) 72, S. 153

17 Bundestagsdrucksache 14/8900 (2002), S. 198

18 Pestel Institut (2010): Regionale Krisenfestigkeit. Eine indikatorengestützte Bestandsaufnahme auf der Ebene der Kreise und Städte. Hannover

19 Bristow, Gillian/Healy, Adrian (2013): Regional Resilience: An Agency Perspective, in: Regional Studies (DOI: 1080/00343404.2013.854879)

20 Hahne, Ulf (2017): Resilienzökonomie und Wirtschaftsförderung 4.0, auf www.wirtschaftsfoerderungviernull.de/berichte/zwischenergebnisse

21 www.de.statista.com (2020), Quelle: Allensbacher Markt- und Werbeträgeranalyse (AWA)

22 Loske, Reinhard (2014): Neue Formen kooperativen Wirtschaftens als Beitrag zur nachhaltigen Entwicklung, in: Leviathan 3/2014, S. 482

23 Kleinhückelkotten, Silke (2005): Suffizienz und Lebensstile. Berlin, S. 168

24   WBGU (Wissenschaftlicher Beirat der Bundesregierung Globale Umweltveränderungen) (2011): Welt im Wandel. Gesellschaftsvertrag für eine Große Transformation. Berlin

25   WBGU (2011): siehe oben, S. 278 f.

DAS KONZEPT

26   Statistisches Bundesamt (2016): Entwicklung der unbezahlten Arbeit privater Haushalte

27   Brandt, Arno (2014): Wirtschaftsförderung 3.0: Zur Strategie der Wirtschaftsförderung in der Innovationsökonomie. In: Beck, C. R./Heinze, R. G./Schmid, J. (Hrsg.): Zukunft der Wirtschaftsförderung. Baden-Baden, S. 683–713

28   WBGU (2011): siehe oben

29   Sommer, Bernd/Welzer, Harald (2014): Transformationsdesign. Wege in eine zukunftsfähige Moderne, München

30   Hahne, Ulf (2016): Resilienz als normative Herausforderung lokaler Transformationspolitik. In: Hahne, Ulf/Kegler, Harald (Hrsg.): Resilienz. Stadt und Region – Reallabore der resilienzorientierten Transformation. Stadtentwicklung, Bd. 1, Frankfurt a. M., S. 61–80

31   Paech, Niko (2012): Befreiung vom Überfluss: Auf dem Weg in die Postwachstumsökonomie, München

32   Sommer, Bernd/Welzer, Harald (2014): siehe oben

33   Die folgenden Ausführungen über die Phasen der Wirtschaftsförderung kommen von Ulf Hahne (Universität Kassel): Hahne, Ulf (2017): Resilienzökonomie und Wirtschaftsförderung 4.0, Kassel/Flensburg

34   Sternberg, Rolf (2012): Learning from the Past? Why ›Creative Industries‹ can hardly be Created by Local/Regional Government Policies. In: Die Erde, 143(4), S. 293–315

35   Brandt, Arno (2014): siehe oben

36   BITKOM, IAO = Bundesverband Informationswirtschaft, Telekommunikation und neue Medien e. V.; Fraunhofer-Institut für Arbeitswirtschaft und Organisation (2014): Industrie 4.0 – Volkswirtschaftliches Potenzial für Deutschland. Berlin

37   Resilienzökonomie und Wirtschaftsförderung 4.0, Kassel/Flensburg

38   BMWi (Bundesministerium für Wirtschaft) (1969): Grundsätze der regionalen Wirtschaftspolitik. BMWi-Texte, Bonn

39   Friderichs, Hans (1975): Die Verbesserung der regionalen Wirtschaftsstruktur – Zielvorstellungen und Strategien. In: Innere Kolonisation, S. 103

40   Jürgensen, Harald (1963): Antinomien in der Regionalpolitik. In: Jahrbuch für Sozialwissenschaft, S. 401–413

41   Hahne, Ulf (1985a): Regionalentwicklung durch Aktivierung intraregionaler Potentiale – Zu den Chancen »endogener« Entwicklungsstrategien. Schriften des Instituts für Regionalforschung der Universität Kiel, 8, München 1985

42   Cramer, Ulrich/Koller, Martin (1988): Gewinne und Verluste von Arbeitsplätzen in Betrieben. Der »Job-Turnover«-Ansatz. In: Mitteilungen aus der Arbeitsmarkt- und Berufsforschung, S. 361–377

43   Birch, David G.W. (1987): Job Creation in America: How Our Smallest Companies Put the Most People to Work. University of Illinois

44   Hahne, Ulf (1985): Technologieparks. Orientierungshilfe zur Gestaltung. Deutscher Industrie- und Handelstag (Hrsg.), DIHT 222. Bonn

45   Brandt, Arno (2014): siehe oben

46   Florida, Richard (2002): The Rise of the creative class. And how it's transforming work, leisure, community and everyday life. New York: Basic Books

47   Haarich, Silke/Plaza, Beatriz (2015): Das Guggenheim-Museum von Bilbao als Symbol für erfolgreichen Wandel – Legende und Wirklichkeit. In: Altrock, Uwe et al. (Hrsg.): Symbolische Orte. Planerische (De-)Konstruktionen. Reihe Planungsrundschau, 19. Berlin, S. 150–166

48 Sternberg, Rolf (2012): Learning from the Past? Why »Creative Industries« can hardly be Created by Local/ Regional Government Policies. In: Die Erde, 143 (4), S. 293–315

49 Brandt, Arno (2014): siehe oben

50 Simons, Harald/Weiden, Lukas (2015): Schwarmstädte in Deutschland. Ursachen und Nachhaltigkeit der neuen Wanderungsmuster. Berlin: GdW Bundesverband deutscher Wohnungs- und Immobilienunternehmen e. V.

51 Vgl. Simons, Harald/Weiden, Lukas (2015): siehe oben

52 Brandt, Arno (2014): siehe oben, S. 705

53 Hiß, Christian (2014): Regionalwert AG. Mit Bürgeraktien die regionale Ökonomie stärken. Herder, Freiburg

54 Vgl. Hahne, Ulf (2016): Resilienz als normative Herausforderung lokaler Transformationspolitik. In: Hahne, Ulf/Kegler, Harald (Hrsg.): Resilienz. Stadt und Region – Reallabore der resilienzorientierten Transformation. Stadtentwicklung, Bd. 1, Frankfurt a. M., S. 70 ff.

55 Sachs, Wolfgang (2015): Suffizienz. Umrisse einer Ökonomie des Genug. In: uwf UmweltWirtschaftsForum, Jg. 23, Nr. 1–2, S. 3–9

56 Leismann, Kristin et al. (2012): Nutzen statt Besitzen. Auf dem Weg zu einer ressourcenschonenden Konsumkultur. Heinrich-Böll-Stiftung. Schriften zur Ökologie, Band 27. Berlin

57 Ostrom, Elinor (2009): Was mehr wird, wenn wir teilen. Vom gesellschaftlichen Wert der Gemeingüter. München; Helfrich, Silke; Heinrich-Böll-Stiftung (Hrsg.) (2012): Commons. Für eine neue Politik jenseits von Markt und Staat. Bielefeld

58 Felber, Christian (2012): Die Gemeinwohl-Ökonomie. Das Wirtschaftsmodell der Zukunft. Wien, S. 166

59 Rifkin, Jeremy (2014): Die Null-Grenzkosten-Gesellschaft. Frankfurt am Main

60 Rifkin, Jeremy (2014): siehe oben, S. 105 ff., S. 133 ff.

61 Jeremy Rifkin im Interview, Arte http://future.arte.tv, Sendung vom 14.10.2014

62 In den 1990er-Jahren folgten weltweit Tausende Kommunalverwaltungen dem Aufruf der »Agenda 21«, einem globalen Programm der Vereinten Nationen, um mit ihren Bürgern die möglichen Strategien für eine Nachhaltige Entwicklung zu beraten

63 Hopkins, Rob (2013): Einfach. Jetzt. Machen!, München

64 Auch in Folge der Lokalen Agenda 21 gab es zahlreiche konkrete Umsetzungsmaßnahmen, wenngleich das nicht die Intention der in Rio verabschiedeten Agenda war

65 Konzeptwerk Neue Ökonomie. 2014. Sinn fürs Geschäft. Soziale, ökologische & demokratische Unternehmen in Leipzig. https://konzeptwerk-neue-oekonomie.org (10.04.2021)

66 Centre for Local Economic Strategies (2015): Creating a Good Local Economy. The Role of Anchor Institutions. https://cles.org.uk/; Walton, John K. (1987): Lancashire. A Social History, 1558–1939. 1. Aufl.: Manchester University Press, S. 103–104

67 BBC News (2011): Preston Tithebarn scheme abandoned after John Lewis withdraws. www.bbc.com (10.04.2021); Hopkins, Rob (2015): The inspiring tale of the re imagining of Preston's economy. www.transitionnetwork.org, (10.04.2021)

68 Centre for Local Economic Strategies (2015): siehe oben

69 Hopkins, Rob (2019): Cllr Matthew Brown on the Preston Model and the economics of the imagination. www.robhopkins.net (10.04.2021)

70 Kelly, Marjorie/McKinley, Sarah (2015): Cities Building Community Wealth. Unter Mitarbeit von Violeta Duncan. The Democracy Collaborative. Takoma Park/MD. https://democracycollaborative.org (10.04.2021), S. 18

71 Baqueriza-Jackson, Matthew (2019): Making Spend Matter. URBACT. www.urbact.eu (10.04.2021)

72 Dubb, Steve (2016): Community Wealth Building Forms: What They Are and How to Use Them at the Local Level. In: AMP 30 (2), S. 141–152. DOI: 10.5465/amp.2015.0074, S. 142; Centre for Local Economic Strategies (2017a): Community Wealth Building through Anchor Institutions. www.cles.org.uk (10.04.2021), S. 6–23

73 Preston City Council (2019e): What is Community Wealth Building? www.preston.gov.uk (10.04.2021)

74 Der Living Wage soll das Existenzminimum der Verwaltungsmitarbeiter und ihrer Familien sichern. Durch die Einführung dieses Mindestlohns soll gewährleistet werden, dass die genannten Personengruppen nicht in Armut leben. Er liegt zurzeit bei £ 9,50 pro Stunde, das sind umgerechnet rund 11 Euro; Preston City Council 2018, 2019b, www.preston.gov.uk (10.04.2021)

75 Manley, Julian (2017): Local democracy with attitude: the Preston model and how it can reduce inequality. The London School of Economics and Political Science. www.eprints.lse.ac.uk (10.04.2021)

76 Centre for Local Economic Strategies (2017b): Updating the Spend Analysis Baseline. Summary Report. www.preston.gov.uk, (10.04.2021), S. 1 ff.

77 Manley, Julian (2017): siehe oben

78 Centre for Local Economic Strategies (2017b): siehe oben

79 Hopkins, Rob (2019): siehe oben

80 Hopkins, Rob (2019): siehe oben

81 PwC (2018): Good Growth for Cities 2018. A report on urban economic wellbeing from PwC and Demos www.pwc.co.uk (10.04.2021) S. 1–9

82 Übersetzt aus dem Englischen und in Anlehnung an: Kelly, Marjorie/McKinley, Sarah (2015): Cities Building Community Wealth. Unter Mitarbeit von Violeta Duncan. The Democracy Collaborative. Takoma Park/MD. https://democracycollaborative.org (10.04.2021), S. 18

83 Maset-Llaudes, Amparo/Cabedo, David/Fuertes, Iluminada/Tirado, José Miguel (2019): Social and Environmental Impacts Assessment in the Economy for the Common Good. In: JEURB, 1–13

84 Stumpf, Klara/Sommer, Bernd (2019): The Economy for the Common Good: A European Countermovement against the Destructive Impacts of Laissez-Faire Capitalism. In: Culture, Practice & Europeanization 4(1), 103–115

85 Felber, Christian (2018): Die Gemeinwohl-Ökonomie, Wien

86 www.web.ecogood.org

87 Dewald, Ulrich; Rother, Josef (Hrsg.) (2020): Wirtschaft fördern und fordern: Die Gemeinwohl-Ökonomie als Impuls für nachhaltige Wirtschaftsförderung. Handbuch Innovative Wirtschaftsförderung. Unter Mitarbeit von Jürgen Stember, Mathias Vogelgesang, Philip Pongratz und Alexander Fink. Wiesbaden: Springer Fachmedien Wiesbaden

88 Felber, Christian (2018), siehe oben

89 Felber, Christian (2018): Die Gemeinwohl-Ökonomie, Piper

90 Vgl. Bundesverband der Regionalbewegung e. V., o. J. Internetpräsenz des Bundesverbands der Regionalbewegung. Feuchtwangen. https://www.regionalbewegung.de (10.04.2021)

91 Wuppertal Institut (2018): Wirtschaftsförderung 4.0: Arbeitsbericht zum Geschäftsfeld »Finanzwirtschaft«, Wuppertal www.wirtschaftsfoerderungviernull.de/berichte/(»Finanzwirtschaft_2018_08_30«)

92 Monopolkommission: Hauptgutachten XXI: Wettbewerb 2016 (2016), Bonn, Kapitel V: Digitale Märkte: Sharing Economy und FinTechs, S. 363 ff.

93 Kraftfahrt-Bundesamt: Fahrzeugbestand, Zahlen von 2010 und 2021, siehe: www.kba.de

94 Schneidewind, Uwe (1998): Die Unternehmung als strukturpolitischer Akteur – Kooperatives Schnittmanagement im ökologischen Kontext. Metropolis, Marburg

95 Hahne, Ulf (2014): Regionale Resilienz und postfossile Raumstrukturen. Zur Transformation schrumpfender Regionen. In: Hahne, Ulf (Hrsg.): Transformation der Gesellschaft für eine resiliente Stadt- und Regionalentwicklung. Detmold: Verlag Dorothea Rohn 2014, S. 11–32

96 Siehe unter www.wirtschaftsfoerderungviernull.de/berichte/

97 Diese allgemeine Definition für Sozialunternehmen wurde hier auch auf Sozialinitiativen übertragen und ist entnommen aus: Unterberg, Michael et al. (2015): Herausforderungen bei der Gründung und Skalierung von

Sozialunternehmen. Welche Rahmenbedingungen benötigen Social Entrepreneurs? Studie für das Bundesministerium für Wirtschaft und Energie (BMWi), S. 11, www.bmwi.de (10.04.2021)

98 Schellberg, Klaus (2010): Der Social Return on Investment als ein Konzept zur Messung des Mehrwerts des Sozialen, www.prof.schellberg.net (10.04.2021)

99 Hahne, Ulf (2017): siehe oben

100 Europäische Kommission (2014): Ein Überblick über Sozialunternehmen und ihre Ökosysteme in Europa. Zusammenfassung

101 Unterberg, Michael et al. (2015): Herausforderungen bei der Gründung und Skalierung von Sozialunternehmen. Welche Rahmenbedingungen benötigen Social Entrepreneurs? Studie für das Bundesministerium für Wirtschaft und Energie (BMWi), S. 11 www.bmwi.de (10.04.2021)

102 siehe oben

103 Dees, J. Gregory/Anderson, Beth Battle (2003). For-profit social ventures. International Journal of Entrepreneurship Education (special issue on social entrepreneurship), 2, 1–26

104 Als konkretes Beispiel siehe etwa querstadtein aus Berlin: Hier hat ein ehrenamtliches Team die Projektidee, ehemals obdachlose und geflüchtete Menschen als Stadtführer in Berlin zu beschäftigen, umgesetzt; querstadtein arbeitet derzeit sukzessiv daran, das Geschäftsmodell finanziell unabhängig, unter anderem von öffentlichen Geldern, zu gestalten. https://querstadtein.org/(10.04.2021)

105 Vgl. Schmitz, Björn/Scheuerle, Thomas (2013): Hemmnisse der Wirkungsskalierung von Sozialunternehmen in Deutschland. In: Jansen, Stephan/Heinze, Rolf/Beckmann, Markus (Hrsg.): Zur Rolle der Sozialunternehmen im sich verändernden Sozialstaat. Springer, Wiesbaden

ÜBERREGIONALE TREIBER

106 Umweltbundesamt (2020): Indikator: Nationaler Wohlfahrtsindex, www.umweltbundesamt.de (10.04.2021)

107 Dazu raten beispielsweise Naomi Klein, Wolfgang Streeck, Tomáš Sedláček und Ann Pettifor

108 Siehe Deutsche Welle: Die Schwächen der Regulierung (5.3.2014), hier fordert der Wirtschaftswissenschaftler und Direktor des Max-Planck-Instituts zur Erforschung von Gemeinschaftsgütern Martin Hellwig eine Eigenkapitalquote von bis zu 30 Prozent. https://www.dw.com/de/finanzmarkt-die-schw%C3%A4chen-der-regulierung/a-17469315 (10.04.2021)

109 Schäfer, Dorothea (2015): Fiskalische und ökonomische Auswirkungen einer eingeschränkten Finanztransaktionssteuer. DIW-Gutachten im Auftrag der SPD-Bundestagsfraktion

110 Csizi, Veronika (2019): So will Olaf Scholz Aktienkäufe belasten, www.tagesspiegel.de (10.04.2021)

111 Butterwegge, Christoph (2015): Der Streit um den Armutsbegriff, in: Soziale Sicherheit, Die Fachzeitschrift für soziales Arbeiten, 11/2015

112 Bundesentwicklungsminister Gerd Müller im Gespräch mit der Süddeutschen Zeitung (24.4.2015), S. 22

113 Bauchmüller, Michael (2011): Alles für den Wohlfühlfaktor, in: Süddeutsche Zeitung, https://www.sueddeutsche.de/wirtschaft/bip-alles-fuer-den-wohlfuehlfaktor-1.1099345 (10.04.2021)

114 Umweltbundesamt (2020): siehe oben

115 Held, Benjamin/Rodenhäuser, Dorothee/Diefenbacher, Hans (2020): NWI 2020 – Auswirkungen der Corona-Pandemie auf die Wohlfahrt, IMK Policy Brief 96

116 Diefenbacher, Hans/Zieschank, Roland (2011): Woran sich Wohlstand wirklich messen lässt, München

117 Sauer, Ulrike (2017): Garantiert Italien, in: Süddeutsche Zeitung, https://www.sueddeutsche.de/wirtschaft/rom-kontra-bruessel-garantiert-italien-1.3796702 (10.04.2021)

118 Straub, Dominik (2017): In Italien tobt der Pasta-Krieg, in: Der Standard, https://www.derstandard.at/story/2000066345677/pasta-krieg-tobt-in-italien (10.04.2021)

119 Sauer, Ulrike (2017): siehe oben

120 www.de.statista.com (2020), siehe oben

121 BMFSFJ (Hrsg.) (2021): Freiwilliges Engagement in Deutschland – Zentrale Ergebnisse des Fünften Deutschen Freiwilligensurveys (FWS 2019)

122 Loske, Reinhard (2014): siehe oben

123 Dahm, Daniel/Scherhorn, Gerhard (2008): Urbane Subsistenz. München, S. 145

124 Bei durchschnittlich 20 Stunden im Monat – das ist ein bundesweiter durchschnittlicher Wert – und einem Mindestlohn von 9,50 Euro

125 Bundesamt für Familie und zivilgesellschaftliche Aufgaben (Hrsg.) (2016): 5 Jahre Bundesfreiwilligendienst. Köln, S. 15. Allerdings ersetzt der Bundesfreiwilligendienst nicht vollständig den Zivildienst, bei dem es zuletzt im Jahr 2010 gut 78.000 Einberufungen gab

126 Siehe www.bundesfreiwilligendienst.de

127 Vgl. BMFSFJ (2021): Beim Bundesfreiwilligendienst können sich Bürgerinnen und Bürger jeden Alters engagieren,/ www.bmfsfj.de (10.04.2021)

128 Quarch, Christoph (2020): Ein soziales Jahr in Europa stärkt den Zusammenhalt, in: Deutschlandfunk Kultur, Beitrag vom 12.02.2020, www.deutschlandfunkkultur.de (10.04.2021)

129 Vgl. Bundesdrucksache 18/12998 (2017)

130 Piek, Marion (2006): Beschäftigungspotenziale gemeinwesenorientierter lokaler Initiativen in Brandenburg, in: Tisch, Angelika et al. (Hrsg, 2006): Gemeinschaftsnutzungsstrategien für eine lokale nachhaltige Entwicklung. München, S. 107 f.

131 Piek, Marion (2006): siehe oben

132 Müller, Kai-Uwe/Wrohlich, Katharina (2014): Familienarbeitszeit: Nicht weniger, sondern mehr Arbeitskraft für die Unternehmen, in: DIW Wochenbericht 4/2014

133 Müller, Kai-Uwe/Neumann, Michael/Wrohlich, Katharina (2013): Bessere Vereinbarkeit von Familie und Beruf durch eine neue Lohnersatzleistung bei Familienarbeitszeit, in: DIW Wochenbericht 46/2013

134 Bundesdrucksache 18/11411 (2017)

135 »MehrWert NRW« der Verbraucherzentrale NRW (o. J.). Düsseldorf. https://www.mehrwert.nrw/(10.04.2021)

136 Siehe www.mehrwert.nrw (10.04.2021)

137 Vgl. https://www.efre.nrw.de

138 Purpose Stiftung (Hrsg.) (2017): Verantwortungseigentum. Unternehmenseigentum für das 21. Jahrhundert, 1. Auflage 2017, S. 10 f.

139 Purpose Stiftung (Hrsg.) (2017): siehe oben, S. 12

140 Purpose Stiftung (Hrsg.) (2017): siehe oben, S. 15

141 Thomsen, Steen/Rose, Caspar (2004): Foundation Ownership and Financial Performance: Do Companies Need Owners?, in: European Journal of Law and Economics,18: S. 343–364; Thomsen, S. (1996): Foundation Ownership and Economic Performance, in Corporate Governance 4(4): S. 212–221; Børsting, C./Thomsen, S. (2017): Foundation ownership, reputation, and labour, in Oxford Review of Economic Policy, Volume 33, Number 2: S. 317–338

142 Beise, Marc (2020): Wenn nicht nur der Profit zählt, in: www.sueddeutsche.de (10.04.2021)

143 Ionis, Alexander (2020): Verantwortungseigentum, in: https://www.deutsche-stiftung-eigentum.de (10.04.2021)

144 Weitemeyer, Birgit (2020): Etikettenschwindel oder Verantwortungsbewusstsein? in: www.lto.de, www.lto.de (10.04.2021)

145 Holzki, Larissa (2020): Verantwortungseigentum: Die neue Rechtsform für Unternehmen ist einen Versuch Wert, in: www.handelsblatt.com (10.04.2021)

146 Diari Oficial de la Generalitat Valenciana (2017): Ordre 2/2017, http://www.dogv.gva.es/datos/2017/02/06/pdf/2017_902.pdf (10.04.2021)

147 Felber, Christian: Gemeinwohl-Ökonomie in spanischem Wirtschaftsförderungsgesetz! (o. J.), in: Gemein-wohl-Ökonomie, https://web.ecogood.org/(10.04.2021)

DAS VERHÄLTNIS DER WF4.0 ZUR KONVENTIONELLEN WIRTSCHAFTSFÖRDERUNG

148 Difu-Paper (2013): Kommunale Wirtschaftsförderung 2012: Strukturen, Handlungsfelder, Perspektiven, Berlin, S. 3

149 Deutscher Städte- und Gemeindebund (2008): Aufgaben, Organisation und Schwerpunkte der kommunalen Wirtschaftsförderung. Umfrage zur Wirtschaftsförderung in kreisangehörigen Städten und Gemeinden unter 50 000 Einwohnern, S. 3

150 ExperConsult (2016): Wo steht die Wirtschaftsförderung 2016? Sonderauswertung für Oberzentren ab 100 000 Einwohnern, Dortmund, S. 8 und 13; Befragungsteilnehmer waren vor allem Kreiswirtschaftsförderungen

151 Deutscher Städte- und Gemeindebund (2008): siehe oben, S. 19

152 Deutscher Städte- und Gemeindebund (2008): siehe oben, S. 4/5

153 Vgl. Difu-Paper (2013): siehe oben, S. 4/5

154 Difu-Paper (2013): siehe oben, S. 3 und 30

155 ExperConsult (2016): siehe oben, S. 8

156 Deutscher Städte- und Gemeindebund (2008): siehe oben, S. 5/6

157 Difu-Paper (2013): siehe oben, S. 5/6

158 ExperConsult (2016): siehe oben, S. 15

159 Deutscher Städtetag (2012): Wirtschaftsförderung – unabdingbar für die Stärkung des Standortes, Berlin, S. 1/2

160 Deutscher Städtetag (2018): Diskussionspapier für eine erfolgreiche Wirtschaftsförderung, Überarbeitung des Diskussionspapiers »Wirtschaftsförderung – unabdingbar für die Stärkung des Standortes« auf der Grundlage des Hauptausschussbeschlusses, Berlin, S. 16 f.

161 Deutscher Städtetag (2018): siehe oben, S. 24

162 Deutscher Städtetag (2018): siehe oben, S. 26

163 Deutscher Städtetag (2018): siehe oben, S. 15

164 Steinrücken, Torsten (2015): Wirtschaftsförderung und Standortpolitik: Eine Einführung in die Ökonomik unternehmensorientierter Wirtschaftspolitik. Books on Demand. 2. Auflage: Norderstedt; Dieckmann, Jochen/König, Eva (1994): Kommunale Wirtschaftsförderung: Handbuch für Standortsicherung und -entwicklung in Stadt, Gemeinde und Kreis. Kohlhammer/Deutscher Gemeindeverlag: Köln

165 Steinrücken, Torsten (2015): siehe oben

166 Grabow, Busso/Henckel, Dietrich/Hollbach-Grömig, Beate (1995): Weiche Standortfaktoren. Schriften des Deutschen Instituts für Urbanistik. Kohlhammer/Deutscher Gemeindeverlag: Stuttgart, Berlin, Köln; Danielzyk, Rainer/Osterhage, Frank. (2009): »Harte« und »weiche« Standortfaktoren. Präsentation. Institut für Landes- und Stadtentwicklungsforschung Dortmund (ILS), abrufbar unter www.kas.de (10.04.2021); siehe auch: Cortrie, Sabrina (2009): Weiche Standortfaktoren als Angelegenheit der kommunalen Wirtschaftsförderung. IGEL–Verlag

167 Grabow u. a. (1995): siehe oben

168 Siehe unter: www.nienburger-wirtschaftsfoerderung.de

169 Siehe unter: https://www.greenpeace.de: Wirtschaft für den Menschen (2016)

170 Steinrücken, Torsten (2015): siehe oben; Dieckmann, Jochen/König, Eva (1994): siehe oben

171 Was nicht heißt, dass Sozialunternehmen keine Arbeitsplätze schaffen und Steuereinnahmen generieren

172 Unterberg, Michael et al. (2015): Herausforderungen bei der Gründung und Skalierung von Sozialunternehmen. Welche Rahmenbedingungen benötigen Social Entrepreneurs? Studie für das Bundesministerium für Wirtschaft und Energie (BMWi)

173 Unterberg, Michael et al. (2015): siehe oben

174 Schauer, Reinbert (2015): Öffentliche Betriebswirtschaftslehre – Public Management: Grundzüge betriebs-wirtschaftlichen Denkens und Handelns in öffentlichen Einrichtungen. Linde Verlag: Wien. 3. Auflage

175 Unterberg, Michael et al. (2015): siehe oben

176 Hahne, Ulf (2017): siehe oben (Abruf unter: www.wirtschaftsfoerderungviernull.de/berichte/)

177 Difu-Paper (2013): siehe oben

178 Gesellschaft für angewandte Kommunalforschung mbH

179 Gesellschaft für angewandte Kommunalforschung mbH »verAntworten – Forschung und Beratung für Nach-haltigkeit (2014): Befragung zur Nachhaltigkeit in der Wirtschaftsförderung (Autoren: Jürgen Bunde, Josef Rother, Stefan Blümling). Marburg

180 GEFAK (2014): siehe oben

181 GEFAK (2014): siehe oben

182 Gespräch am 2.3.2017 bei der GEFAK in Marburg (Lahn)

183 GEFAK (2014): siehe oben

184 Dorloff, Axel (2016): Wasserqualität in China. Schmutzig und gefährlich giftig, Deutschlandfunk, www.deutschlandfunkkultur.de (10.04.2021)

185 Siehe: www.greenpeace.de: Textilindustrie vergiftet Gewässer (10.04.2021)

186 Bundesministerium für Wirtschaft und Energie, www.bmwi.de: Wirtschaft in den Regionen stärken (10.04.2021))

187 Vorlage VO/2016/6745 (Amtsinformationssystem Osnabrück)

188 Nach: New Economics Foundation (2010): The Great Transition, 2010, S. 61; Grafik entliehen aus: Le Monde diplomatique/taz (2015): Atlas der Globalisierung. Berlin, S. 120

189 Siehe Internetauftritt des Vereins für Wirtschaftsförderung in Osnabrück e. V., http://www.vwo-os.de/ (10.04.2021)

190 Siehe Internetauftritt der Wirtschaftsförderung Osnabrück, https://www.wfo.de/start/(10.04.2021)

191 So etwa die Tagungen des Deutschen Instituts für Urbanistik im Herbst 2017 und Frühjahr 2018. Die Tagung hatte interessanterweise den Titel »Wirtschaftsförderung 4.0: Herausforderungen, Strategien, Trends«. Dieses Projekt wurde dort präsentiert und mit den Teilnehmern diskutiert

192 Vgl. Definition auf www.wikipedia.de: Wirtschaft (10.04.2021)); Duden Wirtschaft von A bis Z: Grundlagen-wissen für Schule und Studium, Beruf und Alltag. 6. Aufl. Mannheim: Bibliographisches Institut 2016. Lizenz-ausgabe Bonn: Bundeszentrale für politische Bildung 2016

193 Statistisches Bundesamt (2015): Wie die Zeit vergeht. Ergebnisse zur Zeitverwendung in Deutschland 2012/2013. Die Erhebung wird im zehnjährigen Rhythmus durchgeführt

194 Vgl. statista (2021): Weltweiter Umsatz von Uber von 2013 bis 2020 (10.04.2021)

195 Baumgärtel, Tilman (2014): Teile und verdiene, in: Die Zeit 27/2014, S. 21 f.

196 Baumgärtel, Tilman (2014): siehe oben

197 Siehe Kapitel 13.5 im Abschluss- und Rahmenbericht, unter: www.wirtschaftsfoerderungviernull.de/berichte-publikationen

198 Lorenzen, Astrid (2015): Ein Fab Lab für St. Pauli, in: Helfich, Silke/Bollier, David: Die Welt der Commons. Bielefeld, S. 160

AUFTAKT

199 Auf der Website www.wirtschaftsfoerderungviernull.de finden sich die jeweiligen Ansprechpartnerinnen

200 CRM steht für Customer Relationship Management. Dies ist ein Programm, mit dem nicht nur Kontakte hinterlegt, sondern auch Gespräche dokumentiert, Kategorien angelegt oder Wiedervorlagen erstellt werden können. Somit ist es ein komfortableres Programm als zum Beispiel Excel

LOCAL BUSINESS

201 Kopatz, Michael (2016): Ökoroutine. München, S. 40 ff.

202 Ökoprofit steht für »Ökologisches Projekt für integrierte Umwelttechnik«. Bei dem Kooperationsprojekt erarbeiten die teilnehmenden Unternehmen gemeinsam mit Expertinnen und Experten sowie mit Kommunen und Verbänden praktische Konzepte zur Einsparung von Energie, Wasser und Abfall. Entsprechende Projekte gibt es in vielen Städten

203 Liesen, Andrea/Dietsche, Christian/Gebauer, Jana (2013): Wachstumsneutrale Unternehmen. Schriftenreihe des IÖW 2015/13, nach: Burlingham, B. (2005): Small Giants: Companies That Choose to Be Great Instead of Big. New York

204 Vgl. Internetauftritt des Fördervereins für nachhaltiges regionales Wirtschaften e. V., https://unikum-regionalladen.de/(10.04.2021); sowie des Bundesverbands der Regionalbewegung e. V., https://www.regionalbewegung.de/aktuelles/(10.04.2021)

205 Siehe oben

206 Siehe oben

207 Siehe oben

208 Siehe: Wirtschaftsförderung Osnabrück (2019): Erstes Osnabrücker Regionalregal im StadtgalerieCafé, www.wfo.de (10.04.2021); Information von Christine Rother

209 Siehe die folgenden Internetauftritte: www.kostbares-suedniedersachsen.de/handel/; www.rhoenwiese.de/verkaufsstellen/www.regionalregal-badbergen.de, www.facebook.com/DrehscheibeNeuenkirchen/www.osnabrueck.de/wf4-0/aktuelles/erstes-osnabruecker-regionalregal-im-stadtgaleriecafe/

210 Siehe Internetauftritt der Initiative, www.buylocal.de (10.04.2021)

211 Siehe oben

212 Vgl. Markert et al. (2018) (2018): Wirtschaftsförderung und Standortmarketing (Seite 212). Praxishandbuch City-und Stadtmarketing. Springer Fachmedien Wiesbaden GmbH

213 Vgl. Internetauftritt der Schauzeit Rheydt, https://schauzeit-rheydt.de/(10.04.2021); sowie: https://www.moenchengladbach.de (10.04.2021)

214 Kalandides, Ares et al. (2016): Gute Geschäfte. Was kommt nach dem Einzelhandel?, herausgegeben von der Landesinitiative Stadtbaukultur NRW, Gelsenkirchen, S. 48

215 Siehe oben, S. 48

216 Siehe oben, S. 48

217 Siehe oben, S. 49

218 Siehe https://schauzeit-rheydt.de/foerderer/

219 Kalandides, Ares et al. (2016): siehe oben, S. 49

220 Vgl. Umweltbundesamt: Umweltfreundliche Beschaffung, www.beschaffung-info.de (10.04.2021)

221 Siehe oben

222 Siehe Internetauftritt von Weiberwirtschaft eG, https://weiberwirtschaft.de/home/(10.04.2021)

223 Siehe Internetauftritt der Genossenschaft, https://www.feinkostgenossenschaft.de/(10.04.2021)

224 Siehe Internetauftritt von EKOCity, https://www.ekocity.de/(10.04.2021)

PRODUKTION

225 Bund der Steuerzahler Nordrhein-Westfalen e. V. (2019): 28. Abfall- und Abwassergebührenvergleich des Bundes der Steuerzahler NRW e. V., Anlage 6 (Abfallgebühren 2019, Spitzenreiter)

226 Siehe Internetauftritt des Unternehmens, https://www.oelberger-taschenmanufaktur.com/(10.04.2021)

227 Aus: Telefongespräch mit der Unternehmerin der Oelberger Taschenmanufaktur in Wuppertal (2018)

228 Siehe oben

229 Siehe oben

230 Siehe oben

231 Vgl. Institut für Arbeit und Technik (IAT) (2017): Produktion zurück ins Quartier? Neue Arbeitsorte in der gemischten Stadt. Gelsenkirchen und Dortmund, S. 136

232 Siehe Internetauftritt der Oelberger Taschenmanufaktur, www.oelberger-taschenmanufaktur.com (10.04.2021)

233 Vgl. Institut für Arbeit und Technik (IAT, 2017): siehe oben

234 Aus: Telefongespräch mit der Unternehmerin der Oelberger Taschenmanufaktur in Wuppertal (07.11.2018)

235 Vgl. Kartoffelkombinat eG (2020): Was bisher geschah … (Stand 07/2020) München, www.kartoffelkombinat. de (10.04.2021))

236 Vgl. Kartoffelkombinat eG.: Genossenschaftsgedanke. www.kartoffelkombinat.de (10.04.2021)

237 Vgl. Kartoffelkombinat eG.: Gärtnerei. www.kartoffelkombinat.de(10.04.2021))

238 Vgl. Kartoffelkombinat – der Verein e. V.. München. https://kartoffelkombinat-ev.de/ (10.04.2021))

239 Vgl. Kartoffelkombinat eG.: Was bisher geschah …, siehe oben

240 Vgl. Kartoffelkombinat eG.: Was bisher geschah …, siehe oben

241 Vgl. Hof zur Hellen GbR, www.hofzurhellen.de (10.04.2021)

242 Vgl. Hof zur Hellen GbR: Biolandbau erleben, www.hofzurhellen.de (10.04.20211)

243 Vgl. Ahrens, Kerstin: Zeit für hautnahe Begegnungen zwischen Mensch und Tier (2016), www.demeter-bw.de (10.04.2021)

244 Sarah Wiener-Stiftung (2013): Sarah Wiener Stiftung kürt Hof zur Hellen zum »Bio-Hof des Jahres«. Berlin

245 https://anstiftung.de/urbane-gaerten. Die urbanen Gemeinschaftsgärten im Überblick. Informationsseite auf der Internetpräsenz der Stiftung »Anstiftung«. München (25.09.2018). Die »Anstiftung« bietet einen Überblick zu urbanen Gemeinschaftsgärten in Deutschland mit Suchfunktion.

von der Haide, Ella (2014): Die neuen Gartenstädte. Urbane Gärten, Gemeinschaftsgärten und Urban Gardening in Stadt- und Freiraumplanung. Internationale Best Practice Beispiele für kommunale Strategien im Umgang mit Urbanen Gärten. o. O.

Appel, Ilka/Grebe, Christina/Spitthöver, Maria (2011): Aktuelle Garteninitiativen. Kleingärten und neue Gärten in deutschen Großstädten. Kassel

246 Aus: Telefongespräch mit einem Mitarbeiter von »Garteln in Wien« (2018); Internetauftritt des Projekts www. garteln-in-wien.at (10.04.2021), sowie Internetauftritt der zentralen Informations- und Servicestelle für Urban Gardening in Wien »Bio Forschung Austria«: www.bioforschung.at (10.04.2021)

247 Siehe oben. Auch die folgenden Ausführungen kommen aus diesem Gespräch

248 Siehe oben. Hier endet die Wiedergabe der Information aus dem Gespräch

249 Stiftung »Anstiftung« (anstiftung.de): Die Stiftung »Anstiftung« bietet auf ihrer Internetpräsenz unter der Rubrik »Urbane Gärten« umfassende Informationen zum Thema Gemeinschaftsgärten. Hier finden sich auch ausführliche Praxistipps für den Aufbau und die Arbeit einer Garteninitiative, die sowohl für die Initiativen selbst als auch für die Wf4.0 als förderndem Akteur relevante Informationen bereithalten. Bei der »Anstiftung« kann auch ein Förderantrag für eine Garteninitiative eingereicht werden (Stand: Februar 2019).

250 In vielen Städten sind Kooperationen mit den städtischen Servicebetrieben möglich, da diese potenziellen Standorte am besten bestimmen können

251 Vgl.: www.ernaehrungsrat-koeln.de

252 Aus: Telefongespräch mit einem Mitarbeiter des Ernährungsrats für Köln und Umgebung (2018)

253 Stadt Köln (2019): Wie wollen wir Köln ernähren? Ernährungsrat übergibt Strategiepapier an die Stadt Köln, www.stadt-koeln.de (10.04.2021)

254 Siehe den Internetauftritt des Ernährungsrats Köln: www.ernaehrungsrat-koeln.de (19.5.2021)

255 Aus: Telefongespräch mit einem Mitarbeiter des Ernährungsrats für Köln und Umgebung (2018)

256 Siehe oben

257 Galda, Anna (2017): Ernährungssystemplanung in Deutschland. Berlin (http://dx.doi.org/10.14279/depositonce-5731)

258 Stierand, Philipp (2014): Speiseräume. Die Ernährungswende beginnt in der Stadt. München

259 Brandt, Martina/Gärtner, Stefan/Meyer, Kerstin (2017): Urbane Produktion – ein Versuch einer Begriffsdefinition. Gelsenkirchen, S. 4

260 Siehe oben

261 Gebauer, Jana/Mewes, Heike/Dietsche, Christian (2015): Wir sind so frei. Elf Unternehmen lösen sich vom Wachstumspfad, herausgegeben vom IÖW, Berlin, S. 12 f.; http://cks-schuhsenkel.de (10.04.2021)

262 Siehe Internetauftritt des Unternehmens, https://www.manomama.de/wir-ueber-uns (10.04.2021)

263 Klemisch, Herbert (2014): Die Transformation der Energiewirtschaft. Die Rolle von Genossenschaften in der Energiewende; in: ÖkologischesWirtschaften. 1/2014 (Band 29), 22/23, S. 22

264 Vgl. Kahla, Franziska/Holstenkamp, Lars/Müller, Jakob R./Degenhart, Heinrich (2017): Entwicklung und Stand von Bürgerenergiegesellschaften und Energiegenossenschaften in Deutschland. Lüneburg, insbesondere S. 26/27, https://mpra.ub.uni-muenchen.de/81261/ (10.04.2021)

265 Vgl. Müller, Jakob R./Dorniok, Daniel/Flieger, Burghard/Holstenkamp, Lars/Mey, Franziska/Radtke, Jörg (2015): Energiegenossenschaften – das Erfolgsmodell braucht neue Dynamik; in: GAIA. 24/2 (2015). 96–101, S. 99/100

266 Vgl. Klemisch, Herbert (2014), siehe oben

267 Siehe Internetauftritt der Genossenschaft, https://www.energiestark.de/ (10.04.2021)

268 Aus: Telefongespräch mit Mitarbeiter der Energiegenossenschaft Starkenburg eG (19.06.2018)

269 Vgl. Energiegenossenschaft Starkenburg: Starkstrom, www.energiestark.de/starkstrom/ (10.04.2021)

270 Vgl. Energiegenossenschaft Starkenburg, siehe oben

271 Vgl. Energiegenossenschaft Starkenburg, siehe oben

272 Aus: Telefongespräch mit einem Mitarbeiter der Energiegenossenschaft Starkenburg eG (19.06.2018)

273 Aus: Telefongespräch, siehe oben

SHARING ECONOMY

274 Umweltbundesamt (2016): Umweltbewusstsein in Deutschland 2016, S. 65

275 Cambio Carsharing: Unternehmensentwicklung, www.cambio-carsharing.de (10.04.2021)

276 Siehe Internetauftritt des Unternehmens, www.velib-metropole.fr (10.04.2021)

277 Schiller, Georg et al. (2015): Kartierung des anthropogenen Lagers in Deutschland zur Optimierung der Sekundärrohstoffwirtschaft. Herausgeber: Umweltbundesamt. TEXTE 83/2015, Dessau-Roßlau, S. XXXI

278 Statistisches Bundesamt (2020): Abfallbilanz 2018, Wiesbaden, S. 31

279 Siehe Internetauftritt der Bauteilbörse Bremen, (10.04.2021) sowie des Netzwerks Bauteilnetz Deutschland, www.bauteilnetz.de (10.04.2021)

280 Göres, Joachim: Kampf dem Schredder, in: www.weser-kurier.de (5.08.2018)

281 Umweltbundesamt (2015): Instrumente zur Wiederverwendung von Bauteilen und hochwertigen Verwertung von Baustoffen

282 Göres, Joachim: siehe oben

283 Verein Pumpipumpe (2015)

284 Siehe Internetauftritt des Projekts, https://pumpipumpe.ch/(10.04.2021)

285 Statistisches Bundesamt (2019): Privathaushalte nach Haushaltsgröße im Zeitvergleich, https://www.destatis.de/DE/Themen/Gesellschaft-Umwelt/Bevoelkerung/Haushalte-Familien/Tabellen/lrbev05.html (10.04.2021) sowie: Haushalte und Familien – Ergebnisse des Mikrozensus – Fachserie 1 Reihe 3 – 2019, Wiesbaden, S. 35

286 Statistisches Bundesamt (2020): Entwicklung der Privathaushalte bis 2040, Ergebnisse der Haushaltsvoraus-berechnung 2020, Wiesbaden

287 Die GLS Bank ist eine Genossenschaftsbank, die ausschließlich in sozial-ökologische Projekte investiert (siehe www.gls.de)

288 Vgl. Netzwerk Immovielien: Handwerkerhof Hamburg-Ottensen, www.netzwerk-immovielien.de (10.04.2021)

289 Siehe Internetauftritt des Miethäuser Syndikats, www.syndikat.org (10.04.2021)

290 Vgl. Netzwerk Immovielien, siehe oben

291 Vgl. Bürgerschaft der Freien und Hansestadt Hamburg (2019): Drucksache 21/19310

292 Siehe Internetauftritt des Vereins, www.demenz-leben.de (10.04.2021)

293 Siehe oben, unter: Wir über uns

SOCIAL BUSINESS

294 Putnam, Robert D./Leonardi, Robert/Nonetti, Raffaella (1993): Making Democracy Work: Civic Traditions in Modern Italy. Princeton, NJ; Putnam, Robert D. (2000): Bowling Alone. New York; Putnam, Robert D. (Hrsg.) (2001): Gesellschaft und Gemeinsinn. Sozialkapital im internationalen Vergleich. Gütersloh; zitiert nach Bundestagsdrucksache 14/8900, S. 197

295 Statistisches Bundesamt (2015): Bevölkerung Deutschlands bis 2060. 13. koordinierte Bevölkerungsvoraus-berechnung. Wiesbaden, Tabelle 1, S. 45

296 Statistisches Bundesamt (2020): Pflegestatistik 2019. Pflege im Rahmen der Pflegeversicherung. Deutschland-ergebnisse, Wiesbaden, S. 9. Ein Teil des hohen Anstiegs geht darauf zurück, dass der Pflegebedürftigkeits-begriff 2017 weiter gefasst wurde.

297 Siehe oben

298 Braeseke, Grit et al. (2015): Ökonomische Herausforderungen der Altenpflegewirtschaft. Studie im Auftrag des Bundesministeriums für Wirtschaft und Energie. Berlin/Essen

299 Bayerisches Staatsministerium für Arbeit und Sozialordnung, Familie und Frauen (Hrsg.) (2008): Kommunale Seniorenpolitik, München, S. 20 f.

300 Aus: Persönliches Gespräch mit Bundesarbeitsgemeinschaft der Freiwilligenagenturen (bagfa) e. V. (2016)

301 Siehe Internetauftritt des ZAB, www.iska-nuernberg.de (10.04.2021)

302 Siehe Internetauftritt des Bundesarbeitsgemeinschaft der Freiwilligenagenturen (bagfa) e. V., https://bagfa.de, (10.04.2021)

303 Siehe oben unter: Materialien

304 Bundesarbeitsgemeinschaft der Freiwilligenagenturen (bagfa) e. V. (2019): Wege zum Aufbau einer Freiwilligenagentur. Ein Leitfaden für die Praxis. Berlin

305 Siehe oben, S. 15 f.

306 Informationen zu diesem Text entstammen der Internetseiten beider Unternehmen beziehungsweise Vereine (www.frauen-pflegen-frauen.de und www.wuestenwerk.de), verlinkten Presseberichten auf der Homepage sowie geführten Interviews mit Vertretern beider Einrichtungen

307 Statistisches Bundesamt (2020): Pflegestatistik 2019, siehe oben, S. 23 und S. 19

308 Vgl. Baier, Andrea et al. (Hg., 2016): Die Welt reparieren: Open Source und Selbermachen als postkapitalistische Praxis. Bielefeld

309 Hafner, Isabella (2016): Reparieren ist ziviler Ungehorsam. Oya 37/2016

310 Siehe Internetauftritt des Projekts: Repaircafe.org, www.repaircafe.org (10.04.2021)

311 Vgl. Wilts, Henning (2013): Potenziale und Bewertung von Abfallvermeidungsmaßnahmen. In: Schriftenreihe des Fachgebiets Abfalltechnik, Universität Kassel, S. 73

312 Die enthaltenen Informationen wurden den Internetseiten des Reparaturnetzwerks www.reparaturnetzwerk. at und der Umweltberatung Wien (www.umweltberatung.at) entnommen. Ergänzend wurde ein persönliches Gespräch mit dem Projektverantwortlichen geführt

313 Die hier dargestellten Informationen beziehen sich auf den Artikel »Lötkolben, Schraubenzieher und Kuchen: Repair Café«, in: Baier et al. (Hg., 2016): siehe oben; ein persönliches Interview mit der Hauptinitiatorin des Repaircafés Gröbenzell, Ariane Zuber; Informationen des Netzwerks Reparaturinitiativen und Erfahrungen anderer Repaircafés (Wuppertal, Sonthofen)

314 Mehr Informationen zu den Beispielen Reparaturnetzwerk Wien und Recyclingbörse Herford sind dem Arbeitsbericht »Sozialunternehmen und Initiativen« zu entnehmen. Der Bericht steht unter folgendem Link zum Download: www.wirtschaftsfoerderungviernull.de/einstieg/arbeitsberichte/

315 Hafner, Isabella (2016): siehe oben

316 »Mint« steht für Mathematik, Informatik, Naturwissenschaft, Technik

317 Vgl. Internetauftritt des Netzwerk Reparatur-Initiativen, www.reparatur-initiativen.de (10.04.2021)

318 Die Stiftung »Anstiftung« bietet für Repaircafés die Möglichkeit zur Versicherung von Schadensfällen an

319 Siehe Internetauftritt des Netzwerks, www.repaircafeoldenburg.org (10.04.2021)

320 Charter, Martin/Keiller, Scott (2016): The Second Global Survey of Repair Cafés: A Summary of Findings. Surrey (UK)

321 Siehe Internetauftritt von Fixup (früher Pop Up Repair), www.fixup.nyc (10.04.2021)

322 Beispielsweise kann man Handys bereits heute zu professionellen Reparaturbetrieben schicken. Denkbar ist, einen solchen Betrieb kommunal zu etablieren. Womöglich sind talentierte Hobbybastler interessiert, in solcher Form ein Kleingewerbe aufzubauen. Dieser könnte seine Dienstleistungen auch im Repaircafé anbieten. In diesem Fall ist das Angebot zwar nicht ehrenamtlich, erhöht jedoch die Angebotsvielfalt und Attraktivität des Cafés

323 Bizer, Kilian et al (2019): Handwerk und Reparatur – ökonomische Bedeutung und Kooperationsmöglichkeiten mit Reparaturinitiativen, Umweltbundesamt, Texte 15/2019

324 Siehe Otelo (o. J.): Die Idee. Was ist Otelo?, https://otelo.or.at/ueber-otelo/die-otelo-idee/ (10.04.2021))

325 Otelo (o. J.): Hand(lungs)buch für Gemeinden. Kurzversion des OTELO Handlungsbuches. Vorchdorf, S. 4, https://otelo.or.at (10.04.2021)

326 Siehe oben

327 Bundesministerium für Umwelt, Naturschutz, Bau und Reaktorsicherheit (2014): Sicherung der Nahversorgung in ländlichen Räumen. Impulse für die Praxis. Berlin

328 Siehe Internetauftritt von DORV, www.dorv.de (10.04.2021)

329 Zitiert nach Sywottek, Christian (2007): Aus dem Nichts, in: brand eins (2007): Ohne Rücksicht auf Verluste, Ausgabe 06/2007, S. 156

330 Siehe oben und den Internetauftritt von DORF, www.dorv.de

331 Siehe oben

332 Siehe Internetauftritt des Markts, https://www.cap-wuppertal.de/ (10.04.2021)

333 Schmidt, Verena (2012): Mitarbeiter mit Behinderung erwünscht, in: www.faz.net (10.04.2021)

334 Opentransfer (2013): CAP-Märkte – Wachsen mit Gebühren. https://opentransfer.de/cap-markte-skalierung-durch-social-franchise/ (10.04.2021)

335 CAP-Markt (o. J.): Historie, www.cap-markt.de (10.04.2021)

336 Siehe Internetauftritt der Bundesarbeitsgemeinschaft Elterninitiative e.V., www.bage.de (10.04.2021)

337 Institut für Mittelstandsforschung IfM Bonn (2019): Selbstständige/Freie Berufe, www.ifm-bonn.org (10.04.2021); Statistisches Bundesamt (2020): Zahl der Selbstständigen in freien Berufen in Deutschland bis 2020, https://de.statista.com (10.04.2021)

338 Es heißt gelegentlich auch »gegen« beziehungsweise »mit« Hilfe. Der Text basiert auf Informationen der Website https://homeshare.org sowie www.aachener-zeitung.de: Wohnen für Hilfe: Eine Stunde Arbeit pro Quadratmeter (beide 10.04.2021)

339 Hürter, Tobias/Vasek, Thomas (2014): Zombies des Zasters, in: Hohe Luft 5/2014, S. 21–27, S. 22

340 Rogers, John (2013): Bristol pound is just one example of what local currencies can achieve, in: The Guardian, www.theguardian.com (10.04.2021)

341 Kuhnke, Miriam (2015): Stärkung lokaler Resilienzunternehmen als Handlungskonzept kommunaler Wirtschaftsförderung. Masterarbeit Universität Kassel, vorgelegt am 24.6.2015

342 Siehe folgende Internetauftritte: http://regionalgeld.com/; http://www.chiemgauer.info; https://regionetzwerk. blogspot.com/; https://complementarycurrency.org/cc-world-map/

343 Roggendorf, Wilfried (2020): Von der Stadt Lingen subventionierte Einkaufsgutscheine sind ausverkauft, in: NOZ, www.noz.de (10.04.2021)

344 Roggendorf, Wilfried (2020). Bald soll es einen digitalen Lingener Einkaufsgutschein geben, in: NOZ: www. noz.de (10.04.2021); Stadt Lingen Ems (2020): Lingener Stadtguthaben kommt: neuer Gutschein mit vielfältigen Möglichkeiten, www.lingen.de (10.04.2021)

345 Siehe Website des Münsterländer Gutscheinangebots, www.muensterland-gutschein.de (10.04.2021)

346 Siehe Internetauftritt des Vereins, www.chiemgauer.info (10.04.2021)

347 Siehe oben

348 Leippe/Eder (2010): Stärke liegt im Zuschnitt auf die Bedürfnisse vor Ort, in: www.chiemgauer.info, https:// dev.chiemgauer.info (10.04.2021)

349 Siehe Internetauftritt des Vereins, https://www.chiemgauer.info (10.04.2021)

350 Gelleri, Christian (2015): Regionalwährung Chiemgauer. Präsentation an der Berufsschule II in Traunstein

351 2020 erklärten die Betreiber des »Bristol Pound« aufgrund finanzieller Schwierigkeiten das Ende des Projekts und seine Umwandlung und Umbenennung in »Bristol Pay«. Das neue Projekt läuft auf Sterling-Basis und funktioniert ähnlich wie Paypal. Siehe BBC (2020): Bristol Pound scheme needs £100,000 or will fold, www.bbc.com; Snowden, Christopher (2020): The demise of the Bristol Pound shows the folly of local currencies, in: CapX, https://capx.co; Bristol Pay (2020): Building Something New: An Interview with Diana Finch, https://bristolpay.org.uk (10.04.2021)

352 Financial Conduct Authority ist eine Regulierungsbehörde in Großbritannien und unabhängig von der Regierung. Sie wird finanziert durch Abgaben der Finanzwirtschaft

353 New Economics Foundation (2015): People Powered Money, S. 78

354 Vgl. http://bristolpound.org

355 Dubois, Hervé (2014): Faszination WIR. Eine Wirtschaftsbewegung mit Zukunft, Lenzburg

356 Siehe oben

357 Siehe oben, S. 129 f.

358 Siehe Unterguggenberger Institut: Wörgler Freigeld – Historisch, Wörgl, https://unterguggenberger.org/woergler-freigeld-historisch/(10.04.2021)

359 Leinert, Sebastian (2016): Regionale Komplementärwährungen in Deutschland: Stand und Entwicklungsmöglichkeiten (2., verbesserte Auflage), Norderstedt, S. 223

360 Dubois, Hervé (2014): siehe oben

361 Bank WIR: Über uns, www.wir.ch (10.04.2021)

362 Dubois, Hervé (2014): siehe oben

363 Informationen zu den Bürgschaftsgenossenschaften in der Schweiz, Stand 2019: www.kmu.admin.ch (10.04.2021)

364 Dubois, Hervé (2014): siehe oben

365 Dubois, Hervé (2014): siehe oben; Leinert, S. (2016), siehe oben S. 223

366 WIR Bank Genossenschaft, Stand 2017

367 WIR Bank Genossenschaft, Stand 2017

368 Aus: Interview von Jana Rasch mit WIR-Sprecher Volker Strohm (2017)

369 Dubois, Hervé (2014): siehe oben

370 Aus: Interview von Jana Rasch mit WIR-Sprecher Volker Strohm (2017)

371 Die Kritik am Zins geht auf die Freigeldtheorie zurück. Nach ihr sollte vor allem auf den fünften von fünf Zinskomponenten verzichtet werden: auf den Zins auf Kapital (Dubois, 2014, S. 17)

372 Leinert, Sebastian (2016): siehe oben

373 Dubois, Hervé (2014): siehe oben

374 Bei klassischer Zählweise bis 259 Mitarbeiter pro Unternehmen

375 Aus: Interview von Jana Rasch mit WIR-Sprecher Volker Strohm (2017)

376 Leinert, Sebastian (2016): siehe oben, S. 223

377 Diese Regelung gilt seit November 2016. Aus: Interview von Jana Rasch mit WIR-Sprecher Volker Strohm (2017)

378 WIR Bank Genossenschaft (2019, 2016): Wichtigste Zahlen 2019/2016, https://gb.wir.ch und https://gb.wir.ch(beide 10.04.2021)

379 Aus: Interview von Jana Rasch mit WIR-Sprecher Volker Strohm (2017)

380 Heim, Michael (2018): WIR haben ein Problem, in: Handelszeitung, www.handelszeitung.ch; sowie Scherrer, Anna (2017): WIR – eine Währung im Rückwärtsgang, in: SRF, www.srf.ch (10.04.2021)

381 Siehe oben

382 Siehe Der Spiegel (2012): Debatte um zweite Währung: Deutsche Bank will den Geuro für Griechenland, www.spiegel.de (10.04.2021)

383 Wiggli wurde 2018 durch Bruno Stiegeler, seinen bisherigen Stellvertreter, als Chef der WIR Bank abgelöst.

384 Rogers, John (2013), siehe oben

385 Hiß, Christian (2017): Regionalwert AG Bürgeraktiengesellschaft in der Region Freiburg. In: Jaeger-Erben, Melanie/Rückert-John, Jana/Schäfer, Martina (Hrsg.): Soziale Innovationen für nachhaltigen Konsum. Wissenschaftliche Perspektiven, Strategien der Förderung und gelebte Praxis (S. 297–304). Wiesbaden, S. 297; sowie persönliche Kommunikation mit Hiß

386 Hiß, Christian (2011): Die Bürgeraktiengesellschaft: Kapital aus der Region für die Region, eNewsletter Wegweiser Bürgergesellschaft 23/2011

387 Seit August 2020 ist die Regionalwert Impuls GmbH für die Betreuung der Gründungsinitiativen und der bestehenden Regionalwert AG's in Deutschland zuständig. Die Regionalwert Treuhand widmet sich den Anfragen aus dem Ausland

388 Diese müssen nicht zwangsweise aus der Region der Regionalwert AG kommen

FINANZWIRTSCHAFT

389 Hiß, Christian (2011): siehe oben, S. 1 und 7

390 Hiß, Christian (2011): siehe oben, S. 7

391 Hiß, Christian (2011): siehe oben, S. 5

392 Hiß, Christian (2017): siehe oben; Hiß, Christian (2011): siehe oben

393 Hiß, Christian et al. (2014): RegionalwertAG. Mit Bürgeraktien die regionale Ökonomie stärken. Ein Handbuch mit praktischen Hinweisen zu Gründung, Beteiligung und Umsetzung (Orig.-Ausg). Freiburg im Breisgau

394 Siehe oben

395 Volz, Peter (2011): The Regionalwert. Creating sustainable regional structures through citizen participation (Forschungsbericht). Baden Württemberg: Die Agronauten, S. 12

396 Siehe Internetauftritt der Regionalwert AG Freiburg, https://www.regionalwert-ag.de (10.04.2021)

397 Hiß, Christian et al. (2014): siehe oben

398 Siehe Internetauftritt der Regionalwert AG Freiburg, unter: Partnerbetriebe (Stand Anfang 2021)

399 Hiß, Christian et al. (2014): siehe oben

400 Hiß, Christian (2017): siehe oben

401 Hiß, Christian et al. (2014): siehe oben

402 Siehe oben

403 Hiß, C. et al. (2014): siehe oben

404 Siehe oben

405 Vgl. GEA Waldviertler Werkstätten GmbH (o.J.): GEA vs. FMA. Unser Konflikt mit der FMA, https://gea-waldviertler.at (10.04.2021)

406 Vgl. GEA Waldviertler Werkstätten GmbH: Eine bewegte Geschichte, https://gea-waldviertler.at (10.04.2021)

407 Vgl. GEA Waldviertler Werkstätten GmbH: GEA vs. FMA, siehe oben

408 Siehe oben

409 Siehe oben

410 Vgl. Weiser, Bernhard (2015): Alternativfinanzierungsgesetz. Wirtschaftskammer Wien, Wien

411 Vgl. Kleine Zeitung (2016): »Heini« Staudinger: Der Schuhrebell als Filmheld, www.kleinezeitung.at (10.04.2021)

412 Vgl. GEA Waldviertler Werkstätten GmbH. (o.J.): Apfelbäumchen Darlehen – Bürgerrecht statt Bankenrecht, https://gea-waldviertler.at (10.04.2021)

413 Siehe oben (die Angaben auf der Website sind von 2017)

414 Vgl. Zahrl, Jürgen (2016): Heini Staudingers Revisionsverband vom Ministerium anerkannt, in: Kurier, https://kurier.at (10.04.2021)

415 Vgl. GEA Waldviertler Werkstätten GmbH (o.J.): Apfelbäumchen Darlehen, siehe oben

416 Vgl. Wissenschaftliche Dienste des Deutschen Bundestags (2020): Finalisierung von Basel III. Sachstand, WD 4 – 3000–034/20

417 Ernst & Young GmbH (2017): EY Global Consumer Banking Survey 2016. Welche Bedeutung und Relevanz haben Banken für Ihre Kunden noch?, Pressegespräch, Frankfurt

418 Knödler, Gernot (2010): Quickborn kann sich doch Geld von seinen BürgerInnen holen, in: taz (10.04.2021)

419 SHZ (2009): Quickborn leiht sich Geld bei Bürgern, www.shz.de (10.04.2021)

420 Die FinTech Group Bank AG nannte sich 2019 in Flatex AG um und heißt heute Flatexdegiro AG

421 FAZ (2009): Bafin stoppt Bürgerkredite in Quickborn, www.faz.net (10.04.2021)

422 Möhl, Sönke (2010): Einwohner geben ihrer Stadt Darlehen: Quickborner Bürgerkredit als Vorbild?, in: SHZ, www.shz.de (10.04.2021)

423 Siehe oben

424 Ahlemann, Melanie (2010): »Quick-Win« in Quickborn: Modell Bürgerkredit, in: Süddeutsche Zeitung, www.sueddeutsche.de (10.04.2021). Weitere Beispiele für Bürgerdarlehen unter: Kommunalwiki der Heinrich-Böll-Stiftung (Stand 2018), https://kommunalwiki.boell.de (10.04.2021)

425 Monneta gGmbH (o.J.): Fureai Kippu – Pflegewährungen in Japan, https://monneta.org/fureai-kippu/ (10.04.2021)

426 Siehe Directory of Timebanks (o.J.): United States List, http://community.timebanks.org/directory?quicktabs_directory_tabs=1#quicktabs-directory_tabs (10.04.2021). TimeBanks USA nennt sich mittlerweile TimeBanks.org

427 Selamis, Vassilis (2013): Parallelwährungen und Komplementärsysteme in Griechenland, Wörgl

428 Vgl. Reichenbach, Klaus (2019): Zeitbanken – viertes Standbein einer zukünftigen Altersvorsorge?, http://vzfbe. org; Pennekamp, Johannes (2013): Seniorengenossenschaft – Altersvorsorge ohne Inflationsangst, in: FAZ, www.faz.net; Bayerisches Staatsministerium für Familien, Arbeit und Soziales (o. J.): Seniorengenossenschaften, https://www.stmas.bayern.de/senioren/genossenschaften/index.php?id=info_senioren (alle 10.04.2021)

429 Die meisten Seniorengenossenschaften sind gemäß ihrer Rechtsform Vereine. Es gibt nur wenige Genossenschaften wie die Bürgergenossenschaft Bocholt

430 Aus: Telefongespräch mit Gesprächsnotizen mit der Vorsitzender Ingrif Engelhart von SPES Zukunftsmodelle e. V. am 8.02.2017. Das österreichische Konzept firmiert unter »Zeitbank55+«

431 Aus wirtschaftstheoretischer Sicht ist die Formulierung »inflationssicher« nicht ganz korrekt. Eine Stunde bleibt zwar eine Stunde. Aber wenn beispielsweise eine Gruppe von Menschen in Tauschringen viele Stunden erbracht und Stunden angespart hat, aber im Zeitenverlauf die Zahl der dann Leistungserbringenden sinkt, dann hat man zwar ANSPRUCH auf Stunden, aber sie können gar nicht ausreichend erbracht werden. Die zu erwartende Reaktion wäre dann, dass man auch mal bereit ist, für eine tatsächlich geleistete Stunde Arbeit zwei Stundengutscheine zu zahlen. Und das wäre dann Inflation. (Kommentar von Norbert Rost, 13.05.2018)

432 Hayashi, Mayumi (2012): Japan's Fureai Kippu Time-banking in Elderly Care: Origins, Development, Challenges and Impact. International Journal of Community Currency Research 16 (A) 30–44

433 Siehe oben

434 Kuhlmann, Andrea et al. (2015): Soziale Bürgergenossenschaften: Handlungsempfehlungen auf Basis der Bocholter Erfahrungen (Forschungsbericht der Forschungsgesellschaft für Gerontologie und des Vereins »Leben im Alter«). Dortmund/Bocholt, S. 4, 7, 8

435 Siehe oben, S. 4

436 Aus: Interview von Jana Rasch mit Adi Lang von der Bocholter Bürgergenossenschaft am 30.08.2017

437 Kuhlmann, Andrea et al (2015): siehe oben, S. 14

438 Siehe oben, S. 10–13

439 Siehe oben, S. 15–16, 21

440 Siehe Internetauftritt der Bochholter Bürgergenossenschaft eG (o. J.): Über uns, https://bocholter-bg.de/die-bbg/ueber-uns/(10.04.2021); Kuhlmann, Andrea et al (2015): siehe oben, S. 14, 16–17

441 Siehe Internetauftritt der Bochholter Bürgergenossenschaft eG (o. J.): Unser Konzept, https://bocholter-bg.de (10.04.2021); Vgl. www.meinstadtkurier.de (2017): Hilfe, die nicht nach Lohn fragt (nicht mehr abrufbar)

442 Kuhlmann, Andrea et al (2015): siehe oben, S. 24; sowie Interview von Jana Rasch mit Adi Lang (2017), siehe oben

443 Vgl. www.meinstadtkurier.de (2017): siehe oben

444 Kuhlmann, Andrea et al (2015): siehe oben, S. 17

445 Aus: Interview von Jana Rasch mit Adi Lang (2017): siehe oben

446 Siehe Internetauftritt der Bocholter Bürgergenossenschaft eG (o. J.): Für Seniorinnen und Senioren, https://bocholter-bg.de sowie Für Familien, https://bocholter-bg.de/fuer-familien/(10.04.2021)

447 Kuhlmann, Andrea et al (2015): siehe oben, S. 22–25; vgl. Internetauftritt der Bochholter Bürgergenossenschaft eG, (o. J.): Für Unternehmen, https://bocholter-bg.de (10.04.2021)

448 Aus: Interview von Jana Rasch mit Adi Lang (2017): siehe oben

449 Kuhlmann, Andrea et al. (2015): siehe oben, S. 20; Interview von Jana Rasch mit Adi Lang (2017): siehe oben

450 Laut § 2, Abs. 8 der Satzung der Genossenschaft sind die Hilfeleistungen für Nichtmitglieder zugelassen. Aus: Interview von Jana Rasch mit Adi Lang (2017): siehe oben

VORZÜGE EINER INNOVATIVEN WIRTSCHAFTSFÖRDERUNG

451 Piek, Marion (2006): siehe oben

452 Europäische Kommission (1996 und 1998): Erster und Zweiter Bericht der EU-Kommission über lokale Entwicklungs- und Beschäftigungsinitiativen. Brüssel

453 IAB (Hrsg., 2002): »Der Dritte Sektor«. Beschäftigungspotenziale zwischen Markt und Staat. IAB Kurzbericht, Ausgabe Nr. 18/28.08.2002. Nürnberg; Dathe, Dietmar/Kistler, Ernst (2004): Arbeiten in Betrieben des dritten Sektors, in: Birkhölzer, Karl/Kistler, Ernst/Mutz, Gerd (2004): Der dritte Sektor. Partner für Wirtschaft und Arbeitsmarkt. Bürgergesellschaft und Demokratie, Bd. 15. Wiesbaden

454 Priller, Eckhard/Zimmer, Annette (Hrsg., 2001): Der dritte Sektor international. Mehr Markt – weniger Staat? Zimmer, A./Priller, E. (2004): Gemeinnützige Organisationen im gesellschaftlichen Wandel. Ergebnisse der Dritte-Sektor-Forschung. Wiesbaden

455 Krimmer, Holger (Hrsg., 2019): Datenreport Zivilgesellschaft. Bürgergesellschaft und Demokratie. Berlin, S. 5 (https://doi.org/10.1007/978-3-658-22958-0_2)

456 Piek, Marion (2006): siehe oben

457 Piek, Marion (2006): siehe oben

458 Jackson, Tim (2017): Wohlstand ohne Wachstum. Das Update. Grundlagen für eine zukunftsfähige Wirtschaft. München, S. 210. Der Autor belegt diese Einschätzung mit mehreren Quellen

459 Loske, Reinhard (2014): Neue Formen kooperativen Wirtschaftens als Beitrag zur nachhaltigen Entwicklung, in: Leviathan 3/2014, S. 477

460 Keynes, John, Maynard (1933): National Self-Sufficiency. The Yale Review, 22 (4), 755–769, zitiert nach: Schütz, Bernhard (2015): Erholung und Reform – Mit Keynes aus der Beschäftigungskrise, in: WISO 2/2015

461 Dahm, Daniel/Scherhorn, Gerhard (2008): Urbane Subsistenz. Die zweite Welle des Wohlstands. München, S. 145

462 Vgl. Immer mehr Menschen in Deutschland fühlen sich einsam, in: Die Welt vom 30.05.2019, www.welt.de (10.04.2021); Deutscher Bundestag (2019): Bundesdrucksache 19/10456

463 Putnam, Robert D. (2000): Bowling Alone. The Collapse and Revival of American community. New York u. a.

464 Hertz, Noreena (2021): Das Zeitalter der Einsamkeit. Hamburg

465 Botsman, Rachel/Rogers, Roo (2011): What's Mine is Yours. How Collaborative Consumption is Changing the Way We Live. London

466 Müller-Hilmer, Rita/Gagné, Jérémie (2018): Was verbindet, was trennt die Deutschen? (pdf) Forschungsförderungs-Report der Hans-Böckler-Stiftung Nr. 2, Februar 2018

467 Bonnert, Erich (2015): Seoul ist Koreas Hauptstadt des Teilens (18.09.2015); WHO (2021): Global Health Observatory Data Repository. Suicide rate estimates, crude. Estimates by country. https://apps.who.int (10.04.2021)

468 Bandura, Albert (1977): Self-efficacy: Toward a unifying theory of behavioral change. Psychological Review, 84, 191–215

469 Bullion, Constanze von (2020): Der unsichtbare Riese, Süddeutsche Zeitung vom 11.12.2020

470 Siehe oben. Allerdings hat Seehofers Heimatministerium auch drei Jahre nach seiner Gründung noch keinen eigenen Gesetzentwurf auf den Weg gebracht, seine Zukunft scheint fraglich. Vgl. Dake, Björn (2021): Was macht eigentlich das Heimatministerium?, in: ARD, www.tagesschau.de (10.04.2021)

471 Siehe Spiegel Wissen 6/2017, S. 9 ff.

472 Community Supported Agriculture (Solidarische Landwirtschaft)

473 Vgl. Hahne, Ulf/Kopatz, Michael (2018): Wirtschaftsförderung 4.0 – auch ein Thema für ländliche Regionen, in: Der kritische Agrarbericht 2018, S. 179–183

474 Vgl. Hahne, Ulf/Kopatz, Michael (2018): siehe oben

FAZIT UND REFLEXIONEN

475 Siehe »Wirtschaftspost«, Wirtschaftsmagazin der WFO Wirtschaftsförderung Osnabrück GmbH – 1/2020, S. 30 f.

476 Sagan, Iwona/Masik, Grzegorz (2014): Economic Resilience. The Case Study of Pomorskie, in: Raumforschung und Raumordnung (2014) 72, S. 153–164

477 Koehn, Julia (2015): Human After All. An Inquiry into the Nature of Uncertainty and its Consequences for the Principles of Economics

478 Finke, Björn (2020): Strafzölle bei Umweltvergehen, in: Süddeutsche Zeitung (07.05.2020), S. 18

479 Horx, Matthias (2020): Im Rausch des Positiven: Die Welt nach Corona, www.zukunftsinstitut.de (10.04.2021)

ANHANG

480 Diese allgemeine Definition findet sich bei Wikipedia

481 Siehe: »Vertragsrechtlicher Regelungsbedarf bei Zwischennutzungen«; BPW baumgart + partner; Bundesamt für Bauwesen und Raumordnung

482 Siehe »Vertragsrechtlicher Regelungsbedarf bei Zwischennutzungen«; BPW baumgart + partner; Bundesamt für Bauwesen und Raumordnung

Stadt und Land im Wandel

In Zeiten von Klimawandel, Digitalisierung und Urbanisierung stehen Städte und Regionen weltweit vor großen Herausforderungen. Wie kann vor diesem Hintergrund eine nachhaltige Stadt- und Regionalentwicklung aussehen? Welche Chancen und Potenziale bieten Städte und Regionen für die geforderte »große Transformation«? Junge Wissenschaftlerinnen und Wissenschaftler aus verschiedenen Disziplinen beleuchten mögliche Wege und Ansatzpunkte.

J. Knieling

Wege zur großen Transformation
Herausforderungen für eine nachhaltige
Stadt- und Regionalentwicklung
240 Seiten, Broschur, mit zahlreichen Abbildungen, 24,95 Euro
ISBN 978-3-96006-026-0
Auch als E-Book erhältlich

Solidarisches Wirtschaften stärken

Urban Gardening, Foodwaste-Projekte, Wohngenossenschaften, Sharing – immer mehr Projekte solidarischen Wirtschaftens entstehen, und kollaborative Initiativen treten aus der Nische hervor. Wie gemeinschaftsorientierte Formen des Wirtschaftens dabei von Ansätzen aus der gemeinschaftsorientierten Sozialarbeit wie Community Organizing, Gemeinwesenarbeit und Soziokultureller Animation profitieren können, schildert Manuel Lehmann anhand zahlreicher Handlungsempfehlungen.

M. Lehmann

Kollaborativ Wirtschaften
Mit der Methode des Community Organizing
zu einer zukunftsfähigen Ökonomie
144 Seiten, Broschur, 20 Euro
ISBN 978-3-96238-007-6
Auch als E-Book erhältlich

Suffizienz statt Wachstum

Viele Städte sind unter Druck: Für neue Wohnungen, für Verkehrs- und Parkflächen brauchen sie immer mehr Platz. Das kollidiert oft mit Nachhaltigkeitszielen. Wie gelingt es, Städte für alle Menschen bezahlbar, lebenswert und alltagstauglich zu machen – ohne immer mehr Ressourcen zu verbrauchen? Eine gute Option ist Suffizienz. Konkret kann das heißen: funktionsgemischte Quartiere, kurze Wege und gemeinschaftliches Wohnen.

M. Böcker, H. Brüggemann, M. Christ, A. Knak, Jonas Lage, B. Sommer
Wie wird weniger genug?
Suffizienz als Strategie für eine nachhaltige Stadtentwicklung
96 Seiten, Broschur, komplett vierfarbig mit zahlreichen
Illustrationen, 22 Euro
ISBN 978-3-96238-276-6
Auch als E-Book erhältlich

Gemeinsam wirtschaften

Wir müssen weg von unserer egozentrischen, IQ-orientierten Denkweise, denn gemeinsam sind wir intelligenter, leistungsstärker und nachhaltiger. Das Buch skizziert eine gemeinschaftsorientierte Wirtschaft mit Grundwerten wie Teilhabe, Empathie und Verantwortung.

Peter Spiegel
WeQ Economy
Wege zu einer Wirtschaft für den Menschen
184 Seiten, Broschur, 18 Euro
ISBN 978-3-96238-145-5
Auch als E-Book erhältlich